社会心理学中的认知研究方法

Cognitive Methods in Social Psychology

[德]卡尔·克里斯托夫·克劳尔 安德烈亚斯·福斯 克里斯托夫·施塔尔 编
Karl Christoph Klauer, Andreas Voss & Christoph Stahl

陈淑娟 谈晨皓 译

上海社会科学院出版社
SHANGHAI ACADEMY OF SOCIAL SCIENCES PRESS

译者序

人是群居动物，有人的地方就会有社会心理学。社会心理学在各行各业都有广泛的应用，甚至成为心理学爱好者眼中心理学的代名词。在所有采用科学方法开展研究的学科中，心理学研究的难度是最大的，因为心理学的研究对象——人的身心活动具有高度的灵活性、易变性和复杂性。确定单个人的心理活动规律已然是非常困难的任务，再考虑社会因素对人心理活动的影响，就更难上加难。社会心理学的研究者需要成熟的、灵敏的、多样化的方法帮助自己描述、解释、预测社会情景中人的心理活动规律。

但是长久以来，受限于研究方法的不足，关于人类社会心理活动的研究主要关注的是行为或主观报告层面的外在表现，而对于"黑箱"里的故事，即社会心理活动背后潜在的认知过程则束手无策。随着认知科学的兴起，一方面各个相关学科的发展为更加全面、系统了解人类社会心理活动的机理提出了要求，另一方面也为研究者提供了揭开人类社会心理活动背后潜在认知加工过程神秘面纱的技术可能。有了合适的方法，引人入胜的"黑箱"故事就能被研究者讲述出来了。

多年来，社会心理学的研究者在实践中从认知科学的领域内借鉴了许多研究方法来研究社会心理活动的认知过程，形成了目前较为系统的社会认知心理学研究方法分支。《社会心理学中的认知研究方法》一书的原版是由德国弗莱堡大学心理研究所教授卡尔·克里斯托夫·克劳尔（Karl Christoph Klauer）博士、海德堡大学心理学系研究方法专业教授安德烈亚斯·福斯（Andreas Voss）博士，以及科隆大学研究方法与实验心理学专业教授克里斯托夫·施塔尔（Christoph Stahl）博

士三人编著的 *Cognitive Methods in Social Psychology* 一书。该书系统、全面地介绍了目前从认知视角研究社会心理活动可能用到的常见方法。第 1 章介绍了测量注意的方法，包括 Stroop 任务、注意探测任务、修订的空间线索任务、注意瞬脱任务、注视线索范式、反向眼跳任务等；第 2 章介绍了系列启动范式；第 3 章介绍了使用反应干扰任务间接测量自动化联想的方法，包括经典的内隐联想测验程序以及它的各种变式；第 4 章介绍了考察评价性条件反射的各种方法；第 5 章介绍了适用于研究工作记忆容量的方法；第 6 章介绍了适合心理语言学家使用的方法；第 7 章介绍的是元认知；第 8 章介绍了外周心理生理学测量方法；第 9 章介绍了使用事件相关电位技术可以做的研究；第 10 章介绍了社会心理学中使用的神经影像学技术；第 11 章介绍了多项式模型与扩散模型；第 12 章介绍了联结主义模拟。

各章作者娓娓道来，不仅讲述了每一种方法的由来或基本原理，也介绍了后续发展出的变式和设置上的要点。无论是对于已经从事社会认知心理研究的工作者来说，还是对于刚踏上这条研究之路的初学者来说，这都是一本不错的案头参考书。这本书并不是一本手把手教读者怎么编程序、怎么处理数据的操作手册，而是一本帮助读者从根源上认识每一种方法，为实践应用打好基础的入门读物。

另外也希望随着心理学研究方法在其他学科中的普及，这本书中介绍的社会认知心理学研究方法能够为诸如管理、经济、营销、运动等领域中想要借鉴相关方法的研究者带来帮助，让心理学更好地为社会福祉出一份力。

在如蜜蜂一样辛勤的工作中，我们幸运地遇到了 *Cognitive Methods in Social Psychology* 一书，它提升了我们科研工作的效率和幸福感。翻译过程是复杂的，要把英语转换为汉语，也要把西方思维转换为东方思维。我们既非汉语言专业工作者，也非高水平的英语工作者，只是长期从事并热爱心理学研究的青年学者，因此在期望给各位同行提供一本方法工具书的同时，也欢迎广大读者及同行专家批评指正本书的缺陷与不足。

宁夏大学　陈淑娟
上海体育科学研究所　谈晨皓
2019 年 12 月 3 日

各章作者介绍

David M. Amodio 博士：美国纽约大学心理学系。

Rainer Banse 博士：德国波恩大学心理研究所。

Bruce D. Bartholow 博士：美国密苏里大学心理科学系。

Pablo Briñol 博士：西班牙马德里自治大学心理学系。

Jan De Houwer 博士：比利时根特大学实验临床与健康心理学系。

Nazanin Derakshan 博士：英国伦敦大学伯克贝克学院心理科学系。

Roland Deutsch 博士：德国德累斯顿工业大学心理研究所。

Klaus Fiedler 博士：德国海德堡大学心理学系。

Elaine Fox 博士：英国埃塞克斯大学心理学系。

Malte Friese 博士：瑞士巴塞尔大学心理学系。

Anne Gast 博士：比利时根特大学实验临床与健康心理学系。

Bertram Gawronski 博士：加拿大西安大略大学心理学系。

Ursula Hess 博士：德国柏林洪堡大学心理研究所。

Wilhelm Hofmann 博士：美国芝加哥大学决策研究中心。

Karl Christoph Klauer 博士：德国弗莱堡大学心理研究所。

C. Neil Macrae 博士：英国阿伯丁大学心理学院。

Agnes Moors 博士：比利时根特大学实验临床与健康心理学系。

Richard E. Petty 博士：俄亥俄州立大学心理学系。

Susanne Quadflieg 博士：比利时鲁汶天主教大学心理学系。

Derek D. Rucker 博士：美国西北大学凯洛格商学院。

Brandon J. Schmeichel 博士：美国得克萨斯农工大学心理学系。

Adriaan Spruyt 博士：比利时根特大学实验临床与健康心理学系。

Christoph Stahl 博士：德国科隆大学心理学系。

Helen Standage 博士：英国埃塞克斯大学心理学系。

Frank Van Overwalle 博士：比利时布鲁塞尔自由大学心理学系。

Andreas Voss 博士：德国海德堡大学心理学系。

Michaela Wänke 博士：瑞士巴塞尔大学心理学系。

前　言

Andreas Voss
Christoph Stahl
Karl Christoph Klauer

在过去的数十年里，社会心理学经历了理论与方法层面的剧变。在这些变化中，最引人注目的是社会心理现象的认知过程得到了越来越多的关注(Fiske & Taylor, 2008)。在几乎所有社会认知的研究领域中，社会心理现象背后潜在的认知过程都成了社会心理学研究的焦点。很显然，在社会心理学中发生的这种"认知革命"促使研究者需要借助得力的认知研究方法来帮助自己开展实证研究，以此推断"黑箱"中可能发生了什么认知过程。为此，社会心理学研究者从普通心理学与认知心理学里借鉴了大量的实证研究方法来满足自身的研究需求。

认知研究方法与社会心理学中的认知理论是相互促进的。一方面，不断更新的社会认知理论急需对应的认知研究方法对其进行检验；另一方面，新方法的引入又进一步促进社会认知理论的完善与更新。举个例子，神经影像学方法的发展使得社会心理学家能够在神经层面建构理论来解释社会现象。

在本书中，我们将介绍当前社会心理学家使用的多种认知研究方法。这些方法既包括社会心理学中非常热门的研究方法或范式(如情绪启动、反应干扰)，也包括一些较为冷门但同样具有重要作用的研究方法(如数学模型、联结主义模拟)。本书包含注意范式、启动范式、反应干扰任务、评价性条件反射、工作记忆测量、心理语言学方法、元认知方法、外周心理生理学测量方法、事件相关电位技术、神经影像学技术、数学模型与联结主义模拟12章。

我们期望通过这本书向社会心理学的研究者或有志从事社会心理学研究的学生介绍上述研究范式。为凸显方法导向的目的,本书不像其他社会认知的学术专著那样根据研究领域专门讲述某一领域中使用的研究方法,而是采用每一章节专讲一类研究方法的形式。为更好地帮助读者理解与应用,我们会结合社会心理学中的具体研究案例来介绍每一种方法,并且会提供尽可能多的细节来帮助读者深入理解与应用这些方法。因此,本书特别适用于那些对某种特定研究方法不熟悉,并且希望在他们的研究领域中运用这些方法开展实证研究的研究者或学生。

当然,一个章节的篇幅有限,并不能将一种复杂研究方法解释得非常全面和完备。因此,在部分章节中我们会专注于所介绍研究方法的一些变式或一些特定的研究范式,减少对方法的理论性介绍。此外,我们在每一个章节的最后都推荐了一些与本章节中介绍的方法相关的阅读资料,供有兴趣的读者进一步深入学习。

一、认知理论与认知方法之间的双向关系

在社会心理学研究中,"认知"研究方法日渐受到重视的原因主要有两个。

第一个原因是社会心理学家越来越关注社会心理现象背后的认知过程,由此产生了对研究方法的需求。以内隐认知研究为例(Gawronski & Payne, 2010):内隐认知之所以被称为内隐认知,就是因为它无法被直接测量,所以研究者需要借助诸如内隐联想测验(IAT)之类的间接测量方法开展研究。这种需求促生了测量态度的启动程序和内隐联想测验的发展(Fazio, Sanbonmatsu, Powell, & Kardes, 1986; Greenwald, McGhee, & Schwartz, 1998)。

第二个原因是范式自身的发展能促进理论进步。换言之,新的认

知研究方法使得提出新理论成为可能。当一种研究方法获得了普遍关注后,方法本身也会变成研究对象。例如,当 Greenwald 等人提出内隐联想测验(IAT)这种考察内隐态度的实验范式后,其背后的加工机制引来了诸多争议(De Houwer,Teige-Mocigemba,Spruyt,& Moors,2009;Fazio & Olson,2003)。在 IAT 被提出最初的 10 年里,有大量研究者以它背后的认知加工机制为主题开展研究[如任务集假说(Klauer & Mierke,2005);随机游走假说(Klauer,Voss,Schmitz,& Teige-Mocigemba,2007);凸显-非对称假说(Rothermund & Wentura,2004)]。

除了以方法为中心的研究外,方法论的发展还能从另外一个角度促进理论的提升,即使研究者能够考察其他的因变量。这其中最为明显的例子当属神经影像技术的发展。在没有磁共振成像技术之前,社会心理学研究者只能对人类大脑中心理加工的神经机制提出粗略的或概念上的假设。然而这一切在神经影像技术被引入与初步普及后得到了改观。得益于这些先进的研究技术,社会心理学家现在能够深入且直观地考察那些与社会心理效应相关的脑区的激活情况。由于特定脑区的激活通常代表了行为效应背后发生的特定认知加工,所以这些神经科学的研究结果从过去无法涉及的生理角度进一步促进了理论的发展。

最后,由于某些方法论本来就源于一些认知加工的理论假设[例如,扩散模型来自二元决策理论(Voss,Rothermund,& Voss,2004)]。这些方法本身依附于一些需要得到实证检验的信息加工理论。

总而言之,研究者需要合适的方法来检验、考察各种认知理论。某个领域(如认知加工)理论的发展会促进研究方法的产生;同时,方法论的革新会从三个层面促进理论发展,即:促进对新实验范式背后认知加工机制的理论分析,增加能够测量的因变量使研究者能够提出新假设,以及直接提供理论框架。对于这三个层面而言,方法论知识是促进方法进步与理论发展的先决条件。本书将全面、系统地介绍那些在各领域中最重要的认知研究方法。我们希望这么做能促进这些方法在研究中的运用。

二、社会心理学方法论的发展

接下来是对本书各个章节内容要点的概述,重点介绍在社会心理研究中参考经典研究的优势所在。

(一) 注意范式

从科学社会心理学研究出现开始,社会注意一直都是该领域内的核心研究主题。现在,能够帮助研究者考察认知加工过程的实验范式主导了大量关于注意的研究。在第 1 章中,Fox,Derakshan 和 Srandage 介绍了 Stroop 范式、注意探测范式、空间线索范式、注意瞬脱范式以及其他一些可能并不常见的注意实验范式。本章所介绍的范式均发展自考察选择性注意的研究。在社会心理学中,这种注意范式通常被用于考察刺激效价对自动化注意的影响,以及寻找会调节刺激效价带来影响的调节变量。

(二) 启动范式

在第 2 章中,Spruyt,Gast 和 Moors 介绍了社会心理学常用的各种启动范式。对于社会心理学而言,由于情绪启动能够间接测量态度,因而被赋予了特殊的地位(Fazio et al., 1986)。例如,在评价分类等行为任务中,首先向被试呈现代表某种常见态度的客体作为启动刺激;随后,要求被试根据效价对目标刺激分类(如形容词)。若在特定启动刺激后,被试对积极刺激做出判断的反应时显著短于对消极刺激的反应时,那么就可以认为被试对这类启动刺激持有积极的态度,反之亦然。

这种间接测量方法能够避免直接测量方法中存在的社会赞许倾向(被试不愿意表露他们的真实态度)。同时,类似于情绪启动的间接测量方法也能够在被试内省能力有限、无法报告"隐藏"的态度时采集到这些态度的数据(Nisbett & Wilson, 1977)。

(三) 反应干扰任务

反应干扰任务在近些年的研究中越来越流行。和系列启动范式一样,反应干扰任务是一种通过间接方法测量心理加工的手段。在第3章中,Gawronski, Deutsch 和 Banse 综合介绍了 IAT 及其变式(Greenwald et al., 1998)、类别启动(e. g., Wentura & Degener, 2010)、Go/No-go 联想测验(GNAT; Nosek & Banaji, 2001)、外在情感性 Simon 任务(EAST; De Houwer, 2003)、接近-回避范式等诸多有关的实验范式(Chen & Bargh, 1999)。

和其他实验范式相比,IAT 的地位有所不同。这不仅是因为 IAT 在心理学的多个领域中都被广泛应用,更是因为它的心理测量学上的质量明显超过其他反应干扰范式。简单地说,IAT 包含两个不同的分类任务,研究者要在两种条件间比较人们的行为反应(如反应时),这种比较能够帮助我们推断概念与属性是否匹配。在应用上,IAT 主要被用于考察内隐态度(如对外群体的偏见)。

(四) 评价性条件反射任务

在社会认知研究中,评价性条件反射(Evaluative Conditioning, EC)任务也是研究者常用的实验范式。一般而言,评价性条件反射的基本原理被认为与巴甫洛夫条件反射的学习机制相似。和前文介绍的方法不同,评价性条件反射的过程旨在诱发而非测量特定效价。在评价性条件反射实验中,研究者通过反复呈现配对的中性刺激与有效价的刺激来改变中性刺激的效价。

对社会心理学而言,评价性条件反射实际上反映了真实生活中态度形成的一种过程,其背后的认知加工机制具有非常重要的价值。换句话说,对评价性条件反射发生条件的认识能够促进我们对态度本身的理解。此外,评价性条件反射对应用研究也具有很高的价值,它能够为旨在促进态度转变的项目提供建议。例如,可以把香烟与威胁图片匹配共同呈现,通过构造出香烟与消极概念之间的联系来促成戒烟行为。

(五) 工作记忆容量

工作记忆容量(WMC)是基础心理学研究的核心问题之一。近年来,社会心理学家也开始关注工作记忆容量。在第 5 章中,Schmeichel 和 Hofmann 介绍了测量工作记忆容量个体差异的具体方法,其中主要介绍了需要不停储存、加工信息的复杂广度任务(Daneman & Carpenter,1980)。例如,在阅读广度任务中,被试需要在加工一系列句子语义(判断真假)的同时连续记忆每个句子的最后一个单词。在实验中会设置不同长短的序列。对高工作记忆容量的个体而言,他们在长句子序列中也能够保持正确,而低工作记忆容量的个体即使在短句子序列中也容易犯错。

Hofmann 等人(2008)发现工作记忆容量能够调节个人欲望与自发行为之间的关系。例如,对想要吃糖果与糖果消费行为之间关系的研究发现:仅在工作记忆容量低的情况下,人们对糖果的偏好能够预测行为。由此,研究者认为高工作记忆容量能够阻碍欲望,使其不容易进入意识层面(Kavanagh,Andrade,& May,2005),或能够控制个人自发的欲望满足行为。因此,工作记忆容量实质上可以被视为社会行为在冲动和控制之间进行思想斗争的一种重要的调节变量。

(六) 心理语言学方法

Fiedler,Friese 和 Wanke 在第 6 章中提出应该重视心理语言学研究,并且介绍了相应的研究案例。因为交流对社会知觉和社会行为都至关重要,所以语言学分析可以作为分析社会认知过程的间接测量证据。为此,Semin 和 Fiedler(1988)曾提出了一个进行系统性文字分析框架的语言分类模型。这个模型根据抽象水平差异将陈述句分类到四个范畴中。语句的抽象水平越高说明它的属性越稳定。Fiedler,Semin 和 Koppetsch(1991)要求被试描述他们自己和他们的配偶,发现人们倾向于用抽象形容词描述他们的配偶,这反映了行为者-观察者偏差。与此同时,也发现人们通常倾向于使用解释行为的动词描述自己,表明自我描述的抽象水平更低。该效应被视为是亲密关系中自我中心偏向的指标,表示人们在日常行为中倾向于高估自己的责任。该研究示例证实了语言学分析能够为人们理解和考察社会心理现象提供直接测量证据。

(七) 对元认知的测量

元认知或次级认知(也就是对认知的认知)是影响人们认知、情感和行为的重要因素。例如,由于元认知包括对我们初级认知有效性的信念,因此如果我们认为主要的论据是无效的,我们就会减弱初始的想法并且改变初始的决策。在第 7 章中,Rucker 等人介绍了元认知过程在态度形成和说服中的作用。我们认为,元认知在社会心理学的很多领域(尤其是社会认知)中扮演着重要的角色。

本章通过情感对评价结果的作用来介绍初级和二级认知:Rucker 等人指出,情感不只是影响初级认知(如评价性决策的线索、对思维量产生影响),也影响元认知。例如,有研究发现,积极情感会提升对自己想法的信心(Briñol, Petty, & Barden, 2007)。

(八) 外周心理生理学测量

外周心理生理学测量在社会心理学研究中有着悠久的应用史。例如,关于情绪和情绪管理的研究常用诸如脉搏或面部肌肉活动作为测量指标。这种方法的根本逻辑在于心理生理指标是心理加工的外部反馈。然而,这两者之间的关联通常是间接的,无法找到一一对应的关系。生理反应通常有许多来源,同一个心理加工也会产生多种生理反应。

心理生理反应是大量心理生理过程的反映,生理测量为这些心理生理过程提供了很多测量方法,其中主要包括心血管测量、皮肤电测量和肌电图(EMG)。在社会认知的研究中,这些方法都发挥了重要作用。例如,研究者可以通过使用皮肤电测量和肌电图考察人们的情绪反应(如颧大肌、皱眉肌;Cacioppo et al., 1986)。即使在没有明显面部表现的情况下,仪器也能记录到面部肌肉的皮肤电和肌电图。在这种技术的帮助下,哪怕人们不愿意对外表现,研究者还是可以据此评价人们的态度(Vanman, Saltz, Nathan, & Warren, 2004)。

(九) 事件相关电位

事件相关电位(ERPs)是大脑皮质神经元被特定事件所激发产生的电位,通常使用头皮电极进行采集。这种方法能够以高时间精度和高时间分辨率记录不同脑区的放电活动。在第 9 章中,Amodio 和 Bartholow 通过一系列研究样例介绍了事件相关电位如何帮助研究者推进关于态度、人际知觉、刻板印象、自我控制等问题的社会认知研究。例如,Cacioppo、Crites、Berntson 和 Coles(1993)证明可以使用 P3 成分考察偏见(P3 成分对于低频目标刺激敏感);如果在积极刺激序列中出现被消极评价的个体,那么这个刺激就会激发产生更大的 P3 成分(Cacioppo, Crites, Gardner, & Berntson, 1994)。与问卷以及其他间接测量偏见的方法相比,基于事件相关电位的研究更少受到被试伪装的影响。

(十) 神经影像学方法

在第 10 章中,Quadflieg 和 Macrae 介绍了神经影像学技术在社会认知研究中的应用。虽然无论从技术上还是经济上来看,神经影像学方法都是本书所介绍方法中花费最高的,但是近年来越来越多的研究者选择使用这种方法来研究社会心理学的问题。在众多神经影像学方法中,功能性磁共振影像技术(fMRI)是使用得最多的。与事件相关电位技术不同,功能性磁共振影像技术能够获取高空间分辨率的大脑三维图像,但是时间精确度却很低,并且要求被试在实验期间躺下以减少头部活动。

功能性磁共振影像技术对我们理解社会认知的内部加工机制很有

帮助。同样以个体知觉的研究为例说明。有研究者发现枕部面孔区和梭状回对人类面孔加工是特异的（Haxby，Hoffman，& Gobbini，2000），并且相对于外群体面孔，梭状回在呈现内群体面孔的时候激活水平更强（Van Bavel，Packer，& Cunningham，2008）。这个结果有助于进一步拓展对社会心理学中诸如内群体偏向这种现象的解释。

（十一）数学模型

Klauer等人在第11章中介绍了两种数学模型——多项式加工树模型和扩散模型（Batchelder & Riefer，1999；Ratcliff，1978）。这两种模型都旨在分析挖掘观测数据背后潜在的心理过程。

多项式加工树模型关注的是被试在特定类别中的反应频率。通过对这些频率进行参数估计就可以进一步挖掘出潜在的心理加工机制。例如，Payne（2001）通过使用多项式加工树模型分析基于启动范式的种族偏见研究数据（对黑人的偏见提高被试对在种族身份后呈现的武器图片的识别率）。通过使用多项式加工树模型，研究者进一步揭示了被试区分两类目标刺激的能力以及与偏见相关的无意图加工过程。

扩散模型认为决策是以连续积累的证据为基础的。与多项式模型不同，扩散模型同时考虑反应时和正确率两个指标。这表明该模型对于数据的运用更为全面。通过使用扩散模型，研究者同样能够对加工过程进行细分（Voss et al.，2004）。扩散模型能够估计出决策标准（激进-保守）、标准中的偏向、信息积累的速度和没有用于决策本身的时间（如反应执行）4个参数。例如，有研究者使用扩散模型证明在动机性注意范式中所表现出来的效应来自信息积累的速度而不是有偏向的决策标准（Voss，Rothermund，& Brandtstädter，2008）。

（十二）联结主义模拟

最后在第12章中，Van Overwalle介绍了联结主义模拟。联结主义模拟是一种对人类大脑神经结构的模拟。在该结构中有单元和连接两种形式。扩散激活模型（spreading activation model）认为激活是从一个单元开始向该单元连接的其他所有单元传播的。在模拟的起点，研究者可以在理论基础上定义所有单元之间的联系。在引入外部输入后，模型通过更改已有连接的权重来表现"学习"。在进行了多轮"学习"后，将联结主义模拟的输出结果与真实实验结果进行比较。如果两种结果的拟合度高，那么说明模型是有效的。联结主义模型通过比较理论模型和真实数据之间的差异为我们提供了一种对理论进行检验的途径。

Van Overwalle 和 Labiouse（2004）使用联结主义模拟的方法解释了人类的社会知觉，并展现了联结主义模型的应用价值。该分析采用了一项早期研究的设计（Stewart，1965），在该研究当中，被试会在几个试次中收到关于某人的积极或消极特质信息。研究者的数据模拟（每个试次后对是否喜欢这人的预测）结果与实验结果基本一致，这表明该模型是有效的，同时说明复杂的（外显）认知对整合关于特定个人的不同信息而言并不是必要的。

三、总　　结

概述社会认知心理学研究使用的方法必然是有选择性的，并且也有一些武断的成分在其中。我们其实也可以在本书中介绍其他的方法，再选用其他样例来说明不同方法的运用。但是在本书中，我们使用了大量社会知觉和印象形成领域的研究案例，这是因为这些领域是社会心理学研究的核心主题。

我们的目的是证明社会心理学并不是一个被问卷调查法或行为观察法所主宰的学科。相反，在社会心理学的发展过程中，以本书所介绍的研究范式、工具为代表的认知研究方法在社会认知心理学研究中发挥的作用越来越重要。在许多情况下，这些方法并不仅仅为发掘特定的现象提供新的测量方法，更是为考察这些现象背后的认知加工机制提供了可能。通过使用认知研究方法，我们能够更深入地探讨社会心理现象的内在机制。

本书旨在介绍一些重要的认知研究方法，并详细阐述这些方法的应用细节。我们衷心希望本书能够为研究者与学生们在初涉该领域时提供必要的帮助。毋庸置疑，这些方法在运用的难易程度上存在差异。本书前几个章节介绍的范式只需要基本的编程技能就可以实现，而后几个章节介绍的方法（如生理测量、事件相关电位技术、功能性磁共振影像技术）则需要使用一些昂贵的设备，同时也需要掌握一定的操作技能。"纸上得来终觉浅"，这部分知识只能通过实际操作进行学习。受篇幅所限，我们在本书中无法非常深入地介绍每一种方法，因此本书只能作为社会心理学研究者学习认知研究方法的起点。作为补充，我们在每章最后提供了推荐阅读资料，供感兴趣的读者深入学习。

参考文献

Asch, S. E. (1946). Forming impressions of personality. *Journal of Abnormal and Social Psychology, 41*(3), 258–290.

Batchelder, W. H., & Riefer, D. M. (1999). Theoretical and empirical review of multinomial process tree modeling. *Psychonomic Bulletin and Review, 6*(1), 57–86.

Briñol, P., Petty, R. E., & Barden, J. (2007). Happiness versus sadness as a determinant of thought confidence in persuasion: A self-validation analysis. *Journal of Personality and Social Psychology, 93*(5), 711–727.

Cacioppo, J. T., Crites, S. L., Berntson, G. G., & Coles, M. G. (1993). If attitudes affect how stimuli are processed, should they not affect the event-related brain potential? *Psychological Science, 4*(2), 108–112.

Cacioppo, J. T., Crites, S. L., Gardner, W. L., & Berntson, G. G. (1994). Bioelectrical echoes from evaluative categorizations: I. A late positive brain potential that varies as a function of trait negativity and extremity. *Journal of Personality and Social Psychology, 67*(1), 115–125.

Cacioppo, J. T., Petty, R. E., Losch, M. E., & Kim, H. S. (1986). Electromyographic activity over facial muscle regions can differentiate the valence and intensity of affective reactions. *Journal of Personality and Social Psychology, 50*(2), 260–268.

Chen, M., & Bargh, J. A. (1999). Consequences of automatic evaluation: Immediate behavioral predispositions to approach or avoid the stimulus. *Personality and Social Psychology Bulletin, 25*(2), 215–224.

Daneman, M., & Carpenter, P. A. (1980). Individual differences in working memory and reading. *Journal of Verbal Learning and Verbal Behavior, 19*(4), 450–466.

De Houwer, J. (2003). The Extrinsic Affective Simon Task. *Experimental Psychology, 50*(2), 77–85.

De Houwer, J. (2007). A conceptual and theoretical analysis of evaluative conditioning. *Spanish Journal of Psychology, 10*(2), 230–241.

De Houwer, J., Teige-Mocigemba, S., Spruyt, A., & Moors, A. (2009). Implicit measures: A normative analysis and review. *Psychological Bulletin, 135*(3), 347–368.

Fazio, R. H., & Olson, M. A. (2003). Implicit measures in social cognition research: Their meaning and uses. *Annual Review of Psychology, 54*, 297–327.

Fazio, R. H., Sanbonmatsu, D. M., Powell, M. C., & Kardes, F. R. (1986). On the automatic activation of attitudes. *Journal of Personality and Social Psychology, 50*(2), 229–238.

目 录

译者序 ··· i

各章作者介绍 ·· i

前 言 ··· i

Andreas Voss / Christoph Stahl / Karl Christoph Klauer

第 1 章　测量注意的方法 ··· 1

　　　　Elaine Fox / Nazanin Derakshan / Helen Standage

　一、选择性注意研究简史 ·· 3

　二、测量选择性注意的方法 ··· 5

　三、选择性加工影响情绪易感性和恢复能力 ···························· 19

　四、注意控制：反向眼跳任务 ·· 22

　五、总结 ··· 27

　推荐阅读 ··· 27

　参考文献 ··· 28

第 2 章　系列启动范式 ··· 35

　　　　Adriaan Spruyt / Anne Gast / Agnes Moors

　一、系列启动范式的优势 ·· 37

　二、系列启动效应背后的加工过程 ··· 40

　三、系列启动范式的具体细节 ·· 44

四、应用样例 ·· 55
五、讨论 ·· 56
致谢 ·· 57
推荐阅读 ·· 58
参考文献 ·· 58

第3章 反应干扰任务 65

Bertram Gawronski / Roland Deutsch / Rainer Banse

一、基本概念与术语 ·· 66
二、方法简史 ·· 67
三、反应干扰任务：逻辑与过程 ···························· 68
四、对测量结果的解释 ······································ 92
五、测量方法的比较 ··· 96
六、结论 ·· 100
推荐阅读 ·· 100
参考文献 ·· 102

第4章 评价性条件反射 109

Jan De Houwer

一、评价性条件反射范式的优点 ··························· 110
二、潜在的加工过程 ··· 111
三、基本要素 ·· 113
四、总结和结论 ··· 128
推荐阅读 ·· 129
参考文献 ·· 129

第5章 工作记忆容量 134

Brandon J. Schmeichel / Wilhelm Hofmann

一、工作记忆的多成分模型 ································· 134
二、WMC的个体差异 ······································· 136

三、对 WMC 的实验操纵 ·· 138

　　四、OSPAN ·· 139

　　五、社会心理学研究中的应用样例 ································· 142

　　六、测量 WMC 的好处与代价 ·· 150

　　七、结论 ·· 151

　　推荐阅读 ·· 151

　　参考文献 ·· 152

第 6 章　心理语言学的研究方法 ·· 157

　　　　　Klaus Fiedler / Malte Friese / Michaela Wänke

　　一、语言：社会心理学中处于核心地位但长期被忽视的

　　　　主题 ··· 157

　　二、基于语言的研究方法概述 ·· 158

　　三、介绍语言学方法：三个例子 ···································· 161

　　四、词汇层面的语言学分析 ·· 167

　　五、句子中谓语的语言范畴 ·· 171

　　六、结论 ·· 181

　　推荐阅读 ·· 181

　　参考文献 ·· 182

　　附录 6.1　文本分段样例 ··· 185

　　附录 6.2　根据分段结果初步编码 ································· 186

第 7 章　元认知：测量初级认知和次级认知的方法 ········ 188

　　　　　Derek D. Rucker / Pablo Briñol / Richard E. Petty

　　一、初级认知过程 ·· 189

　　二、次级认知过程 ·· 192

　　三、识别和区分不同认知过程的实验方法 ··················· 195

　　四、案例分析：考察涉及情绪的不同认知加工过程 ··· 207

　　五、结论 ·· 213

推荐阅读⋯⋯⋯⋯⋯⋯⋯⋯⋯⋯⋯⋯⋯⋯⋯⋯⋯⋯⋯⋯⋯⋯⋯⋯⋯⋯⋯ 213

参考文献⋯⋯⋯⋯⋯⋯⋯⋯⋯⋯⋯⋯⋯⋯⋯⋯⋯⋯⋯⋯⋯⋯⋯⋯⋯⋯⋯ 214

第8章　外周心理生理学测量方法⋯⋯⋯⋯⋯⋯⋯⋯⋯⋯⋯⋯⋯ 218
Ursula Hess

一、在心理学中使用的心理生理学测量方法⋯⋯⋯⋯⋯⋯⋯⋯⋯ 218

二、方法论问题⋯⋯⋯⋯⋯⋯⋯⋯⋯⋯⋯⋯⋯⋯⋯⋯⋯⋯⋯⋯⋯⋯ 221

三、操作上问题⋯⋯⋯⋯⋯⋯⋯⋯⋯⋯⋯⋯⋯⋯⋯⋯⋯⋯⋯⋯⋯⋯ 223

四、肌电图（EMG）⋯⋯⋯⋯⋯⋯⋯⋯⋯⋯⋯⋯⋯⋯⋯⋯⋯⋯⋯⋯ 224

五、皮肤电活动（EDA）⋯⋯⋯⋯⋯⋯⋯⋯⋯⋯⋯⋯⋯⋯⋯⋯⋯⋯ 231

六、心血管测量⋯⋯⋯⋯⋯⋯⋯⋯⋯⋯⋯⋯⋯⋯⋯⋯⋯⋯⋯⋯⋯⋯ 236

七、还有其他方法吗⋯⋯⋯⋯⋯⋯⋯⋯⋯⋯⋯⋯⋯⋯⋯⋯⋯⋯⋯⋯ 245

推荐阅读⋯⋯⋯⋯⋯⋯⋯⋯⋯⋯⋯⋯⋯⋯⋯⋯⋯⋯⋯⋯⋯⋯⋯⋯⋯ 245

参考文献⋯⋯⋯⋯⋯⋯⋯⋯⋯⋯⋯⋯⋯⋯⋯⋯⋯⋯⋯⋯⋯⋯⋯⋯⋯ 247

第9章　事件相关电位技术⋯⋯⋯⋯⋯⋯⋯⋯⋯⋯⋯⋯⋯⋯⋯⋯ 256
David M. Amodio / Bruce D. Bartholow

一、ERP 是什么⋯⋯⋯⋯⋯⋯⋯⋯⋯⋯⋯⋯⋯⋯⋯⋯⋯⋯⋯⋯⋯⋯ 257

二、ERP 测量⋯⋯⋯⋯⋯⋯⋯⋯⋯⋯⋯⋯⋯⋯⋯⋯⋯⋯⋯⋯⋯⋯⋯ 259

三、怎么解释 ERP 数据⋯⋯⋯⋯⋯⋯⋯⋯⋯⋯⋯⋯⋯⋯⋯⋯⋯⋯ 264

四、社会心理学中的 ERP 研究样例⋯⋯⋯⋯⋯⋯⋯⋯⋯⋯⋯⋯⋯ 271

五、使用 ERP 技术作为研究手段会面临的实际问题⋯⋯⋯⋯ 282

六、结论⋯⋯⋯⋯⋯⋯⋯⋯⋯⋯⋯⋯⋯⋯⋯⋯⋯⋯⋯⋯⋯⋯⋯⋯⋯ 284

推荐阅读⋯⋯⋯⋯⋯⋯⋯⋯⋯⋯⋯⋯⋯⋯⋯⋯⋯⋯⋯⋯⋯⋯⋯⋯⋯ 284

参考文献⋯⋯⋯⋯⋯⋯⋯⋯⋯⋯⋯⋯⋯⋯⋯⋯⋯⋯⋯⋯⋯⋯⋯⋯⋯ 284

第10章　神经影像学技术⋯⋯⋯⋯⋯⋯⋯⋯⋯⋯⋯⋯⋯⋯⋯⋯⋯ 293
Susanne Quadflieg / C. Neil Macrae

一、使用神经影像学方法的好处⋯⋯⋯⋯⋯⋯⋯⋯⋯⋯⋯⋯⋯⋯ 294

二、样例：对人的知觉与解释⋯⋯⋯⋯⋯⋯⋯⋯⋯⋯⋯⋯⋯⋯⋯ 296

三、生理学和方法论上的机制 …… 299

四、基本要素 …… 301

五、讨论 …… 309

推荐阅读 …… 314

参考文献 …… 315

第 11 章　多项式模型与扩散模型 …… 321
Karl Christoph Klauer / Christoph Stahl / Andreas Voss

一、多项加工树模型 …… 321

二、扩散模型 …… 335

三、结论 …… 340

推荐阅读 …… 341

参考文献 …… 341

第 12 章　联结主义模拟 …… 345
Frank Van Overwalle

一、联结主义模拟的优势 …… 345

二、潜在的加工过程 …… 346

三、基本要素：涌现属性 …… 351

四、研究样例 …… 355

五、操作教程 …… 365

六、讨论与结论 …… 369

推荐阅读 …… 370

参考文献 …… 370

第 1 章

测量注意的方法

Elaine Fox
Nazanin Derakshan
Helen Standage

现在暂时打断一下你专注的阅读，请你稍作休息，转而注意一下你周围所能看到、听到、嗅到和感受到的景象与声音。我想你一定会惊讶于那些挤入你意识的感觉的数量。我猜你可能会听到空调的嗡嗡声，飞机的轰鸣声，马路上的各种汽车声，甚至鸟儿的啁啾声。你在这之前并没有意识到这些声音中的绝大部分，然而它们确实存在。同样地，你也许也感受到了椅背的触感或是周围电子屏幕的频闪，或是窗外射入的阳光。你完全可以继续感受下去，然而言归正传，我们以此为例是希望向你生动地展示在探讨注意以及注意在认知过程中扮演的角色时，认知心理学家通常想表达的是什么意思。注意过程是一种在大量心理机制中处于关键地位的基础性认知过程。它可以决定我们留意到什么、记住什么或是我们会更积极地回应环境中什么样的信息。可以这么说，大量心理结构和过程（其中包括社会心理学家所关注的部分）都以注意作为它们的基石。在刚才的体验中你也会明显感受到，我们时刻处于被大量信息"狂轰滥炸"的状态下，然而在特定时刻我们仅仅能够意识到其中很小一部分。这实际上就是注意发挥作用的结果。简单来说，在每时每刻选择、放大重要信息以及抑制、削弱无关信息是受到认知心理学研究者广泛关注的注意活动的核心机制。

我们要先澄清一些关于注意的重要知识点。首先，注意本身并不是一个单独的认知活动,而是一个由一系列感觉、知觉以及运动加工组成的大脑活动过程。由于篇幅所限,我们在本章中不会全面、细致地介绍各种注意加工研究及其研究方法,而是集中、深入地讨论在注意研究中被广为关注的选择性注意机制。Desimone 和 Duncan(1995)指出,在人类大脑中负责知觉加工的那部分脑区的神经元密度比较高,这一现象符合多重感觉信息并行输入加工会出现计算局限的假设。计算局限迫使生物进化出选择性注意机制,以保证个体能够在加工能力有限的情况下尽可能高效地处理信息(Parasuraman,1998)。在有大量环境信息输入的情况下,选择性注意的主要功能是决定要注意并仔细分析哪些信息、忽视哪些信息,以此达到高效处理信息的目的。根据这一功能,社会心理学家可以通过选择性注意考察特定类型信息的加工优先性机制。比如,选择性注意加工机制对分析各种群体偏见现象及其形成机制,内外群体成员在知觉编码和记忆中的表征差异以及大量社会互动过程的研究来说都是至关重要的(Bar-Haim,Ziv,Lamy,& Hodes,2006),这些进路已经运用在很多研究中了。在本章中我们将主要介绍一些可用来开展选择性注意研究的常用方法。

除了选择性注意以外,本章也涉及与选择性注意相关的注意控制。和选择性注意一样,注意控制也与大量社会心理现象的加工过程之间存在着重要关联。注意控制指的是使注意转移或保持在特定类型信息上的一系列加工过程。有研究发现,其实注意能够被人们的高级目标或意向所控制(目标驱动的控制),也可以被物理环境影响(刺激驱动的控制)。举例来说,如果有一个人正在一家生意兴隆的咖啡店里找一位金发的朋友,那么他会怎么做呢?他很可能会扫视整个店堂,忽略那些头发不是金色的人(注意被目标控制;是主动的)。然而,如果这时候有人摔碎了一个杯子,那么这个突发事件就会把这个人的注意吸引到摔碎杯子的地方。这时候,注意就被刺激控制了(是被动的;Yantis,1998)。我们可以用注意控制来解释社会交互之所以能成功开展的原因,以及社会交互的效率高低是怎么造成的。如果有人的注意控制出现了问题,那么这个人就会表现出一些精神病状。例如,注意控制理论

(ACT)认为,焦虑会破坏人们自上而下(目标导向)的注意控制,由此加强刺激驱动的系统(Eysenck & Calvo,1992;Eysenck,Derakshan,Santos,& Calvo,2007)。使用注意控制理论来解释情绪和情感非常贴近社会认知以及其他社会心理学的研究主题。

接下来,我们将介绍一些能够同时考察选择性注意和注意控制的常用方法。

一、选择性注意研究简史

在20世纪五六十年代开发的实验范式和理论至今依然引领着当代对于选择性注意的研究。在尝试解释为什么一些事件会被记住、报告或影响行为,而另一些事件则会被遗忘的问题时,认知心理学家们逐渐意识到人类的大脑并不是一个被动的"电话总机",而是一个高度交互的信息加工系统(Broadbent,1958)。这种动态的信息加工特征导致人们往往会在加工中存在偏向。也就是说,人们在再次加工同一信息的时候,实际加工的是同一信息的不同方面。在早期研究中,E. Colin Cherry(1953)根据经典的"鸡尾酒会"效应(在很多人说话的房间里听取特定声音)研发了同时向左右耳呈现不同音频的双耳分听任务。Cherry发现,当要求被试复述其中某个声道的声音时,被试很容易就能做到,但却同时能近乎无意识地关注到另一侧声道的声音。例如,当非关注声道的信息先使用德语,后改为英语时,被试不太会发现这当中发生的变化。然而,研究者又发现,当非关注声道的音高发生变化时(男声变为女声,或改成400 Hz的声调)被试就会意识到发生了变化。这一结果说明非关注刺激的物理属性会被意识到,而语义则不会被意识到(Cherry,1953)。

Donald Broadbent(1958)基于类似的一系列研究提出了影响深远的过滤器模型。他认为,无论是否得到关注,所有物理刺激都会进入大脑,然而只有那些需要被关注的信息才会得到更进一步的识别。即人们只在注意到某一个刺激后才会继续进行更深入的加工，如语义分析。这个观点被称为早期选择理论。

有研究者提出与早期选择理论观点相对的晚期选择理论。晚期选择理论认为对熟悉刺激的识别是非选择性的，不受注意容量的限制(Deutsch & Deutsch，1963)。该理论来自双耳分听实验中人们即使在非关注情况下也会注意到一些熟悉信息(如自己的名字)的现象。这一理论假设挑战了过滤器模型提出的非关注信息在语义加工前的早期阶段就已经被过滤掉的观点。晚期选择理论认为选择虽然受到注意容量限制，但却发生在语义识别后，只是起到选择报告哪些信息的作用而已(Duncan，1980)。晚期选择理论可以对那些未被关注的信息依旧能影响当前加工的现象作出解释。

无论是早期选择理论还是晚期选择理论都只针对性地解释了一些极端情况，另一些研究者结合两者观点提出了整合性的理论。这些整合性的理论更能契合对选择性注意的实证研究结果。其中，Anne Treisman(1960)提出的衰减模型影响最为深远。衰减模型认为非关注信息会衰减但不会被完全屏蔽。也就是说，就那些高度熟悉的(如自己的名字)或是被某些方法启动的非关注信息来说，观察者对它们的感觉阈限很低，所以这类非关注信息很容易突破过滤器，而其他非关注信息则会被过滤掉，以保证注意能够集中于要关注的信息上。过滤器模型中信息的选择具有两个特点，一是过滤器实现的是衰减而非完全排除；二是纳入了启动机制，解释了一些重要的或被启动的信息即使在未被关注的情况下也能被识别的现象。Nilli Lavie(1995)进一步提出了知觉负荷理论，指出晚期选择理论可能只适用于知觉负荷较低的情况。也就是说，因为简单任务占用很少的认知资源，所以此时作为分心刺激的非关注信息就容易被探测到；而进行困难任务时则不容易被探测到(可对应于早期选择理论)。这个理论认为，任务本身所需的认知负荷会决定选择发生在早期还是晚期。这一观点已经在干扰和启动效应的研究中得到证明(Lavie，1995；Lavie & Fox，2000)。该理论对选择性注意的实验范式具有非常重要的理论意义，它让研究者认识到在有关研究中需要认真考虑任务难度(认知负荷)可能带来的潜在影响。举例来说,如果我们想考察人们在社会交互中对任务中未要求关注的外群体成员所具有特征的意识水平,那么我们设置的任务难度实际上会显著影响结果,如果不加以注意的话,甚至可能误导对结果的解释。

在简单回顾关于选择性注意的研究之后,我们可以发现,何时、如何关注或不关注信息的关键之处在于信息是否会得到进一步的加工。在对有关问题长年累月的研究过程中,心理学家开发出了一系列研究方法,这些方法目前正在社会心理学的各种研究中大放异彩。接下来,我们先简单介绍一些常用方法,再举例介绍它们在认知与情绪(情感科学)领域中的应用,以帮助大家更好地理解。情感科学家通常关注情感刺激如何影响信息加工和行为表现。在他们的研究领域中,研究者经常使用选择性注意任务来考察诸如非注意条件下情绪信息的加工及精神病患者的注意偏向等问题。在这些研究主题中,研究者均巧妙地运用了选择性注意的研究方法。这些主题与社会心理学之间也存在密切的关系。通过学习这些案例,相信本章能够帮助大家初步学习如何在社会心理学的研究中运用选择性注意实验范式。

二、测量选择性注意的方法

在心理学中有许多任务可以用来考察选择性注意(Pashler,1998)。根据它们的特征进行分类后,可以发现大部分任务实际上都属于简单的过滤任务或监控任务。

过滤任务是指在任务中同时呈现多个信息或呈现同时具有多个维度的信息,随后要求被试根据指导语做出反应。双耳分听任务是过滤任务的典型代表。在该任务中,实验者同时向被试的左耳和右耳播放不同声音,以被试识别的信息作为考察指标。此外,也有任务通过要求被试在刺激的一系列维度中关注某个特定维度,或是在呈现一些刺激之前短暂呈现箭头作为位置线索,再在刺激呈现后让被试根据箭头指向选出相应的刺激,达到考察选择性注意的目的。

与过滤任务很相似,研究者在监控任务中也会同时向被试呈现一些刺激,但是被试的任务是关注一个以上刺激的属性。最为经典的是分散注意任务,在这个任务中被试需要同时注意多个刺激,报告多种刺激所具有的一些属性。因为过滤任务基于注意并不会分散这一前提条件(且不管这个前提是不是事实),所以分散注意这个术语可能会让人有些费解(Pashler,1998)。在接下来的内容中我们着重介绍过滤任务及其中的经典范式,并以情感研究为例初步说明这些范式的技术手段。社会心理学研究者想必会对情感研究比较感兴趣。

(一) Stroop 任务

John Ridley Stroop 于 1935 年发明的以自己姓氏命名的字-色报告任务是考察选择性注意的经典范式,这个范式以他的姓氏命名(MacLeod,1991)。在 Stroop 范式中,研究者在卡片或计算机屏幕上向被试呈现一系列具有不同颜色的颜色词(如红色的"蓝"),要求被试报告这些词的颜色,同时忽略词在语义上表示的颜色。研究者发现当字色和语义颜色一致时(如红色的"红"),被试的反应时显著地短于控制条件(红色的"×××")。这个现象称为促进效应。然而,当字色与语义颜色不一致时,被试的反应时显著长于一致和控制条件。这个现象就被称为干扰效应或 Stroop 效应。研究者通常认为出现 Stroop 效应的原因可能为:被试对熟悉字词的语义加工具有自动化的特征,这种自动化加工干扰了注意。虽然该范式看上去非常简单,但却为心理学家提供了一种考察刺激无关属性干扰加工的有效测量方法。

心理学家根据 Stroop 效应的基本原理提出了很多变式。最常见的做法是将语义为颜色的字词替换成具有不同情感效价的词汇,通过与中性词比较报告字色的反应时差异来考察情绪词如何干扰注意。例如,研究者以 Stroop 范式的形式向被试呈现一系列不同颜色的积极、消极形容词,结果发现被试报告消极词字色的反应时远长于积极词。根据这个结果,研究者提出,与积极社会信息相比,人们可能对消极社会信息持有更高的警觉水平(Pratto & John, 1991)。陆续有研究使用Stroop任务证明事实可能确实如此。比如,有研究从被试个体差异的角度出发,以不同颜色的威胁性词(如"攻击""掠夺")和非威胁性词作为Stroop任务的刺激。结果发现高特质焦虑(神经质)或有焦虑障碍的被试对威胁性词字色的反应时显著长于对中性情感词字色的反应时(Williams, Mathews, & MacLeod, 1996)。这种以Stroop效应为基础的变式(情绪Stroop范式)被心理学家广泛地运用在研究中,并被认可作为一种可以反映人们对威胁刺激进行选择性注意加工的指标。稍加修改后,情绪Stroop范式也可以运用于情感以外的其他研究领域。这对社会心理学研究而言具有非常高的价值。例如,如果将词改为与某一种族有关的词或是其他有明显社会属性的词后,Stroop范式就可以直接用于考察这类社会信息下选择性注意的特征。

情绪Stroop范式除了可以用来探讨人类对特定词类的选择性加工以外,也可以用来预测情绪易感性。情绪易感性指的是潜在的容易被压力情境所激发的情绪敏感性(MacLeod, Rutherford, Campbell, Ebsworthy, & Holker, 2002)。MacLeod和Hagan(1992)曾尝试用情绪Stroop研究这种预测性。在他们的研究中,首先使用阈下呈现的情绪Stroop范式测量一群等候结肠镜检查的女性的注意偏向,在间隔2个月后向她们反馈各自的宫颈病理检查结果。结果发现:情绪Stroop任务中测得的负性刺激偏向能够预测对反馈结果的焦虑水平。在完成任务的过程中,那些反应时受到负性刺激影响的女性在面对检查结果这一压力事件时表现出更强烈的消极情绪反应。这说明情绪Stroop任务能够深入探查那些产生与维持情绪敏感性的关键认知机制。

情绪Stroop任务很容易实现,并且得到的结果也较为稳定。然而,这个范式并非完美。在运用的时候需要加以注意。情绪Stroop任务对在被试所做反应的解释上存在一定问题。举例来说,在情绪Stroop任务中,在注意进行关注后才会从刺激中分化出要注意的属性(字色)和要忽略的属性(词义),因此在实际操作中研究者无法确定让被试"不要关注"的要求是不是真的转移了注意(Fox，1993)。这是一个很重要的细节问题。如果研究考察的是在非关注条件下某种特定信息是否会捕获人们的注意，那么就需要结合其他方法进一步进行论证。此外，在Stroop任务中我们也不能肯定测得的反应时差异直接来自注意偏向本身，这是由于反应时上的差异也有可能来自后期的信息加工过程，而不仅仅来自早期的知觉阶段(Williams，Watts，MacLeod，& Mathews，1988，1997)。

关于Stroop任务的方法论问题主要有以下几方面：

(1) 刺激：情绪Stroop任务主要使用情绪词作为刺激(Williams et al.，1996)。因此，使用该任务的研究者需要控制词频、词汇长度(中文的笔画数)以及音节数量。虽然目前几乎没有研究提及字色会影响结果，但是为保险起见，我们建议研究者遵照最初的研究来设置字色(红、绿、黄、蓝；Berenson et al.，2009)。

早期的反应方式为口头报告法，使用音频设备或主试人工进行记录(Macleod & Hagan，1992；Mogg，Bradley，Williams，& Mathews，1993)。随着计算机的普及，目前主要使用按键进行反应。考虑到任务中最主要的因变量是反应时，因此在条件允许的情况下反应时计时要尽可能地精确到毫秒水平。出于这个原因，我们推荐使用实验软件配套的反应盒而非使用电脑键盘，以避免引入20—30 ms的误差。以上记录方法上所给出的建议同样适用于其他考察反应时的实验范式，这样设置能够尽可能凸显实验条件之间可能存在的微小差异。

在实验中也可以采取组块设计的方式呈现实验刺激。即，将刺激分入威胁词、控制词组块，以词汇在组块内随机呈现的形式完成任务(而不是所有词完全随机呈现)。研究证明，这种操作方法可以进一步凸显并获得稳定的Stroop任务干扰效应(Phaf & Kan 2007)。

(2) 时间：研究者需要依据拟考察的认知加工活动设置呈现刺激的时长。依据呈现时间的长短，呈现方式可以分为进入意识水平的阈上呈现(被试可以说出他们看到了什么)，以及无法被意识到的阈下呈现(被试说不出他们看到了什么)。对于阈上呈现而言，我们建议在被试按键反应前将词汇一直呈现在屏幕上(MacLeod & Hagan，1992；Mogg，Kentish，& Bradley，1993；Pratto & John，1991)，不需要根据反应排除标准设置呈现时间(如有研究者以 300 ms 作为排除反应的标准；Kindt，Bierman，& Brosschot，1997)。对于阈下呈现而言，研究中一般会设置为呈现 14—20 ms 词汇后再呈现与词汇同等大小的掩蔽刺激（如"×××"；MacLeod & Hagan，1992；MacLeod & Rutherford，1992；Mogg，Bradley，et al.，1993；Mogg，Kentish，et al.，1993)。如果阈下操作对你的实验设计非常重要，那么你可以考虑在完成任务后检测被试对刺激的觉察水平。当然，如果你的研究对刺激阈下呈现与否的要求并不高，那么完全可以省略这个步骤。

怎么检测被试对阈下刺激的觉察呢？常用方法是测试被试对阈下刺激的学习情况。即，重新构造一个阈下刺激序列，在其中一半试次的掩蔽刺激之前呈现前面实验中用过的词汇，另一半试次的掩蔽刺激前是空屏，要求被试在每次呈现掩蔽刺激后按键报告掩蔽刺激前是否呈现过词汇(Mogg，Bradley，et al.，1993)。如果被试反应的正确率处于机遇水平(50%)，那么就可以判定实验中的阈下操纵有效。此外，还有研究者使用词汇判断任务来评估阈下操作的有效性(MacLeod & Hagan，1992)。如果选用这种方法，那就只要把前面介绍的方法中的空屏改为假词，要求被试报告掩蔽刺激前呈现的是真词还是假词就可以了。不过，受制于电脑显示器的刷新频率，程序可供设定的阈下呈现时间也许不能完全满足研究需要。所以在涉及具体研究问题时必须考虑实现实验设计时存在的技术障碍，避免因为设备缺陷影响操纵的效度。

(二) 注意探测任务

注意探测任务旨在从反应偏向中区分出知觉偏向。在该范式中，被试的任务是对中性刺激做出中性反应。这样一来，结果中的所有差异都来自做出反应前的信息加工阶段(如知觉或注意层面的加工)。经典的注意探测任务会在屏幕左、右(或上、下)同时呈现一系列词对或图对。在每一对刺激中，有一个刺激是消极或积极的，另一个刺激是中性的。一般情况下，刺激对呈现时长为 500 ms 左右。在刺激对消失后，程序马上随机在之前两个刺激呈现的其中一个位置上呈现中性的探测刺激（如":"或".."）。任务要求被试注视屏幕中的注视点，按键报告探测刺激呈现的位置。注意探测任务同时以正确率和反应时为因变量。与 Stroop 范式不同，在注意探测任务中，被试对呈现在积极或消极刺激位置的探测刺激反应得较快就表明存在着偏向。

大量情感科学研究都运用了注意探测任务。与情绪 Stroop 任务的结论相似，这些使用了注意探测任务的研究也发现高特质焦虑或神经质的人对消极刺激位置上呈现的探测刺激反应更快（Mathews & MacLeod，2005）。注意探测任务在材料的选用上同样具有很高的自由度，诸如图片、文字、面孔等类型的刺激都能用于研究。例如，Mogg，Philippot 和 Bradley(2004)使用快乐、愤怒和中性的面孔表情图片作为刺激材料，发现与正常人相比，患有社交恐惧症的病人对愤怒面孔位置的探测刺激的反应时更短；Macleod，Mathews 和 Tata(1986)也发现只有焦虑症状而无抑郁症状的病人对威胁刺激存在注意偏向。以上研究结果与焦虑是一种"生物性警告"以及焦虑能在有潜在危险的环境下促进威胁检测的观点一致（Eysenck，1992），也支持了焦虑与对威胁的注意偏向有关这一观点。对此，有研究发现人们对诸如蛇或蜘蛛这类会造成"威胁"的生物表现出的知觉敏感性更高（Öhman & Mineka，2001）。另外，也有研究通过修改范式中的刺激，考察了酒精线索注意偏差与饮酒动机之间的关系（Field & Eastwood，2005；Waters，Shiffman，Bradley，& Mogg，2003）。

在注意探测任务中，研究者通常用消极刺激捕获了人们的注意来解释被试对呈现在消极刺激位置上的探测刺激反应更快这一现象。显然，鉴于任务中需要忽视的刺激和需要反应的刺激是相分离的，结果表现出的模式实质上反映的是从消极刺激转移注意所花费的时间，而不是消极刺激吸引注意的时间。根据注意探测任务的原理做出的解释比由 Stroop 任务做出的解释更可靠，也更好理解。举例来说，在注意探测任务中刺激对的呈现时间通常是 500 ms，在这段时间里被试的注意可以在两个位置之间来回切换。在这个过程中某些特定刺激（如消极刺激）可能使注意停留在它上面。如果随后出现的探测刺激正好在那个位置上，那么因为被试本身就关注着那个位置，所以反应时就会更短。不过，从这里也可以看出，确实如同 Fox 等人所认为的那样，注意探测任务无法区分出"捕获/卷入注意"与在某个位置"保持注意"这两种可能的机制（Fox, Russo, Bowles, & Dutton, 2001）。如果你的研究主题不需要区分这两种机制，那么你就可以放心地运用注意探测任务和 Stroop 任务；而如果你的研究主题恰恰与之有关，那你就需要借助其他研究范式了。

关于注意探测任务的方法论问题主要有以下几方面：

(1) 线索刺激：在注意探测任务中，研究者可以使用具有情绪唤起作用的词或图及中性的词或图构成线索刺激所需的词对或图对。如果使用的是词对，你就需要匹配两个词的词频和长度，让两个词在基本的物理属性上保持一致。与使用词对相比，使用图对能够直观且生态化地展现情绪之类的概念（如研究中通常使用面孔情绪作为情绪刺激；Bradley, Mogg, Millar, et al., 1997；Ekman, 1993）。和词对一样，使用图对的时候也要对图片适当进行标准化。这项工作对于研究者来说会非常麻烦。幸好有些研究者已经替大家完成了这部分烦琐的工作。例如，Ekman 的系列图库（Ekman & Freisen, 1975）和 Karolinska 方向性情绪面孔库（KDEF；http://www.facialstimuli.com/）里就包含了大量的经过标准化的面部情绪图片供研究者参考使用。此外，国际情绪图片系统（IAPS）中包含的一些情绪场景图片也可供研究使用（Lang, Bradley, & Cuthbert, 2005）。

那么，在研究中到底是使用文字好还是使用图片好呢？已有研究发现，无论是使用文字还是图片，在实验中得到的结果基本相似（Bar-Haim, Lamy, Pergamin, Bakermans-Kranenburg, & van IJzendoorn, 2007）。不过近年来有越来越多的研究者转向使用图片作为实验刺激。

(2) 探测刺激：注意探测任务中使用的探测刺激可以直接借鉴探

测位置任务和探测分类任务的做法。探测位置任务会在之前呈现过线索刺激(词或图片)的其中一个位置呈现探测刺激(如点、星号或三角形)。被试的任务是报告探测刺激的位置。Mogg 和 Bradley(1999)认为,因为探测位置任务可以用简单的示意图作为指导语,被试很容易就能理解,所以可以用于对儿童或临床病人的研究。然而,这个方法取得的结果可能会受到反应启动的影响,而非真正反映注意加工的效果。反应启动指的是当探测刺激呈现在右侧时,右手的肌肉可能被这一视觉刺激启动,进而导致反应时缩短(Fox et al., 2001)。

探测分类任务的不同之处在于以垂直或水平的一对点(":"或"..")作为探测刺激;被试的任务是报告呈现的点是什么样的,而不是报告左右位置(Bradley, Mogg, Falla, & Hamilton, 1998; Mogg & Bradley, 2002)。探测分类任务能够让被试在监控屏幕左右两侧的同时避免受到反应启动效应的影响。然而,这种判断刺激形式的反应方式并不是直觉性的,被试需要经过一定的学习才能掌握。所以,在使用这种任务的时候被试犯错的可能性更高,反应时也会更长,反应时的波动也会更大(Mogg & Bradley, 1999)。在焦虑和抑郁的研究中这两种任务都有所应用,探测分类任务的使用相对更广泛一些。

(3) 时间:在注意探测任务中,呈现图对或词对的时间通常设置为 500 ms。在不同研究中使用同样的设置有助于在不同研究之间进行比较。然而,人们的注意在 500 ms 的呈现时间里可以在两个刺激之间来回切换多次。这样的话,实验取得的结果就不太适合用来解释注意偏向背后的具体加工活动(Mogg & Bradley, 1998)。例如,如果将呈现时间设定为 500 ms,那么研究者就无法回答被试一开始注意的刺激是哪个,以及是否存在注意在刺激之间切换的现象,也就无法进一步解答自动化的前意识加工和意识性的注意加工在威胁偏向之类现象中起到什么样的作用。如果需要解答这个问题,研究者就需要进一步使用阈下注意探测任务加以考察。

一般情况下,阈下注意探测任务设置的阈下刺激和后掩蔽刺激呈现之间的间隔时间(SOA)应当在 14—17 ms。如果使用的是词对,那么后掩蔽刺激可以使用"××"或随机字母(Bradley, Mogg, & Lee, 1997);如果使用的是图对,后掩蔽刺激可以使用刺激图片切片再随机排列后制作的马赛克图片,这样可以保证整张图片的亮度等物理属性基本一致(Fox, Cahill, & Zougkou, 2010; Mogg & Bradley, 1998)。和 Stroop 任务一样,我们也推荐对刺激进行觉察程度检查以保证操纵有效。例如,如果使用面孔图片作为刺激,可以要求被试判断呈现的面孔是男性还是女性;如果使用词汇作为刺激,可以进行真假词的判断,或判断掩蔽刺激前是否存在词汇(同 Stroop 任务中介绍的方法;Bradley, Mogg, et al., 1997)。

(4) 试次的数量和组合:试次数量和组合有很多种设置方法,这里举一例说明。Mogg 和 Bradley(2002)在实验中设置了 32 个练习试次和 256 个实验试次。实验刺激是来自 64 个模特的 128 张面孔图片。在每一个试次里呈现的是同一个模特的情绪面孔和中性面孔图片。每个模特的照片会呈现两次,一次情绪面孔在左侧,一次情绪面孔在右侧,一共构造出 128 个试次。另外再设置 128 个填充试次。填充试次中呈现的是一对相同的面孔图片(同一个人两张同一情绪的面孔图片或两张中性的面孔图片)。探测刺激和情绪面孔的位置在试次间进行平衡。

(三) 改编的空间线索任务

为解答焦虑个体是关注威胁信息还是对威胁信息转移困难这个问题,Fox 等人(2001)修改了 Posner、Snyder 和 Davidson(1980)开发的空间线索任务。最早的空间线索任务是在电脑屏幕上水平呈现 3 个方框,两侧方框中的其中一个会以短暂地闪烁一下作为线索刺激,随后在这两个方框中的其中一个方框里呈现目标刺激,被试再根据目标刺激位置做出反应。如果目标刺激呈现在先前作为线索的方框里,那么这个试次就称为线索有效试次,反之则称为线索无效试次。与两侧方框同时作为线索的基线条件相比,被试的反应在线索有效的情况下会变快,在线索无效的情况下则会变慢。研究者通常用注意对线索的反射性定向来解释这种反应模式：当目标刺激呈现在线索无效方框里时，注意需要从线索位置上脱离，转移到无线索的方框上，重新集中在目标刺激上，这个过程延长了反应时。

在这个逻辑的基础上，Fox 等人（2001）把简单的闪烁线索更改为具有威胁、积极或中性效价的字词或面孔，指出线索无效试次的反应时能够体现威胁、积极、中性等不同效价的刺激对注意脱离的影响。Fox 等人在实验中发现被试的确要花费比积极刺激和中性刺激更多的时间来脱离无效的威胁刺激。这一结果重现了 Pratto 和 John（1991）使用 Stroop 范式获得的研究结果。此外，空间线索范式帮助他们更进一步明确了导致该效应的机制是消极社会信息使得注意脱离困难，而不是消极刺激更容易使注意卷入。在研究者后续实验中发现，随着线索呈现时间增加，脱离困难程度还会受到被试的状态焦虑水平影响（Fox et al.，2001）。威胁信息的脱离困难效应仅存在于那些焦虑水平高的被试身上。

将 Fox 等人（2001）的研究整合起来看，我们可以发现无论焦虑水平如何，人们身上都存在着关注威胁信息的一般倾向。不过，在延长加工时间之后，低焦虑水平的被试脱离不同类型刺激的时间变得一致，而高焦虑水平的被试依旧倾向于将注意保持在出现威胁刺激的位置上。这一结果也在使用情感图片、面孔和词汇的研究中得到了验证（Amir，Elias，Klumpp，& Przeworski，2003；Fox，Russo，& Dutton，2002；Koster，Crombez，Verschuere，& De Houwer，2004；Yiend & Mathews，2001）。Fox 等人（2001）的研究结果进一步证明了人们对消极或威胁性刺激的注意偏向来自注意转移困难而不是注意卷入。也有研究者在一项于不同位置上显示赌博输赢点数的实验中发现，高焦虑且有注意控制困难的被试更难将注意从和经济损失相关的位置上转移出来（Derryberry & Reed，2002）。

关于改编的空间线索任务的方法论问题需要关注两个方面：

（1）呈现线索刺激和目标刺激之间的时间间隔（SOA）

已有研究普遍发现当 SOA 短于 300 ms 时，线索有效试次的反应时比无效试次短。然而,当SOA长于500 ms时,线索有效试次的反应时反而比无效试次长。这种现象被称为返回抑制(IOR;Posner & Cohen,1984),指的是人们对注意返回先前关注区域的抑制行为。Fox等人(2002)在使用面部表情考察IOR效应时发现当SOA为960 ms时,高焦虑被试在愤怒表情上出现的IOR效应比在快乐或中性表情上出现的IOR效应弱。这个结果说明焦虑个体更难抑制自己,难以使自己不去关注与威胁相关的图片呈现的位置,这个结果佐证了焦虑具有难以使注意从威胁信息上脱离的特点(Fox et al.,2001,2002)。

(2) 线索有效试次的比例

大部分设置短SOA(<300 ms)的实验通常将这个比例设置为75%。这个比例能使被试产生关注线索侧的强烈动机(依据实验需求设置为50%时也可以得到类似稳定的结果)。不过,如果你要考察IOR效应,那就必须将线索有效试次的比例设置为50%,否则就会破坏IOR效应(Fox et al.,2002;Posner & Cohen,1984)。

空间线索任务并不适用于考察对威胁信息的警戒。尤其是在线索有效性试次的比例大于50%的时候。Fox等人(2001)认为,被试在空间线索范式中对有效试次的反应非常快,所以这个范式并不能在反应时上精确地反映出早期加工中警觉或注意切换上存在的偏向。不过,他们认为可以通过无效线索试次来考察注意脱离。实际上,通过这种方法来解释加工是存在一定问题的。这是因为威胁刺激普遍会使反应时增长,我们很难从中确定反应时的特征到底反映的是什么模式(Mogg et al.,2008)。例如,当刺激是威胁信息时,线索有效试次和线索无效试次的反应时都会变长,这个结果看似可以解释为注意脱离的效应;但是,这个结果也很有可能来自对威胁信息的警觉性提升。针对这两种可能性,Mogg等人(2008)在实验中通过在屏幕中间添加一个方框,增加在中间方框中呈现线索的条件这种形式为解答这一问题提供了新的证据。在实验中他们发现,在中间方框里呈现威胁刺激的时候,被试对两侧线索的反应时都会变长。根据这个结果,他们提出应当在空间线索范式中加入中间呈现线索的试次,把这种试次作为注意脱离反应时的基线,以便于根据反应时考察注意加工的其他环节。如果研究者想要考察威胁信息卷入或探测的特点,那就需要借助注视线索、注意瞬脱和视觉搜索任务的力量了。

(四) 视觉搜索任务

研究者有时也会要求被试完成从呈现的一系列刺激中寻找某一特定刺激的任务来考察注意捕获。这种任务被称为视觉搜索任务。视觉搜索任务考察的视觉搜索在生活中非常常见。例如,我们在书架中找一本书,在人群里找自己的朋友以及在 X 光片里查找肿瘤之类的日常活动均要用到视觉搜索。当然,我们不能在实验室里以这些日常生活事件作为实验任务开展研究,只能将任务抽象化为在一系列分心刺激中搜寻目标刺激的形式,让被试按键报告在当前界面中是否存在目标刺激(有一半的试次中并没有目标刺激)。也有研究者将任务设置为同时呈现两张图,要求被试报告这两张图是否一样,通过这种形式简化搜索任务(一些中性面孔 vs 中性面孔中有一张愤怒面孔)。Anne Treisman 在使用视觉搜索任务的时候发现当目标刺激和分心刺激之间只在一个维度上有差异时(如颜色),被试能够非常快速地完成搜索;然而当两者之间多个维度上存在差异时(如在红色的"K"和蓝色的"T"里找红色的"T"),被试的搜索速度会显著变慢。Treisman 根据这个结果提出了知觉整合理论。他认为,当要搜索的刺激只涉及一种特征时,搜索是并行的;而当涉及多种特征时,搜索是序列进行的。随着该理论的逐步发展,研究者已经能够区分出序列和并行搜索过程 (Duncan & Humphreys, 1989; Treisman, 1993; Wolfe, 1994)。视觉搜索任务对于情感科学研究非常有价值。在它的帮助下,研究者证明了人类的注意系统对于探测诸如蛇和蜘蛛一类的生物性威胁刺激和诸如枪和注射器一类的现代威胁物品格外高效 (Fox, Griggs, & Mouchlianitis, 2007; Öhman, Flykt, & Esteves, 2001)。

越来越多的研究发现诸如面孔表情之类的社会性刺激在吸引注意的能力上存在差异。这一点对社会心理学家的研究非常重要。例如,有研究者发现,在要求被试寻找"不同的面孔"时,愤怒面孔比高兴面孔更容易被搜索到(Fox et al., 2000; Hansen & Hansen, 1988; Öhman, Lundqvist, & Esteves, 2001)。这种普遍存在的威胁优势效应证明与威胁相关的材料能被优先注意到。不过,这种优先性存在与否取决于特定群体。有蜘蛛或蛇恐惧症的人会对蜘蛛或蛇的刺激具有优先性(Öhman, Flykt, et al., 2001),而有社交恐惧症的人则对愤怒面孔表现出优先性(Gilboa-Schechtman, Foa, & Amir, 1999),然而同样的刺激并不影响那些未达到临床诊断标准的人群。

关于视觉搜索任务的方法论问题。最早用真人面孔图片为刺激材料发现威胁优先效应的实验使用的照片上有表情造成的酒窝(Hansen & Hansen, 1988),因此,使用这些材料取得的结果可能来自材料的低水平知觉特征起到的作用,而不是因为情绪面孔本身。由此可见,在视觉搜索任务中,刺激本身的性质至关重要。所以在制作材料时务必要排除所有可能混淆结果的因素。为避免混淆,有研究者使用抽象面孔图片代替真人面孔图片(Fox et al., 2000; Öhman, Lundqvist, et al., 2001)。

在视觉搜索任务中,视觉背景刺激的性质也很重要。如果你想考察特定面孔类型吸引注意的差异,那么你就应该在中性背景中呈现这些刺激。这种操纵可以避免一些额外干扰。原因很简单,如果被试在一堆高兴面孔中找到愤怒面孔的速度比在愤怒面孔中找到高兴面孔更快,那么该如何解释这个结果呢?到底是单独的消极面孔吸引了注意还是作为背景刺激的一堆消极面孔吸引了注意?因此,如果要考察注意捕获,我们建议在中性的背景(中性面孔)中比较被试对积极和消极面孔的反应。

(五) 注意瞬脱任务

与大量考察焦虑人群威胁探测能力的注意实验范式不同,注意瞬脱任务是在同一个位置快速呈现一系列刺激,然后让被试根据要求报告两个连续呈现的目标刺激是什么。与之前介绍的范式不同,注意瞬脱任务反映的是时间维度而非空间维度的选择性注意,用来从时域角度考察不同类型信息的注意加工特点。在一般情况下,当被试报告了两个刺激中的第一个刺激(T1)之后就无法有效识别第二个刺激了(T2)。在T1和T2之间间隔500 ms的情况下要求被试报告两者的时候,被试会错失T2的信息,这一现象被称为注意瞬脱(Raymond, Shapiro, & Arnell, 1992)。

和其他范式一样,在把刺激更改为面孔表情图片后,研究者就可以用该范式开展情感科学研究了。举个例子,一项研究在T1时刻呈现花或蘑菇的图片,而在T2时刻呈现一张高兴面孔图片或恐惧面孔图片,T1和T2之间用一系列中性面孔图片填充。每一个序列包含15张图。在呈现完整个序列的图片之后,被试要报告面孔图片中出现过什么情绪面孔以及T1时刻刺激是花还是蘑菇。研究者在这个实验中发现了很明显的注意瞬脱效应。即,当T2刺激是恐惧面孔时,注意瞬脱效应变小了(Fox et al., 2005)。这个现象在那些高焦虑水平的被试身上更为明显。这个研究结果直接证明了高焦虑水平与对恐惧面孔的知觉能力有关。虽然也有研究证明愤怒面孔同样能导致类似的注意瞬脱效应(Maratos, Mogg, & Bradley, 2008),但是另有一项研究发现,在情绪面孔(恐惧与高兴)条件下产生的注意瞬脱效应小于在中性面孔条件下产生的注意瞬脱效应(de Jong, Koster, van Wees, & Martens, 2009)。

(六) 注视线索范式

也有范式通过操纵眼睛注视来影响空间注意的快速定向。如果在实验中操纵呈现的刺激面孔的眼睛注视方向,就能形成一种很难克服的、强有力且自动化的视觉注意线索(Friesen & Kingstone, 1998)。这样描述很抽象,我们举个真实生活中的例子来帮助你理解这个现象。想象一下,你正和一个人面对面交流,在交流中他突然看向了左边,这时候你很难让自己不往他看的方向看去。和先前介绍的范式中普遍得到的结果不同,研究者发现操纵线索面孔的情绪效价实际上并不会影响这种注视线索效应(Hietanen & Leppänen, 2003)。不过有研究发现,面孔上的情绪表情能否起到注意线索的作用在很大程度上取决于被试的人格特质(Mathews, Fox, Yiend, & Calder, 2003; Putman, Hermans, & van Honk, 2006; Tipples, 2006)。例如,高神经质水平(特质焦虑)的人在看害怕面孔时表现出的注视线索效应比看高兴面孔时的更强(Mathews et al., 2003; Tipples, 2006)。更进一步的研究结果表明,这种注视线索效应并非只来自面孔表情蕴含的消极效价(Mathews, Fox, Yiend, & Calder, 2003; Putman, Hermans, & van Honk, 2006; Tipples, 2006)。研究发现,高特质焦虑的人在面对恐惧表情时,注视线索效应最强(相比愤怒、高兴和中性表情;Fox, Mathews, Calder, & Yiend, 2007)。这也就是说,就那些对危险警觉水平高(高焦虑水平)的人而言,恐惧面孔是能够对视觉注意方向造成强烈影响的线索;那些低焦虑水平的人身上并没有出现类似效应。但是,当照片中人物的眼睛变为盯着被试看的时候,愤怒表情反而会比恐惧、快乐或中性表情更能吸引注意(Fox, Mathews, et al., 2007)。眼睛的注视对社会交往来说是一个非常重要的组成部分,该范式对社会心理学研究者而言具有一定的价值。

三、选择性加工影响情绪易感性和恢复能力

前文介绍的所有实验范式都证明了人类对威胁信息的选择性加工受到焦虑或神经质水平的影响。从理论上看,我们在积极信息和外向性上应当也能观察到同样的效应,但是这方面证据寥寥无几(Fox, 2008)。这种人格特质与加工偏向之间的关联非常有价值。越来越多的研究指出,加工偏向似乎在情绪的易感性和抗逆力的发展上起着至关重要的作用。例如,有研究者发现加工偏向与未来发生情绪障碍与否之间存在关联(Fox et al., 2010; MacLeod & Hagan, 1992; Pury,

2002；Rude，Vladez，Odom，& Ebrahimi，2003）。在社会心理学的研究主题下，我们认为类似于偏见或刻板印象之类的因素可能会受到选择性注意中注意偏向的影响。不过，虽然未来对这些问题开展研究能够在一定程度上对因果关系进行探索，然而受到准实验设计的限制，我们无法得知加工偏向和情绪易感性这两种源于人类自身的因素是否相互独立。也就是说，某个我们未知的因素可能是导致两者之间相关关系的根本原因，加工偏向和情绪易感性之间实际上可能并没有本质上的联系。因此，如果要对因果进行验证，就需要考虑在实验中将被试随机分配到人为改变注意偏向的实验条件下，再对情绪易感性进行比较。

认知偏向矫正（cognitive bias modification，CBM）是一种相对简便的能够改变已有认知偏向的方法。这种方法在情感科学的研究中发挥了重要的作用，对社会心理学研究也有一定借鉴价值。认知偏向矫正的基本原理是通过定向和修改选择性加工来改变人们习惯化的加工形式。例如，操纵注意探测任务中线索有效性比例（通过将探测刺激的出现位置始终设置为威胁刺激对侧的方法训练被试回避威胁刺激信息）。如果需要检验矫正的效果，可以另外设置一个威胁信息线索有效性为50%的控制组。

MacLeod等人（2002）成功地用注意探测任务让被试变得回避消极刺激。这是一项具有重要意义的CBM实验。在实验中，他们招募了一批特质焦虑水平在中等以下，且不存在注意偏向的被试，分别分入"注意消极刺激"组和"回避消极刺激"组。训练用的注意探测任务中使用的刺激是匹配了长度和频度的消极-中性词对（如"受苦-停车""轰炸-船员""恶心-授予"）。在训练中，"注意消极刺激"组使用版本的探测刺激始终出现在消极词一边，而"回避消极刺激"组使用版本的探测刺激始终出现在中性词一边。训练后再进行测试。测试程序中，探测刺激出现在中性词和消极词两边的概率相等。实验以识别探测刺激的反应时为因变量，两组之间在反应时上存在的差异就是训练对注意偏向造成改变的程度。研究发现，"注意消极刺激"组的被试在测试中对出现在消极词一边的探测刺激反应得比"回避消极刺激"组更快。

以上是第一个成功证明能够在实验室中诱发注意偏向的研究。在证明 CBM 能够诱发注意偏向后，MacLeod 等人（2002）继续让被试完成一个会让人感到紧张的任务，目的是激发被试的情绪易感性。在这个任务中，被试要做一些很难的，甚至不可能完成的回文字谜，而且会得到消极反馈。并且，被试会得知他们完成任务的整个过程会被拍摄下来，会在未来用于课堂演示。结果发现，"回避消极刺激"组的被试情绪易感性水平更低。该结果证明了加工风格和情绪易感性之间存在着因果关系。在目前的研究中，基于注意探测任务的 CBM 已经得到了广泛的应用。例如，Attwood 等人（2008）使用 CBM 辅助人们戒烟，还有研究者证明注意再训练及其他 CBM 技术能够有效地改变偏见（MacLeod，Koster，& Fox，2009）。这类技术能帮助心理学家深入分析选择性加工与刻板印象、偏见的形成之间的关系。这里所介绍的只是一个例子，大家也可以结合自己的研究主题，使用 CBM 来解决社会心理学中亟待解决的问题。

关于方法论问题：

（1）认知偏向矫正（CBM）的组数以及试次数：根据已有研究，认知偏向矫正最少包含 1 组训练（Macleod et al.，2002），最多包含 15 组训练（MacLeod，& Bridle，2009）。不过，无论组数多少，训练任务都能显著影响注意偏向以及后续测得的情绪易感性。每组训练中的试次数并无定数。研究者通常会根据自己的实际情况设置试次数。例如，Li 等人（2008）的研究里每组训练中包含 480 个训练试次、120 个前测试次，以及 120 个后测试次。除此以外，还有研究者将测试试次随机散布在训练试次中（MacLeod et al.，2002）。这种做法有助于揭示注意偏向在训练中发生改变的情况，还能够帮助研究者掩盖实验意图。例如，在 Well 和 Beevers 等人（2010）的研究中，每组训练里的 196 个试次是在 166 个训练试次中随机插入 30 个测试试次组成的。

（2）刺激属性：在经典注意探测任务中，研究者通常使用有情绪的或中性的词或图片（Hazen，Vasey，& Schmidt，2009；Eldar，

Ricon, & Bar-Haim, 2008)。在具体的研究中,刺激材料的尺寸和空间位置基本都遵照经典实验的参数,不过有时也会根据具体需要进行改编。通常在认知偏向矫正中,训练阶段和测试阶段会使用不同的线索刺激以确保训练阶段习得的注意偏向不是由刺激本身的新异性导致的(MacLeod et al., 2002; See, MacLeod et al., 2009; Li et al., 2008; Hazen et al., 2009; Eldar et al., 2008)。

(3)时间设置:在经典的注意探测任务中,MacLeod等人(2002)分别使用20 ms和480 ms作为线索刺激呈现时间,结果发现只有在阈上呈现时(480 ms)才会发生注意偏向改变的现象。因此,在后来开发的认知偏向矫正(CBM)范式中,研究者通常将线索呈现时间设置在500 ms左右(MacLeod et al., 2009; Hazen et al., 2009; Schmidt, Richey, Buckner, & Timpano, 2009; Amir, Beard, Burns, & Bomyea, 2009; Wells & Beevers, 2010)。

四、注意控制:反向眼跳任务

看到这里,相信大家对注意控制这个概念已经很熟悉了。根据Yantis(1998)的观点,人类的认知加工分为自下而上的加工(刺激驱动)和自上而下的加工(目标驱动)两种不同形式。当任务要求进行注意控制时,知觉者通常会采用自上而下的加工而非自下而上的加工。自上而下的加工受到目标、期望以及知识的影响(Corbetta & Shulman, 2002),而自下而上的加工则受到刺激的显著程度(尤其是刺激的物理特征)影响。神经科学家认为刺激驱动的加工会激活大脑后部的脑区,而目标驱动的加工则会激活大脑前部的脑区(Miller & Cohen, 2001)。有趣的是,在实际的任务中这两种加工通常会相互作用,并且会竞争主导地位(Pashler, Johnston, & Ruthruff, 2001)。

注意控制具有很多重要功能。注意控制能抑制并抵御分心刺激造成的干扰。注意控制也能通过灵活地将注意资源维持在当前任务所需要的方面来提升人们在任务上的表现。注意控制在日常生活和社会功能中也扮演着重要的角色。心理学家们开发出了一系列测量注意控制能力的任务。这些任务对社会心理学研究者而言具有很高的价值。Miyake等人(2000)梳理了大量考察选择性注意执行功能的任务(其中包括Stroop任务),通过潜变量分析发现:反向眼跳任务在抑制功能上具有最高载荷,最能反映抑制功能。因此,反向眼跳任务通常被认为是测量注意控制的最佳方法。

Hallet(1978)开发的反向眼跳任务以眼动为考察指标。与其他行为指标相比,由于眼动指标能够提供有关注意加工更为细致、直接的空间与时间特征信息,所以在注意研究中日渐受到重视。在典型的反向眼跳任务中,程序首先会在屏幕中央呈现一个注视点(例如,呈现1 000—1 500 ms),随后突然在注视点某一侧短暂地呈现一个外周线索(例如,持续600 ms,大小为1.4°视角),任务要求被试不要看这个线索刺激,而要尽快看与线索刺激相对的那个方向(Ansari & Derakshan, 2010)。在完成这项任务时,被试需要进行自上而下的加工来抑制向外周线索侧产生的反射性眼跳,产生指向另一侧的眼跳(Hutton & Ettinger, 2006)。同时进行抑制看向线索刺激以及看向线索刺激相对方向的能力是反映抑制控制能力高低的有效指标(Munoz & Everling, 2004)。神经影像学领域的研究发现背外侧和腹外侧前额叶皮层的激活水平能预测被试在反向眼跳任务中的表现,表明这些区域直接参与了抑制反射性眼跳以及产生意志支配的眼跳的加工过程(Ettinger et al., 2008)。

在使用反向眼跳任务的时候,研究者通常要在实验中加入要求被试注视线索刺激的朝向眼跳条件作为对比。朝向眼跳条件能帮助研究者区分自上而下的加工与自下而上的加工。关注反向眼跳理论模型的研究者指出反射性眼跳和意志性眼跳的加工之间存在竞争。所以,如果意志性眼跳过慢或过弱,人们就更容易在任务中出错(Hunt, Olk, von Muhlenen, & Kingstone, 2004; Reuter, Jäger, Bottlender, & Kathmann, 2007)。由此,我们就能很容易理解为什么在反向眼跳任务的数据处理中,研究者通常使用第一次正确眼跳的反应时和错误率作为注意控制的行为指标这种做法了。在任务中通常可以发现,第一次正确反向眼跳的反应时以及错误率均高于朝向眼跳(Hutton & Ettinger, 2006)。虽然研究者们对反应时和错误率实际反映了什么加工机制这一问题依旧存在争议(Pratt & Trottier, 2005),但多数研究者都同意将长反应时归因于对抑制线索的自上而下加工,将高错误率归因于未能有效抑制视觉环境中的线索刺激(Munoz & Everling, 2004)。

在主要用于考察抑制控制的标准反向眼跳任务中,研究者通常以组块形式集中呈现朝向眼跳与反向眼跳试次。如果需要进一步考察任务切换造成的影响或被试自身的切换能力,那么就要在分别以组块形式呈现两类试次的基础上(单一任务组块),再增加一个混合任务组块。即,在同一个组块中随机呈现两类不同试次。这种反向眼跳任务就称为混合反向眼跳任务。在这种任务中,每个试次前都会呈现一个符号,告知被试接下来的试次类型(朝向或反向)。通过在行为层面上比较被试在单一任务组块与混合任务组块中的表现,或对混合任务组块中切换与非切换逐试次地进行分析,就可以得出被试在任务切换上的表现了(Ansari, Derakshan, & Richards, 2008; Kray, 2006)。

在混合反向眼跳任务中,研究者发现了一种被称为"反向眼跳切换增益"的现象。即,与不需要切换的单一任务相比,被试需要在反向与朝向眼跳间频繁切换的时候,反向眼跳试次的反应时会变短,而朝向眼跳试次的反应时会变长(Cherkasova, Manoach, Intriligator, & Barton, 2002),并且混合反向眼跳任务中切换试次的错误率更高。研究者认为速度-准确性权衡并不是导致该现象出现的原因(Manoach et al., 2002)。研究者用一种"目标驱动的控制加工"来解释反向眼跳反应时上出现的切换增益(Nieuwenhuis, Broerse, Nielen, & Jong, 2004)。也就是说,当反向与朝向眼跳试次混合在一起时,每个试次的任务目标都在变换,这就促使被试要投入更多的注意资源来完成任务提出的切换要求。这也就可以解释为什么在混合的组块中反向眼跳试次的错误率会从5%提升到25%(Reuter & Kathmann, 2004)。不同年龄群体的错误率也会存在差异，儿童和老年人的错误率更高（Klein & Foerster, 2001）。神经科学家也认为反向眼跳任务中的错误率和反应时与前额皮层的发展程度有一定关联。这种解释使得研究者将反向眼跳任务作为一种考察前额皮层机能参与加工（如，认知控制、觉察、监控和更正错误）的手段，广泛运用于比较正常人与临床病人的研究中。

在临床上，研究者通常使用反向眼跳任务来探究以精神分裂症、焦虑症、抑郁症、阿尔茨海默症为代表的精神疾病患者以及以注意缺陷障碍、自闭症和老化为代表的发展性疾病患者受损的注意控制机制（Crawford et al., 2005; Eenshuistra, Ridderinkhof, & van der Molen, 2004; Hardin et al., 2009; Jazbec, McClure, Hardin, Pine, & Ernst, 2005; Mosconi et al., 2009; Munoz, Armstrong, Hampton, & Moore, 2003; Reuter & Kathmann, 2004）。反向眼跳任务在社会认知和情绪研究中正变得越来越重要。例如，有研究以情绪刺激为线索刺激，使用反向眼跳任务研究特质焦虑、抑郁和社交焦虑患者在抑制机能上存在的缺陷（Ansari & Derakshan, 2010; Derakshan, Ansari, Shoker, Hansard, & Eysenck, 2009; Derakshan, Salt, & Koster, 2009; Weiser, Pauli, & Muhlberger, 2009）。

Derakshan 等人（2009）曾使用反向眼跳任务考察高、低焦虑水平的个体对中性和情绪性刺激的抑制机能。他们发现高焦虑水平会增加被试完成反向眼跳任务的反应时，但不会显著影响错误率。这一结果可以使用注意控制理论进行解释（attentional control theory, ACT; Eysenck et al., 2007），说明由于高焦虑者的抑制机能受损，所以他们需要更高水平的自上而下加工才能完成抑制加工（Olk & Kingstone, 2003; Pratt & Trottier, 2005）。随后，Derakshan 等人（2009）又使用社会性刺激（高兴、愤怒、中性面孔表情）重复了该实验，结果发现高焦虑水平者抑制愤怒面孔的反应时比抑制高兴和中性面孔的反应时更长。这一结果再次说明高焦虑者需要使用更长的时间来抑制与威胁相关的刺激，并且更难把注意从这类刺激上脱离出来（Bar-Haim et al.,

2007；Fox，2008）。

反向眼跳任务可以在社会心理学的研究中发挥很大的作用。再举一例帮助大家开拓思路。Weiser等人（2009）使用反向眼跳任务考察社交焦虑患者的注意控制。他们在实验中使用一系列不同情绪面孔图片作为线索刺激，发现高社会焦虑者对所有面孔都表现出较高的错误率和较长的反应时。该结果证明社交焦虑患者实际上是对面孔表情刺激存在普遍的抑制困难。在日常生活中，他们可能对大量社会相关线索都特别敏感。

除以上示例外，很多其他的社会心理研究主题也可以运用反向眼跳任务。Nguyen等人（2008）曾经做过一项很有意思的研究。该研究比较了外向者和内向者在反向眼跳任务中的反应。结果发现，外向者比内向者在任务中的错误率更高。这表明外向者实际上存在注意力分散的问题，所以才表现出较难从任务无关信息上脱离的现象。除此之外，反向眼跳任务也可以用来考察对某一特定种族或性别群体（或其他群体）的内隐态度和信念。如果要将该任务运用于这些研究主题，只需要将需要抑制的线索刺激设置为与偏见相关的刺激就可以了。如果这种偏见或信念存在，那么它们就会干扰被试在反向眼跳任务中的表现。

关于反向眼跳任务的方法论问题：许多标准反向眼跳任务中同时包含抑制反应性线索眼跳以及对对侧位置的意志性眼跳两个部分。研究发现，作为行为指标的反应时以及正确率实际上会受到方法上诸多因素的影响。例如，Fischer和Weber（1997）发现，如果屏幕中央的注视点在呈现线索刺激前消失，那么错误率会变高、反应时会变长。这一现象至今未能得到很好的解释。另一个会对结果产生较大影响的因素来自练习效应。Ettinger等人（2003）发现被试第二次完成反向眼跳任务的表现好于第一次。这一点在实验中也需要注意。

最后，也是比较容易被忽视的一点是在任务中给予被试的指导语也有可能对结果造成明显的影响（Mosimann et al.，2004）。从已经发表的研究中看，研究者通常不会在论文里详细地报告他们在实验中用的指导语。不过可以推测的是他们肯定向被试强调了速度和准确性的重要性。然而，有些指导语可能并未能在用语上做到完全匹配两者的重要性。如果被试理解为准确性更重要，那么为避免犯错，他们将偏向谨慎地做出反应，进而导致反应时变长。这就会使研究者用意志性眼跳去解释结果。反之亦然。指导语的表述方法也可能会影响被试的反应。例如，要求被试"看向线索镜像的位置"就可能比要求他们"看线索另一侧的位置"对前额皮层机能提出更高的要求。第一种指导语会让被试进行更多加工来完成这种坐标位置上的计算，这会对同样依靠前额皮层机能的抑制性眼跳造成影响。

五、总　　结

在本章中，我们介绍了一些用于测量选择性注意的实验任务，还介绍了用于考察注意控制的反向眼跳任务。本章中介绍的实验范式已被广泛运用于各种认知与情绪研究。在这些领域中的实践体现出这些实验任务对解决社会心理学中与注意相关的研究主题具有的潜在价值。

推 荐 阅 读

Browning, M., Holmes, E. A., & Harmer, C. (2010). The modification of attentional bias to emotional information: A review of techniques, mechanisms and relevance to emotional disorders. *Cognitive, Affective, and Behavioral Neuroscience*, 10, 8–20.

Hutton, S. B., & Ettinger, U. (2006). The antisaccade task as a research tool in psychopathology: A critical review. *Psychophysiology*, 43(3), 302–313.

MacLeod, C., Koster, E. H. W., & Fox, E. (2009). Whither cognitive bias modification research?: Commentary on the special section articles. *Journal of Abnormal Psychology*, 118(1), 89–99.

Mathews, A., & MacLeod, C. (2005). Cognitive vulnerability to emotional disorders. *Annual Review of Clinical Psychology*, 1, 167–195.

参考文献

Amir, N., Beard, C., Burns, M., & Bomyea, J. (2009). Attention modification program in individuals with generalized anxiety disorder. *Journal of Abnormal Psychology, 118*(1), 28–33.

Amir, N., Elias, J., Klumpp, H., & Przeworski, A. (2003). Attentional bias to threat in social phobia: Facilitated processing of threat or difficulty disengaging attention from threat? *Behaviour Research and Therapy, 41*, 1325–1335.

Ansari, T. L., & Derakshan, N. (2010). Anxiety impairs inhibitory control but not volitional action control. *Cognition and Emotion, 24*(2), 241–254.

Ansari, T. L., Derakshan, N., & Richards, A. (2008). Effects of anxiety on task switching: Evidence from the mixed antisaccade task. *Cognitive, Affective, and Behavioral Neuroscience, 8*(3), 229–238.

Attwood, A. S., O'Sullivan, H., Leonards, U., Mackintosh, B., & Munafo, M. R. (2008). Attentional bias training and cue reactivity in cigarette smokers. *Addiction, 103*(11), 1875–1882.

Bar-Haim, Y., Lamy, D., Pergamin, L., Bakermans-Kranenburg, M. J., & van IJzendoorn, M. H. (2007). Threat-related attentional bias in anxious and nonanxious individuals: A meta-analytic study. *Psychological Bulletin, 133*(1), 1–24.

Bar-Haim, Y., Ziv, T., Lamy, D., & Hodes, R. M. (2006). Nature and nurture in own-race face processing. *Psychological Science, 17*(2), 159–163.

Berenson, K. R., Gyurak, A., Ayduk, O., Downey, G., Garner, M. J., Mogg, K., et al. (2009). Rejection sensitivity and disruption of attention by social threat cues. *Journal of Research in Personality, 43*(6), 1064–1072.

Bradley, B. P., Mogg, K., Falla, S. J., & Hamilton, L. R. (1998). Attentional bias for threatening facial expressions in anxiety: Manipulation of stimulus duration. *Cognition and Emotion, 12*(6), 737–753.

Bradley, B. P., Mogg, K., & Lee, S. C. (1997). Attentional biases for negative information in induced and naturally occurring dysphoria. *Behaviour Research and Therapy, 35*(10), 911–927.

Bradley, B. P., Mogg, K., Millar, N., Bonham-Carter, C., Fergusson, E., Jenkins, J., et al. (1997). Attentional biases for emotional faces. *Cognition and Emotion, 11*(1), 25–42.

Broadbent, D. E. (1958). *Perception and communication*. Oxford, UK: Pergamon.

Cherkasova, M. V., Manoach, D. S., Intriligator, J. M., & Barton, J. J. S. (2002). Antisaccades and task-switching: Interactions in controlled processing. *Experimental Brain Research, 144*, 528–537.

Cherry, E. C. (1953). Some experiments on the recognition of speech, with one and with two ears. *Journal of the Acoustical Society of America, 25*, 975–979.

Corbetta, M., & Shulman, G. L. (2002). Control of goal-directed and stimulus-driven attention in the brain. *Nature Reviews Neuroscience, 3*(3), 201–215.

Crawford, T. J., Higham, S., Renvoize, T., Patel, J., Dale, M., Suriya, A., et al.

(2005). Inhibitory control of saccadic eye movements and cognitive impairment in Alzheimer's disease. *Biological Psychiatry, 57,* 1052–1060.

de Jong, P. J., Koster, E. H. W., van Wees, R., & Martens, S. (2009). Emotional facial expressions and the attentional blink: Attenuated blink for angry and happy faces irrespective of social anxiety. *Cognition and Emotion, 23,* 1640–1652.

Derakshan, N., Ansari, T. L., Shoker, L., Hansard, M. E., & Eysenck, M. W. (2009). Anxiety, inhibition, efficiency, and effectiveness: An investigation using the antisaccade task. *Experimental Psychology, 56*(1), 48–55.

Derakshan, N., Salt, M., & Koster, E. H. (2009). Attentional control in depression: An investigation using the antisaccade task. *Biological Psychology, 80,* 251–255.

Derryberry, D., & Reed, M. A. (2002). Anxiety-related attentional biases and their regulation by attentional control. *Journal of Abnormal Psychology, 111*(2), 225–236.

Desimone, R., & Duncan, J. (1995). Neural mechanisms of selective visual attention. *Annual Review of Neuroscience, 18,* 193–222.

Deutsch, J. A., & Deutsch, D. (1963). Attention: Some theoretical considerations. *Psychological Review, 70*(1), 80–90.

Duncan, J. (1980). The locus of interference in the perception of simultaneous stimuli. *Psychological Review, 87*(3), 272–300.

Duncan, J., & Humphreys, G. W. (1989). Visual search and stimulus similarity. *Psychological Review, 96*(3), 433–458.

Eenshuistra, R. M., Ridderinkhof, K. R., & van der Molen, M. W. (2004). Age-related changes in antisaccade task performance: Inhibitory control or working-memory engagement? *Brain and Cognition, 56,* 177–188.

Ekman, P. (1993). Facial expressions and emotion. *American Psychologist, 48,* 384–392.

Ekman, P., & Friesen, W. V. (1975). *Masking the face: A guide to recognizing emotions from facial clues.* Englewood Cliffs, NJ: Prentice-Hall.

Eldar, S., Ricon, T., & Bar-Haim, Y. (2008). Plasticity in attention: Implications for stress response in children. *Behaviour Research and Therapy, 46*(4), 450–461.

Ettinger, U., Ffytche, D. H., Kumari, V., Kathmann, N., Reuter, B., Zelaya, F., et al. (2008). Decomposing the neural correlates of antisaccade eye movements using event-related fMRI. *Cerebral Cortex, 18*(5), 1148–1159.

Ettinger, U., Kumari, V., Crawford, T. J., Davis, R. E., Sharma, T., & Corr, P. J. (2003). Reliability of smooth pursuit, fixation, and saccadic eye movements. *Psychophysiology, 40,* 620–628.

Eysenck, M. W. (1992). *Anxiety the cognitive perspective.* Hove, UK: Erlbaum.

Eysenck, M. W., & Calvo, M. G. (1992). Anxiety and performance: The processing efficiency theory. *Cognition and Emotion, 6,* 409–434.

Eysenck, M. W., Derakshan, N., Santos, R., & Calvo, M. G. (2007). Anxiety and cognitive performance: Attentional control theory. *Emotion, 7*(2), 336–353.

Field, M., & Eastwood, B. (2005). Experimental manipulation of attentional bias increases the motivation to drink alcohol. *Psychopharmacology, 183*(3), 350–357.

Fischer, B., & Weber, H. (1997). Effects of stimulus conditions on the performance of antisaccades in man. *Experimental Brain Research, 116,* 191–200.

Fox, E. (1993). Attentional bias in anxiety: Selective or not? *Behaviour Research and Therapy, 31*, 487–493.

Fox, E. (2008). *Emotion science: Cognitive and neuroscientific approaches to understanding human emotions.* Basingstoke, UK: Palgrave/Macmillan.

Fox, E., Cahill, S., & Zougkou, K. (2010). Preconscious processing biases predict emotional reactivity to stress. *Biological Psychiatry, 67*, 371–377.

Fox, E., Griggs, L., & Mouchlianitis, E. (2007). The detection of fear-relevant stimuli: Are guns noticed as quickly as snakes? *Emotion, 7*(4), 691–696.

Fox, E., Lester, V., Russo, R., Bowles, R., Pichler, A., & Dutton, K. (2000). Facial expressions of emotion: Are angry faces detected more efficiently? *Cognition and Emotion, 14*(1), 61–92.

Fox, E., Mathews, A., Calder, A. J., & Yiend, J. (2007). Anxiety and sensitivity to gaze direction in emotionally expressive faces. *Emotion, 7*(3), 478–486.

Fox, E., Russo, R., Bowles, R., & Dutton, K. (2001). Do threatening stimuli draw or hold visual attention in subclinical anxiety? *Journal of Experimental Psychology, 130*(4), 681–700.

Fox, E., Russo, R., & Dutton, K. (2002). Attentional bias for threat: Evidence for delayed disengagement from emotional faces. *Cognition and Emotion, 16*(3), 355–379.

Fox, E., Russo, R., & Georgiou, G. (2005). Anxiety modulates the degree of attentive resources required to process emotional faces. *Cognitive, Affective, and Behavioral Neuroscience, 5*, 396–404.

Friesen, C. K., & Kingstone, A. (1998). The eyes have it!: Reflexive orienting is triggered by nonpredictive gaze. *Psychonomic Bulletin and Review, 5*, 490–495.

Gilboa-Schechtman, E., Foa, E. B., & Amir, N. (1999). Attentional biases for facial expressions in social phobia: The face-in-the-crowd Paradigm. *Cognition and Emotion, 13*(3), 305–318.

Hallet, P. E. (1978). Primary and secondary saccades to goals defined by instructions. *Vision Research, 18*, 1279–1296.

Hansen, C. H., & Hansen, R. D. (1988). Finding the face in the crowd: An anger superiority effect. *Journal of Personality and Social Psychology, 54*(6), 917–924.

Hardin, M., Darcy, M., Mueller, S., Dahl, R., Pine, D., & Ernst, M. (2009). Inhibitory control in anxious and healthy adolescents is modulated by incentive and incidental affective stimuli. *Journal of Child Psychology and Psychiatry, 50*(12), 1550–1558.

Hazen, R. A., Vasey, M. W., & Schmidt, N. B. (2009). Attentional retraining: A randomized clinical trial for pathological worry. *Journal of Psychiatric Research, 43*(6), 627–633.

Hepworth, R. K., Mogg, K., Brignell, B. P., & Bradley, B. P. (2010). Negative mood increaes selective attention to food cues and subjective appetite. *Appetite, 54*, 134–142.

Hietanen, J. K., & Leppänen, J. M. (2003). Does facial expression affect attention orienting by gaze direction cues? *Journal of Experimental Psychology: Human Perception and Performance, 29*, 1228–1243.

Hunt, A. R., Olk, B., von Muhlenen, A., & Kingstone, A. (2004). Integration of competing saccade programs. *Cognitive Brain Research, 19*, 206–208.

Hutton, S. B., & Ettinger, U. (2006). The antisaccade task as a research tool in

psychopathology: A critical review. *Psychophysiology, 43*(3), 302–313.
Jazbec, S., McClure, E., Hardin, M., Pine, D., & Ernst, M. (2005). Cognitive control under contingencies in anxious and depressed adolescents: An antisaccade task. *Biological Psychiatry, 58*(8), 632–639.
Kindt, M., Bierman, D., & Brosschot, J. F. (1997). Cognitive bias in spider fear and control children: Assessment of emotional interference by a card format and a single-trial format of the Stroop task. *Journal of Experimental Child Psychology, 66*(2), 163–179.
Klein, C., & Foerster, F. (2001). Development of prosaccade and antisaccade task performance in participants aged 6 to 26 years. *Psychophysiology, 38*, 179–189.
Koster, E. H. W., Crombez, G., Verschuere, B., & De Houwer, J. (2004). Selective attention to threat in the dot probe paradigm: Differentiating vigilance and difficulty to disengage? *Behaviour Research and Therapy, 42*, 1183–1192.
Kray, J. (2006). Task-set switching under cue-based versus memory based switching conditions in younger and older adults. *Brain Research, 1105*, 83–92.
Lang, P. J., Bradley, M. M., & Cuthbert, B. N. (2005). *International Affective Picture System (IAPS): Digitized photographs, instruction manual, and affective ratings* (Tech. Rep. No. A-6). Gainesville: University of Florida, Center for Research in Psychophysiology.
Lavie, N. (1995). Perceptual load as a necessary condition for selective attention. *Journal of Experimental Psychology: Human Perception and Performance, 21*(3), 451–468.
Lavie, N., & Fox, E. (2000). The role of perceptual load in negative priming. *Journal of Experimental Psychology: Human Perception and Performance, 26*(3), 1038–1052.
Li, S., Tan, J., Qian, M., & Liu, X. (2008). Continual training of attentional bias in social anxiety. *Behaviour Research and Therapy, 46*, 905–912.
MacLeod, C., & Hagan, R. (1992). Individual differences in the selective processing of threatening information, and emotional responses to a stressful life event. *Behaviour Research and Therapy, 30*, 151–161.
MacLeod, C., Koster, E. H. W., & Fox, E. (2009). Whither cognitive bias modification research?: Commentary on the special section articles. *Journal of Abnormal Psychology, 118*(1), 89–99.
MacLeod, C., Mathews, A., & Tata, P. (1986). Attentional bias in emotional disorders. *Journal of Abnormal Psychology, 95*, 15–20.
MacLeod, C., & Rutherford, E. M. (1992). Anxiety and the selective processing of emotional information: Mediating roles of awareness, trait and state variables, and personal relevance of stimulus materials. *Behaviour Research and Therapy, 30*(5), 479–491.
MacLeod, C., Rutherford, E., Campbell, L., Ebsworthy, G., & Holker, L. (2002). Selective attention and emotional vulnerability: assessing the causal basis of their association through the experimental manipulation of attentional bias. *Journal of Abnormal Psychology, 111*(1), 107–123.
MacLeod, C. M. (1991). Half a century of research on the Stroop effect: An integrative review. *Psychological Bulletin, 109*(2), 163–203.
Manoach, D. S., Lindgren, K. A., Cherkasova, M. V., Goff, D. C., Halpern, E. F., Intriligator, J., et al. (2002). Schizophrenic patients show deficit inhibition but intact task-switching on saccadic tasks. *Biological Psychiatry, 51*, 816–826.

Maratos, F. A., Mogg, K., & Bradley, B. P. (2008). Identification of angry faces in the attentional blink. *Cognition and Emotion, 22*(7), 1340–1352.

Mathews, A., Fox, E., Yiend, J., & Calder, A. (2003). The face of fear: Effects of eye gaze and emotion on visual attention. *Visual Cognition, 10*(7), 823–835.

Mathews, A., & MacLeod, C. (2005). Cognitive vulnerability to emotional disorders. *Annual Review of Clinical Psychology, 1*, 167–195.

Miller, E. K., & Cohen, J. D. (2001). An integrative theory of prefrontal cortex function. *Annual Review of Neuroscience, 24*, 167–202.

Miyake, A., Friedman, N. P., Emerson, M. J., Witzki, A. H., Howerter, A., & Wager, T. D. (2000). The unity and diversity of executive functions and their contributions to complex "frontal lobe" tasks: A latent variable analysis. *Cognitive Psychology, 41*, 49–100.

Mogg, K., & Bradley, B. P. (1998). A cognitive–motivational analysis of anxiety. *Behaviour Research and Therapy, 36*, 809–848.

Mogg, K., & Bradley, B. P. (1999). Some methodological issues in assessing attentional biases for threatening faces in anxiety: A replication study using a modified version of the probe detection task. *Behaviour Research and Therapy, 37*(6), 595–604.

Mogg, K., & Bradley, B. P. (2002). Selective orienting of atention to masked threat faces in social anxiety. *Behaviour Research and Therapy, 40*, 1403–1414.

Mogg, K., Bradley, B. P., De Bono, J., & Painter, M. (1997). Time course of attentional bias for threat information in non-clinical anxiety. *Behaviour Research and Therapy, 35*(4), 297–303.

Mogg, K., Bradley, B. P., Williams, R., & Mathews, A. (1993). Subliminal processing of emotional information in anxiety and depression. *Journal of Abnormal Psychology, 102*(2), 304–311.

Mogg, K., Holmes, A., Garner, M., & Bradley, B. P. (2008). Effects of threat cues on attentional shifting, disengagement and response slowing in anxious individuals. *Behaviour Research and Therapy, 46*, 656–667.

Mogg, K., Kentish, J., & Bradley, B. P. (1993). Effects of anxiety and awareness on colour-identification latencies for emotional words. *Behaviour Research and Therapy, 31*(6), 559–567.

Mogg, K., Philippot, P., & Bradley, B. P. (2004). Selective attention to angry faces in clinical social phobia. *Journal of Abnormal Psychology, 113*(1), 160–165.

Mosconi, M. W., Kay, A. M., D'Cruz, A., Seidenfeld, S., Guter, S., Stanford, L. D., et al. (2009). Impaired inhibitory control is associated with higher-order repetitive behaviors in autism spectrum disorders. *Psychological Medicine, 39*(9), 1559–1566.

Mosimann, U. P., Felblinger, J., Colloby, S. J., & Müri, R. M. (2004). Verbal instructions and top-down saccade control. *Experimental Brain Research, 159*, 263–267.

Munoz, D. P., Armstrong, K. A., Hampton, K. A., & Moore, K. D. (2003). Altered control of visual fixation and saccadic eye movements in attention-deficit hyperactivity disorder. *Journal of Neurophysiology, 90*, 503–514.

Munoz, D. P., & Everling, S. (2004). Look away: The anti-saccade task and the voluntary control of eye movement. *Nature Reviews Neuroscience, 5*(3), 218–228.

Nguyen, H. N., Mattingley, J. B., & Abel, L. A. (2008). Extraversion degrades performance on the antisaccade task. *Brain Research, 1231*, 81–85.

Nieuwenhuis, S., Broerse, A., Nielen, M. M. A., & Jong, R. D. (2004). A goal activation approach to the study of executive function: An application to antisaccade tasks. *Brain and Cognition, 56*, 198–214.
Öhman, A., Flykt, A., & Esteves, F. (2001). Emotion drives attention: Detecting the snake in the grass. *Journal of Experimental Psychology: General, 130*(3), 466–478.
Öhman, A., Lundqvist, D., & Esteves, F. (2001). The face in the crowd revisited: A threat advantage with schematic stimuli. *Journal of Personality and Social Psychology, 80*(3), 381–396.
Öhman, A., & Mineka, S. (2001). Fears, phobias, and preparedness: Toward an evolved module of fear and fear learning. *Psychological Review, 108*(3), 483–522.
Olk, B., & Kingstone, A. (2003). Why are antisaccades slower than prosaccades?: A novel finding using a new paradigm. *NeuroReport, 14*, 151–155.
Parasuraman, R. (1998). *The attentive brain*. Cambridge, MA: MIT Press.
Pashler, H. (1998). *The psychology of attention*. Cambridge, MA: MIT Press.
Pashler, H., Johnston, J. C., & Ruthruff, E. (2001). Attention and performance. *Annual Review of Psychology, 52*, 629–651.
Phaf, R. H., & Kan, K.-J. (2007). The automaticity of emotional Stroop: A meta-analysis. *Journal of Behavior Therapy and Experimental Psychiatry, 38*(2), 184–199.
Posner, M. I., & Cohen, Y. (1984). Components of visual orienting. In H. Bouma & D. Bouwhuis (Eds.), *Attention and performance X* (pp. 551–556). Hillsdale, NJ: Erlbaum.
Posner, M. I., Snyder, C. R. R., & Davidson, B. J. (1980). Attention and the detection of signals. *Journal of Experimental Psychology: General, 109*, 160–174.
Pratt, J., & Trottier, L. (2005). Pro-saccades and anti-saccades to onset and offset targets. *Vision Research, 45*, 765–774.
Pratto, F., & John, O. P. (1991). Automatic vigilance: The attention-grabbing power of negative social information. *Journal of Personality and Social Psychology, 61*(3), 380–391.
Pury, C. (2002). Information-processing predictors of emotional response to stress. *Cognition and Emotion, 16*, 667–683.
Putman, P., Hermans, E., & van Honk, J. (2006). Anxiety meets fear in perception of dynamic expressive gaze. *Emotion, 6*(1), 94–102.
Raymond, J. E., Shapiro, K. L., & Arnell, K. M. (1992). Temporary suppression of visual processing in an RSVP task: An attentional blink? *Journal of Experimental Psychology: Human Perception and Performance, 18*(3), 849–860.
Reuter, B., Jäger, M., Bottlender, R., & Kathmann, N. (2007). Impaired action control in schizophrenia: The role of volitional saccade initiation. *Neuropsychologia, 45*, 1840–1848.
Reuter, B., & Kathmann, N. (2004). Using saccade tasks as a tool to analyse executive function in schizophrenia. *Acta Psychologia, 115*, 255–269.
Rude, S., Vladez, C., Odom, S., & Ebrahimi, A. (2003). Negative cognitive biases predict subsequent depression. *Cognitive Therapy and Research, 27*, 415–429.
See, J., MacLeod, C., & Bridle, R. (2009). The reduction of anxiety vulnerabilitythrough the modification of attentional bias: A real world study using a home-based cognitive bias modification procedure. *Journal of Abnormal Psy-*

chology, 118(1), 65–75.

Stroop, J. R. (1935). Studies of interference in verbal reactions. *Journal of Experimental Psychology, 18*, 643–663.

Tipples, J. (2006). Fear and fearfulness potentiate automatic orienting to eye gaze. *Cognition and Emotion, 20*(2), 309–320.

Treisman, A. M. (1960). Contextual cues in selective listening. *Quarterly Journal of Experimental Psychology, 12*, 242–24*8.

Treisman, A. M. (1993). The perception of features and objects. In A. B. L. Weiskrantz (Ed.), *Attention: Selection, awareness and control* (pp. 5–35). Oxford, UK: Clarendon Press.

Treisman, A. M., & Gelade, G. (1980). A feature-integration theory of attention. *Cognitive Psychology, 12*(1), 97–136.

Waters, A. J., Shiffman, S., Bradley, B. P., & Mogg, K. (2003). Attentional shifts to smoking cues in smokers. *Addiction, 98*(10), 1409–1417.

Weierich, M. R., Treat, T. A., & Hollingworth, A. (2008). Theories and measurement of visual attentional processing in anxiety. *Cognition and Emotion, 22*(6), 985–1018.

Weiser, M. J., Pauli, P., & Muhlberger, A. (2009). Probing the attentional control theory in social anxiety: An emotional saccade task. *Cognitive, Affective, and Behavioral Neuroscience, 9*, 314–322.

Wells, T. T., & Beevers, C. G. (2010). Biased attention and dysphoria: Manipulating selective attention reduces subsequent depressive symptoms. *Cognition and Emotion, 24*(4), 719–728.

Williams, J. M. G., Mathews, A., & MacLeod, C. (1996). The emotional Stroop task and psychopathology. *Psychological Bulletin, 120*(1), 3–24.

Williams, J. M. G., Watts, F. N., MacLeod, C., & Mathews, A. (1997). *Cognitive psychology and emotional disorders*. Chichester, UK: Wiley. (Original work published 1988)

Wolfe, J. M. (1994). Guided Search 2.0: A revised model of visual search. *Psychonomic Bulletin and Review, 1*(2), 202–238.

Yantis, S. (1998). Central of visual attention. In H. Pashler (Ed.), *Attention* (pp. 223–254). Hove, UK: Psychology Press.

Yiend, J., & Mathews, A. (2001). Anxiety and attention to threatening pictures. *Quarterly Journal of Experimental Psychology: Human Experimental Psychology, 54*, 665–681.

第 2 章

系列启动范式

Adriaan Spruyt
Anne Gast
Agnes Moors

　　随便邀请一位认知心理学家来推荐三种典型的认知心理学研究范式，他一定会推荐系列启动范式。系列启动范式的首要优点是简单实用，因此在过去数十年中大受研究者欢迎。被试在经典的系列启动范式研究中会看到一系列试次，每个试次里包含一个启动刺激和一个紧随其后呈现的目标刺激。研究者通过操纵启动刺激和目标刺激之间的关系达到实验目的。例如，研究者通常会设置启动刺激和目标刺激存在关系的"一致条件"，以及两者之间不存在关系的"不一致条件"两种条件。一般而言，在一致条件下，被试对目标刺激的反应时更短且正确率更高（相反可见 Glaser & Banaji, 1999）。系列启动范式的另一优点是在实际运用中有很强的可塑性。例如，系列启动范式对启动刺激并没有特定限制，研究者也可以根据不同任务需求自行设置对目标刺激的反应任务。更重要的是，系列启动范式能够帮助研究者考察多种假设。从最为抽象的层面来说，使用系列启动范式的研究所考察的问题归纳起来可以分为两类：Ⅰ类加工假设和Ⅱ类加工假设（Moors, Spruyt, & De Houwer, 2010）。Ⅰ类加工假设考察的是在什么情况下呈现刺激会激活记忆中的表征，Ⅱ类加工假设考察的是将刺激激活的记忆表征转化为可观察到的启动效应的内部机制。

　　实际上，Ⅰ类加工假设指的就是知觉者对启动刺激的词义存在无意识加工。如果要检验Ⅰ类加工假设,在实验中就要顺序呈现语义相关的词对(如"护士-医生")或语义无关的词对(如"护士-玻璃"),并要保证被试无法识别呈现的启动刺激(如阈下呈现)。如果在语义相关情况下被试的反应时更短或正确率更高,那么就可以说明这时候存在阈下的语义加工;证明了Ⅰ类加工假设。这种研究思路在阈下启动研究中运用得非常普遍(Dagenbach, Carr, & Wilhelmsen, 1989; Draine & Greenwald, 1998; Hirshman & Durante, 1992; Holender, 1986; Marcel, 1983; Naccache & Dehaene, 2001)。虽然研究者们曾经对各种方法是否能有效地避免意识性识别启动刺激开展过激烈讨论(Holender, 1986; Reingold & Merikle, 1988),也有研究者对怎样才算被试对启动刺激"无意识"进行过探讨(Cheesman & Merikle, 1984; Macmillan, 1986),但是绝大部分研究者都承认系列启动范式对于研究Ⅰ类加工假设的问题是很有价值的。也有研究者使用同样的形式考察过语义刺激加工的产生条件(McNamara, 2005)。

Ⅱ类加工假设关注的是自动化的,而非联想的语义启动。该假设涉及联想和语义相关两个重要概念。联想是指由于同时或同位置反复共同呈现两个概念,以至于随后激活其中一个概念就会使知觉者想起另一个概念的现象(如"贾宝玉-林黛玉")。语义相关性是指不同概念在意义上相近或在特征上重叠的程度(如"猫-虎")。虽然联想和语义相关之间存在比较高的关联,很多时候我们会发现要么两者都高、要么两者都低,但是事实上也存在着高联想-低语义相关的情况(如"旧书-书虫",旧书里有书虫),也存在低联想-高语义相关的情况(如"鲸鱼-大象",都是哺乳动物)。在 Meyer 和 Schvaneveldt(1971)首次发表语义启动的实证研究后,大量研究者开始尝试去回答联想是否是产生自动化语义启动效应的先决条件这一重要问题(Fischler, 1977; Lucas, 2000; McRae & Boisvert, 1998; Shelton & Martin, 1992)。他们研究的这个问题非常重要,因为剖析清楚能导致启动效应的不同关系类型对于考察语义记忆的功能结构而言具有潜在的价值。这类问题和在什么情况下会进行语义刺激加工这个问题无关(Ⅰ类加工假设)。事实上,这类问题想要回答的是激活的记忆表征通过什么机制激活了其他记忆表征这个问题(Ⅱ类加工假设)。

总而言之,如果要考察启动效应就需要经过两个连续的步骤①:第一步关注特定刺激激活的记忆表征,第二步关注被激活的表征导致启动效应的内部机制。本章后续内容将详细介绍Ⅰ类加工假设和Ⅱ类加工假设,帮助读者更好地理解系列启动研究。

一、系列启动范式的优势

系列启动效应是心理学的传统研究主题之一。这些研究中使用的系列启动范式运用灵活、过程简便。这些特点使得系列启动范式被普遍应用在诸多领域中。在社会心理学,尤其是在社会认知心理学研究中,研究者也常用系列启动范式。例如,Blair和Banaji(1996)曾使用系列启动范式考察自动化的刻板印象。他们使用典型的男性和女性人格特质词作为启动刺激(如"关心的""擅长运动的""依赖的""傲慢的"),再使用典型的男性与女性名字作为目标刺激构成系列启动序列。结果表明,与在性别刻板印象不一致的情况下相比(如"文雅-小明""强壮-小红"),被试在性别刻板印象一致的情况下(如"文雅-小红""强壮-小明")的反应速度更快,证明性别刻板印象能够被自动激活。

对自发内群体投射的研究也运用过系列启动范式。Mummendey和Wenzel(1999)提出的内群体投射模型认为群体成员会将内群体所具有的特征投射至更高的上位类别。Bianchi等人(2010)以描述德国人的特质词(如"高效")和描述意大利人的特质词(如"温暖")作为材料,使用系列启动范式分别测试了德国和意大利的被试。实验任务包括三类启动刺激,即两个群体标签("德国人""意大利人"),上位类别的

---

① 即使理论上Ⅱ类加工可以在Ⅰ类加工完成前就开始进行,但是在Ⅱ类加工开始前必须有一部分Ⅰ类加工先行完成。

标签("欧洲人"),以及作为控制条件的中性字符串("××××××")。Bianchi 在实验中发现,当启动刺激是上位的欧洲人概念时,德国和意大利被试对后续目标刺激的判断表现与当启动刺激是德国人、意大利人时相似(反应时会变短)。这个实验结果符合上位类别的认知表征建立在内群体特质的基础上这个观点。

系列启动范式是社会心理学家在研究中常用的方法,尤其是研究者考察态度自动化激活的常规方法。考察态度自动化激活的研究通常使用具有明确情感含义的材料作为启动刺激和目标刺激,再通过操纵两种刺激的情感一致性程度来达到实验目的。根据研究的需要,实验中通常会设置启动刺激与目标刺激情感一致条件(如"杀人犯-厌恶""情人-可爱")和情感不一致条件(如"杀人犯-可爱""情人-厌恶")。一般情况下,在情感一致条件下被试对目标刺激的判断反应时显著短于在情感不一致条件下的反应时,并且正确率也更高。这种情感启动效应只有在能够对启动刺激具有的情感效价进行加工时才存在(Fazio, 2001; Hermans, De Houwer, & Eelen, 1994)。如果将态度定义为特定事物与给定评价之间的简单关联程度(Fazio, Chen, McDonel, & Sherman, 1982; Fazio, Sanbonmatsu, Powell, & Kardes, 1986),那么情感启动效应就是态度被启动后产生的一种认知上的表现(De Houwer, Hermans, & Spruyt, 2001)。

在 Fazio 等人(1986)首次提出情感启动效应后,研究者们围绕着 I 类加工假设的思路开展了大量研究(Fazio, 2001; Klauer & Musch, 2003)。这些研究的目标是考察激活态度的条件。其中有研究发现,使用阈上刺激造成的情感启动效应在使用阈下刺激的条件下也能产生(Abrams, Klinger, & Greenwald, 2002; Draine & Greenwald, 1998; Klinger, Burton, & Pitts, 2000; Greenwald, Klinger, & Schuh, 1995)。虽然情感启动效应在阈下刺激启动条件下并不总是存在(Hermans, Spruyt, De Houwer, & Eelen, 2003),但是这也足够说明态度激活可能并不完全依赖于在意识层面识别出会诱发态度的刺激(Abrams et al., 2002; Draine & Greenwald, 1998; Klinger et al.,

2000；Greenwald et al.，1995）。研究还发现态度激活是高效且快速的加工，这个过程并不一定要有外在的评价性加工目标才能激发（Bargh，Chaiken，Raymond，& Hymes，1996；Fazio et al.，1986；Hermans，Crombez，& Eelen，2000；Hermans，De Houwer，& Eelen，2001；Hermans et al.，1994；Klauer，Rossnagel，& Musch，1997；Spruyt，Hermans，De Houwer，& Eelen，2002；Spruyt，Hermans，De Houwer，Vandromme，& Eelen，2007）。因此，在系列启动范式的帮助下，研究者们达成共识，认为态度无须满足特定条件就能激活，并且具有自动化特征。

社会心理学的研究常常使用情感启动效应作为考察个体或群际层面自动化态度激活的测量手段。例如，Fazio等人（1995）曾在研究中使用系列启动范式，以黑人与白人面孔作为启动刺激，以被试对目标刺激面孔愉快与否的判断作为任务。研究发现，以黑人面孔作为启动刺激时，黑人面孔促进了被试识别不愉快面孔，阻碍了被试识别愉快面孔。如果说情绪启动效应反映了自动化态度激活，那么上述结果就表明黑人面孔以自动化的形式激活了消极信息。这个结果很有意义。不过，Fazio等人还发现情感启动效应反映出的自动化激活的种族态度能够有效预测被试随后与黑人打交道时行为的友好程度。这个结果显示出的情感启动效应的预测作用更有价值。类似地，Dovidio等人（1997，2002）也发现，种族态度中的情感启动效应水平能够预测与人类种族相关的自发行为（例如，与黑人或白人进行眼神接触）。在这些开创性的研究之后，陆续有大量研究证明了情感启动测量对行为的预测效度（Fazio & Olson，2003；see also Spruyt，Hermans，De Houwer，Vandekerckhove，& Eelen，2007；Vandromme，Spruyt，& Hermans，in press）。

然而不容忽视的是，虽然这些研究都得到了统计学上显著的结果，但是效应量却并不大。以Spruyt等人（2007）的实验为例。在他们的实验中，被试首先要完成以巧克力棒和水果作为启动刺激的情感启动任务，随后要在巧克力棒和水果之间做出选择。统计结果虽然表明情感启动的结果与选择结果存在相关关系,然而实际上只有65.71%的被试(23/35)在巧克力棒和水果之间的选择是符合情感启动效应结果的。因此,系列启动任务中的情感启动效应到目前为止只能作为一种研究社会行为和自动化态度激活理论的实证研究工具,而不能作为一种面向应用的测量工具。当然,假以时日,如果系列启动任务能够取得较高的信度与预测效度,情感启动效应就能直接应用于测量。

二、系列启动效应背后的加工过程

系列启动效应的产生包括由启动刺激激活记忆表征(Ⅰ类加工假设)和被激活记忆表征转化为可观察的启动效应(Ⅱ类加工假设)两个步骤。接下来我们将重点介绍第二个步骤的相关理论(即系列启动效应自身的潜在加工)。简而言之,系列启动效应的理论模型有三种:以非自动化的策略性加工解释系列启动效应、从刺激-刺激相容的角度解释系列启动效应,以及从刺激-反应相容的角度解释系列启动效应。

(一) 非自动化的策略性加工

由于系列启动效应能够反映自动化加工机制,所以得到研究者广泛的关注与运用。然而值得注意的是,系列启动效应中实际上也存在着非自动化的策略性加工。其中最为研究者所熟知的是(对目标刺激)产生期望以及事件发生(目标刺激呈现)后的关联性检查过程。有研究者认为在系列启动任务中,被试在加工启动刺激后会根据启动刺激对接下来呈现什么目标刺激产生许多期望(Becker,1980;Neely,1991)。如果目标刺激与期望一致,那么启动就会促进反应,不一致则会抑制反应。实际上,在任何一种需要被试反应的实验任务中都存在期望。但与期望不同的是,在期望产生后进行的关联性检查则未必存在于所有任务中。在呈现启动刺激和目标刺激之后,在做出反应之前,被试可能会尝试去寻找前后呈现的两个刺激之间存在的联系。这个过程被称为发生后关联性检查。前后呈现的两个刺激之间的联系可能会影响被试最终的选择反应时及反应准确率。事先有关目标刺激的期望会成为反应选择的线索,哪怕仅仅是启动刺激和目标刺激是否有关就能作为正确答案的信息来源(Balota & Lorch, 1986; de Groot, 1984; Neely, 1991)。例如,假设有一个使用语义启动范式的研究要求被试判断作为目标刺激的字符串是否为真词(即真假词判断任务);文字启动刺激和目标刺激之间如果有关,那么这种关系就会促进被试做出正确反应。这是因为前后刺激之间如果存在关系,那么目标刺激几乎只可能是真词。关联性检查中如果发现启动刺激和目标刺激之间存在某些联系就会使得做出"真词"反应判断更为容易。反之,如果被试检查不到语义上存在关联,那么被试更容易做出"假词"反应。

这些策略性加工可能会混淆研究本身关注的现象。我们将在接下来的部分中介绍一些能够避免或至少减弱这些策略性加工影响的方法。

(二) 刺激-刺激相容性模型

刺激-刺激相容模型是系列启动研究领域内最重要的理论模型。虽然在具体层面上,这一视角下有多个不同模型,然而所有模型均假设在系列启动范式中,启动刺激和目标刺激之间的相容性会直接影响被试的表现(De Houwer, 2003; Kornblum & Lee, 1995)。接下来将主要介绍这些刺激-刺激相容模型中最为典型且高度相关的两个模型:经典的扩散激活模型和分散记忆模型(如果要进一步学习这些模型的相关内容,请阅读 McNamara 于 2005 年发表的论文)。

毋庸置疑,经典的扩散激活模型是刺激-刺激相容模型中最广为人知的理论模型。这个模型认为,人们从记忆中提取某个信息就意味着激活了它的心理表征(McNamara, 2005)。随后,激活的心理表征会扩散开,激活其他相关表征。此时,某些概念叠加起来的激活水平会影响后续提取这些概念的难易程度。例如,在阅读了启动词"自行车"之后,激活状态会从"自行车"扩散到"汽车";如果随后"汽车"会以目标刺激出现,那么与基线状态相比,这时候"汽车"概念的记忆表征会更加活跃。正是由于这种激活状态,所以目标刺激的词汇本身和语义水平上的加工会受到促进。

分散网络模型与经典扩散激活模型之间有很紧密的关联。分散网络模型认为概念的表征是一个在互相联结的加工单元组成的巨大网络上的激活模式(见第 12 章)。该网络模型通过把加工单元组合成不同的模块来代表不同的信息类型或实现不同的信息加工功能(McNamara,2005)。Masson(1995)提出的语义启动扩散记忆模型有 3 个加工模块,分别为加工正字法、音韵和语义信息。当网络的输入模块接收到刺激后(如 Masson 的正字法模块;这里的刺激为在训练中使用的某个信号刺激),其他模块的激活模式会逐步接近一开始在训练中习得的激活模式。这些模块的激活模式和习得的激活模式之间越是接近,这些激活模式需要迭代更新的次数就越少。与语义无关的启动刺激相比,语义相关的启动刺激正是通过模式之间初始的接近性提升加工目标刺激的速度(Masson,1995,1999;Smith,1996;Dalrymple-Alford & Marmurek,1999)。

现在从理论层面的探讨回归到实际研究中。经典扩散激活模型和分散网络模型都被用来解释大量使用系列启动范式得到的研究结果。Fazio 等人(1986)认为自动化态度激活这种现象实际上就是记忆中的启动刺激表征与有关的评价之间激活状态的扩散。如果假定和启动刺激有关的评价在激活后仍能在一段时间里保持激活状态,那么情感启动效应就可能是因为情感一致的试次激活对目标刺激有关评价时,只需要相对较低的激活水平就可以顺利激活。然而,这并不是说积极和消极概念分别构成两个分散网络,也不是说仅仅激活启动刺激表征就足以激活拥有相同效价的目标刺激表征(概念和评价之间的联系可能是单向的)。事实上,大部分研究者都已经摒弃了该观点(Klauer et al.,1997;Wentura,1999)。由于大量概念可以拥有相同的刺激效价,而且同时激活的概念数量通常是有限的,因此假定一个概念的激活状态可以扩散到其他所有拥有相同效价的概念上,再由此影响人们对目标刺激的反应这一观点实际上很可能是错误的。试图用分散网络模型解释情感启动效应时就会遇到这个问题。所以，目前一般认为情绪启动效应，或至少是经典的评价性分类任务，最好用在反应选择阶段发生的加工来解释。

（三）无关的刺激-反应相容性模型

经典的情感启动范式和经典的无关刺激-反应相容性任务在结构上相似（见第 3 章；De Houwer，2003；Klauer et al.，1997；Gawronski，Deutsch，& Banse）。以 Stroop 任务为例，该任务要求被试忽略文字的语义，报告文字的颜色。在一半试次中字色与字义一致，在另一半试次中则不一致。在这个范式中，刺激的任务无关维度（Stroop 任务中为语义）和正确反应之间的关系完全与任务无关维度和任务相关维度（颜色）之间的关系混淆在了一起，这一点非常关键（De Houwer，2003）。也就是说，当字义与字色一致时，正确反应与任务无关刺激一致；当字义与字色不一致的时候，正确反应和任务无关刺激不一致。由此可以发现 Stroop 效应其实也可以解释为任务无关信息（字义）自动激活了反应选项（Cohen，Dunbar，& McClelland，1990；MacLeod，1991）。

在传统的评价性分类任务中，我们很可能会发现任务相关和任务无关刺激会在某一维度上存在一定重合，而任务无关刺激与被试要做出的反应又以同样的模式在某些维度上重合。举例来说，当启动刺激和目标刺激之间在情感效价上重合时（如"极好的-朋友"），启动刺激"极好的"和被试要对目标刺激做出的正确反应"口头报告'积极'"是一致的。反过来，当启动刺激和目标刺激之间在情感效价上不重合时（如"极好的-癌症"），此时启动刺激"极好的"与正确反应"口头报告'消极'"不一致。如果启动刺激可以自动激活相对应的反应选项（启动刺激本身促进相对应的反应，而不是通过促进识别目标刺激达到这个作用），那么被试在一致试次中的表现会好于在不一致试次中的表现。这正是以往研究中普遍发现的现象。与该观点一致的是，目前研究已经发现在 Stroop 任务中影响 Stroop 效应的变量同样也会影响评价性分类任务中的情感启动效应(Spruyt, Hermans, De Houwer, Vandromme, et al., 2007)。

目前研究者们已经认可将经典情感启动范式解释为一种无关的刺激-反应任务。然而值得注意的是,任务无关刺激-反应一致性不仅可以解释情感启动效应,还可以解释系列启动效应。例如,Dehaene 等人(1998)以 1—9 的数字作为启动刺激和目标刺激,要求被试判断目标刺激和 5 比的大小(大于 5 或小于 5)。结果表明,当启动刺激和目标刺激与 5 有同样的关系时(同大或同小),被试做出判断的反应时比关系不一样时短。我们可以用任务无关刺激-反应一致性来解释这个结果。另外,Dehaene 等人(1998)也用事件相关电位技术和功能性磁共振影像技术在被试的反应和无关刺激之间有维度存在重叠时观察到启动导致的神经活动。

三、系列启动范式的具体细节

虽然系列启动范式很容易实现,但是如果想要使用其作为研究手段,那么研究者还是需要仔细考虑一些参数的设置问题。在接下来的内容中,我们将重点介绍一些使用系列启动范式开展研究时要考虑的重要问题。如果读者需要更加深入地了解参数设置方法,我们建议进一步阅读 Wentura 和 Degner(2010)的文章。

(一) 自动化和非自动化加工

大量使用系列启动范式的研究声称研究中出现的系列启动效应反映了"自动化加工"。然而,"自动化"概念实际上指的是包括快速的、无意识的、非受控的、高效的等一系列特征在内的上位概念(Moors & De Houwer, 2006; Moors et al., 2010)。也就是说,如果研究者不明确指出实验反映的是哪一种特征,只是笼统地称系列启动效应反映了"自动化加工",那么这种结论并没有实际意义。接下来我们会介绍考察以上不同特征时,系列启动范式中需要针对性调整的各种参数。

1. 快速

在典型的系列启动研究中,启动刺激通常只呈现很短的时间(例如 150 ms),随后马上呈现目标刺激(Fazio et al., 1986; Hermans, De Houwer, & Eelen, 2001; Klauer et al., 1997; Spruyt, Hermans, De Houwer, Vandromme, et al., 2007)。一般情况下,从呈现启动刺激到呈现目标刺激之间的时间间隔(SOA)最多不超过 300 ms。这样设置的原因是由于在短 SOA 的情况下所观察到的系列启动效应更具有理论意义。具体来说,这时候出现的系列启动效应表示启动刺激快速地激活了记忆中的心理表征(Ⅰ类加工),而且激活的心理表征快速地转化成为启动效应(Ⅱ类加工)。然而,根据 Moors 等人(2010)的观点,上述假设其实只有在反应时同样比较短的时候才成立。这个观点其实很容易理解。也就是说,如果反应时比较长的话,那么加工过程中就可能包含了被试为了策略性评价启动刺激和目标刺激之间关系而故意拖延反应所耗费的时间。这种情况下,无论 SOA 设置得多短,系列启动效应的结果反映的都不是快速进行的认知加工。因此,如果要考察快速加工的特征,那么在 SOA 之外,研究者还必须考虑设置一个相对较短的反应时排除标准(排除反应时超过这个标准的试次; Moors et al., 2010; Moors & De Houwer, 2005)。

2. 无意识

哪怕只是在最抽象的层面提起无意识这个概念,每个研究者都可能会很自然地想到以下要素:信息输入无意识、信息输出无意识,以及信息加工无意识(Bargh, 1994; Moors et al., 2010)。对于系列启动效应而言,研究者可以从这三个角度论证Ⅰ类加工假设和Ⅱ类加工假设的无意识性。例如,检验Ⅱ类加工假设的信息输入是否需要意识参与(相当于考察Ⅰ类加工假设的输出是否是意识的)。然而,在实际研究中几乎所有考察系列启动效应"无意识性"或"阈下性"的实验实质上主要关心的是启动过程是否需要意识性地识别启动刺激(即Ⅰ类加工的输入)。所以,接下来我们所提到的"无意识性"都限定在这个研究主题下。

研究者为使对启动刺激的加工停留在无意识识别的水平,通常会使用掩蔽启动刺激的呈现方法(Holender, 1986)。这个方法实际上就是将启动刺激的呈现时间设置得非常短(通常小于 10 ms),并且在启动刺激呈现前后分别呈现一个掩蔽刺激。在后掩蔽刺激呈现后再呈现目标刺激,要求被试对目标刺激做出反应。如果能够证实掩蔽过程确实有效防止了被试意识性地识别启动刺激,那么在这种情况下出现系列启动效应就证明Ⅰ类加工(输入)并不需要意识到启动刺激。

那么,我们要怎么确定掩蔽过程有效?我们建议在正式进行系列启动任务前加入一个环节来检验被试对启动刺激的意识水平(Dagenbach et al., 1989; Hines, Czerwinski, Sawyer, & Dwyer, 1986; McNamara, 2005)。在考察掩蔽有效性的时候需要注意几个问题。首先,由于有效性检验是保障正式实验中启动掩蔽操纵效度的手段,因此检验任务中设定的呈现时间等参数必须和正式实验相同。这一点非常重要。举例来说,与语义无关的目标刺激相比,当紧随启动刺激呈现语义相关的目标刺激时,短暂呈现的启动刺激更容易被识别出来(McNamara, 2005)。如果在检验阶段只使用语义无关的目标刺激(或根据研究设计根本不设置目标刺激),那么根据检验任务得到的效度就会高于真实水平。这对于正式实验而言是不利的。第二,随着实验的进行,被试的阈限会逐渐降低(Holender, 1986)。这也就是说,虽然启动刺激在检验阶段可能处于意识水平以下,但是由于阈限降低,启动刺激在实验阶段就可能会处在意识水平以上(McNamara, 2005)。另外,如果要证明被试没有在意识水平上识别启动刺激,那么就需要验证虚无假设,这种做法在统计上存在一定问题(Klauer & Greenwald, 2000; Rouder, Morey, Speckman, & Pratte, 2007)。

实际上,研究者可以采用 Greenwald 等人提出的方法解决上述三个问题(如 Draine & Greenwald, 1998; Greenwald, Draine, & Abrams, 1996; Greenwald, Klinger, & Liu, 1989; Greenwald et al.,

1995；Klauer & Greenwald，2000；Dagenbach et al.，1989；Hirshman & Durante，1992）。该方法通过回归把外在的无意识系列启动效应转化为对启动刺激意识性的独立测量结果。在操作层面上，该方法实际是将有效性检测放置于正式实验之后，再使用信号检测论的方法（d'）考察被试对启动刺激的辨别力（Klinger et al.，2000），然后再以启动效应水平为因变量进行回归分析。如果回归模型的截距在统计学意义上显著不等于 0，那么就说明即使被试对启动刺激的意识水平为 0，启动效应依旧存在。这个方法解决了人们在对阈下刺激的感觉阈限上存在个体差异这个棘手的问题。另外，通过以回归方程的截距为判断指标，研究者顺利规避了验证虚无假设这个很难达到的要求。当然，回归方法也有一定的不足，如果需要深入了解有关内容可以阅读 Dosher（1998），Merikle 和 Reingold（1998），Miller（2000）与 Rouder et al.（2007）的论文。

3. 非受控

"非受控"特征是最复杂且最具有争议的自动化加工特征。Moors 等人（2006，2010）认为非受控的加工是指人们能在不理解任务目的或没意识到加工与某一目之间存在关系的时候下开展、停止、改变、回避的加工。怎样才能判断系列启动效应是非受控加工的结果呢？一方面，有学者认为由于启动刺激是与任务无关的，所以系列启动效应必然是非受控的。这个观点很好理解。启动刺激与要求被试完成的任务之间没有关系，那么被试当然不会有意去加工启动刺激。这是实验设计的必然结果。另一方面，还有学者认为人们自始至终会寻找进行控制加工的机会，尤其是在用系列启动范式考察诸如刻板印象、内隐自尊和政治态度等社会敏感问题上的个体差异时更是这样（Fazio et al.，1995；Payne, Cheng, Govorun, & Stewart, 2005；Vandromme et al., in press）。

如果要考察非受控加工，那么就需要采取一些措施来减少被试进行控制加工的可能性：

第一种方法是在启动刺激前后加入掩蔽刺激来避免意识性加工启

动刺激(即控制Ⅰ类加工)。例如 Degner 和 Wentura(2009)曾使用情感启动范式考察人们对超重女性和正常体重女性的自动化激活态度。在实验中,他们将启动刺激呈现时间设置为 24 ms,并且使用了掩蔽刺激。结果表明启动效应受到被试自身 BMI 指数影响。由于实验中设置的呈现时间能够避免被试进行意识性加工,因此对研究结果的解释可以排除被试对启动刺激进行意图性评价这种可能性。但是要牢记的是,使用掩蔽启动这种方法实际上并不能完全排除系列启动效应来自被激活的无意识目标这种可能性(Moors & DeHouwer,2006;Moors et al.,2010)。

第二种方法是设置短 SOA 和反应时准入条件。一般认为,控制加工会花费更多时间,那么迫使被试在更短的时间内做出反应无疑可以剥夺他们进行控制加工的机会(Hermans et al.,2001;Moors & De Houwer,2006)。这个方法对探讨Ⅰ类加工和Ⅱ类加工的问题均有效。就Ⅱ类加工而言,Degner(2009)使用情感启动范式发现被试即使在短 SOA 情况下也能策略性地增强或削弱情感启动效应。然而,当被试要在 600 ms 以内对目标刺激做出反应时,他们削弱启动效应的手段就失效了。

在 Degner(2009)的研究中,由于目标刺激与启动刺激效价一致或不一致的概率相同,所以启动刺激本身并不能为正确反应提供线索。Klauer 和 Teige-Mocigemba(2007)认为如果能通过启动刺激预测目标刺激,那么设置短 SOA 和短反应时标准并不能起到避免被试使用策略的作用。他们在研究中要求被试完成一项仅使用两张积极图片和两张消极图片作为启动刺激的情感启动任务。在呈现一张积极图片(启动刺激)后会大概率呈现积极目标刺激,在呈现一张消极图片后会大概率呈现消极目标刺激(非切换启动),在另两张图片后则大概率跟随呈现效价相反的目标刺激(切换启动)。在实验中,研究者事先告诉被试这种设置,并且告诉他们要根据这个规则来提升他们在任务中的表现,要做到最好。虽然在任务中设置的 SOA 为 275 ms,反应时的准入标准为 800 ms,但是结果却发现非切换启动条件下产生了正常的启动效应,而切换启动条件下则产生了相反的启动效应。这个结果说明被试在严格的时间限制下依旧能够使用期望(如某两个刺激后会出现相反效价的刺激)来帮助自己完成任务。到目前为止,大部分研究者都认同使用短 SOA 和短反应时标准虽然并不是最完美的方法,但是确实能够减小系列启动效应中策略性期望造成的干扰。

第三种方法关注的是系列启动范式中对目标刺激的反应任务。在情感启动任务中,被试的任务是评价目标刺激的情感效价。如果呈现给被试的指导语使被试去评价所有刺激的效价,那么这时候启动刺激所导致的态度激活(Ⅰ类加工)必然是意识性的。如果态度激活是由评价目标刺激的任务目标导致的,而不是笼统地要求评价呈现的刺激时,启动刺激激活的态度就是任务目标导致的,同时也是无意图的(Moors et al.,2010)。所有使用无关的刺激-反应一致性的系列启动任务中都可以运用这种推论。例如之前提过的 Dehaene 等人(1998)进行的数字启动任务。如果数字启动效果是由要求被试对目标刺激数字大小做出判断导致的,若此时被试并不具有判断启动数字大小的中介性目标,那么研究者就可以认为实验得到的启动效应来自与目标相关的无意图加工。反之,如果启动效应是由被试判断所有数字的目标导致的,那么这种无意识启动加工实际上就是有意图的。

那么,怎样才能排除依赖于目标的无意图启动加工,甚至是意图性的启动加工呢? 其实可以通过使用不需要外部评价目标刺激的反应任务达到该目的。这些反应任务中应用最广泛的是命名任务。命名任务最为明显的优点是它在一定程度上是语义中性的(Spruyt et al.,2009)。即,在完成这种任务的时候,任务本身不会导致被试产生某种加工倾向。我们最近的研究发现,对Ⅰ类加工启动刺激进行的语义分析极度依赖被试对目标刺激特定维度投入注意程度的高低;被试越是注意目标刺激的特定维度(如情感维度),他们就越可能会加工启动刺激的相应维度。但是,启动刺激却是和任务无关的。这时候,启动刺激的其他维度就不太可能继续得到加工了。尝试去排除促进分析某个特定维度(如刺激效价)的倾向并不会让被试产生会阻碍分析这个维度的趋向(生命判断任务;Klinger et al.,2000)。虽然使用命名任务的系列启动任务的效度低于利用无关的刺激-反应一致性效应的系列启动任务(如评价性决策任务),但是命名任务能够帮助研究者规避目标带来的问题。

即便使用了命名任务,一些细小的过程特征也会影响被试对刺激特定维度的注意程度。以 Everaert 等人(2011)的研究为例,他们考察的是在命名任务中,具有明确情感含义的刺激比例是否会对情感启动效应造成影响。为研究比例的作用,他们在启动图片-目标词汇刺激对构成的实验试次之外设置了大量由图片-图片刺激对构成的填充试次。研究者把被试分为两组,一组被试在实验中面对的填充试次使用的都是积极或消极情感效价图片(高效价比例条件),而另一组被试面对的填充试次使用的都是中性图片(低效价比例条件)。结果表明仅在高效价条件下能够得到信度较高的情感启动效应。这个实验里发现的刺激系列背景效应说明实验过程中的一些细小方面也会对人们在刺激特征上的注意分配造成影响。

4. 高效的

不受注意控制的加工被称为高效加工。Moors 等人(2010)指出"高效"包含两个成分:一是注意的量;二是注意的方向。前者指用于加工的注意容量,后者指任务中的注意方向。

我们先介绍如何考察自动化加工中的注意量。研究者通常使用双任务法考察系列启动任务是否受注意资源量影响。双任务法的研究逻辑非常清晰易懂。简单地说,如果系列启动效应的加工是高效的,那么在完成启动任务的同时要求被试再完成另一项任务将不会对系列启动效应造成影响。Hermans 等人(2000)在研究中使用的任务是在完成情感启动任务的同时背诵一系列数字。在双任务中,研究者设置了三种不同认知负荷水平的记忆任务:不需要记忆,简单的轮换序列(如"６９６９６９"),以及复杂的序列(如"１３５７９１")。结果表明,认知负荷水平不影响系列启动效应。然而,Klauer 和 Teige-Mocigemba(2007)的研究发现,在高工作记忆负荷的情况下,低工作记忆容量的被试表现出更明显的情感启动效应。这个结果说明,当认知资源长期处于低水平或耗竭后,人们就没法有效抵御启动效应了。因此,在考察加工高效性的时候有必要测试被试的工作记忆容量。

高效性的第二个自动化特征是与容量无关的注意方向。注意分配会对启动刺激的语义分析产生强烈影响。有研究发现,系列启动效应取决于时间注意和空间注意的作用(Kouider & Dehaene,2007)。Kiefer和Brendel(2006)使用事件相关电位技术发现,当启动刺激没有出现在被试预期的时间点时,语义启动效应会减弱(同样见 Naccache,Blandin, & Dehaene,2002)。Musch和Klauer(2001)则发现在分别在屏幕不同位置呈现启动刺激和目标刺激的情况下,如果事先告知被试目标刺激呈现位置不固定,那么就会观察到启动效应;而如果事先告知被试目标刺激的具体位置,这时候就观察不到启动效应。

(二) 刺激-刺激一致性 vs 无关的刺激-反应一致性

一般来说,与从刺激-刺激一致性作用得到的系列启动效应相比,从无关的刺激-反应一致性作用得到的系列启动效应更为稳健。以情感启动研究为例。通常情况下,评价性决策任务中观察到的情感启动效应又明显又稳定,而在命名任务中得到的情感启动效应的效应量比较小,而且有时候并不能得到统计学意义上差异显著的结果(Klauer & Musch,2001;Spruyt,Hermans,Pandelaere,De Houwer, & Eelen,2004)。这两类任务虽然在过程上很像,但是对于研究情感启动效应加工过程的研究者而言,它们是大相径庭的。评价分类任务同时运用了刺激-刺激一致性和无关的刺激-反应一致性的作用(De Houwer,2003),而命名任务仅运用了刺激-刺激一致性的作用。所以,前者的效应更强。在传统的语义启动研究中,当要求被试命名目标刺激的时候,语义启动效应往往会被削弱(Hodgson,1991;Neely,1991)。因此,如果没有明确的理论诉求作为前提,那么就尽量不要使用基于刺激-刺激一致性的测量方法,应当使用基于无关的刺激-反应一致性的测量方法。相反,如果理论诉求要回答的问题来自刺激-刺激一致性效应,那么就只能使用基于刺激-刺激一致性的测量方法了。

(三) 加工层次和推论混淆

系列启动效应通常包含两个层次的加工（Ⅰ类加工和Ⅱ类加工）。当实验中没有发现任何启动效应的时候，其实研究者很难断言到底发生了什么加工。没有发现启动效应可能是由于什么原因呢？这有可能是因为启动刺激虽然得到了加工，但却没有对目标刺激反应造成影响（从Ⅱ类加工的角度解释）。当然，也有可能是由于启动信息根本没有被加工（从Ⅰ类加工角度的解释）。这两种来源都可能存在。当没有得到统计学意义上显著的启动效应时，如果随便地选择其中一种理论进行解释，那么就会导致推论混淆。这是一个很关键的问题，接下来举一例对非情感性语义类别进行反应的情感启动效应实验进行说明。在一项试图挖掘情感启动效应加工机制的研究中，研究者测试了被试在将（积极与消极）目标刺激分入非情感性的语义类别（如物品-人）的时候是否也能出现情感启动效应。在一系列实验中，被试要完成经典的评价性决策任务和非情感性的语义分类任务。在评价性决策任务中发现存在情感启动效应，然而在非情感性的语义分类任务中并未发现存在显著的启动效应(De Houwer, Hermans, Rothermund, & Wentura, 2002; Klinger et al., 2000; see also Klauer & Musch, 2002)。无关的刺激-反应一致性无法解释非情感性的语义分类任务结果（启动与反应的设置之间并没有重叠的维度）。因此，有研究者认为这个结果佐证了仅在反应选择阶段的加工过程才会驱动产生情感启动效应这一假设。实际上这个结论隐含了两个任务中的启动加工是相同的这一前提假设。Spruyt 等人（2007，2009）推翻了这个观点。他们的研究发现：(1) 当要求被试分配注意去关注非情感刺激特征时，情感启动加工就会极大地减弱；(2) 如果要求被试关注刺激的情感维度，那么非情感语义分类任务中就会出现情感启动效应。也就是说，在非情感语义分类任务中无法取得情感启动效应的现象可能来自启动刺激加工被削弱（即Ⅰ类加工），而不是无关的刺激-反应一致性这个自变量无法在任务中发挥作用(即Ⅱ类加工)。在其他领域的研究中,研究者也要注意不要混淆Ⅰ类加工和Ⅱ类加工角度下对结果的解释。

(四) 系列启动测量的信度

在过去几年中,方法上最有趣以及最有价值的发展之一是系列启动范式被当作一种预测行为的工具加以运用了。研究者通过测量个体差异以及特殊的启动效应来预测个体在未来的行为。这种方法虽然是可行的,但是系列启动测量的信度却比较低。Bosson等人(2000)在研究中发现阈上和阈下自尊的系列启动效应的重测信度仅有.08与.28[①]。类似地,Banse(2001)发现对喜欢和讨厌的人的自动化态度激活启动测量的分半信度也非常低。Stolz等人(2005)也发现在非情感启动的研究中语义启动效应的信度较低。如果仔细分析这些结论,实际上我们可以发现,从测量学的角度来看,系列启动效应并不是一种优质、可靠的测量工具。

虽然目前并没有系统化地研究系列启动效应的信度,但是已有文献告诉我们可以从多个方面提升系列启动测量的信度。

首先,系列启动效应测量的信度受到研究者在实验中有效控制被试自发切换注意分配的程度影响。Gawronski等人(2010)在研究种族歧视和年龄歧视时使用了年轻、年老的白人和黑人图片作为启动刺激,要求被试在心里计算黑人和白人的数量(注意种族)或年轻人和老年人的数量(注意年龄)。结果发现,年龄歧视和种族歧视结果的信度可能受对特定特征的注意分配影响。与关注年龄相比,当要求关注种族时,被试的种族歧视水平更高;与关注种族的时候相比,当要求关注年龄时,被试的年龄歧视水平更高。此外,仅当要求同时关注年龄和种族维度的时候,被试的年龄歧视和种族歧视水平才都与对应的自呈报告结果相关。结合另一项关于对特定特征的注意分配影响系列启动效应结

---

① 原文参照了《APA格式手册(第6版)》(APA Manual 6th Edition)的规定:对于理论上不可能等于1(只能无限趋近1)的统计量,省略小数点前的"0",本书中沿用了此格式。——译者注

果的研究(Spruyt et al.,2009),我们可以发现,控制对特定特征注意分配的自发切换能够有效提升系列启动测量的信度。

其次,系列启动效应也会受序列背景效应影响。即,会受到启动试次顺序的影响。Klauer等人(1997)发现在标准的评价分类任务中,情感启动效应受情感一致试次数量影响。这种影响在0—200 ms的短SOA情况下更为明显。他们发现随着情感一致试次数量增加,情感启动效应的效果也随之增大。同样地,Klauer等人(2003)也发现情感启动效应的程度受积极目标刺激相对于消极目标刺激的比例影响(积极比例效应):积极刺激比例越大,消极启动的影响就越大,反之亦然。

Wentura(1999)的研究能够很好地说明序列顺序效应会造成什么样的影响。他的研究发现,当第n个试次的目标刺激效价与第n−1个试次的不相容启动刺激效价一致的情况下,第n个试次中评价目标刺激的反应时会变长。这说明第n−1个试次的反应冲突会抑制启动激发的反应。如果与第n−1个试次无关的信息与第n个试次有关,那么被试就需要克服抑制,延长对目标刺激的反应时。Greenwald等人(1996)和Klauer等人(2009)也发现过类似效应。

一般情况下,对使用特定系列启动范式测量个体差异的研究来说,上述提及的背景效应和序列顺序效应的影响之间是不相关的。由此可以假定,它们都会危害到系列启动范式的信度。所以,在运用系列启动范式的时候要注意控制这两种效应。举例来说,如果使用情感启动方式考察自动化激活态度的个体差异,那么积极刺激的呈现比例最好设置为50%。

然而需要注意的是,系列启动效应测量结果受背景效应或序列顺序效应影响的程度还受到反应任务本身以及特定系列启动效应背后加工过程的影响。积极刺激比例就是一个例子。Klauer等人(2003)以人们对较为罕见的刺激存在注意偏向来解释刺激比例的作用。根据这种解释,那么当被试不需要根据目标刺激的效价做出反应的时候,注意偏向就不会出现了。同样也能以这样的方式来解释Klauer等人(1997)的研究结果。Klauer等人指出:(1)被试会在启动刺激和目标刺激之间策略性地分配注意资源；(2)当被试认识到刺激的一致性比例高于或低于机遇水平时，会分配更多注意资源给启动刺激。不过，只有在启动刺激和反应要求之间存在重合维度的情况下，这个机制才会起作用。那些不是基于无关的刺激-反应一致性的反应任务不会出现上述现象。同样地，Spruyt等人(2007)也发现，当要求被试命名目标刺激而不是对目标刺激分类的时候，刺激比例并不会影响情感启动效应。总的来说，这些结果均表明在需要考察个体差异的时候，使用基于刺激-刺激一致效应的范式比使用基于无关的刺激-反应一致效应的范式更为合适。不过这一论断还需要一定的研究予以佐证。

四、应用样例

为更好地展示如何使用系列启动范式，接下来我们将详细介绍Spruyt等人(2007)的一项研究。这项研究的目的是采用情感启动效应得分的差异预测被试在苹果和巧克力棒之间的选择。研究者设置了两个不同的情感启动任务：经典的评价决策任务和命名任务。评价决策任务在前，命名任务在后。这样安排任务顺序的原因有两个：首先，命名任务不受对目标刺激进行外显分类的影响，所以研究者假设命名任务对于额外的个人联想不敏感。这种"额外个人联想"指的是那些虽然储存于记忆中，但是与完成评价任务无关的内容；其次，研究者还假设背景效应和序列顺序效应更可能干扰对无关的刺激-反应任务中目标刺激的反应。在这些假设的基础上，研究者认为在命名任务中得到的个体差异更能准确地反映出个体对启动刺激具有的态度。

除了反应任务存在差异，实验的启动环节都是一样的。启动刺激包含4张不同水果的图片(包括1张苹果图片)、四张糖果图片(包括1张巧克力棒图片)和4张中性启动图片(如蓝色背景中有1个白色长方形)。目标刺激是四张积极图片和4张消极图片。每个试次中先呈现200 ms启动刺激，随后间隔50 ms空屏(SOA＝250 ms)，最后呈现目标刺激。目标刺激会一直呈现在屏幕上，直到被试做出按键反应。若被试没有按键，目标刺激会在呈现 2 000 ms 后自动消失。在命名任务中，研究者让被试先完成两次练习以保证他们在做反应的时候都会使用同样的词汇（包括"尸体""爆炸""垃圾""骷髅""婴儿""新娘""海豚""小猫"）。实验中所有刺激的均使用图片，不使用词汇。之所以使用图片是由于使用图片的命名任务得到的情感启动效应更为稳定。这可能是因为图片能够显著地增加被试对情感刺激维度的选择性注意水平。

实验结果非常明确。命名任务的情感启动效应与被试的选择存在显著的相关：在糖果/积极试次上反应得比在糖果/消极试次上更快的被试更倾向于选择巧克力。此外，命名任务中的情感启动分数对行为的预测能力强于问卷测量的结果；相反，评价任务的结果不能有效预测被试的选择行为。

这个实验的结果非常有趣。首先，这个结果说明通过启动方法观察到的自动化态度激活能够预测行为。这个发现肯定了系列启动方式能够用于考察个体差异。其次，情感启动效应能够比由被试自呈报告的结果更好地预测行为，这说明我们能够用系列启动范式来挖掘个体过去的经验：如被试主动隐藏起来的经验，或是他自己都未曾内省到的经验。最后，在方法上，该研究结果也指出系列启动范式中需要考虑任务结构。虽然命名任务和评价分类任务在表面上很相似，但实质上它们在Ⅱ类加工水平上截然不同，所以这两种任务的预测效度存在着显著差异。

五、讨　论

在过去的半个世纪里，系列启动范式成为认知研究中最常用的范式之一。我们不难理解它为什么能够得到如此广泛的使用。首先，系列启动范式相对容易实现。虽然系列启动范式在使用过程中需要设置大量参数（例如，SOA、启动时间、刺激形式），并且在特定研究中选择适当的参数也比较困难。但是，一旦充分了解了系列启动范式的构成原理，那么这些问题都变得易如反掌。为了更易于理解与掌握系列启动范式，我们在本章中将这些与任务过程相关的问题总结为理论问题而非参数设置问题进行介绍。其次，系列启动范式灵活多变，可以根据需要适当修改。从本章中举的例子就可以看出系列启动范式可以在多种研究主题下大显身手。而且在刺激的选用上，系列启动范式受到的限制几乎为零。仅在情感启动领域，系列启动效应就已经在词汇刺激、线条图刺激、复杂彩图刺激、气味刺激以及音乐和弦领域得到检验（Fazio et al., 1986; Giner-Sorolla, Garcia, & Bargh, 1999; Hermans, Baeyens, & Eelen, 1998; Hermans et al., 1994; Sollberger, Reber, & Eckstein, 2003）。系列启动效应已经在许多领域中成为常用的研究方法了。我们坚信它依旧会活跃在这些领域未来的前沿研究中。

在过去几年中，有关系列启动效应最有趣，也是最有发展潜力的运用是将其作为测试个体差异以及用特定启动效应预测行为的工具。Spruyt 等人（2007）针对消费决策行为的研究就是一个很好的例子。此外，在自动化激活种族态度、实验精神病理学和内隐自尊研究领域中也有许多使用了系列启动范式的研究案例（Fazio et al., 1995; Fazio & Olson, 2003; Hermans et al., 2010; Meites, Deveney, Steele, Holmes, & Pizzagalli, 2008; Vandromme et al., in press）。然而到目前为止，系列启动范式依旧面临着部分测量学指标不够理想的问题。未来研究需要进一步关注并尝试提升系列启动范式的心理测量学指标。

致　　谢

Adriaan Spruyt 是佛兰德研究基金会的博士后研究员。本章的撰写受 BOF/GOA2006/001 号基金和根特大学 BOF09/01M00209 号基金的资助。

推荐阅读

De Houwer, J., Teige-Mocigemba, S., Spruyt, A., & Moors, A. (2009). Implicit measures: A normative analysis and review. *Psychological Bulletin*, 135, 347–368.

McNamara, T. P. (2005). Semantic priming. New York: Psychology Press.

Moors, A., Spruyt, A., & De Houwer, J. (2010). In search of a measure that qualifies as implicit: Recommendations based on a decompositional view of automaticity. In B. Gawronski & K. B. Payne (Eds.), *Handbook of implicit social cognition: Measurement, theory, and application* (pp. 19–37). New York: Guilford Press.

Spruyt, A., De Houwer, J., & Hermans, D. (2009). Modulation of semantic priming by feature-specific attention allocation. *Journal of Memory and Language*, 61, 37–54.

Wentura, D., & Degner, J. (2010). A practical guide to sequential priming and related tasks. In B. Gawronski & K. B. Payne (Eds.), *Handbook of implicit social cognition: Measurement, theory, and application* (pp. 95–116). New York: Guilford Press.

参考文献

Anderson, J. R. (1983). *The architecture of cognition*. Cambridge, MA: Harvard University Press.

Abrams, R. L., Klinger, M. R., & Greenwald, A. G. (2002). Subliminal words activate semantic categories (not automated motor responses). *Psychonomic Bulletin and Review*, 9, 100–106.

Balota, D. A., & Lorch, R. F. (1986). Depth of automatic spreading activation: Mediated priming effects in pronunciation but not in lexical decision. *Journal of Experimental Psychology: Learning, Memory, and Cognition*, 12, 336–345.

Banaji, M. R., & Greenwald, A. G. (1994). Implicit stereotyping and prejudice. In M. Zanna & J. Olson (Eds.), *The psychology of prejudice: The Ontario Symposium* (Vol. 7, pp. 55–76). Hillsdale, NJ: Erlbaum.

Banaji, M. R., & Hardin, C. D. (1996). Automatic stereotyping. *Psychological Science*, 7, 136–141.

Banse, R. (2001). Affective priming with liked and disliked persons: Prime visibility determines congruency and incongruency effects. *Cognition and Emotion*, 15, 501–520.

Bargh, J. A. (1994). The four horsemen of automaticity: Awareness, intention, efficiency, and control in social cognition. In R. S. Wyer & T. K. Srull (Eds.), *Handbook of social cognition* (pp. 1–40). Hillsdale, NJ: Erlbaum.

Bargh, J. A., Chaiken, S., Raymond, P., & Hymes, C. (1996). The automatic evaluation effect: Unconditional automatic attitude activation with a pronunciation task. *Journal of Experimental Social Psychology, 32,* 104–128.

Becker, C. A. (1980). Semantic context effects in visual word recognition: An analysis of semantic strategies. *Memory and Cognition, 8,* 493–512.

Bianchi, M., Mummendey, A., Steffens, M. C., & Yzerbyt, V. Y. (2010). What do you mean by European?: Evidence of spontaneous ingroup projection. *Personality and Social Psychology Bulletin, 36,* 960–974.

Blair, I. V., & Banaji, M. R. (1996). Automatic and controlled processes in stereotype priming. *Journal of Personality and Social Psychology, 70,* 1142–1163.

Bosson, J. K., Swann, W., & Pennebaker, J. W. (2000). Stalking the perfect measure of implicit self-esteem: The blind men and the elephant revisited? *Journal of Personality and Social Psychology, 79,* 631–643.

Cheesman, J., & Merikle, P. M. (1984). Priming with and without awareness. *Perception and Psychophysics, 36,* 757–777.

Cohen, J. D., Dunbar, K., & McClelland, J. L. (1990). On the control of automatic processes: A parallel distributed processing of the Stroop effect. *Psychological Review, 97,* 332–361.

Collins, A. M., & Loftus, E. F. (1975). A spreading activation theory of semantic processing. *Psychological Review, 82,* 407–428.

Dagenbach, D., Carr, T. H., & Wilhelmsen, A. L. (1989). Task-induced strategies and near-threshold priming: Conscious influences on unconscious perception. *Journal of Memory and Language, 28,* 412–443.

Dalrymple-Alford, E. C., & Marmurek, H. H. C. (1999). Semantic priming in fully recurrent network models of lexical knowledge. *Journal of Experimental Psychology: Learning, Memory, and Cognition, 25,* 758–775.

Degner, J. (2009). On the (un-)controllability of affective priming: Strategic manipulation is feasible but can possibly be prevented. *Cognition and Emotion, 23,* 327–354.

Degner, J., & Wentura, D. (2009). Not everybody likes the thin and despises the fat: One's weight matters in the automatic activation of weight-related social evaluations. *Social Cognition, 27,* 202–221.

de Groot, A. M. B. (1984). Primed lexical decision: Combined effects of the proportion of similar prime-target pairs and the stimulus-onset asynchrony of prime and target. *Quarterly Journal of Experimental Psychology: Human Experimental Psychology, 36,* 253–280.

Dehaene, S., Naccache, L., Le Clec. H. G., Koechlin, E., Mueller, M., Dehaene-Lambertz, G., et al. (1998). Imaging unconscious semantic priming. *Nature, 395,* 597–600.

De Houwer, J. (2003). A structural analysis of indirect measures of attitudes. In J. Musch & K. C. Klauer (Eds.), *The psychology of evaluation: Affective processes in cognition and emotion* (pp. 219–244). Mahwah, NJ: Erlbaum.

De Houwer, J., Hermans, D., Rothermund, K., & Wentura, D. (2002). Affective priming of semantic categorization responses. *Cognition and Emotion, 16,* 643–666.

De Houwer, J., Hermans, D., & Spruyt, A. (2001). Affective priming of pronunciation responses: Effects of target degradation. *Journal of Experimental Social Psychology, 37,* 85–91.

Dosher, B. A. (1998). The response-window regression method—some problematic assumptions: Comment on Draine and Greenwald (1998). *Journal of Experimental Psychology: General, 127,* 311–317.

Dovidio, J. F., Kawakami, K., & Gaertner, S. L (2002). Implicit and explicit prejudice and interracial interactions. *Journal of Personality and Social Psychology, 82,* 62–68.

Dovidio, J. F., Kawakami, K., Johnson, C., Johnson, B., & Howard, A. (1997). On the nature of prejudice: Automatic and controlled processes. *Journal of Experimental Social Psychology, 33,* 510–540.

Draine, S. C., & Greenwald, A. G. (1998). Replicable unconscious semantic priming. *Journal of Experimental Psychology: General, 127,* 286–303.

Everaert, T., Spruyt, A., & De Houwer, J. (in press). On the (un)conditionality of automatic attitude activation: The valence proportion effect. *Canadian Journal of Experimental Psychology.*

Fazio, R. H. (2001). On the automatic activation of associated evaluations: An overview. *Cognition and Emotion, 15,* 115–141.

Fazio, R. H., Chen, J., McDonel, E. C., & Sherman, S. J. (1982). Attitude accessibility, attitude-behavior consistency, and the strength of the object-evaluation association. *Journal of Experimental Social Psychology, 18,* 339–357.

Fazio, R. H., Jackson, J. R., Dunton, B. C., & Williams, C. J. (1995). Variability in automatic activation as an unobtrusive measure of racial attitudes: A bona fide pipeline? *Journal of Personality and Social Psychology, 69,* 1013–1027.

Fazio, R. H., & Olson, M. A. (2003). Implicit attitude measures in social cognition: Their meaning and use. *Annual Review of Psychology, 54,* 297–327.

Fazio, R. H., Sanbonmatsu, D., Powell, M., & Kardes, F. (1986). On the automatic activation of attitudes. *Journal of Personality and Social Psychology, 50,* 229–238.

Fischler, I. (1977). Semantic facilitation without association in a lexical decision task. *Memory and Cognition, 5,* 335–339.

Gawronski, B., Cunningham, W. A., LeBel, E. P., & Deutsch, R. (2010). Attentional influences on affective priming: Does categorization influence spontaneous evaluations of multiply categorizable objects? *Cognition and Emotion, 24,* 1008–1025.

Giner-Sorolla, R., Garcia, M., & Bargh, J. A. (1999). The automatic evaluation of pictures. *Social Cognition, 17,* 76–96.

Glaser, J., & Banaji, M. R. (1999). When fair is foul and foul is fair: Reverse priming in automatic evaluation. *Journal of Personality and Social Psychology, 77,* 669–687.

Greenwald, A. G. (1990). What cognitive representations underlie social attitudes? *Bulletin of the Psychonomic Society, 28,* 254–260.

Greenwald, A. G., & Banaji, M. R. (1995). Implicit social cognition: Attitudes, self-esteem, and stereotypes. *Psychological Review, 102,* 4–27.

Greenwald, A. G., Draine, S. C., & Abrams, R. L. (1996). Three cognitive markers of unconscious semantic activation. *Science, 273,* 1699–1702.

Greenwald, A. G., Klinger, M. R., & Liu, T. J. (1989). Unconscious processing of dichoptically masked words. *Memory and Cognition, 17,* 35–47.

Greenwald, A. G., Klinger, M. R., & Schuh, E. S. (1995). Activation by marginally perceptible ("subliminal") stimuli: Dissociation of unconscious from conscious cognition. *Journal of Experimental Psychology: General, 124,* 22–42.

Hermans, D., Baeyens, F., & Eelen, P. (1998). Odours as affective processing context for word evaluation: A case of cross-modal affective priming. *Cognition and Emotion, 12,* 601–613.

Hermans, D., Crombez, G., & Eelen, P. (2000). Automatic attitude activation and efficiency: The fourth horseman of automaticity. *Psychologica Belgica, 40,* 3–22.

Hermans, D., De Cort, K., Noortman, D., Vansteenwegen, D., Beckers, T., Spruyt, A., & Schruers, K. (2010). Priming associations between bodily sensations and catastrophic misinterpretations: Specific for panic disorder? *Behaviour Research and Therapy, 48,* 900–908.

Hermans, D., De Houwer, J., & Eelen, P. (1994). The affective priming effect: Automatic activation of evaluative information in memory. *Cognition and Emotion, 8,* 515–533.

Hermans, D., De Houwer, J., & Eelen, P. (2001). A time course analysis of the affective priming effect. *Cognition and Emotion, 15,* 143–165.

Hermans, D., Spruyt, A., De Houwer, J., & Eelen, P. (2003). Affective priming with subliminally presented pictures. *Canadian Journal of Experimental Psychology, 57,* 97–114.

Hines, D., Czerwinski, M., Sawyer, P. K., & Dwyer, M. (1986). Automatic semantic priming: Effect of category exemplar level and word-association level. *Journal of Experimental Psychology: Human Perception and Performance, 12,* 370–379.

Hirshman, E., & Durante, R. (1992). Prime identification and semantic priming. *Journal of Experimental Psychology: Learning, Memory, and Cognition, 18,* 255–265.

Hodgson, J. M. (1991). Informational constraints on pre-lexical priming. *Language and Cognitive Processes, 6,* 169–205.

Holender, D. (1986). Semantic activation without conscious identification in dichotic listening, parafoveal vision, and visual masking: A survey and appraisal. *Behavioral and Brain Sciences, 9,* 1–66.

Kiefer, M., & Brendel, D. (2006). Attentional modulation of unconscious "automatic" processes: Evidence from event-related potentials in a masked priming paradigm. *Journal of Cognitive Neuroscience, 18,* 184–198.

Klauer, K. C., & Greenwald, A. G. (2000). Measurement error in subliminal perception experiments: Simulation analyses of two regression methods—comment on Miller. *Journal of Experimental Psychology: Human Perception and Performance, 26,* 1506–1508.

Klauer, K. C., Mierke, J., & Musch, J. (2003). The positivity proportion effect: A list-context effect in masked affective priming. *Memory and Cognition, 31,* 953–967.

Klauer, K. C., & Musch, J. (2001). Does sunshine prime loyal?: Affective priming in the naming task. *Quarterly Journal of Experimental Psychology, 54,* 727–751.

Klauer, K. C., & Musch, J. (2002). Goal-dependent and goal-independent effects of irrelevant evaluations. *Personality and Social Psychology Bulletin, 28,* 802–814.

Klauer, K. C., & Musch, J. (2003). Affective priming: Findings and theories. In J. Musch & K. C. Klauer (Eds.), *The psychology of evaluation: Affective processes in cognition and emotion* (pp. 7–49). Mahwah, NJ: Erlbaum.

Klauer, K. C., Rossnagel, R., & Musch, J. (1997). List-context effects in evaluative priming. *Journal of Experimental Psychology: Learning, Memory, and*

Cognition, 23, 246–255.
Klauer, K. C., & Teige-Mocigemba, S. (2007). Controllability and resource dependence in automatic evaluation. *Journal of Experimental Social Psychology, 43*, 648–655.
Klauer, K. C., Teige-Mocigemba, S., & Spruyt, A. (2009). Contrast effects in spontaneous evaluations: A psychophysical account. *Journal of Personality and Social Psychology, 96*, 265–287.
Klinger, M. R., Burton, P. C., & Pitts, G. S. (2000). Mechanisms of unconscious priming: I. Response competition, not spreading activation. *Journal of Experimental Psychology: Learning, Memory, and Cognition, 26*, 441–455.
Koechlin, E., Naccache, L., Block, E., & Dehaene, S. (1999). Primed numbers: Exploring the modularity of numerical representations with masked and unmasked semantic priming. *Journal of Experimental Psychology: Human Perception and Performance, 25*, 1882–1905.
Kornbum, S., & Lee, J. W. (1995). Stimulus–response compatibility with relevant and irrelevant stimulus dimensions that do and do not overlap with the response. *Journal of Experimental Psychology: Human Perception and Performance, 21*, 855–875.
Kouider, S., & Dehaene, S. (2007). Levels of processing during non-conscious perception: A critical review of visual masking. *Philosophical Transactions of the Royal Society B: Biological Sciences, 362*, 857–875.
Lachter, J., Forster, K. I., & Ruthruff, E. (2004). Forty-five years after Broadbent (1958): Still no identification without attention. *Psychological Review, 111*, 880–913.
Lucas, M. (2000). Semantic priming without association: A meta-analytic review. *Psychonomic Bulletin and Review, 7*, 618–630.
MacLeod, C. M. (1991). Half a century of research on the Stroop effect: An integrative review. *Psychological Bulletin, 109*, 163–203.
Macmillan, N. A. (1986). The psychophysics of subliminal perception. *Behavioral and Brain Sciences, 9*, 38–39.
Marcel, A. J. (1983). Conscious and unconscious perception: Experiments on visual masking and word recognition. *Cognitive Psychology, 15*, 197–237.
Masson, M. E. J. (1995). A distributed model of semantic priming. *Journal of Experimental Psychology: Learning, Memory, and Cognition, 21*, 3–23.
Masson, M. E. J. (1999). Interactive processes in word identification: Modeling context effects in a distributed memory system. In R. M. Klein & P. A. McMullen (Eds.), *Converging methods for understanding reading and dyslexia* (pp. 373–411). Cambridge, MA: MIT Press.
McNamara, T. P. (2005). *Semantic priming.* New York: Psychology Press.
McRae, K., & Boisvert, S. (1998). Automatic semantic similarity priming. *Journal of Experimental Psychology: Learning, Memory, and Cognition, 24*, 558–572.
Meites, T. M., Deveney, C. M., Steele, K. T., Holmes, A. J., & Pizzagalli, D. A. (2008). Implicit depression and hopelessness in remitted depressed individuals. *Behaviour Research and Therapy, 46*, 1078–1084.
Merikle, P. M., & Reingold, E. M. (1998). On demonstrating unconscious perception: Comment on Draine and Greenwald (1998). *Journal of Experimental Psychology: General, 127*, 304–310.
Meyer, D. E., & Schvaneveldt, R. W. (1971). Facilitation in recognizing pairs of words: Evidence of a dependence between retrieval operations. *Journal of*

Experimental Psychology, 90, 227–234.

Miller, J. (2000). Measurement error in subliminal perception experiments: Simulation analyses of two regression methods. *Journal of Experimental Psychology: Human Perception and Performance, 26*, 1461–1477.

Moors, A., & De Houwer, J. (2006). Automaticity: A conceptual and theoretical analysis. *Psychological Bulletin, 132*, 297–326.

Moors, A., & De Houwer, J. (2005). Unintentional processing of motivational valence. *Quarterly Journal of Experimental Psychology Section A: Human Experimental Psychology, 58*, 1043–1063.

Moors, A., Spruyt, A., & De Houwer, J. (2010). In search of a measure that qualifies as implicit: Recommendations based on a decompositional view of automaticity. In B. Gawronski & K. B. Payne (Eds.), *Handbook of implicit social cognition: Measurement, theory, and application* (pp. 19–37). New York: Guilford Press.

Mummendey, A., & Wenzel, M. (1999). Social discrimination and tolerance in intergroup relations: Reactions to intergroup difference. *Personality and Social Psychology Review, 3*, 158–174.

Musch, J., & Klauer, K. C. (2001). Locational uncertainty moderates affective congruency effects in the evaluative decision task. *Cognition and Emotion, 15*, 167–188.

Naccache, L., Blandin, E., & Dehaene, S. (2002). Unconscious masked priming depends on temporal attention. *Psychological Science, 13*, 416–424.

Naccache, L., & Dehaene, S. (2001). Unconscious semantic priming extends to novel unseen stimuli. *Cognition, 80*, 223–237.

Neely, J. H. (1991). Semantic priming effects in visual word recognition: A selective review of current findings and theories. In D. Besner & G. W. Humphreys (Eds.), *Basic processes in reading: Visual word recognition* (pp. 264–336). Hillsdale, NJ: Erlbaum.

Olson, M. A., & Fazio, R. H. (2003) Relations between implicit measures of prejudice: What are we measuring? *Psychological Science, 14*, 636–639.

Olson, M. A., & Fazio, R. H. (2004). Reducing the influence of extra-personal associations on the Implicit Association Test: Personalizing the IAT. *Journal of Personality and Social Psychology, 86*, 653–667.

Payne, B. K., Cheng, C. M., Govorun, O., & Stewart, B. D. (2005). An inkblot for attitudes: Affect misattribution as implicit measurement. *Journal of Personality and Social Psychology, 89*, 277–293.

Reingold, E. M., & Merikle, P. M. (1988). Using direct and indirect measures to study perception without awareness. *Perception and Psychophysics, 44*, 563–575.

Rouder, J. N., Morey, R. D., Speckman, P. L., & Pratte, M. S. (2007). Detecting chance: A solution to the null sensitivity problem in subliminal priming. *Psychonomic Bulletin and Review, 14*, 597–605.

Shelton, J. R., & Martin, R. C. (1992). How semantic is automatic semantic priming? *Journal of Experimental Psychology: Learning, Memory, and Cognition, 18*, 1191–1210.

Smith, E. R. (1996). What do connectionism and social psychology offer each other? *Journal of Personality and Social Psychology, 70*, 893–912.

Sollberger, B., Reber, R., & Eckstein, D. (2003). Musical chords as affective priming context in a word-evaluation task. *Music Perception, 20*, 263–282.

Spruyt, A., De Houwer, J., & Hermans, D. (2009). Modulation of semantic priming by feature-specific attention allocation. *Journal of Memory and Language, 61,* 37–54.

Spruyt, A., De Houwer, J., Hermans, D., & Eelen, P. (2007). Affective priming of non-affective semantic categorization responses. *Experimental Psychology, 54,* 44–53.

Spruyt, A., Hermans, D., De Houwer, J., & Eelen, P. (2002). On the nature of the affective priming effect: Affective priming of naming responses. *Social Cognition, 20,* 227–256.

Spruyt, A., Hermans, D., De Houwer, J., Vandekerckhove, J., & Eelen, P. (2007). On the predictive validity of indirect attitude measures: Prediction of consumer choice behavior on the basis of affective priming in the picture–picture naming task. *Journal of Experimental Social Psychology, 43,* 599–610.

Spruyt, A., Hermans, D., De Houwer, J., Vandromme, H., & Eelen, P. (2007). On the nature of the affective priming effect: Effects of stimulus onset asynchrony and congruency proportion in naming and evaluative categorization. *Memory and Cognition, 35,* 95–106.

Spruyt, A., Hermans, D., Pandelaere, M., De Houwer, J., & Eelen, P. (2004). On the replicability of the affective priming effect in the pronunciation task. *Experimental Psychology, 51,* 109–115.

Stolz, J. A., Besner, D., & Carr, T. H. (2005). Implications of measures of reliability for theories of priming: Activity in semantic memory is inherently noisy and uncoordinated. *Visual Cognition, 12,* 284–336.

Stroop, J. R. (1935). Studies of interference in serial verbal reactions. *Journal of Experimental Psychology, 18,* 643–662.

Vandromme, H., Spruyt, A., & Hermans, D. (in press). Implicit self-esteem predicts gaze avoidance behaviour. *Self and Identity.*

Wentura, D. (1999). Activation and inhibition of affective information: Evidence for negative priming in the evaluation task. *Cognition and Emotion, 13,* 65–91.

Wentura, D., & Degner, J. (2010). Practical guide to sequential priming and related tasks. In B. Gawronski & B. K. Payne (Eds.), *Handbook of implicit social cognition: Measurement, theory, and applications* (pp. 95–116). New York: Guilford Press.

Wentura, D., & Frings, C. (2008). Response-bound primes diminish affective priming in the naming task. *Cognition and Emotion, 22,* 374–384.

Wilson, T., Lindsey, S., & Schooler, T. Y. (2000). A model of dual attitudes. *Psychological Review, 107,* 101–126.

第 3 章

反应干扰任务

Bertram Gawronski
Roland Deutsch
Rainer Banse

大量社会心理学研究都使用自陈报告来测量诸如态度、刻板印象、自我概念以及自尊等心理变量的水平。在 20 世纪,社会心理学依靠自陈报告建立起了大量的经典理论。虽然自陈报告帮助社会心理学在理论上取得了很大进步,但是研究者承认自陈报告实际上并不是最理想的研究手段。主要理由有两个:第一,自陈报告的反馈结果不一定表露出被试的真实想法。这个问题在一些比较敏感的社会心理学研究领域中最为突出(Crowne & Marlowe, 1960; Paulhus, 1984)。第二,实际上个体身上的很多心理过程并不需要意识参与,使用自陈报告考察这些无法通过内省触及的心理内容是不合适的(Nisbett & Wilson, 1977)。为克服以上问题带来的局限性,心理学家从减少被试对反应的控制以及规避内省报告这两个角度入手,开发出了大量间接测量工具。

本章系统回顾了一类在社会心理学研究中很有影响力的间接测量方法——基于反应抑制(RI)的实验范式[①]。接下来,我们首先会澄清相关概念,介绍反应抑制任务的发展史,初步讲解反应抑制任务;随后会介绍一些基于反应抑制的测量方法,以及这些方法的操作过程、实现方法、计分规则等;最后,我们会探讨如何解释反应抑制效应,再从实际

[①] 另一种运用广泛的间接测量方法是系列启动任务,在第 2 章中已经对该任务进行了详细介绍。

角度比较本章中介绍的各种范式。

一、基本概念与术语

在第 2 章中推荐的系列启动范式和本章将要介绍的反应干扰任务通常都被认为是内隐的测量方法。研究者们对"内隐"一词的理解存在分歧。有研究者使用"内隐"表示测量过程的某种特性(e.g., Fazio & Olson, 2003),也有研究者使用"内隐"表示特定测量方法测得的心理结构(e.g., Greenwald & Banaji, 1995)。前者来自反应干扰任务和系列启动任务在测量某些心理属性(如态度)时并不需要被试做出言语反应这种现象(Fazio & Olson, 2003);后者来自反应干扰以及系列启动任务不需要人们进行内省但却能够反映出无意识的或内省无法获取的心理属性这种现象(Banaji, 2001)。

根据 De Houwer(2006)的建议,为便于读者区分,我们在本章中使用"直接"与"间接"来描述测量过程,使用"内隐"与"外显"来描述测量的心理属性。由于反应干扰任务不需要被试直接自我评估有关的心理属性(如态度、自尊),所以属于间接测量程序。De Houwer 进一步指出可以使用"内隐"这个概念来描述那些能够以自动化形式影响任务表现的心理结构。根据 Bargh(1994)提出的自动化具有四种性质的观点,内隐加工过程应当同时或部分存在无意识、无意图、高效以及不可控的特点(Moors & De Houwer, 2006)。

另一个需要深入介绍的术语是反应干扰任务所测量的结构——联想。有些研究者将主要的社会心理结构定义为两个概念之间的联想(Greenwald et al., 2002)。例如,态度被定义为关于某对象与记忆中对某对象的评价信息之间的联想(Fazio, 2007);自尊被定义为关于自我与对自我评价之间的联想;对于非评价性结构而言,刻板印象被定义为社会类别与刻板化属性之间的联想;自我概念被定义为自我与自我属性之间的联想。基于这些概念,我们将反应干扰任务所测量的结构称为自动化联想。然而,测量的间接性并不能保证这些联想都具有自动化的特征。反应干扰任务测量的联想是否是自动化的,这正是许多研究者所关注的问题(De Houwer, Teige-Mocigemba, Spruyt, & Moors, 2009; Gawronski, Hofmann, & Wilbur, 2006)。我们使用"自动化联想"一词仅是为表现反应干扰任务的目标是测量自动化的联想结构,而不是说明反应干扰任务的间接性是产生自动联想的必要条件。在本章最后我们将会在讨论测量结果的理论解释时再次谈到这个问题。

二、方法简史

反应干扰任务最初是由 Fazio, Sanbonmatsu, Powell 和 Kardes(1986)在研究态度自动激活的时候通过改编系列启动任务创造出来的。他们把态度定义为客体和储存在记忆中的简单评估内容之间存在的联想(Fazio, 2007)。这个创举为态度的研究带来了巨大突破(Olson & Fazio, 2009)。迄今为止,Fazio 等人构造的评价性启动任务依然是社会心理学家最爱使用的间接测量方法之一。十几年后,Greenwald, McGhee 和 Schwartz(1998)提出了具有划时代意义的内隐联想测验[①](Implicit Association Test, IAT)。IAT 的提出再一次在内隐测量领域中掀起波澜。与早期研究自动化态度激活时使用的范式不同,IAT 产生于对内隐记忆的研究。研究者认为 IAT 能够测查内省法无法触及的无意识联想(Banaji, 2001)。随后提出的理论强调了间接测量在评估那些扎根在早期社会化经验中、高度稳定的联想结构时具有的潜力。这些理论总体上认为间接测量能够测查那些还未能从记忆中抹去的古老联想;新近形成的联想能够在言语性质的自陈报告上明显地体现出来(Petty, Tormala, Briñol, & Jarvis, 2006; Rudman, 2004;

---

① 也作内隐联系测验。

Wilson, Lindsey, & Schooler, 2000)。也有新的理论认为,间接测量结果反映的是具有长期与情境性来源的心理联想结构的瞬间可接近性。这个观点与自动化态度激活的观点非常相似(Gawronski & Bodenhausen, 2006; Strack & Deutsch, 2004)。这个理论观点拓展了那些使用相似方法测量单一概念可及性的研究(如词汇判断任务; Förster & Liberman, 2007)。与这些早期方法不同,后续开发的间接测量方法关注的是两个或更多概念之间联想的可及性[①]。

即使对反应干扰任务所测联想的本质依旧存在着争议(Arkes & Tetlock, 2004; De Houwer, 2006; Gawronski, 2009),但是与自陈报告测量结果相比,许多研究已经证明间接测量任务在预测判断与行为结果上的效度更好。也就是说,反应干扰任务能够比自陈报告更好地预测某些外显行为的发生情况(如自发行为; Asendorpf, Banse, & Mücke, 2002),在特定背景下的发生情况(如认知资源损耗; Hofmann, Rauch, & Gawronski, 2007),以及在具有特定加工风格个体身上的发生情况(如对直觉决策的偏好; Richetin, Perugini, Adjali, & Hurling, 2007)。此外,反应干扰任务能够帮助研究者深入探讨心理联想产生与改变背后的加工过程(Gawronski & Sritharan, 2010),极大地推动了有关理论的发展(Gawronski & Bodenhausen, 2006; Petty, Briñol, & DeMarree, 2007)。

三、反应干扰任务:逻辑与过程

反应干扰任务是最具影响力的间接测量方法之一。它的逻辑是表面无关或需要忽略的刺激会激发冲动的或优势反应倾向,这种反应倾向或提升、或降低正确率及反应时指标。以 Stroop 范式为例(Stroop, 1935),Stroop 范式需要被试尽快报告不同颜色字词的实际颜色。一

---

① 例如内隐联想测验。

一般情况下,在字义与字色一致的时候,被试的反应更快(如红色的"红"字)。该效应体现了实际字色与语义字色两者同时激发的反应倾向对任务表现造成的干扰。例如,蓝色的"红"字的蓝色字色激活了报告"蓝色"的倾向,而语义则激活了报告"红色"的倾向。同时存在两种报告倾向使得被试很难快速反应,而且容易犯错。而使用红色的"红"字时,无论是语义还是字色都激活了报告"红色"的倾向,因此被试非常容易快速地做出反应。也就是说,当两个维度(字义、字色)带来的反应倾向不同时,被试的表现会变得糟糕,而当两种倾向相同时,被试的表现就会变好。

反应干扰现象为考察自动化联想的研究提供了大量实验范式(Gawronski, Deutsch, LeBel, & Peters, 2008),其中包括内隐联想测验及其变式(Greenwald et al., 1998; Karpinski & Steiman, 2006; Olson & Fazio, 2004; Penke, Eichstaedt, & Asendorpf, 2006; Rothermund, Teige-Mocigemba, Gast, & Wentura, 2009; Sriram & Greenwald, 2009; Teige-Mocigemba, Klauer, & Rothermund, 2008)、接近-回避任务(Brendl, Markman, & Messner, 2005; Chen & Bargh, 1999; Schnabel, Banse, & Asendorpf, 2006)、Go/No-Go联想任务(Nosek & Banaji, 2001)、外部情感性西蒙任务(EAST; De Houwer, 2003)以及行为干扰范式(Banse, Gawronski, Rebetez, Gutt, & Morton, 2010)[①]。接下来我们会分别介绍这些经典的实验范式。

(一) 内隐联想测验

1. 任务结构

内隐联想测验的核心是联想相容和联想不相容这两个分类任务。例如,在测量对白人和黑人的态度时,程序会向被试呈现分别代表积

[①] 此外,也有基于反应干扰的系列启动范式(如类别启动任务),对此类范式有兴趣的读者可以认真阅读第2章。

极、消极态度的词,以及代表黑人、白人类别的黑人、白人的面孔图片。在核心的分类任务中,积极-消极判断以及黑人-白人类别判断被整合在一起让被试完成。即,在一类任务中对积极词和白人按同一个键,对消极词和黑人按同一个键,在另一类任务中对积极词和黑人按同一个键,对消极词和白人按同一个键。内隐联想测验的基本原理认为,当按键设置与被试已有的自动化联想相容的时候(如,黑人-消极,白人-积极),被试完成任务的反应时会缩短,正确率会提高。而当按键设置与被试已有的自动化联想不相容的时候,反应时就会变长,正确率会降低。基于这个原理,在内隐联想测验中,被试在这两类任务反应上的平均反应时差异可以解释为自动化偏好造成的结果,并且可以作为衡量自动化偏好的指标。

经典的内隐联想测验包含5个组块,后续版本修订为7个组块(表3-1)。以种族偏见研究为例。在内隐联想测验中,首先进行第1个练习组块,被试在这个组块中需要根据种族(黑人-白人)对面孔进行快速分类(最初的目标刺激识别)。在第2个练习组块中,被试需要快速分类积极-消极词(联想的属性刺激识别)。在第3个组块中,先前练习过的两个组块的任务被融合在一起,被试需要使用同一套按键对两类不同刺激做出反应(初始的联合任务)。例如,程序可能会要求被试在看到积极词或白人图片的时候按右侧按键,而在看到消极词或黑人图片的时候按左侧按键。在第4个组块中,被试会重复第1个组块中的内容,但是此时两个种族对应的按键相互交换(反转的目标刺激识别任务)。最后,第5个组块和第3个组块一样,把两部分任务结合在一起,但是此时针对种族的按键设置和第4个组块一致(反转的联合任务)。例如,要求被试在看到积极词或黑人图片的时候按右侧按键,而在看到消极词或白人图片的时候按左侧按键。在所有组块里,被试都需要"又快又好"地完成任务。

2. 灵活性

内隐联想测验的灵活性很高,能用于测量任何一对概念之间的联系。例如,将属性设置为某一评价性维度的两端之后(如令人愉快的-

表 3-1　测量种族偏见的内隐联想测验的任务结构

组块	环节	试次量	按键设置 顺序：相容/不相容 左键	顺序：相容/不相容 右键	顺序：不相容/相容 左键	顺序：不相容/相容 右键
1	1	20	消极	积极	消极	积极
2	2	20	黑人	白人	白人	黑人
3	3	20	消极/黑人	积极/白人	消极/白人	积极/黑人
	4	40	消极/黑人	积极/白人	消极/白人	积极/黑人
4	5	40	白人	黑人	黑人	白人
5	6	20	消极/白人	积极/黑人	消极/黑人	积极/白人
	7	40	消极/白人	积极/黑人	消极/黑人	积极/白人

不令人愉快的），就可以测量目标刺激之间的相对偏好。同样地，如果使用语义维度的两端作为属性刺激，也可以用于测量语义关联程度（如外倾-内倾）。以上介绍的是对于内隐联想测验中属性刺激的操纵。在实际操作中同样可以使用类似方法操纵目标刺激（如男性-女性，可口可乐-百事可乐）。例如，有研究者使用内隐联想测验来研究偏见（Rudman et al.，1999）、刻板印象（Gawronski，Ehrenberg，Banse，Zukova，& Klauer，2003）、消费品态度（Maison，Greenwald，& Bruin，2004）、恐惧刺激联想（Teachman & Woody，2003）、自我概念（Asendorpf et al.，2002）、自尊（Greenwald & Farnham，2000）、健康相关产品的动机性关联（Wiers，Van Woerden，Smulders，& De Jong，2002），内隐联想测验还可以对其他很多种联想开展研究（Hofmann，Gawronski，Gschwendner，Le，& Schmitt，2005）。

尽管内隐联想测验的灵活性很高，然而，必须要注意到它最根本的结构是一对目标刺激以及一对属性刺激。因此，内隐联想测验的效应可能来自 4 种不同的联想（Blanton，Jaccard，Gonzales，& Christie，2006）。例如，前文所述的种族内隐联想测验中测量到的种族偏好可能来自：(1) 对白人的积极联想，(2) 对黑人的积极联想，(3) 对白人的消极联想，以及 (4) 对黑人的消极联想。该问题激起了新一轮对内隐联想测验变式的开发热潮。这些新开发的范式以进一步探查单一概念的联想为宗旨。此外,已经有大量的证据证明内隐联想测验具有较高的效度,所以可以放心使用(Greenwald,Poehlman,Uhlmann,& Banaji,2009)。

3. 程序上的细节问题

了解程序上的细节有助于读者更好地运用内隐联想测验开展研究。首先,内隐联想测验的标准版本会对错误反应进行反馈。一般情况下,如果被试按了错误的按键,屏幕上马上就会出现不限时的错误信息,要求被试按正确的键以继续实验。也有研究者将错误信息设定为固定显示时间(如1 000 ms),随后消失,再显示下一个试次的刺激,并不需要被试按键跳出错误反馈页面。这两种做法各有利弊,我们无法评价哪一种做法更好。研究者无论使用哪种形式的错误反馈,都需要记住Greenwald,Nosek和Banaji(2003)推荐的对不同错误试次的处理方法。如果采用第二种错误反馈方法,就需要"惩罚"错误反应得到的结果。

试次之间的间隔时间不会明显影响IAT效应(Greenwald & Nosek,2001)。在我们自己开展的研究中,我们将间隔时间设置为250 ms,这一时间不会使被试太过于仓促,也不会导致间隔太长影响到快速反应。此外,我们也推荐始终在屏幕上呈现按键要求。因为涉及不同组块的按键会不同,不呈现按键要求可能会给被试按键带来一些困扰,或发生一些错误。对于任务长度而言,建议使用Greenwald(2003)所推荐的试次安排(表3-1)。两个联合组块(包含两类试次的组块)各包括一个20试次的练习组块以及一个40试次正式实验组块。任务开始后,首先进行两个20试次的练习组块。在完成第一个联合组块之后,继续完成一个40试次的练习组块。接下来进行的练习组块试次数量翻倍,目的是为了更好地消除先前按键倾向的影响,减小组块的顺序效应(Nosek,Greenwald,& Banaji,2005)。已有研究证明两个联合组块的顺序会影响IAT效应——当先进行不相容的组块时,得到的IAT效应会比先进行相容组块时小(Greenwald & Nosek,2001)。不过,这一差异在增加第4个组块的练习试次数量之后就会减小。此外,一些与方法本身有关的不良效应也可能来自组块的顺序结构(如反应的再编码;Teige-Mocigemba, Klauer, & Sherman, 2010)。因此,也有研究者改进了方法以避免以组块化的形式呈现相容、不相容的试次(Rothermund et al., 2009; Teige-Mocigemba et al., 2008)。

为避免组块的顺序效应,有研究者建议采用被试间平衡的方式先后完成相容与不相容组块。该建议看起来对 IAT 效应有帮助,但是这一做法实际上会引入由组块顺序效应造成的系统误差,可能会对某些联想结构上的个体差异结果造成干扰(Gawronski, 2002)。也就是说,交换两个组块顺序这种做法实际上并不能保证我们可以把完成两个不同组块顺序内隐联想测验的被试的实验结果放在一起比较。这和不能比较完成了两个不同题目排列顺序的自陈量表的被试的分数是一样的道理。所以,我们建议不要平衡任务中的组块呈现顺序,尤其在考察个体差异时更是如此。

使用内隐联想测验的研究基本证明这种方法具有较高的信度(Cronbach's α=.70—.90; Hofmann et al., 2005)。然而,如果在同一实验中连续施测多个内隐联想测验,那么第一个测验之后进行的所有内隐联想测验的信度都会降低(Cronbach's α=.50—.60; Gawronski, 2002)。因此,在研究设计时需要谨慎对待连续进行多次内隐联想测验的设计。该现象其实也解答了已有研究发现 IAT 效应随着练习次数增加而降低的现象(Greenwald & Nosek, 2001)。

4. 计分方法

使用内隐联想测验的研究通常用两个联合组块之间反应时的差值作为结果指标。在最早使用内隐联想测验的研究中,Greenwald 等人(1998)建议将反应时低于 300 ms 的试次记为 300 ms,将反应时高于 3 000 ms 的试次记为 3 000 ms,同时还要排除反应错误的试次。随着方差分析统计方法的普及,Greenwald 进一步建议在统计前对两个联合组块中的数据进行对数转换,以满足方差分析对数据形态的要求。"IAT 效应"等于相容组块经过对数转换的平均反应时减去不相容组块经过对数转换的平均反应时得到的差值。

Greenwald 等人在 2003 年重新更正了内隐联想测验的计分方法，目的是控制反应时上存在的个体差异。新的算法增加了一些步骤，用以提升测试的信度。具体来说，如果在内隐联想测验中要求被试对错误试次做出正确反应，那么此时要：（1）删除所有反应时长于 10 000 ms 的试次；（2）排除反应时短于 300 ms 的试次占总试次数 10% 及以上的被试；（3）计算表 3 - 1 中第 3、4、6、7 步的平均反应时；（4）计算第 3 与第 6 步，以及第 4 与第 7 步的包含式标准差（inclusive standard deviation），而非合并标准差[①]；（5）分别计算第 6 与第 3 步以及第 7 与第 4 步之间的平均反应时差值；（6）将反应时的差值除以计算得到的标准差；（7）计算两个商数的平均值。这种算法称作 D 算法。如果内隐联想测验不需要被试更正错误反应，那么就需要把计算过程改为：（1）前面介绍方法中第 3、4 步均要排除错误试次；（2）把错误试次的反应时加上 600 ms 的惩罚时间后再纳入计算。这种算法称作 D+600 算法。

(二) 内隐联想测验的变式

1. 单类内隐联想测验 (Single-Category IAT; SC - IAT)

内隐联想测验的结果实际上是比较两个类别之间差异的结果。例如，种族态度测验的结果实际上表示的是人们相对于黑人表现出对白人的偏好（或相反），而非纯粹对黑人的偏好水平。Karpinski 和 Steinman (2006) 改编了内隐联想测验，开发出单类内隐联想测验 (SC - IAT) 来解决这种在两者之间进行比较的方法上存在的不足。SC - IAT 的基本结构同标准的内隐联想测验一样，但是与标准内隐联想测验的不同之处在于，SC - IAT 中只有一类目标刺激（如黑人），而非两个。此外，SC - IAT 中没有练习组块。它仅由两个联合组块构成。以 Karpinski 和 Steinman 使用 SC - IAT 测试人们对百事可乐的评价的研究为例。

[①] Greenwald 等人（2003）的表 4 中错误地将包含式标准差写为合并标准差。需要注意的是使用包含式标准差可能会过度估计整体的方差大小。

在任务中由程序自动呈现积极、消极词和百事可乐的图片。在一个组块中,被试的任务是看到积极词或百事可乐的图片时按左键,看到消极词时按右键;在另一个组块中,被试的任务变为看到积极词时按左键,看到消极词或百事可乐的图片时按右键。同时,为避免共同呈现图片和词导致左右按键数量不一致继而可能产生的反应偏向,在 SC-IAT 中图片和字词的呈现频率设置得不同,力图保证每个按键的反应概率都为 50%。然而,这种做法实际上并不是消除反应偏向的最佳方法。反应偏向可能会导致被试产生过高的错误率。研究者可以考虑删除这些错误率过高的被试。例如,在提出 SC-IAT 的研究的一个实验中,Karpinski 和 Steinman 排除了 30% 错误率过高的被试。也有研究者采取控制积极、消极词比例的方法,使两个按键整体上的比例接近 50%(Galdi, Arcuri, & Gawronski, 2008)。虽然这种设置比例的做法能够减少产生反应偏向的可能性,但是它实际上打破了积极、消极词出现的均衡性,所以这也不是最佳的方法。另外,有些研究者会使用图片代表某类刺激,在使用字词材料代表另一类刺激。这种材料性质上的差异也可能导致反应偏向。被试很容易根据材料性质对按键再编码。以 Karpinski 的研究为例。在他们的研究中,被试可能将任务理解为判断词的积极或消极效价,与此同时,如果屏幕上出现图片就按某个键。为避免这种再编码的现象,有研究者建议在目标刺激和属性刺激中都使用字词和图片两种材料(Hofmann et al., 2007)。当然,也可以只使用字词或图片作为刺激材料,这样就可以彻底避免再编码的问题。另外,SC-IAT 具有和标准的内隐联想测验一样的组块顺序结构,这种结构可能会对测试结果带来一些负面影响(Rothermund et al., 2009; Teige-Mocigemba et al., 2008)。尽管如此,SC-IAT 还是表现出较高的信度(Cronbach's α=.70—.90)。虽然相比标准的内隐联想测验而言,使用 SC-IAT 的研究相对较少,但是 SC-IAT 的效度还是有一定保证的。

2. 单属性内隐联想测验(Single-Attribute IAT; SA-IAT)

与开发 SC-IAT 的理由相似,由于在标准的内隐联想测验中属性与目标之间的关系是相对的关系,所以必须找到一对相反的概念作为属性概念才能构成内隐联想测验。对此,Penke 等人(2006)开发了单属性内隐联想测验(SA-IAT)来弥补这其中的缺陷。与 SC-IAT 不同的是,SA-IAT 有两类目标刺激,但却只有一类属性刺激;另外,SA-IAT 在实验刚开始的时候要让被试先完成一个识别目标刺激的练习组块,随后再进行两个联合组块的任务。例如,在使用 SA-IAT 研究出轨行为时,Penke 等人(2006)使用陌生人和伴侣作为目标类别,使用性概念作为属性。在第一个组块中,被试首先进行目标刺激的分类练习。随后在两个联合组块中完成类似于 SC-IAT 的任务。在这两个组块中,目标刺激分别与陌生人、伴侣使用同一个按键。虽然 SA-IAT 也具有较高的信度(Cronbach's α=.70—.80),然而 SA-IAT 同样具有 SC-IAT 面临的再编码问题。还需要注意的是,SA-IAT 的运用相对较少,这说明现有证据并不能保证这个范式具有较高的应用潜力。

3. 个人化内隐联想测验(Personalized IAT)

Olson 和 Fazio(2004)认为标准的内隐联想测验里的评价维度对于被试而言是模糊不清的,既可以是自己的偏好,也可以是其他人的偏好。例如,种族刻板印象中的积极-消极属性维度可以解释为某人具有积极/消极的态度,也可以解释为他人对种族中某一个体的积极/消极态度。也就是说,属性词类别造成的反应干扰效应可能来自不同的表征,Olson 和 Fazio 称之为个人联想与他人联想。为解决这种局限性,他们开发了个人化内隐联想测验。在个人化内隐联想测验中,评价性的属性刺激被替换成"我喜欢"和"我不喜欢"。因为评价自己是否"喜欢"并不存在发生错误的可能性,所以个人化的内隐联想测验不包含错误反馈环节。即使 Olson 和 Fazio 区分了个人联想和他人联想的做法在理论以及实证上都存在着争议(Gawronski, Peters, & LeBel, 2008; Nosek & Hansen, 2008),但是一些研究中发现个人化的内隐联想测验的研究结果与标准的内隐联想测验的预测结果之间存在着差异,证明了个人化的内隐联想测验还是有效果的(Han, Olson, &

Fazio，2006)。同时，研究也发现个人化的 IAT 也具有较高的信度(Cronbach's α=.70—.90)，足以作为一种间接测量方法。不过，个人化的内隐联想测验也存在和标准的内隐联想测验同样的问题(如组块顺序结构、被试之间比较)。此外，由于不能设置错误反馈，所以个人化的内隐联想测验无法排除被试使用"我喜欢"和"我不喜欢"对目标刺激做出反应这种可能性，而这种做法会把内隐测试的任务外显化(Nosek & Hansen，2008)。

4. 单组块内隐联想测验(Single-Block IAT；SB‑IAT)、反应变换内隐联想测验(Recording-Free IAT；RF‑IAT)

内隐联想测验的组块顺序是影响其可靠性的关键因素之一。组块顺序会从方法上为内隐联想测验结果带来系统误差(Rothermund et al.，2009；Teige-Mocigemba et al.，2008)，也会给后续任务带来应当避免的溢出效应(Klauer & Mierke，2005)。为了排除组块顺序带来的影响，有研究者将联想-相容和联想-不相容组块合并在一个组块中，形成单组块内隐联想测验(SB‑IAT)。在 Teige-Mocigemba 等人(2008)开发的 SB‑IAT 中，实验程序要求被试按键判断目标刺激处于屏幕上方还是下方，与此同时，属性刺激的判断任务也使用这两个按键。举个例子，在考察种族刻板印象的 SB‑IAT 的第 1 个练习组块中，被试要对呈现在屏幕上半部分的种族面孔按键做出反应，屏幕上出现白人就按右键，出现黑人就按左键。接下来，在第 2 个练习组块中，面孔都呈现在屏幕下半部分，按键相反。随后，第 3 个练习组块把前两个练习整合在一起，若面孔出现在上半部分就用上半部分的按键规则按键，若出现在下半部分就用下半部分的按键规则按键。第 4 个练习组块中，作为属性刺激的积极、消极词或呈现在上半部分屏幕，或呈现在下半部分屏幕，但是无论呈现在哪部分，按键规则都是一样的。最后进入正式实验组块。在正式实验组块中，目标刺激和属性刺激随机呈现在屏幕上下部分，按键规则与练习组块一致。

另一种用于解决组块顺序效应的变式是由 Rothermund 等人(2009)开发的反应变换内隐联想测验(RF‑IAT)。RF‑IAT 的原理与 SB‐IAT 相似,即按键的规则在试次间进行变化。与 SB‐IAT 不同的是,在 RF‐IAT 中,所有刺激都呈现在屏幕正中央,并且在每一个试次开始前,程序会提示这个试次的按键规则。

这两个内隐联想测验变式解决了组块顺序造成的干扰效应。如,被试将按键要求理解为评价自己的偏好或其他人具有的偏好(Olson & Fazio, 2004),以及组块顺序对 IAT 分数与后续任务造成的影响(Greenwald & Nosek, 2001; Klauer & Mierke, 2005)。单组块内隐联想测验的信度相对不是很稳定(Cronbach's α=.60—.90; Teige-Mocigemba et al., 2008),反应变换内隐联想测验的信度较低(Cronbach's α=.57—.63)。信度之所以存在这么大的差异,其中的原因可能是在试次中切换按键反应的加工增加了完成任务时承受的认知负荷,从而在信度上产生了较高的误差噪声。此外,也有可能是标准的内隐联想测验组块顺序造成的系统误差在计算上会提升内部一致性水平(信度会虚高),因此在任务中排除组块顺序结构后,计算出的信度就降低了。

5. 简式内隐联想测验(Brief IAT)

Sriram 和 Greenwald(2009)开发了一种简式内隐联想测验(B‐IAT)。简式内隐联想测验的目的在于缩短标准内隐联想测验的实验长度,在保证满足测量内容的同时简化任务。与标准的 IAT 程序一样,简式内隐联想测验包括两类刺激(如黑人-白人、积极-消极)。然而与标准的 IAT 不同,被试在简式内隐联想测验的程序中只需要关注并记住这四种类别刺激中的两种(如黑人、积极词)。在正式实验中,被试首先会在指导语中看到一些刺激材料,要边看边记住这些材料。在随后的任务中,一旦屏幕上出现这些刺激材料,被试就需要按下"焦点"键;如果出现的是其他刺激,就按下"非焦点"键。简式内隐联想测验包括两个组块。在其中一个组块中,目标刺激类别的中的一种目标被用作焦点类别(如黑人);在另一个组块中,目标刺激类别的另一种目标被作为焦点类别(如白人)。在两个组块中,在属性刺激类别中始终抽取同一种属性作为焦点类别(如积极)。例如,在第一个组块中使用黑人和积极词作为焦点类别,在第二个组块中使用白人和积极词作为焦点类别。每个组块包含40个试次,再分为各有20个试次的下级组块。在实际操作中,被试会先用一套焦点刺激完成20个试次,再用另一套焦点刺激集完成另20试次,再以同样的顺序进行下一个组块。简式内隐联想测验使用Greenwald等人(2003)的D值算法根据两个焦点组块的反应时计算得到偏向性的评价结果。总体而言,虽然简式内隐联想测验在研究中仅在以积极刺激作为焦点属性类别,以自我作为焦点目标类别时表现出令人满意的效度,但还是能够取得类似于标准内隐联想测验的结果(Sriram & Greenwald,2009)。但是,简式内隐联想测验的信度波动范围非常广(Cronbach's α=.55—.95)。简式内隐联想测验是标准内隐联想测验的简化版,因此标准版所具有的问题同样也存在于简式内隐联想测验中(如组块顺序),这一点需要注意。此外,还需要说明的是,简版依旧是一个相对较新的范式,仍然需要进行更多的研究来检验其效度。

(三) Go/No-Go 联想任务(GNAT)

1. 任务结构

Nosek和Banaji(2001)根据标准内隐联想测验的原理开发了GNAT。GNAT测量的是单一概念的联想,而非一对概念之间的相对值。GNAT以Go/No-Go任务为基础。被试需要在出现目标刺激的时候按键,出现分心刺激的时候不按键。例如,在评价种族的GNAT中,被试的任务以黑人面孔图片为目标刺激,非黑人面孔图片为分心刺激。在任务中还有积极词与消极词。在一个组块中,任务以积极词为目标刺激,在另一个组块中以消极词为目标刺激。也就是说,在一个组块中,被试要对黑人面孔和积极词按键(Go),对其他刺激不按键(No-Go);在另一个组块中,被试需要对黑人面孔和消极词按键(Go),对其他刺激不按键(No-Go)。与基于反应时的内隐联想测验不同,GNAT使用错误率作为指标。为保证在计算中存在"错误反应"的情况,GNAT会设置反应时的上限。在需要进行按键的试次里(Go),如果被试在反应时上限之内没有做出反应(如 600 ms),这个试次就会被判为错误。

2. 灵活性

与内隐联想测验一样,GNAT 在应用上也有很高的灵活性。很多种不同的概念和属性都可以用作目标刺激和分心刺激。GNAT 在社会群体态度(Nosek & Banaji, 2001)、自我相关的联想(Boldero, Rawlings, & Haslam, 2007),以及能激发焦虑或恐惧的刺激有关的联想等领域已经得到了广泛的应用(Teachman, 2007)。

3. 程序上的细节问题

Nosek 和 Banaji(2001)考察了反应限时(从 500—1 000 ms)、目标-分心刺激比例(1∶1、4∶3)、试次之间间隔时间(150—550 ms)以及试次数量等因素对测试结果的影响。结果发现,GNAT 在不同条件下均能得到相似的结果。不过,大部分研究还是使用了相对统一的参数:反应时限制设置为 600—660 ms,两类刺激比例设置为 1∶1,试次之间的间隔为 300 ms,两个组块中各安排 60 个试次。GNAT 的信度并不是很好(Cronbach's α=.45—.75)。虽然 GNAT 能够计算目标类别中各类刺激的分数(而不是得到基于比较的结果),但是组块顺序结构依旧会对结果造成影响(Teige-Mocigemba et al., 2010)。

4. 计分方法

GNAT 使用错误率而非反应时作为计分指标。Nosek 和 Banaji(2001)推荐使用信号检测论来分析数据(Green & Swets, 1966; Macmillan & Creelman, 2006)。这种方法以两个组块(如黑人-积极,黑人-消极)"Go"反应的辨别指数"d'"之间的差异作为考察目标概念和属性概念之间联结强度的指标。d' 的计算方法为:(1) 将击中率("Go"试次正确反应率)和虚报率(分心刺激按键率)转换为 Z 分数;(2) 将击中率的 Z 分数减去虚报率的 Z 分数。如果结果为 0,代表被试未能有效区分或根本就没有根据指导语反应。因此,在分析之前要事先排除击中率和虚报率相近的被试(或两者都接近 0)。

(四) 外部情感性西蒙任务(Extrinsic Affective Simon Task, EAST)

1. 任务结构

还有一种能够改进内隐联想测验的相对性测量结果的范式是 De Houwer(2003)提出的外部情感性西蒙任务(EAST)。该范式的设计也能避免组块顺序效应造成干扰。在 EAST 的核心组块中,程序会向被试呈现一系列描述目标类别的词(如饮料名字)。此时,目标词会显示为不同颜色(如黄色、蓝色)。被试的任务是根据词的颜色按键。在同一个组块中,与目标词相间隔地呈现白色的积极、消极属性词,被试使用与字色按键相同的两个按键进行积极、消极判断。也就是说,当词是彩色的时候,按键判断颜色,当词是白色的时候,按键判断效价。例如,在一项使用 EAST 考察人们对啤酒态度的研究中,程序向被试呈现白色的积极词和消极词,同时在一些试次中呈现黄色的"啤酒",在另一些试次中呈现蓝色的"啤酒"。被试的任务是当见到白色词的时候,如果是消极词就按左键,如果是积极词就按右键;当见到彩色词的时候,如果字色为蓝色就按左键,如果字色为黄色就按右键。当被试对某种颜色的词按键速度更快时,与颜色词使用同一个按键的效价就代表着被试对目标类别的态度更接近这种效价。

EAST 一般由两个练习组块和一个实验组块组成。在第一个练习组块中,程序仅向被试呈现不同颜色的目标类别词,被试的任务只是判断字色。在第二个练习组块中,程序仅向被试呈现不同效价的属性词,被试的任务只是判断词汇效价。最后再进行实验组块。在实验组块中,两个练习中的任务结合在一起,被试根据呈现刺激对应的规则做按键反应。

在标准的 EAST 中,被试不需要加工彩色词的语义。然而,De Houwer 和 De Bruycker(2007a,2007b)指出这种做法可能会削弱 EAST 评估心理联想的信度。为此,De Houwer 和 De Bruycker(2007a)通过要求被试加工目标刺激的意义对 EAST 进行了改进。在他们提出的识别性外部情感性西蒙任务(ID‐EAST)中,程序使用大写、小写的形式呈现目标刺激和属性刺激。被试的任务是根据效价分类属性刺激(不论大小写),根据大小写分类目标刺激。例如,在考察啤酒态度的 ID‑EAST 研究中,程序随机呈现大写或小写的积极词、消极词以及"beer"。被试的任务是如果出现的是属性词,就根据属性词的效价按对应按键,如果出现的是"beer"或"BEER",那么被试就要根据字母大小按对应按键。由于属性词也有大、小写两种不同形式,这就迫使被试在按键前加工词的语义。

2. 灵活性

虽然 EAST 最初被用来测量评价性反应,但是也有研究用它考察与自我相关的联想。例如,Teige、Schnabel、Banse 和 Asendorpf(2004)在他们的研究中将属性刺激改为与自我‑他人两个类别相关的词(如我、他们),将目标刺激改为描述三种不同特质词(害羞、焦虑、易怒)。当然,你在自己的研究中也可以改为其他有两个极端的属性词(一个维度的两端)。目标刺激的选用就更加自由了,因为 EAST 只需要使用一个字/词来代表特定客体或用组合词来代表某个类别甚至多个维度(Teige et al.,2004;Gast & Rothermund,in press)。然而,在 Teige 等人(2004)的研究中 EAST 的信度很低(Cronbach's α=.19—.24),这说明 EAST 并不是解决与自我相关的联想或同时考察多类目标类别的最佳选择。

3. 程序上的细节问题

在最初的 EAST 中,De Houwer 设置了两个各有 20 个试次的练习组块,以及 120 个试次的实验组块。实验组块再进一步划分为 4 个各有 30 个试次的组块。试次之间的间隔为 1 500 ms。随后,其他研究者在使用 EAST 时,一般将练习设置为每个练习组块包含 30 至 40 个试次,实验组块保持为 120 个试次。在每个试次中,在刺激呈现前首先呈现一个持续 500 ms 的注视点(+)。试次之间的间隔一般设置为 1 200 ms。EAST 的信度处于中等水平(Cronbach's α=.40—.50)。

4. 计分方法

最初 De Houwer(2003)使用 Greenwald 等人(1998)提出的内隐

联想测验的算法计算 EAST 的结果。具体做法是，首先将低于 300 ms 的反应时记为 300 ms，将长于 3 000 ms 的反应时记为 3 000 ms。随后对反应时进行对数转换，并且删除错误试次的数据。将字色按键与积极刺激按键一致的试次的平均反应时与字色按键与消极刺激按键一致的试次的平均反应时相减就能得到测试结果了。近来，也有研究者借用 Greenwald 等人(2003)提出的 D+600 算法统计 EAST 的数据，具体方法见介绍内隐联想测验的部分。

(五) 接近-回避任务

1. 任务结构

接近-回避任务是除内隐联想测验以外另一类常用的反应干扰任务。这种方法的基本观点是：与消极刺激相比，积极刺激会促进被试对刺激做出接近反应；而回避反应则相反。这个效应最早由 Solarz(1960)发现。他在研究中观察到，当呈现积极词时，被试向回拉杠杆的反应更快；然而，当呈现消极词时，被试向外推杠杆的反应更快。Chen 和 Bargh(1999)也发现，无论接近-回避反应是否与刺激特征的效价相联系(如积极-接近消极-回避 vs 积极-回避消极-接近；刺激呈现在屏幕上 2—7 秒，呈现刺激后接近或回避)，还是与没有效价的特征相联系(如刺激呈现间隔在 2—7 秒之间变化，只要刺激呈现后就要做出接近或回避反应)，这种效应都存在。不论任务结构是什么样的(效价有关、效价无关)，我们都能够以反应干扰加工的原理来解释接近-回避任务中发现的这种现象。也就是说，刺激效价激活了潜在的进行接近或回避行为的倾向，激活的倾向与任务要求做出的接近或回避反应相互促进或干扰。由于接近-回避任务可以在同一个组块中随机安排联想一致与联想不一致试次，所以它能够避免内隐联想测验中存在的组块顺序效应。然而，当任务的反应涉及刺激的某些评价性特征时(如种族刻板印象研究中面孔的肤色)，随机呈现的方法就不适宜使用了。下文将要介绍的改进的接近-回避任务具有较高的内部一致性，较好地平衡了组块顺序的影响以及与信度之间的关系。

2. 灵活性

接近-回避任务范式也具有较高的灵活性。首先,这种方式可以运用几乎所有种类的刺激(如文字、图片)。目标刺激既可以使用单一刺激(如特定个人)也可以使用一般类别(如黑人面孔)。但是要注意的是,研究者对如何解释接近-回避任务中的反应干扰现象依旧存在着争议。争议点主要是任务中的反应干扰效应来自:(1)直接与特定运动行为相联系的动机取向,(2)与距离调节有关的动机取向,以及(3)认知层面而非动机层面的对联想的评价。以上每种解释都为接近-回避任务在不同研究主题下的适用性做出了不同的说明。

基于具身表征的解释,早期观点将与属性效价相关的反应干扰效应理解为动机取向与特定动作行为之间的联系。例如,有研究者认为手臂屈肌收缩与接近反应天然地联系在一起(如把东西拉向自己),而伸肌收缩则与回避反应天然地联系在一起(如把东西推离自己)。根据这种观点,研究者认为积极刺激会自发产生手臂收回的倾向,而消极刺激会自发产生手臂伸出的倾向。如果这些反应倾向与任务要求一致,那么任务的反应就会更快、更准确,相反则会更慢、更容易犯错。

也有研究者从距离调节的角度进行解释。这个观点认为,接近-回避任务中的反应干扰效应是由在行为上增加与反感刺激之间的距离以及缩短与需求刺激之间的距离的倾向造成的。这种解释虽然保留了具身观点的动机取向观点,但是它并没有把动机取向与特定的运动行为联系在一起。例如,Markman 和 Brendl(2005)在一项接近-回避任务中向被试呈现一张走廊的照片,在走廊中央呈现被试的名字。随后,在每一个试次中,程序会自动在被试名字的上方或下方呈现积极或消极词。被试的任务是根据要求使用操纵手柄将词移近或远离自己的名字。结果发现,被试在将积极词移近自己名字的时候以及将消极词远离自己名字的时候反应速度更快;相反,在将积极词移远离自己名字的时候或将消极词移近自己名字的时候反应速度更慢。更重要的是,这些效应与特定肌肉运动无关(积极词、消极词呈现在名字上、下方时结果一致)。该结果证明反应干扰效应实际上来自距离调节。同样，De Houwer、Crombez、Baeyens 和 Hermans(2001)在一项实验中以人体模特图片代表被试自己，随机呈现在屏幕中央刺激的上方或下方，被试的任务是根据指示移动代表自己的图片接近或远离屏幕中央的刺激。结果同样发现被试在移动图片接近积极刺激以及远离消极刺激时反应更快，这种反应与肌肉运动无关。

第三种理论观点与前两者完全不同，该观点指出接近-回避任务中的反应干扰效应来自任务指导语分配给接近、回避行为的积极、消极意义(Eder & Klauer, 2009; Eder & Rothermund, 2008)，即评价编码说。这个观点认为，接近-回避任务与其他反应干扰任务的基本原理相同。也就是说，接近-回避任务是在认知层面考察评价性联想，而不是考察动机倾向。Eder 和 Rothermund 发现，当把朝向自己的反应称为"拉"(赋予积极效价)，把朝向外界的反应称为"推"(赋予消极效价)时，在面对积极词的情况下，向自己方向操作控制杆的反应时更短；在面对消极词的情况下，向外操作控制杆的反应时更短。而在把朝向自己的反应称为"向下拉"(赋予消极效价)，把朝向外界的反应称为"向上推"(赋予积极效价)时候，上述效应就倒过来了。这个实验的结果有力地证明了接近-回避任务的反应干扰效应实质上来自人们对行为的积极、消极效价编码以及编码与刺激效价的一致性。Krieglmeyer、Deutsh、De Houwer 和 De Raedt(2010)进一步证明了评价性编码和距离调节可能在接近-回避任务中共同发挥作用。他们在研究中分离了评价性编码和距离调节两者的作用，发现刺激效价与两个因素均存在交互作用。具体来说，在实验中表示出缩短与积极刺激之间距离的反应(或增加与消极刺激之间距离)得到促进，这一效应比反应行为本身的效价起到的作用更大。也就是说，虽然两个机制同时发挥作用，然而编码的作用更为重要。这是由于任务对躯体活动的特定描述会影响到任务中反应干扰效应的发生方向(即某个反应干扰效应反映的是积极还是消极联想)。因此，在反应干扰任务中需要特别注意指导语的撰写，避免指导语中的信息干扰实验结果。

3. 程序上的细节问题

除了上文中提到的任务结构与评价性编码的影响(Eder & Rothermund, 2008; Markman & Brendl, 2005),在运用接近-回避任务时还需要注意其他一些要点。首先是目标刺激的呈现时间。虽然大部分研究使用阈上方式呈现目标刺激,但是 Alexopolus 和 Ric(2007)的研究发现阈下呈现目标刺激也能产生反应干扰效应。接下来的一个要点是前文提及的反应与刺激效价是否有关。与 Chen 和 Bargh(1999)认为在不需要评价性加工的情况下接近-回避行为依旧存在的观点所不同,Rotteveel 和 Phaf(2004)发现,在需要被试进行一项非评价性的任务的时候,接近-回避任务中的反应抑制效应会消失。在他们的研究中,当要求被试根据性别情绪面孔的表情进行反应时,接近-回避任务中会出现反应干扰效应(快乐表情促进接近反应,愤怒表情促进回避反应);然而当要求被试根据性别维度反应时,干扰效应就消失了。同样,Krieglmeyer 和 Deutsch(2010)在要求被试根据刺激的某种特征,而非特征的效价进行反应时,也未能复制 Chen 和 Bargh(1999)的研究结果。

试次数量以及试次之间的间隔时间也值得关注。与内隐联想测验不同,接近-回避任务并没有模式化的任务流程。回顾有关的文献,使用类似任务的研究通常将试次之间的间隔固定设置为 400—1 700 ms 之间,有些研究还会在呈现目标刺激前呈现 200—2 000 ms 的注视点。也有研究者设置间隔时间在 500—2 500 ms 或 2 000—7 000 ms 之间随机变动。大部分研究使用的试次数为 100 次左右。到目前为止,使用试次最少的研究使用了 20 个试次,最多的研究使用了 240 个试次。

然而,目前还没有研究报告接近-回避任务的信度。仅有 Krieglmeyer 和 Deutsch(2010)在系统地比较三项前人研究中的接近-回避任务时估计过信度。这三种任务分别是 Chen 和 Bargh(1999)提出的初始版本,De Houwer 等人(2001)设计的人体模型图片任务,以及 Rinck 和 Becker(2007)在初始版本基础上,根据接近或回避反应将刺激变大或变小作为视觉反馈的修订版本。结果表明:当进行与刺激效价相关的反应时,三项研究的任务均表现出较好信度,Chen 和 Bargh(1999)的任务信度为.86,De Houwer 等人(2001)的任务信度为.85,Rinck 和 Becker(2007)的任务信度为.72(斯皮尔曼-布朗分半信度);然而,当进行与刺激效价无关的反应时,任务的信度明显降低,Chen 和 Bargh(1999)的任务信度为.33,De Houwer 等人(2001)的任务信度为-.18,Rinck 和 Becker(2007)的任务信度为.20。这些结果支持了反应干扰效应在任务与刺激效价有关的时候比在任务与刺激效价无关的时候更可靠的观点(De Houwer,2009;Gawronski,Deutsch,et al.,2008)。

4. 计分方法

在接近-回避任务中,研究者通常通过比较接近反应和回避反应的反应时差异来推断呈现刺激的效价。研究者通常会以"对某类刺激接近反应的反应时减去对某类刺激回避反应的反应时"这种方法计算出差值作为效价的指标。该指标得分越高,就代表这个刺激类别更积极。但是,由于接近、回避反应的反应时基线通常不相等(如推、拉手柄),所以当指标得分为零时,我们并不能简单地将这个结果解释为对该类别持中性态度。此外,在解释使用同样反应(如推、拉手柄)但刺激性质不同的研究时也要谨慎对待。因为诸如词汇长度、词频等细节上的差异也可能影响被试做出的接近-回避反应,这都会污染结果。因此,我们建议要计算相同刺激(或刺激类别)的接近、回避反应时差异,使用相对而非绝对的形式解释结果(如指标得分越高代表越积极,而不是得分比零大表示积极效价)。

在对接近-回避任务计分之前也需要确定如何排除异常值。与内隐联想测验的常用算法不同,接近-回避任务并没有普适的异常值处理标准。这并不是因为它不会产生异常值,而是因为实在难以界定异常值。首先,反应时的均值和中位数之间的差异在反应和刺激效价有关以及效价无关情况下是不同的。例如 Chen 和 Bargh(1999)的研究发现在反应和刺激效价有关的情况下,平均反应时显著比在效价无关情况下更长。因此,如果设置统一的排除标准,那么就有可能导致某些反应在一种条件下变成需要被排除的无效试次,而在另一种条件下则是需要被保留的有效试次。为避免出现这种现象,研究者在两个条件下分别设置了 4 000 ms 和 1 500 ms 的排除标准。在实际操作中也可以根据具体的反应时分布设置划界标准,或者根据具体的任务形式设置相适宜的反应时限,统一排除未在规定时限内反应的试次。

反应过快的试次同样也会是异常值。反应过快的划界标准也取决于具体的任务。例如,在使用字词作为刺激,要求被试在刺激呈现后立即做出反应的研究中,研究者认为 200 ms 就足够被试做出反应了(Chen & Bargh, 1999,实验 2)。而当任务是根据字词效价进行接近-回避反应时,研究者认为被试如果按照任务进行反应,反应时基本上不可能低于 200 ms(实验 1)。

(六) 接近-回避任务的变式

接近-回避任务有两种反应抑制任务变式:评价性运动测试(Evaluative Movement Assessment;EMA)和内隐联想过程(Implicit Association Procedure;IAP)范式。

1. 评价性运动测试(EMA)

在 Brendl 等人(2005)提出的评价性运动测试(EMA)中,程序会通过在屏幕上以视觉运动的形式来操纵特定反应的意义(即接近、回避)。在实际研究中,程序会在屏幕左边或右边的长方形框中随机呈现试姓名,在另一边的另一个长方形框中呈现一个字符串(如"×××××")。在两者共同呈现 700 ms 后,程序使用一个词汇替代字符串。被试的任务是根据要求使用游戏手柄尽可能快地操纵词汇方框接近或远离自己的名字。在第 1 个组块中,被试的任务是将呈现的积极词拉近自己的名字,将呈现的消极词推离自己的名字。在第 2 个组块中,被试的任务与第一个组块一样,但是此时在积极、消极属性词中包含了一部分目标词(例如,不同饮料的名字),这些目标词就是评价性运动测试需要考察效价的概念。在整个任务开始前,研究者在指导语中把这些目标词告诉被试,并要他们记住这些词。从第 2 个组块开始,被试就要分别将目标词等同为消极词,或等同为积极词做出反应。实验结果会表现为被试将积极目标刺激移向自己名字的速度比推离的速度更快;而在移动消极目标刺激的时候则相反。

虽然评价性运动测试与经典的接近-回避任务很相似,但是两者之间存在的差异还是比较明显的。这些差异使得评价性运动测试更为适合研究某些特定类型的问题。评价性运动测试最大的特点是以被试内(即对不同目标态度进行排序)而非被试间(即对某一类别持有态度的个体差异)的形式评价个体差异。评价性运动测试在考察被试内差异的时候内部一致性系数很高(Cronbach's $\alpha=.80$),而在考察被试间差异的时候,一致性系数就不稳定了(Cronbach's $\alpha=.32—.73$)。据我们所知,除了 Brendl 等人之外,在已公开的文献中还没有其他人在研究中运用过评价性运动测试。因此,这个任务的有效性还需要进一步进行考察。

2. 内隐联想过程(IAP)

接近-回避任务的另一种变式是 Schnabel 等人(2006)开发的内隐联想过程(IAP)。虽然内隐联想过程的任务结构比评价性运动测试(EMA)更为靠近接近-回避任务本身。但是,内隐联想过程与接近-回避任务存在根本性的差异。内隐联想过程考察的是自我联想,而非评价性的联想。例如,Schnabel 等人使用内隐联想过程测量被试自我与害羞之间的联想。在这个研究中,程序在任务的第 1 个组块中呈现给被试有关自我的词(如我的、我),以及一些关于其他人的词(如你、他们)。被试的任务是在屏幕上出现与自我相关的词时,向自己方向拉操作杆,当出现与他人相关的词时,向远离自己的方向推操作杆。在第 2 个组块中,程序在与自我、其他人相关的词的基础上加入与害羞相关的词(如拘谨)以及与害羞无关的词(如安全)。被试的任务是在出现与自我相关的词或与害羞相关的词时,向自己拉操作杆,在呈现其他两类词的时候向外推操作杆。最后,在第 3 个组块中再次使用第 2 个组块的材料,但是这时候任务要求变为当呈现与自我相关的词或与害羞无关的词时,向自己拉操作杆,在呈现其他两类词的时候向外推操作杆。如果被试在自我和害羞之间存在较强的联想,那么这种联想不仅会促进第 2 个组块中的反应(又快又准),还会干扰第 3 个组块中的反应。内隐联想过程的信度也较高(Cronbach's α=.75—.85;Hogendoorn et al.,2008;Schnabel et al.,2006)。然而,目前的研究结果还不足以说明内隐联想过程具有较高的效度。和内隐联想测验一样,内隐联想过程同样会受到组块顺序结构造成的干扰,这种方法相关的问题需要得到重视(Teige-Mocigemba et al.,2010)。

(七) 行为干扰范式(AIP)

1. 任务结构

行为干扰范式和 EAST 很相似,两者之间唯一的差别在于行为干扰范式通过指导语直接赋予按键意义,而不是通过属性相关刺激让被试在任务中习得按键意义。由于行为在干扰范式中按键被直接赋予意义,所以行为干扰范式对被试的要求不高,因此更适合测试用在对幼儿的研究中(不可否认,内隐联想测验、EAST 或其他反应干扰任务的规则比较复杂)。例如,在一项考察性别刻板印象发展的研究中,Banse 等人(2010)告诉幼儿被试圣诞老人需要他们帮助他送圣诞礼物。在任务的第一个组块中,被试被告知第一个家庭里有一个男孩和一个女孩,男孩希望得到玩具卡车作为礼物,女孩希望得到娃娃作为礼物。随后,屏幕上会呈现玩具卡车和娃娃的图片,被试的任务是尽快反应,判断图片上的礼物要送给哪个孩子。在第二个组块中,儿童被告知现在要给另一个家庭送礼物,这家人同样有一个男孩和一个女孩,但是这个男孩喜欢娃娃,而女孩喜欢玩具卡车。被试再根据屏幕中呈现的图片进行分配。Banse 等人(2010)发现,儿童在进行与刻板印象一致的分配的时候,反应时更短(如男孩-玩具卡车,女孩-娃娃),当进行与刻板印象不一致的分配的时候反应时更长。这个现象表示儿童存在自发性的性别刻板化效应。

2. 灵活性

在本章所介绍的所有反应干扰任务中,行为干扰范式可能是内容特异性最高的任务了。虽然行为干扰范式最初被运用于测量性别刻板印象,然而在后续的实践中,研究者也发现行为干扰范式也能被用来考察其他形式的联想。例如,在一项研究种族偏见的报告中,行为干扰范式中的性别类别被替换为种族类别,任务变为让被试分配黑人和白人儿童喜欢的物品。需要注意的是,在使用行为干扰范式的时候要根据需要使用该研究的主题来构建相应的指导语。

3. 过程上的细节

Banse 等人(2010)考察过诸如组块位置效应以及前两个组块之间的反应结构(即,交换按键规则)等程序上的特征对行为干扰范式造成的影响。除了反应时上存在刻板印象一致性的主效应以外,在改变按键规则后,第二个组块的正确率显著降低。此外,虽然两个组块中都存在反应干扰效应,但是如果在不一致组块前先完成一致组块,那么这个实验结果的可靠性更高。也就是说,行为干扰范式同样具有和内隐联想测验一样的组块顺序问题。

除了儿童以外,行为干扰范式也可以用来测试老年人。由于老年人可能会忽视任务中对按键的描述(如左侧代表女孩,右侧代表男孩),而且会简单地把呈现的刺激分类(如卡车按右边,娃娃按左边)。这种重新解释按键意义的行为倾向会随着年龄增大逐渐变强。因此,在使用行为干扰范式测量老年人或成年人的时候,该范式对于儿童而言所具有的一些优势可能就不复存在了。

在最早使用行为干扰范式的研究中,Banse 等人(2010)在后两个组块中各设置了 60 个试次,每个组块再细分为两个 30 试次的次级组块。在正式实验前,被试要先完成 10 个练习试次。在练习中,被试的任务是根据呈现的礼盒图片的颜色进行分类。每个试次之间间隔 1 000 ms。Banse 等人开展的行为干扰范式的一致性系数较低(Cronbach's $\alpha=$ .32—.48)。

4. 计分方法

Banse 等人(2010)采用的计分方法类似于 Greenwald 等人的内隐联想测验的 D 值算法。在计算的时候,首先要排除低于 400 ms 和高于 10 000 ms 的试次，而且还要删除所有错误试次。然后将每一个被试的一致组块的平均反应时减去不一致组块的平均反应时，最后再把差值除以两个组块反应时的合并标准差就得到一个被试的测量结果了。

四、对测量结果的解释

在一开始提出反应干扰效应的时候我们曾指出，这些范式都是通过优势反应倾向表现出反应促进或反应抑制效应来评估自动化联想，反应促进或反应抑制效应是自动化联想导致的。虽然这个观点和文献中的解释一致，但是在将这些范式得到的反应干扰效应解释为自动化联想指标的时候需要注意以下几点。

（一）反应干扰效应背后的多重加工

在解释反应干扰效应的时候要牢记——反应干扰效应不只来源于自动化联想本身，同时也是各种加工过程共同作用的结果。例如，在种族内隐联想测验中，目标类别为黑人和白人，属性类别为积极和消极。在联合组块中，黑人面孔会激发被试按下黑人对应按键的倾向，同时，根据联想的强度高低，黑人面孔也会产生不同强度按下消极对应按键的倾向。如果黑人对应按键和消极对应按键为同一个按键（一致），联想就会促进反应；相反（不一致），联想就会干扰反应。因为抑制优势反应倾向需要经过执行控制加工，所以内隐联想测验的结果实际上是由种族相关的联想和执行控制加工共同导致的。

为分离这两种机制，研究者开发了一些新的数据处理算法（Conrey, Sherman, Gawronski, Hugenberg, & Groom, 2005; Klauer, Voss, Schmitz, & Teige-Mocigemba, 2007; Payne, 2008; Stahl & Degner, 2007）。这些算法的目的在于划分影响任务表现的来源，细分出不同加工对任务结果的分别起到什么样的作用，而不是混在单一的结果指标中。在第 11 章中我们将会详细介绍这类方法。不过，反应抑制任务中混合在一起的加工也为我们带来了两点启示：第一，在使用传统的测量指标作为自变量（如用来预测行为）的研究中，测量结果与因变量之间的关系可能是由两者都受执行控制加工（如工作记忆的个体差异）影响导致的，而不是心理联想的结果（Klauer，Schmitz，Teige-Mocigemba，& Voss，2010）；第二，在使用传统测量分数作为因变量的研究中，因变量的变化可能是由执行控制加工受到实验操纵影响导致的，而不是因为心理联想发生了变化（Sherman et al.，2008）。我们将在第11章中介绍解决上述问题的数学处理方法。

(二) 绝对和相对解释

解释结果时面临的另一个重要问题是应该对反应干扰任务得到的分数进行绝对的解释还是相对的解释。大部分反应干扰任务的分数既有大于零的可能，也有小于零的可能。在这种情况下，如果得到大于零的结果，研究者就会认为联想符合假设的方向；如果得到小于零的结果，就会认为联想与假设相反；如果结果等于零，那么就说明联想是中性的。虽然在研究中都普遍使用这种绝对解释，但是我们认为这种做法具有一些问题。首先，刺激材料本身的一些特征可能会对反应干扰任务结果的大小或方向产生影响（Bluemke & Fiedler，2009；Bluemke & Friese，2006；Steffens & Plewe，2001）。事实上，由于无法从整体的反应干扰效应中区分出刺激材料造成的效应，所以无论是对个人（如被试X显示出相对黑人更偏好白人）还是整个样本（如80%的被试展现出偏好白人）的测试结果进行绝对解释都不可靠。更不要说没有经过校准的量表本身就无法提供绝对的结果了（Blanton & Jaccard，2006）。

虽然这些问题看似严重影响了反应干扰任务的可靠性，但是在大部分人格或社会心理学研究中，研究者其实并不需要进行绝对解释。对这些研究者而言，他们仅需要得到不同群体或不同个体之间的相对差异就可以了（如实验组的被试得分比控制组的被试高；被试A的得分比被试B高）。也就是说，这些研究的研究设计仅关注对结果的相对解释,而非绝对解释。所以,只要实验要解答的问题不需要对测量结果进行绝对的解释,实验材料的影响就不会破坏反应干扰任务在研究中的效力。

(三) 自动化和控制性加工

反应干扰可能来自自动化的联想和许多控制性加工的共同作用(Conrey et al., 2005; Klauer et al., 2007; Payne, 2008; Stahl & Degner, 2007)。那么,如何判断任务中测量到的联想是否是自动化的呢?在本章一开始我们就说过,间接的测量过程并不能保证测量的对象是自动化的。如果要证明测量的对象具有自动化的特征,就需要运用设计精巧的实证方法来检验(De Houwer et al., 2009)。然而,目前只有很少的证据表明这种联想是自动化的。对于自动化加工的4个特征而言,目前已有研究发现内隐联想测验测量到的联想是:(1) 在一些情况下能够被控制,但是这种控制能力比控制自陈报告结果的能力弱;(2) 既能够被无意识激活,也能被意识性获取;(3) 并不一定是无意图的,意图性提取信息能够影响内隐联想测验的结果;(4) 加工是高效的,提升认知负荷并不会影响内隐联想测验的结果。De Houwer 等人对内隐联想测验和评价性启动任务的自动化特征进行过综述。然而,几乎没有研究者考察过其他反应干扰任务的自动化特征。仅有Schnabel 等人(2006)证明内隐联想过程(IAP)效应不容易受到欺骗的影响。Langner 等人(2010)发现被试能够在接近-回避任务中伪装自己的反应。

反应干扰任务在自动化加工方面存在的另一个重要问题是如何使用这类任务作为因变量考察研究者假设的自动化加工或实验效应。例如,大量研究发现激活与死亡相关的观念会导致世界观防御,人们会由此提升对外群体持有的偏见(Pyszczynski, Greenberg, & Solomon, 1999)。为检验这种效应是否是自动化的,研究者通常会使用偏见的间接测量范式作为测量因变量的方法,随后会根据激活死亡信息后是否提升了偏见水平来判断该效应具有的自动化特征。虽然这种推导过程在类似的研究中很常见,但是由于反应干扰任务考察的仅仅是加工结果,而不是加工本身,所以这样得出的结论实际上是没有根据的。以 Blair 等人(2001)的研究为例,在实验中研究者要求被试想象一个强壮或柔弱的女人,然后完成一项关于性别-强壮刻板印象的内隐联想测验。结果表明,当被试的任务是想象强壮的女人的时候,内隐联想测验测得的性别-强壮刻板印象的强度较低。那么,这个结果就能说明想象涉及的加工是自动化的吗?显然不能。因为被试在任务中想象一个反刻板印象的女人是有意识的、有意图的控制性行为。当然,有一些实验操纵手段能够通过自动化加工影响反应干扰任务取得的结果,但是这并不代表我们可以使用反应干扰任务结果上的差异反过来说明导致该结果的加工是自动化的(肯定后件的逻辑谬误)。也就是说,自动化加工会导致反应干扰任务结果上产生差异,然而结果上存在差异并不代表加工就是自动化的。

(四) 反应干扰任务测量可及性

如果不能通过反应干扰任务证明加工是自动化的,那么使用反应干扰任务能起到什么作用呢?近来的理论研究主要倾向于认为反应干扰任务能够反映可及性(Gawronski & Bodenhausen, 2006; Strack & Deutsch, 2004)。这些理论认为,不论测量的心理联想是否有效,反应干扰任务以及其他间接测量任务测量的都是心理联想在记忆上的可及性。对有效性的考察是传统的自陈报告测量的主要特点,研究者会让被试回答自己是否同意某个论断(如"你有多同意对这句话……")。通常我们会发现,即使自陈报告的测量结果表明某一联想并不起作用,但是可及的联想仍然会影响到外在的行为。这种现象在间接测量的研究中最为明显(如反应干扰任务),间接测量能够预测自陈报告难以预测的行为(Friese et al., 2008; Perugini et al., 2010)。因此,在没有实证数据支持的前提下,我们在解释反应干扰任务结果的时候需要谨慎对待自动化的特征(De Houwer et al., 2009)。虽然如此,但是反应干扰任务本身不失为一种有效的认知评价工具,能够帮助我们更好地理解人类行为的影响因素。

五、测量方法的比较

迄今为止,心理学家已经开发出了大量的反应干扰任务。那么,我们如何决定在研究中使用哪个范式？我们认为,具体使用什么范式需要结合实际情况来考虑。反应干扰任务只是一些工具,具体的研究主题所需求的工具是不同的。因此,与其花费篇幅推荐一个"最好"的任务,不如在此比较一下几种任务在不同研究中都需要注意的一些性质上的差别。

首先,需要关注的是信度。不同的任务之间的信度差异比较明显(表3-2)。有一些范式在不同研究中都显示出了稳定的高信度,而有些任务的信度则不稳定或明显偏低。虽然低信度对于任何研究而言都是不利的,但是相对而言,信度对考察个体差异的研究来说更为重要(内部一致性;因为需要用同一种工具测量不同人之间的差异)①。其次,在已有文献中,使用不同类型反应干扰任务的研究数量存在较大差异。即使这种使用数量上的差异可能来自多重因素的作用,但是使用数量实际上也反映出人们对该范式的了解程度,同时也表示了使用该范式得到可发表数据的可能性高低。第三,反应干扰任务的灵活性存在差异。有一些范式可以用来测量不同类型的联想(如语义的、评价性的),而有一些则有很大局限性。最后,需要再次强调,没有一种方法是完美的,在选择使用哪种任务开展实验的时候需要在有利与不利的特征之间进行权衡。例如组块顺序结构、目标刺激的成对性、左右手按键比率、任务整体的长度、是否适宜于儿童等,这些问题都值得花时间考虑。当然,这些问题的相对重要性取决于研究中要关注的具体问题,这

---

① 目前很少有研究者在论文中报告间接测量的信度估计值。因此,无法保证本章提供的信度估计是否存在过度估计的情况(研究者仅在信度高的情况下才在论文中报告)。

表 3-2 RTI 任务总览

任务	年份	研究数量	信度估计	联想类型	目标刺激	试次结构	试次数	试次间隔
IAT	1998	高	.70—.90[a]	评价、语义	一对目标	组块	~200	250 ms
SC-IAT	2006	中等	.70—.90	评价、语义	单独目标	组块	~200	150 ms
SA-IAT	2006	低	.70—.80	评价、语义	一对目标	组块	~360	150 ms
P-IAT	2004	中等	.70—.90	评价	一对目标	组块	~200	250 ms
SB-IAT	2008	低	.60—.90	评价、语义	一对目标	随机	~160	500 ms
IAT-RF	2009	低	.55—.65	评价、语义	一对目标	随机	~200	200 ms
B-IAT	2009	低	.55—.95	评价、语义	一对目标	组块	~80	400 ms
GNAT	2001	中等	.45—.75	评价、语义	单独目标	组块	~120	300 ms
EAST	2003	中等	.15—.65	评价、语义	单独目标	随机	~160	1 500 ms
ID-EAST	2007	低	.60—.70	评价、语义	单独目标	随机	~260	1 500 ms
AAT	1999	中等	.00—.35 .70—.90[b]	评价	单独目标	组块、随机	~100	1 000 ms 500—7 000 ms[c]

续 表

任 务	年 份	研究数量	信度估计	联想类型	目标刺激	试次结构	试次数	试次间隔
EMA	2005	低	.30—.75 ~.80[d]	评价	单独目标	随机	~280	600 ms
IAP	2006	低	.75—.85	自我相关	一对目标	组块	~280	600 ms
AIP	2010	低	.30—.50	（内容特异）[e]	一对目标	组块	~120	1 000 ms

注：
[a] 在先后进行多个 IAT 时，后进行的 IAT 的信度会降低。
[b] 信度的差异来自效价相关反应和效价无关反应的情况。在效价无关反应的情况下信度低。上方呈现的是效价无关情况下的信度估计结果。
[c] 上面一行是最初设置固定间隔时间时的情况，下方是设置随机间隔时间的情况。
[d] 信度估计的结果受到被试间的影响。被试间比较时的信度较低。上面一行是被试间设计的信度估计结果。
[e] 已有研究仅考察了性别刻板印象的联想，也可以应用到其他领域。

也是为什么我们无法明确地推荐某一种方法。我们希望本章的内容能够帮助研究者更好地选择最适合自己研究主题的方法。如果读者需要学习更多关于反应干扰任务或其他间接测量方法的知识,我们建议阅读 Gawronski 和 Payne(2010)的《内隐社会认知手册》(*Handbook of Implicit Social Cognition*)。

最后,还需要回答一个重要问题:目前介绍的范式具有怎样的聚合效度。目前很少有研究关注到这个问题。虽然有一些关于部分任务之间聚合效度的证据(如 Cunningham, Preacher, & Banaji, 2001; De Houwer & De Bruycker, 2007b; Karpinski & Steinman, 2006; Neumann, Hülsenbeck, & Seibt, 2004; Nosek & Banaji, 2001; Schnabel et al., 2006),然而许多研究中,间接测量结果之间的关系并不尽如人意(如 Gast & Rothermund, in press; Olson & Fazio, 2003; Teige et al., 2004)。在我们看来,在这个问题上,Olson 和 Fazio (2003)的研究是到目前为止最重要的。他们发现在 Fazio 等人(1986)的研究中,仅在评价性启动任务中要求被试关注作为启动刺激的面孔时,对种族进行的评价性启动任务和相应的种族内隐联想测验的结果之间存在显著的相关。Olson 和 Fazio 认为这是因为系列启动任务考察的评价性联想是用个人的面孔来体现的(用面孔图片作为启动刺激;即样例相关的联想),而内隐联想测验的评价性联想则是由类别来体现的(根据类别分类;即类别相关的联想)。需要注意的是在 Olson 和 Fazio 的研究中,两种注意条件下的评价性启动任务的信度差异很大(分半信度 $r=.04$ vs $r=.39$)。因此评价性启动范式本身的信度也可能是导致其与内隐联想测验结果之间相关系数差异的来源,而不是来自两种任务测量的联想形式不同(Gawronski, Cunningham, LeBel, & Deutsch, 2010)。事实上,已有证据也表明目前介绍的反应干扰任务确实存在一定的聚合效度,这些任务之间的差异基本是较低的信度导致的(Cunningham et al., 2001; De Houwer & De Bruycker, 2007b)。然而,由于不同的方法是建立在不同内部机制的基础上的(Deutsch & Gawronski, 2009; Gawronski & Bodenhausen, 2005),

因此需要更进一步的研究对反应干扰任务和其他间接测量之间的聚合效度进行深入的探讨。

六、结　论

长期以来,对自动化联想的间接测量方法在社会心理学研究中非常热门。本章对一些间接测量方法进行了以方法为导向的介绍。我们介绍的范式不仅代表了当前在间接测量方法中的主流,也是一些曾为理解人类行为内部心理加工带来重要推动的经典范式。我们希望本章的内容能够为有志于在研究中使用反应干扰任务的学者或学生带来帮助。

推 荐 阅 读

De Houwer, J., Teige-Mocigemba, S., Spruyt, A., & Moors, A. (2009). Implicit measures: A normative analysis and review. *Psychological Bulletin*, 135, 347-368.

Gawronski, B. (2009). Ten frequently asked questions about implicit measures and their frequently supposed, but not entirely correct answers. *Canadian Psychology*, 50, 141-150.

内隐联想测验(IAT)

Lane, K. A., Banaji, M. R., Nosek, B. A., & Greenwald, A. G. (2007). Understanding and using the Implicit Association Test: IV: What we know (so far) about the method. In B. Wittenbrink & N. Schwarz (Eds.), *Implicit measures of attitudes* (pp. 59-102). New York: Guilford Press.

单类内隐联想测验(SC-IAT)

Karpinski, A., & Steinman, R. B. (2006). The Single Category Implicit Association Test as a measure of implicit social cognition. *Journal of Personality and Social Psychology*, 91, 16-32.

单属性内隐联想测验(SA-IAT)

Penke, L., Eichstaedt, J., & Asendorpf, J. B. (2006). Single Attribute Implicit Association Tests (SA-IAT) for the assessment of unipolar constructs: The case of sociosexuality. *Experimental Psychology*, 53, 283-291.

个人化内隐联想测验(Personalized IAT)

Olson, M. A., & Fazio, R. H. (2004). Reducing the influence of extra-personal associations on the Implicit Association Test: Personalizing the IAT. *Journal of Personality and Social Psychology*, 86, 653-667.

单组块内隐联想测验(SB-IAT)

Teige-Mocigemba, S., Klauer, K. C., & Rothermund, K. (2008). Minimizing method-specific variance in the IAT: The Single Block IAT. *European Journal of Psychological Assessment*, 24, 237-245.

反应变换内隐联想测验(RF-IAT)

Rothermund, K., Teige-Mocigemba, S., Gast, A., & Wentura, D. (2009). Minimizing the influence of recoding in the IAT: The Recoding-Free Implicit Association Test (IAT-RF). *Quarterly Journal of Experimental Psychology*, 62, 84-98.

简式内隐联想测验(Brief IAT)

Sriram, N., & Greenwald, A. G. (2009). The Brief Implicit Association Test. *Experimental Psychology*, 56, 283-294.

Go/No-Go 联想任务(GNAT)

Nosek, B. A., & Banaji, M. R. (2001). The Go/No-Go Association Task. *Social Cognition*, 19, 625-666.

外部情感性西蒙任务(EAST)

De Houwer, J. (2003). The Extrinsic Affective Simon task. *Experimental Psychology*, 50, 77-85.

识别性外部情感性西蒙任务(ID-EAST)

De Houwer, J., & De Bruycker, E. (2007). The Identification-EAST as a valid measure of implicit attitudes toward alcohol-related stimuli. *Journal of Behavior Therapy and Experimental Psychiatry*, 38, 133-143.

接近-回避任务

Krieglmeyer, R., & Deutsch, R. (2010). Comparing measures of approach-avoidance behavior: The mannequin task vs. two versions of the joystick task. *Cognition and Emotion*, 24, 810-828.

评价性运动测试(EMA)

Brendl, C. M., Markman, A. B., & Messner, C. (2005). Indirectly measuring evaluations of several attitude objects in relation to a neutral reference point. *Journal of Experimental Social Psychology*, 41, 346-368.

内隐联想过程(IAP)

Schnabel, K., Banse, R., & Asendorpf, J. B. (2006). Employing automatic approach and avoidance tendencies for the assessment of implicit personality self-concept: The Implicit Association Procedure (IAP). *Experimental Psychology*, 53, 69-76.

行为干扰范式(AIP)

Banse, R., Gawronski, B., Rebetez, C., Gutt, H., & Morton, J. B. (2010). The development of spontaneous gender stereotyping in childhood: Relations to stereotype knowledge and stereotype flexibility. *Developmental Science*, 13, 298-306.

参考文献

Alexopolus, T., & Ric, F. (2007). The evaluation–behavior link: Direct and beyond valence. *Journal of Experimental Social Psychology, 43,* 1010–1016.

Arkes, H. R., & Tetlock, P. E. (2004). Attributions of implicit prejudice, or "Would Jesse Jackson 'fail' the Implicit Association Test?" *Psychological Inquiry, 15,* 257–278.

Asendorpf, J. B., Banse, R., & Mücke, D. (2002). Double dissociation between explicit and implicit personality self-concept: The case of shy behavior. *Journal of Personality and Social Psychology, 83,* 380–393.

Banaji, M. R. (2001). Implicit attitudes can be measured. In H. L. Roediger, III, J. S. Nairne, I. Neath, & A. Surprenant (Eds.), *The nature of remembering: Essays in honor of Robert G. Crowder* (pp. 117–150). Washington, DC: American Psychological Association.

Banaji, M. R., & Hardin, C. D. (1996). Automatic stereotyping. *Psychological Science, 7,* 136–141.

Banse, R., Gawronski, B., Rebetez, C., Gutt, H., & Morton, J. B. (2010). The development of spontaneous gender stereotyping in childhood: Relations to stereotype knowledge and stereotype flexibility. *Developmental Science, 13,* 298–306.

Bargh, J. A. (1994). The four horsemen of automaticity: Awareness, intention, efficiency, and control in social cognition. In R. S. Wyer & T. K. Srull (Eds.), *Handbook of social cognition* (pp. 1–40). Hillsdale, NJ: Erlbaum.

Bargh, J. A., Chaiken, S., Raymond, P., & Hymes, C. (1996). The automatic evaluation effect: Unconditional automatic activation with a pronunciation task. *Journal of Personality and Social Psychology, 32,* 104–128.

Blair, I. V., Ma, J., & Lenton, A. (2001). Imagining stereotypes away: The moderation of implicit stereotypes through mental imagery. *Journal of Personality and Social Psychology, 81,* 828–841.

Blanton, H., & Jaccard, J. (2006). Arbitrary metrics in psychology. *American Psychologist, 61,* 27–41.

Blanton, H., Jaccard, J., Gonzales, P. M., & Christie, C. (2006). Decoding the Implicit Association Test: Implications for criterion prediction. *Journal of Experimental Social Psychology, 42,* 192–212.

Bluemke, M., & Fiedler, K. (2009). Base rate effects on the IAT. *Consciousness and Cognition, 18,* 1029–1038.

Bluemke, M., & Friese, M. (2006). Do irrelevant features of stimuli influence IAT effects? *Journal of Experimental Social Psychology, 42,* 163–176.

Boldero, J. M., Rawlings, D., & Haslam, N. (2007). Convergence between GNAT-assessed implicit and explicit personality. *European Journal of Personality, 21,* 341–358.

Brendl, C. M., Markman, A. B., & Messner, C. (2005). Indirectly measuring evaluations of several attitude objects in relation to a neutral reference point. *Journal of Experimental Social Psychology, 41,* 346–368.

Cacioppo, J. T., Priester, J. R., & Berntson, G. G. (1993). Rudimentary determinants of attitudes: II. Arm flexion and extension have differential effects on

attitudes. *Journal of Personality and Social Psychology, 65,* 5–17.
Chen, M., & Bargh, J. A. (1999). Consequences of automatic evaluation: Immediate behavioral predispositions to approach or avoid the stimulus. *Personality and Social Psychology Bulletin, 25,* 215–224.
Conrey, F. R., Sherman, J. W., Gawronski, B., Hugenberg, K., & Groom, C. (2005). Separating multiple processes in implicit social cognition: The Quad-Model of implicit task performance. *Journal of Personality and Social Psychology, 89,* 469–487.
Crowne, D. P., & Marlowe, D. (1960). A new scale of social desirability independent of psychopathology. *Journal of Consulting Psychology, 24,* 349–354.
Cunningham, W. A., Preacher, K. J., & Banaji, M. R. (2001). Implicit attitude measurement: Consistency, stability, and convergent validity. *Psychological Science, 12,* 163–170.
De Houwer, J. (2003). The Extrinsic Affective Simon task. *Experimental Psychology, 50,* 77–85.
De Houwer, J. (2006). What are implicit measures and why are we using them? In R. W. Wiers & A. W. Stacy (Eds.), *The handbook of implicit cognition and addiction* (pp. 11–28). Thousand Oaks, CA: Sage.
De Houwer, J. (2009). Comparing measures of attitudes at the procedural and functional level. In R. E. Petty, R. H. Fazio, & P. Briñol (Eds.), *Attitudes: Insights from the new implicit measures* (pp. 361–390). New York: Psychology Press.
De Houwer, J., Crombez, G., Baeyens, F., & Hermans, D. (2001). On the generality of the affective Simon effect. *Cognition and Emotion, 15,* 189–206.
De Houwer, J., & De Bruycker, E. (2007a). The Identification-EAST as a valid measure of implicit attitudes toward alcohol-related stimuli. *Journal of Behavior Therapy and Experimental Psychiatry, 38,* 133–143.
De Houwer, J., & De Bruycker, E. (2007b). The Implicit Association Test outperforms the Extrinsic Affective Simon Task as an implicit measure of interindividual differences in attitudes. *British Journal of Social Psychology, 46,* 401–421.
De Houwer, J., Teige-Mocigemba, S., Spruyt, A., & Moors, A. (2009). Implicit measures: A normative analysis and review. *Psychological Bulletin, 135,* 347–368.
Deutsch, R., & Gawronski, B. (2009). When the method makes a difference: Antagonistic effects on "automatic evaluations" as a function of task characteristics of the measure. *Journal of Experimental Social Psychology, 45,* 101–114.
Eder, A. B., & Klauer, K. C. (2009). A common-coding account of the bi-directional evaluation–behavior link. *Journal of Experimental Psychology: General, 138,* 218–235.
Eder, A. B., & Rothermund, K. (2008). When do motor behaviors (mis)match affective stimuli?: An evaluative coding view of approach and avoidance reactions. *Journal of Experimental Psychology: General, 137,* 262–281.
Fazio, R. H. (2007). Attitudes as object-evaluation associations of varying strength. *Social Cognition, 25,* 603–637.
Fazio, R. H., & Olson, M. A. (2003). Implicit measures in social cognition research: Their meaning and use. *Annual Review of Psychology, 54,* 297–327.
Fazio, R. H., Sanbonmatsu, D. M., Powell, M. C., & Kardes, F. R. (1986). On the automatic activation of attitudes. *Journal of Personality and Social Psychology, 50,* 229–238.

Förster, J., & Liberman, N. (2007). Knowledge activation. In A. W. Kruglanski & E. T. Higgins (Eds.), *Social psychology: Handbook of basic principles* (2nd ed., pp. 201–231). New York: Guilford Press.

Friese, M., Hofmann, W., & Schmitt, M. (2008). When and why do implicit measures predict behaviour?: Empirical evidence for the moderating role of opportunity, motivation, and process reliance. *European Review of Social Psychology, 19*, 285–338.

Galdi, S., Arcuri, L., & Gawronski, B. (2008). Automatic mental associations predict future choices of undecided decision makers. *Science, 321*, 1100–1102.

Gast, A., & Rothermund, K. (in press). When old and frail is not the same: Dissociating category and stimulus effects in four implicit attitude measurement methods. *Quarterly Journal of Experimental Psychology*.

Gawronski, B. (2002). What does the Implicit Association Test measure?: A test of the convergent and discriminant validity of prejudice related IATs. *Experimental Psychology, 49*, 171–180.

Gawronski, B. (2009). Ten frequently asked questions about implicit measures and their frequently supposed, but not entirely correct answers. *Canadian Psychology, 50*, 141–150.

Gawronski, B., & Bodenhausen, G. V. (2005). Accessibility effects on implicit social cognition: The role of knowledge activation versus retrieval experiences. *Journal of Personality and Social Psychology, 89*, 672–685.

Gawronski, B., & Bodenhausen, G. V. (2006). Associative and propositional processes in evaluation: An integrative review of implicit and explicit attitude change. *Psychological Bulletin, 132*, 692–731.

Gawronski, B., Cunningham, W. A., LeBel, E. P., & Deutsch, R. (2010). Attentional influences on affective priming: Does categorization influence spontaneous evaluations of multiply categorizable objects? *Cognition and Emotion, 24*, 1008–1025.

Gawronski, B., Deutsch, R., LeBel, E. P., & Peters, K. R. (2008). Response interference as a mechanism underlying implicit measures: Some traps and gaps in the assessment of mental associations with experimental paradigms. *European Journal of Psychological Assessment, 24*, 218–225.

Gawronski, B., Ehrenberg, K., Banse, R., Zukova, J., & Klauer, K. C. (2003). It's in the mind of the beholder: The impact of stereotypic associations on category-based and individuating impression formation. *Journal of Experimental Social Psychology, 39*, 16–30.

Gawronski, B., Hofmann, W., & Wilbur, C. J. (2006). Are "implicit" attitudes unconscious? *Consciousness and Cognition, 15*, 485–499.

Gawronski, B., & Payne, B. K. (Eds.). (2010). *Handbook of implicit social cognition: Measurement, theory, and applications*. New York: Guilford Press.

Gawronski, B., Peters, K. R., & LeBel, E. P. (2008). What makes mental associations personal or extra-personal?: Conceptual issues in the methodological debate about implicit attitude measures. *Social and Personality Psychology Compass, 2*, 1002–1023.

Gawronski, B., & Sritharan, R. (2010). Formation, change, and contextualization of mental associations: Determinants and principles of variations in implicit measures. In B. Gawronski & B. K. Payne (Eds.), *Handbook of implicit social cognition: Measurement, theory, and applications* (pp. 216–240). New York: Guilford Press.

Green, D. M., & Swets, J. A. (1966). *Signal detection theory and psychophysics.*

New York: Wiley.
Greenwald, A. G., & Banaji, M. R. (1995). Implicit social cognition: Attitudes, self-esteem, and stereotypes. *Psychological Review, 102,* 4–27.
Greenwald, A. G., Banaji, M. R., Rudman, L. A., Farnham, S. D., Nosek, B. A., & Mellott, D. S. (2002). A unified theory of implicit attitudes, stereotypes, self-esteem, and self-concept. *Psychological Review, 109,* 3–25.
Greenwald, A. G., & Farnham, S. D. (2000). Using the Implicit Association Test to measure self-esteem and self-concept. *Journal of Personality and Social Psychology, 79,* 1022–1038.
Greenwald, A. G., McGhee, D. E., & Schwartz, J. K. L. (1998). Measuring individual differences in implicit cognition: The Implicit Association Test. *Journal of Personality and Social Psychology, 74,* 1464–1480.
Greenwald, A. G., & Nosek, B. A. (2001). Health of the Implicit Association Test at age 3. *Zeitschrift für Experimentelle Psychologie, 48,* 85–93.
Greenwald, A. G., Nosek, B. A., & Banaji, M. R. (2003). Understanding and using the Implicit Association Test: I. An improved scoring algorithm. *Journal of Personality and Social Psychology, 85,* 197–216.
Greenwald, A. G., Poehlman, T. A., Uhlmann, E., & Banaji, M. R. (2009). Understanding and using the Implicit Association Test: III. Meta-analysis of predictive validity. *Journal of Personality and Social Psychology, 97,* 17–41.
Han, H. A., Olson, M. A., & Fazio, R. H. (2006). The influence of experimentally created extrapersonal associations on the Implicit Association Test. *Journal of Experimental Social Psychology, 42,* 259–272.
Hofmann, W., Gawronski, B., Gschwendner, T., Le, H., & Schmitt, M. (2005). A meta-analysis on the correlation between the Implicit Association Test and explicit self-report measure. *Personality and Social Psychology Bulletin, 31,* 1369–1385.
Hofmann, W., Rauch, W., & Gawronski, B. (2007). And deplete us not into temptation: Automatic attitudes, dietary restraint, and self-regulatory resources as determinants of eating behavior. *Journal of Experimental Social Psychology, 43,* 497–504.
Hogendoorn, S. M., Wolters, L. H., Vervoort, L., Prins, P. J. M., Boer, F., & de Haan, E. (2008). An indirect and direct measure of anxiety-related perceived control in children: The Implicit Association Procedure (IAP) and Anxiety Control Questionnaire for Children (ACQ-C). *Journal of Behavior Therapy and Experimental Psychiatry, 39,* 436–450.
James, W. (1884). What is an emotion? *Mind, 9,* 188–205.
Karpinski, A., & Steinman, R. B. (2006). The Single Category Implicit Association Test as a measure of implicit social cognition. *Journal of Personality and Social Psychology, 91,* 16–32.
Klauer, K. C., & Mierke, J. (2005). Task–set inertia, attitude accessibility, and compatibility–order effects: New evidence for a task–set switching account of the IAT effect. *Personality and Social Psychology Bulletin, 31,* 208–217.
Klauer, K. C., Schmitz, F., Teige-Mocigemba, S., & Voss, A. (2010). Understanding the role of executive control in the Implicit Association Test: Why flexible people have small IAT effects. *Quarterly Journal of Experimental Psychology, 63,* 595–619.
Klauer, K. C., Voss, A., Schmitz, F., & Teige-Mocigemba, S. (2007). Process components of the Implicit Association Test: A diffusion model analysis. *Journal of Personality and Social Psychology, 93,* 353–368.

Krieglmeyer, R., & Deutsch, R. (2010). Comparing measures of approach–avoidance behavior: The manikin task vs. two versions of the joystick task. *Cognition and Emotion, 29*, 810–828.

Krieglmeyer, R., Deutsch, R., De Houwer, J., & De Raedt, R. (2010). Being moved: Valence activates approach–avoidance behavior independently of evaluation and approach–avoidance intentions. *Psychological Science, 21*, 607–613.

Langner, O., Ouwens, M., Muskens, M., Trumpf, J., Becker, E. S., & Rinck, M. (2010). Faking on direct, indirect, and behavioural measures of spider fear: Can you get away with it? *Cognition and Emotion, 24*, 549–558.

Macmillan, N. A., & Creelman, C. D. (2005). *Detection theory: A user's guide* (2nd ed.). Mahwah, NJ: Erlbaum.

Maison, D., Greenwald, A. G., & Bruin, R. (2004). Predictive validity of the Implicit Association Test in studies of brands, consumer attitudes, and behavior. *Journal of Consumer Psychology, 14*, 405–415.

Markman, A. B., & Brendl, C. M. (2005). Constraining theories of embodied cognition. *Psychological Science, 16*, 6–10.

Moors, A., & De Houwer, J. (2006). Automaticity: A conceptual and theoretical analysis. *Psychological Bulletin, 132*, 297–326.

Neumann, R., Hülsenbeck, K., & Seibt, B. (2004). Attitudes toward people with AIDS and avoidance behavior: Automatic and reflective bases of behavior. *Journal of Experimental Social Psychology, 40*, 543–550.

Neumann, R., Förster, J., & Strack, F. (2003). Motor compatibility: The bidirectional link between behavior and emotion. In J. Musch & K. C. Klauer (Eds.), *The psychology of evaluation: Affective processes in cognition and emotion* (pp. 371–391). Mahwah, NJ: Erlbaum.

Nisbett, R. E., & Wilson, T. D. (1977). Telling more than we can know: Verbal reports on mental processes. *Psychological Review, 84*, 231–259.

Nosek, B. A., & Banaji, M. R. (2001). The Go/No-Go Association Task. *Social Cognition, 19*, 625–666.

Nosek, B. A., Greenwald, A. G., & Banaji, M. R. (2005). Understanding and using the Implicit Association Test: II. Method variables and construct validity. *Personality and Social Psychology Bulletin, 31*, 166–180.

Nosek, B. A., & Hansen, J. (2008). Personalizing the Implicit Association Test increases explicit evaluation of target concepts. *European Journal of Psychological Assessment, 24*, 226–236.

Olson, M. A., & Fazio, R. H. (2003). Relations between implicit measures of prejudice: What are we measuring? *Psychological Science, 14*, 636–639.

Olson, M. A., & Fazio, R. H. (2004). Reducing the influence of extra-personal associations on the Implicit Association Test: Personalizing the IAT. *Journal of Personality and Social Psychology, 86*, 653–667.

Olson, M. A., & Fazio, R. H. (2009). Implicit and explicit measures of attitudes: The perspective of the MODE model. In R. E. Petty, R. H. Fazio, & P. Briñol (Eds.), *Attitudes: Insights from the new implicit measures* (pp. 19–63). New York: Psychology Press.

Paulhus, D. L. (1984). Two component models of social desirable responding. *Journal of Personality and Social Psychology, 46*, 598–609.

Payne, B. K. (2008). What mistakes disclose: A process dissociation approach to automatic and controlled processes in social psychology. *Social and Personality Psychology Compass, 2*, 1073–1092.

Payne, B. K., Cheng, S. M., Govorun, O., & Stewart, B. D. (2005). An inkblot for attitudes: Affect misattribution as implicit measurement. *Journal of Personality and Social Psychology, 89,* 277–293.

Penke, L., Eichstaedt, J., & Asendorpf, J. B. (2006). Single Attribute Implicit Association Tests (SA-IAT) for the assessment of unipolar constructs: The case of sociosexuality. *Experimental Psychology, 53,* 283–291.

Perugini, M., Richetin, J., & Zogmaister, C. (2010). Prediction of behavior. In B. Gawronski & B. K. Payne (Eds.), *Handbook of implicit social cognition: Measurement, theory, and applications* (pp. 255–277). New York: Guilford Press.

Petty, R. E., Briñol, P., & DeMarree, K. G. (2007). The meta-cognitive model (MCM) of attitudes: Implications for attitude measurement, change, and strength. *Social Cognition, 25,* 657–686.

Petty, R. E., Tormala, Z. L., Briñol, P., & Jarvis, W. B. G. (2006). Implicit ambivalence from attitude change: An exploration of the PAST model. *Journal of Personality and Social Psychology, 90,* 21–41.

Pyszczynski, T., Greenberg, J., & Solomon, S. (1999). A dual process model of defense against conscious and unconscious death-related thought: An extension of terror management theory. *Psychological Review, 106,* 835–845.

Richetin, J., Perugini, M., Adjali, I., & Hurling, R. (2007). The moderator role of intuitive versus deliberative decision making for the predictive validity of implicit measures. *European Journal of Personality, 21,* 529–546.

Rinck, M., & Becker, E. S. (2007). Approach and avoidance in fear of spiders. *Journal of Behavior Therapy and Experimental Psychiatry, 38,* 105–120.

Rothermund, K., Teige-Mocigemba, S., Gast, A., & Wentura, D. (2009). Minimizing the influence of recoding in the IAT: The Recoding-Free Implicit Association Test (IAT-RF). *Quarterly Journal of Experimental Psychology, 62,* 84–98.

Rotteveel, M., & Phaf, R. H. (2004). Automatic affective evaluation does not automatically predispose for arm flexion and extension. *Emotion, 4,* 156–172.

Rudman, L. A. (2004). Sources of implicit attitudes. *Current Directions in Psychological Science, 13,* 79–82.

Rudman, L. A., Greenwald, A. G., Mellott, D. S., & Schwartz, J. L. K. (1999). Measuring the automatic components of prejudice: Flexibility and generality of the Implicit Association Test. *Social Cognition, 17,* 437–465.

Schmukle, S. C., & Egloff, B. (2006). Assessing anxiety with Extrinsic Simon Tasks. *Experimental Psychology, 53,* 149–160.

Schnabel, K., Banse, R., & Asendorpf, J. B. (2006). Employing automatic approach and avoidance tendencies for the assessment of implicit personality self-concept: The Implicit Association Procedure (IAP). *Experimental Psychology, 53,* 69–76.

Seibt, B., Neumann, R., Nussinson, R., & Strack, F. (2008). Movement direction or change in distance?: Self- and object-related approach–avoidance motions. *Journal of Experimental Social Psychology, 44,* 713–720.

Sherman, J. W., Gawronski, B., Gonsalkorale, K., Hugenberg, K., Allen, T. A., & Groom, C. (2008). The self-regulation of automatic associations and behavioral impulses. *Psychological Review, 115,* 314–335.

Solarz, A. K. (1960). Latency of instrumental responses as a function of compatibility with the meaning of eliciting verbal signs. *Journal of Experimental Psychology, 59,* 239–245.

Sriram, N., & Greenwald, A. G. (2009). The Brief Implicit Association Test. *Experimental Psychology, 56,* 283–294.

Stahl, C., & Degner, J. (2007). Assessing automatic activation of valence: A multinomial model of EAST performance. *Experimental Psychology, 54,* 99–112.

Steffens, M. C., & Plewe, I. (2001). Items' cross-category associations as a confounding factor in the Implicit Association Test. *Zeitschrift für Experimentelle Psychologie, 48,* 123–134.

Strack, F., & Deutsch, R. (2004). Reflective and impulsive determinants of social behavior. *Personality and Social Psychology Review, 8,* 220–247.

Stroop, J. R. (1935). Studies on the interference in serial verbal reactions. *Journal of Experimental Psychology, 59,* 239–245.

Teachman, B. A. (2007). Evaluating implicit spider fear associations using the Go/No-Go Association Task. *Journal of Behavior Therapy and Experimental Psychiatry, 38,* 156–167.

Teachman, B. A., & Woody, S. R. (2003). Automatic processing in spider phobia: Implicit fear associations over the course of treatment. *Journal of Abnormal Psychology, 112,* 100–109.

Teige, S., Schnabel, K., Banse, R., & Asendorpf, J. B. (2004). Assessment of multiple implicit self-concept dimensions using the Extrinsic Affective Simon Task. *European Journal of Personality, 18,* 495–520.

Teige-Mocigemba, S., Klauer, K. C., & Rothermund, K. (2008). Minimizing method-specific variance in the IAT: The Single Block IAT. *European Journal of Psychological Assessment, 24,* 237–245.

Teige-Mocigemba, S., Klauer, K. C., & Sherman, J. W. (2010). A practical guide to Implicit Association Tests and related tasks. In B. Gawronski & B. K. Payne (Eds.), *Handbook of implicit social cognition: Measurement, theory, and applications* (pp. 117–139). New York: Guilford Press.

Wiers, R. W., Van Woerden, N., Smulders, F. T. Y., & De Jong, P. J. (2002). Implicit and explicit alcohol-related cognitions in heavy and light drinkers. *Journal of Abnormal Psychology, 111,* 648–658.

Wilson, T. D., Lindsey, S., & Schooler, T. Y. (2000). A model of dual attitudes. *Psychological Review, 107,* 101–126.

Wittenbrink, B., Judd, C. M., & Park, B. (1997). Evidence for racial prejudice at the implicit level and its relationships with questionnaire measures. *Journal of Personality and Social Psychology, 72,* 262–274.

第4章

评价性条件反射

Jan De Houwer

评价性条件反射（Evulation Conditioning；EC）程序是指：首先将刺激以某种形式配对，然后检查配对是否影响被试对某刺激的偏好。如果配对确实会使偏好发生变化，那么该效应就被称为评价性条件反射。也有研究者用评价性条件反射指代一种心理加工（如在记忆中形成联结）。这种加工被认为是评价性条件反射效应的来源。在本章中我们所介绍的评价性条件反射程序指的是研究评价性条件反射的方法（De Houwer，2007）。

评价性条件反射程序（评价性条件反射程序）是巴甫洛夫条件反射程序的一种形式（Bouton，2007）。与巴甫洛夫条件反射程序一样，评价性条件反射程序同样涉及在刺激之间进行配对。不同的地方在于，在刺激配对的结果上，评价性条件反射仅关注偏好上的改变。因此，评价性条件反射效应实际上也是巴甫洛夫经典条件反射的一种形式。如果想要获取更详细的概念上的分析，可以阅读 Houwer(2007)的论文。

Razran(1954)和 Staats 与 Staats(1957)最早证明存在评价性条件反射效应。在 Razran 的研究中，被试一开始的任务是对一系列刺激（音乐片段、语录、照片、绘画和政治口号）做出评价。随后，再给被试看先前看过的政治口号。此时被试可能在吃免费提供的午餐（情境1）或暴露在难闻气味中（情境2）。研究者通过这种方法将条件刺激（CS：政治口号）与积极、消极无条件刺激（US：免费午餐 vs 难闻气味）匹配在一起，以此改变被试对条件刺激的偏好。Staats 和 Staats 的研究证明无意义词汇(CS)在与积极或消极效价词汇(US)配对后获得了与US相一致的情绪效价(Jaauns, Defares, & Zwaan, 1990)。

Levey和Martin(1975)提出的图片-图片评价性条件反射范式使评价性条件反射范式的研究产生了一次飞跃。在这个范式中,被试在一开始要观看50张图,在看图的时候还要对图片做出喜欢、中性、不喜欢的评价,然后从中选择2张最喜欢的图片和2张最不喜欢的图片。选出的4张图片将会作为US。其他被评价为中性的图片将会作为CS。随后,从所有中性图片中抽取1张图片作为CS与1张US配对,以此构造出4个CS-US对。另外还要加入1张中性图片作为US,构造出中性CS-US对作为基线条件。在形成评价性条件反射的环节中,所有CS-US对各呈现20次。最后,被试对所有10张图(5张US,5张CS)以-100(非常不喜欢)—+100(非常喜欢)评分。结果发现,US与CS的配对确实影响了被试对CS的喜好评价。并且还发现消极US带来的影响比积极US更大。

后来,有更多研究者拓展与完善了Martin和Levey的研究(Baeyens, Eelen, Crombez, & Van den Bergh, 1992; Hammerl & Grabitz, 1996)。除了视觉刺激以外,研究者也开发出以味觉、气味、触觉为媒介的评价性条件反射程序。在1980—1990年间,市场研究者将评价性条件反射程序迁移至应用领域,检验人们对品牌和产品(CS)的偏好是否能够被喜欢、不喜欢的刺激(US)改变(Gorn, 1982; Stuart, Shimp, & Engle, 1987)。随后,社会心理学家开始逐步关注到这种范式,并把它运用到自己领域的研究中(Olson & Fazio, 2001; Walther, 2002)。

一、评价性条件反射范式的优点

"态度"是社会心理学的一个核心概念。Conrey和Smith(2007)曾指出"对于社会心理学家而言,理解态度是理解人类行为的第一步",因此,"追寻理解构成态度的内部倾向的本质是社会心理学研究的重要传统"(Eagly & Chaiken,2007)。虽然至今对态度仍然没有公认的精确定义(Gawronski,2007),但是大部分研究者都认同"喜欢"与"讨厌"是态度的关键特征之一(Fazio,1986)。对于某物具有积极态度,提示某人喜欢该物;而具有消极态度则提示某人讨厌该物。评价性条件反射为社会心理学家提供了一条研究态度起源的途径。由于人们通常认为态度是行为的决定性因素之一,因此理解态度的来源以及如何改变态度对于心理学研究者来说具有重要的意义。评价性条件反射程序实际上体现的就是态度的一种形成方式——刺激配对出现。虽然态度也有很多其他的形成方式(如仅仅由于曝光效应就会形成态度;Bornstein,1989),然而,评价性条件反射程序能够告诉研究者态度的形成与改变是怎么回事。Walther,Nagengast 和 Trasselli(2005)指出,评价性条件反射研究与社会心理学中大量和态度相关的现象有关(如内群体偏好、污名化、人际态度、自尊)。例如,内群体偏好可能是将自己(积极的 US)与归属的群体(CS)配对而产生的(Walther et al.,2005)。

二、潜在的加工过程

虽然评价性条件反射效应已经得到了公认,但是它的内部机制依旧困扰着研究者们。如果对这个问题感兴趣,可以参阅 De Houwer 等人(2001)撰写的有关心理加工模型的综述。虽然 Davey(1994)对评价性条件反射的模型分类有自己独到的看法,但是大部分评价性条件反射的模型都可以分为两大类。第一类模型认为记忆中形成的自动化联结是导致评价性条件反射效应的原因(Baeyens, Eelen, & Crombez, 1995; Jones, Fazio, & Olson, 2009; Martin & Levey, 1978)。这类模型通常假定 CS 和 US 配对能自动地使 CS 的表征与 US 的表征在记忆中形成联结。在形成联结后,呈现 CS 就不仅仅会激活 CS 自己的表征,同时也会激活 US 的效价等属于 US 的表征内容。正是因为 US 的表征被激活了,所以对 CS 的评价会随着 US 的效价发生变化。在这类模型中,不同模型之间的差异仅体现在 CS 与 US 在不同方面形成联结(如 US 的感觉与评价性属性或只有评价性属性; Baeyens, Eelen, Van den Bergh, & Crombez, 1992),以及联结发生的条件不同(例如,两个刺激配对即产生,或者在获取信息时把对 US 的偏好错误归因到 CS 上才会产生; Jones et al., 2009)。

第二类模型主张评价性条件反射是由控制加工和对 CS-US 关系的命题的真假评价产生的。命题是关于世界中事件的陈述(例如,关于 CS-US 之间的关系可以表示为 CS 和 US 有时候会同时出现,或 CS 能够预测 US)。对 CS-US 之间关系的命题与 CS-US 之间的联结是不同的,它们之间的差异体现在两方面(De Houwer, 2009; Lagnado, Waldmann, Hagmayer, & Sloman, 2007; Strack & Deutsch, 2004)。第一,命题是关于世界的一系列陈述,因此,一个命题可能为真,也可能为假。而联结是世界中事物相互联系的结果,没有真假,是客观存在的。第二,联结只是简单地表示 CS 和 US 之间存在联系,但命题则要显示这两者之间的联系是怎样的(如共同呈现,或一者能预测另一者出现)。

命题模型与联结模型之间的差异,不仅在于产生评价性条件反射效应的心理表征有什么性质(命题或联结),也在于形成这些表征需要具备的条件。联结模型通常认为 CS-US 联结的形成是自动化的,而命题模型则认为这个过程并不是自动化的(如意识性的、控制的、需要努力的、花费时间的)。因此,是否能自动化地产生评价性条件反射,就是区别这两大类模型的直接指标。大量研究考察了被试是否能在无法意识到 CS-US 之间关系的情况下产生评价性条件反射。但是,这部分研究得到的结果存在争议(e.g., Baeyens, Eelen, & Van den Bergh, 1990; Pleyers, Corneille, Luminet, & Yzerbyt, 2007; Walther, 2002)。一项元分析表明,是否意识到 CS-US 之间的关系能解释评价性条件反射效应中 37% 的变异(Hofmann, De Houwer, Perugini, Baeyens, & Crombez, 2010)。因此,在一些情况下,评价性条件反射效应背后的加工可能确实是一种非自动化的加工。这些证据支持命题模型的观点。然而,研究结果也表明评价性条件反射效应背后的加工在一些情况下可能是自动化的,这些结果又支持了联结模型的观点。从这些结果来看,评价性条件反射效应的研究重点应当从找到能解释所有评价性条件反射的加工机制,转向关心在什么条件下通过什么加工过程能产生评价性条件反射(De Houwer,2007)。

三、基本要素

如同本章一开始所介绍的,我们将 EC 定义为一种配对呈现刺激导致偏好度发生改变的效应。接下来将从这个定义出发,介绍我们应该如何设计评价性条件反射程序,以及这个定义能怎样帮助我们加深对于评价性条件反射及其机制的理解。因为评价性条件反射程序运用得非常普遍,所以不太可能直接给出一个"标准的"或"典型的"做法。同时,由于文献报告的很多结果都截然不同,因此也无法从文献中找到一种能够产生稳定效应的"好方法"。基于上述理由,接下来将会着重介绍一些凡是使用评价性条件反射的研究都需要考虑到的方法论问题。这些问题都会对评价性条件反射效应大小产生影响。

(一) 偏好测量:形式与效度

1. 测量形式

由于评价性条件反射的外部表现为偏好度的改变,因此评价性条件反射程序必然要有对偏好度进行评价的环节。所以,测量"喜欢"与否对于评价性条件反射程序是极度重要的。一般情况下,研究中会使用 Likert 量表测量偏好,这是一种使用非常广泛的直接测量偏好度的方法(Baeyens, Eelen, Crombez, et al., 1992)。另外也有研究者使用图片分类的方法测量偏好度(Levey & Martin, 1975)。因为被试的任务是根据研究者的测量目标直接报告自己的偏好(即他们有多喜欢这个刺激),所以这些方法均属于直接测量(De Houwer & Moors, 2010)。

也有研究者使用间接测量的方法评价偏好度。间接测量是指测量目标与实际任务要求不一致的测量手段。如果你想了解种类繁多的间接测量是如何划分的，可以阅读 De Houwer 和 Moors(2010)的论文。有些研究者在一项实验中既会使用间接测量方法考察评价性条件反射的自发改变、自动化情绪反馈机制；也会使用间接测量的形式来避免出现"要求特征"。通常情况下，间接测量任务会采取快速分类任务的形式，以反应时或错误率为指标。例如，在情绪启动范式中，程序会在屏幕上先后呈现启动词和目标词，被试的任务是对目标词做出反应。结果通常呈现为当启动刺激的情绪效价与目标刺激效价一致（如花朵-快乐）的时候，被试的反应时较短、正确率较高；在效价不一致（如癌症-快乐）的时候反应时较长、正确率较低。这种方法运用在评价性条件反射的研究中时，就会将 CS 作为启动刺激，通过考察在呈现 CS 后被试对于积极、消极刺激的反应来估计此时 CS 所具有的效价。当先前与积极或消极 US 配对呈现的 CS 分别在启动范式中得到不同结果时，就说明评价性条件反射效应存在(De Houwer, Hermans, & Eelen, 1998; Hermans, Baeyens, & Eelen, 2003; Pleyers et al., 2007)。

在评价性条件反射的研究里也可以使用基于生理反馈的间接测量方法。例如，有研究使用惊吓反射作为间接测量指标（例如，当突然呈现巨响时，被试会做出诸如眨眼的行为反应）。厌恶刺激（如被肢解的尸体的图片）会导致被试出现惊吓反射，这种反射行为强于舒缓、愉快的刺激情况下的反应（如美丽的鲜花的图片）。在评价性条件反射研究中，研究者发现与消极 US 配对的 CS 确实会导致惊吓反射(Vansteenwegen, Crombez, Baeyens, & Eelen, 1998)。

2. 测量效度

评价性条件反射程序中的偏好评价是否能有效地测量偏好的改变，是衡量评价性条件反射程序是否有效的标准。如果偏好评价的结果不可靠，那么评价性条件反射效应就很难让人信服。测量是不是有效，这是不能靠假设来断定的。如果要说偏好测量方法有效，那就必须要有一定的证据与推断佐证才行(Borsboom, Mellenbergh, & van

Heerden，2004；De Houwer，Teige-Mocigemba，Spruyt，& Moors，2009a，2009b）。例如，有证据表明惊吓反射是由刺激的唤醒度而非效价带来的（Vansteenwegen et al.，1998）。因此，如果发现与消极 US 配对出现的 CS 比与积极 US 配对出现的 CS 更容易导致惊吓反射，那么这项研究的研究者就不能轻易地做出这个差异究竟是来源于配对导致唤醒度改变，还是来自配对导致效价改变的论断。对于前者，惊吓反射可以用巴甫洛夫的经典条件反射的原理解释；而对于后者，则可以用评价性条件反射效应解释。

有人可能会说根据偏好的定义对偏好进行直接测量（如在 Likert 量表上评分）肯定能有较高的效度。事实上并不一定，这是因为进行直接测量可能会产生要求特征（Field，2005；Page，1969）。例如，虽然被试可能会对与偏好的 US 配对呈现的 CS 做出更积极的评价，但是这可能只是因为他们认为实验者希望他们这样做，而不是因为他们真的更喜欢这个 CS。在这种情况下，因为评价结果并非来自被试的真实感受，而是来自其他因素的作用（例如，如果被试的反应符合假设，实验者就会表现得更加亲切），所以实际上测试的效度很低。

研究者可以通过告诉被试一个关于任务的伪装故事来避免要求特征的影响。例如，Baeyens 等人（1992）在实验中先在被试身上粘贴假电极，然后告诉被试实验任务的目的是测量人类对呈现刺激的生理反应，被试对 CS 的评价结果仅用于事后对生理反应的来源进行解释。但是要记住，如果在实验中使用了虚假的伪装故事，那么事后就必须确认被试是否真的相信了故事中介绍的实验目的，以及被试是否认为评价任务和实验条件之间存在着某种关系。最简单的做法就是直接问被试对于实验任务有什么想法。例如，如果发现被试有迎合实验意图的现象，那么就可以询问被试觉得该实验的研究目的是什么，再根据被试的回答排查无效被试。此外，为保证结果的可靠性，研究者也会通过多种方法彻底排除被试要求特征的影响。

第一种排除要求特征的方法是彻底回避会带来要求特征的情境。要做到这点，研究者首先要了解被试对 CS－US 两者关系的意识。如果被试不知道"两者共同出现"这种现象代表的意义,那么就不会形成要求特征。这样得到的评价性条件反射效应就比较纯粹。在早期的评价性条件反射研究中,研究者常常使用这种方法避免产生要求特征。从理论上看,这种方法似乎很有效,但是这可能会削弱观察到评价性条件反射效应的可能性。例如,那些只有当被试意识到 CS - US 之间关系时才会出现的偏好变化就会被排除。事实上根据已有文献来看,这种情况在评价性条件反射效应中占了很大一部分(Hofmann et al., 2010)。不过,这个现象并不代表评价性条件反射效应就等同于要求特征。

另一种排除要求特征的方法是使用间接测量。研究者认为,被试能够根据知觉到的情境对自己的要求而意图性地改变自己的行为,因此,如果能让被试无法意识性地控制自己的行为,那么就能排除要求特征的产生条件。与容易进行动机性控制的 Likert 量表相比,被试难以动机性地影响间接测量结果(如情绪启动效应)。因此,间接测量在评价性条件反射的研究中受到普遍重视(De Houwer et al., 1998; Hermans et al., 2003; Pleyers et al., 2007)。然而,如果要使用间接测量,研究者就需要事先确认被试在任务中确实不能进行意识性控制。虽然一些诸如情绪启动效应的间接测量方法看似难以在任务中对反应进行意识性控制,但是这方面的实证研究比较缺乏。事实上,有研究指出,情绪启动及其他内隐测量方法在一定程度上是可以控制的(Degner, 2009; De Houwer, Beckers, & Moors, 2007; Klauer & Teige-Mocigemba, 2007)。不过,至少可以保证的是,被试在间接测量上比直接测量更不容易进行控制。因此,间接测量能够在很大程度上减少直接测量中可能存在的要求特征,但并不一定能彻底避免产生要求特征。

总的来说,要想研究评价性条件反射,研究者就要在研究中考察测量的效度。间接和直接测量方法都是可以使用的。如果要实证性地检验测量的效度,就要考察测量结果的变化是否主要反映的是所测对象的变化(如偏好;De Houwer et al., 2009a)。研究者也要确认测量结果所反映的并不是要求特征,或至少要在实验中设计入一些测量或降低要求特征带来影响的措施。

(二) 控制非联结因素造成的影响

即使偏好测量的效度很高,结果也确实显示出在 CS‑US 配对后确实改变了被试对 CS 的偏好度,但是研究者也无法据此斩钉截铁地做出"任务中得到的差异完全来自 CS 与不同 US 配对的结果"这种论断。评价性条件反射实际上体现的是联结学习的结果。即刺激配对呈现导致行为上发生变化。然而,配对呈现 CS 与 US 之后导致的对于 CS 的评价变化也可能来自与联结无关的程序上的因素,而不是刺激配对本身①。接下来介绍两种同样会造成偏好发生变化的非联结因素:任务前在偏好上存在差异和刺激呈现的非联结性规律。

1. 任务前的偏好差异

大部分评价性条件反射研究者都会考察在接受实验处理之前被试对不同 CS 刺激的反应是否存在差异。一般情况下,研究者会在任务前要求被试评价很多刺激,从中选取那些被评价为中性效价的刺激作为 CS 刺激。虽然这种做法能够在一定程度上降低 CS 刺激本身带来的干扰,但是换汤不换药,这种方法的有效性依旧取决于被试评价的可靠性。如果被试没法一次性看到所有图片,那么就无法事先设置自己的评价标准。也就是说,在呈现一张图片就马上评价一张图片的情况下,被试的评价标准具有相对性。这种评价标准可能会随着新刺激的不断出现发生改变。也就是说,随着评价的逐步进行,看到越来越多的图片,被试的评价标准可能会变化。因为被试的评价标准不一定稳定,所以通过这种方法取得的结果缺乏足够的可靠性。

Field 和 Davey(1999)发现评价标准的变化会导致一些本不存在的评价性条件反射效应。他们指出,在一些早期对评价性条件反射的研究中,研究者是根据刺激在知觉上的相似性分配 CS 和 US 刺激的 (Baeyens et al., 1988; Levey & Martin, 1975)。例如,如果一个被评

---

① 这里使用的"联结"指的是加工的过程(刺激以某种形式配对在一起),而非某种心理结构(如理论上假定的刺激表征联结在一起的结构)。

价为中性的CS刺激和某个积极效价的US刺激在知觉特征上很像,那么研究者就会把它们配成一对;反过来,如果CS和某个消极效价的US刺激在知觉特征上很像,那么这两个刺激就会被配成一对。很自然地,当CS-US配对呈现后,人们对与积极效价US配对呈现的CS的偏好度会比与消极效价US配对的CS的偏好度更高。Field和Davey(1999)还发现这种效应即使在CS-US没有被严格配对呈现的时候也会产生。他们认为这是因为人们对与积极或消极US在知觉特征上比较相似的CS本身可能就在偏好上存在差异。在开始进行评价的时候,由于被试不熟悉刺激或评价标准,因此可能会做出中性的评价结果,随后这些中性刺激就被选做CS。然而,在进行再次评价的时候,由于熟悉度提高,刺激自身的效价开始发挥作用。这时候,那些和积极US很像的CS就会得到更积极的评价,反之亦然。所以,在配对呈现后再一次评价对中性CS的偏好度就可能观察到这些CS上原本存在的差异。

这种情况下,研究者可以通过随机搭配CS和US的方法来避免这一干扰。不过,这种做法并不能彻底避免CS本身效价的影响。最佳的做法是平衡所有CS和US搭配的可能性,但是这会使实验变得很复杂。综合考虑效果和实际情况,随机虽然并不能完全去除干扰,但确实是一种比较合适的做法(虽然使用随机的时候可能会在某些情况下受到CS和US相似性带来的干扰,但是这种干扰并不足以造成系统化的偏差)。目前的研究已经不再采用固定搭配CS-US的做法了,因此在实验前也就不一定要评价CS的效价了。

2. 刺激呈现的非联结性作用

学习是由环境中的某些规律导致有机体在行为上发生变化(Skinner, 1938; De Houwer & Barnes-Holmes, 2009)。通常来说,学习有三种规律:(1)呈现单一刺激的规律,(2)刺激配对的规律,以及(3)行为与刺激配对的规律。评价性条件反射是第二种规律的结果。不过,其他两种规律同样也能导致偏好上产生差异。

对于第一种规律而言,在实验中必须考虑CS和US在呈现规律上可能存在的问题。首先,重复呈现某一个刺激本身就会提升被试对该刺激的偏好。这个时候测量到的偏好改变仅仅是单纯的曝光效应的结果，而不是由配对呈现刺激造成的。在评价性条件反射程序中，必然需要重复呈现 CS。因此，在后测中观察到的对 CS 的偏好度提升可能是 CS 本身反复呈现的作用，而不是 CS 与有积极效价的 US 共同呈现产生的效应[①]。

　　研究者可以用被试内设计和被试间设计的方法，来区分反复呈现和评价性条件反射效应这两种可能性。被试内设计是指比较同一组被试对与不同效价 US 配对呈现的 CS 刺激的偏好度。例如，如果一组被试对与积极 US 配对呈现 10 次的 CS 偏好度高于与消极 US 配对呈现 10 次的 CS，那么在这种情况下，由于两个 CS 呈现的量同样多，所以可以排除偏好度差异来自反复呈现这种可能性。在这个情况下，参与配对的 US 的效价就是两种条件间存在的唯一差异了。这种被试内设计的方法可以证明发生的是评价性条件反射效应。

　　使用被试间设计的方法也可以达到这一目的。在使用被试间设计的时候，研究者可以在不同被试身上使用不同的 CS‐US 配对（如部分被试看到某一个 CS 与积极 US 配对，另一部分被试看到这个 CS 与消极 US 配对）。使用这种设计可以在保证 CS 和 US 呈现数量恒定的情况下改变刺激的配对形式。有一种做法是在实验中既呈现配对的 CS 和 US，也呈现不配对的 CS 和 US（即两类刺激随机呈现，但是保证在 CS 和 US 刺激之间要间隔一定的时间；Rescorla, 1968）。这种不配对的控制条件也可以使用组块-次级组块的方法实现（Field & Davey, 1997）。也就是说，每一个 CS 和每一个 US 都以组块的方式呈现，每个刺激分别分入一个组块，所有组块随机呈现（例如，呈现 10 次第一个 CS，再呈现 10 次第二个 CS，接下来再呈现 10 次积极 US）。然而，不配对的形式不仅意味着不能以 CS‐US 配对的形式呈现刺激，同时也意味着两者之间必然存在负性关联（即如果出现 CS 就意味着暂时不

[①] 原则上，重复呈现某一个刺激或与积极 US 共同呈现的 CS 刺激都会导致偏好降低。不过，这种反向的效应依旧可以说明仅呈现刺激和 EC 之间可能存在的混淆（也就是说，效应的方向并不是 EC 存在的关键特征）。

会出现 US)。因此,配对和不配对条件下的结果差异并不能确切地被归结为 CS-US 配对带来的效应。

如果选择使用被试间设计,那么研究者不仅需要控制 CS 的呈现规律,同时也要控制 US 的呈现规律。仅仅是呈现特定种类的 US,就能够改变被试评价 CS 的标准,影响到被试的反应。例如,呈现高度消极的 US 就会使被试对 CS 评价更为积极。反过来,呈现积极的 US 也会降低被试对 CS 的评价。另一方面,呈现不同效价的 US 也可能通过改变被试的情绪状态影响到对 CS 的评价。比如,当被试接受仅有 CS 和积极 US 配对的实验处理时,反复呈现积极 US 会激发积极情绪,并最终导致对 CS 的评价变得更加积极。同理,在消极 US 的情况下对 CS 的评价则相反。在这种情况下,对 CS 的偏好评价实际上并不能很好地反映出评价性条件反射的作用。所以,当使用被试间设计时,必须在不同条件之间匹配呈现的 US 和刺激呈现次数。

总的来说,无论是被试内设计还是被试间设计,这两种方法都能控制呈现单个刺激(CS 或 US)时存在的规律性造成的影响。不过,由于被试间设计存在一定风险,并且在统计功效上也不如被试内设计,所以在实际应用中,研究者通常会优先考虑使用被试内设计。然而需要注意的是,当使用被试内设计的时候,务必要保证 CS 和 US 之间的配对关系是随机确定的,或至少是经过平衡的。

从原理上看,研究者也可以通过将刺激与积极、消极行为配对的方法改变被试对刺激的偏好(或使用刺激作为告诉被试将获得积极反馈或消极反馈的信号)。例如,Fazio 等人(2004)在研究中考察被试接触大量不同物体时得到的效应。结果表明,接近那些能够带来积极结果的东西会导致被试对这些东西评价更积极,而那些带来消极结果的东西则相反。由于任务中的刺激和积极、消极事件之间的关系来自被试的行为(如被接近或得到积极结果),因此这种效应并不是评价性条件反射的结果。根据学习心理学的定义(Bouton, 2007; Skinner, 1938),由反应决定后续行为的现象应该被称为操作性条件反射。虽然通过操作性条件反射同样能够使被试对 CS 的偏好度发生变化,然而它的产生根源与评价性条件反射并不相同,这也就区分了评价性条件反射与操作性条件反射。从这方面的差异来看,一旦在任务中使用了基于反应结果的配对关系,那么在解释评价性条件反射效应时就需要更为谨慎,甚至要考虑使用操作性条件反射进行解释。

(三) 什么时候会产生评价性条件反射?

前文主要介绍了判断是否产生评价性条件反射的方法与要点。可以发现,以上内容均涉及对 CS 偏好的有效测量,并且需要控制或排除一些潜在的影响因素。这些实验方法不仅能帮助我们考察评价性条件反射是否产生,也能帮助我们探讨评价性条件反射在何时产生。如果要回答后者,就需要操纵评价性条件反射程序,考察哪些操纵影响了评价性条件反射效应的大小或方向。到目前为止,我们认为主要有六大类因素会影响评价性条件反射效应的产生。接下来将介绍如何操纵这些因素,介绍中暂且不涉及它们会对评价性条件反射带来什么样的影响。如果你对这个问题感兴趣,可以阅读 De Houwer(2009)和 Hofmann 等人(2010)的论文,这些文献着重介绍了对获得稳健的评价性条件反射效应具有重要作用的因素。

1. CS-US 关系的性质

评价性条件反射程序中第一个重要因素是 CS 与 US 在统计关系上的性质。例如,CS-US 之间的统计关系可以是刺激共同呈现的次数,可以是 CS 能够预测 US 的程度(不仅取决于共同呈现的次数,同时也取决于各自呈现的次数),甚至是 CS 在多大程度上是 US 非冗余预测量(由是否还有其他 CS 与这个 CS 共同呈现,以及其他 CS 是否也能预测 US 来决定)。哪些类型的 CS-US 关系对产生评价性条件反射效应而言是必要且有效的,这个问题非常重要,这是因为关系性质将决定接下来如何解释评价性条件反射效应。如果将评价结果中的偏好度变化作为评价性条件反射的结果,就等于间接承认了这种偏好度的变化来自刺激的配对关系。接下来,刺激的"配对"究竟意味着什么呢?通过考察 CS-US 关系的性质,研究者就能解释哪些 CS-US 关系能够产生评价性条件反射,而不是仅仅停留在"发生了评价性条件反射效应"这个模糊的解释层面上。目前已有证据表明,评价性条件反射效应的产生主要依赖于 CS 和 US 共同呈现的次数,不太依赖于 CS 对 US 的预测程度。例如,Bar-Anan 等人(2010)的一项研究发现 CS-US 配对呈现 12 次后产生的评价性条件反射效应比配对呈现 4 次后产生的更大。不过,进一步增加试次(22 和 32 试次)并未能明显提升评价性条件反射效应的水平。这个结果与早期研究中发现的 10 次配对就能得到较强的评价性条件反射效应的结果一致(Baeyens et al., 1992)。不过需要注意的是,这种最优的试次数量非常依赖实验者具体使用的程序。

研究者也可以尝试研究改变 CS-US 关系属性会带来什么样的影响。以考察评价性条件反射效应消除的研究为例,在研究中首先同时呈现一定数量试次的 CS 和 US,然后再单独重复呈现 CS。在这种设置中,在一开始的试次里,CS 能够预测 US,而在随后的试次中,这种关系就不复存在了。研究结果发现,虽然在后续的试次中不存在 CS 与 US 共同呈现的关系,但是这个变化并不影响评价性条件反射效应的大小(Baeyens et al., 1988)。然而,一项元分析研究发现在呈现 CS-US 之后再单独呈现 CS 能够在一定程度上降低评价性条件反射效应的强度(Hofmann et al., 2010)。改变 CS-US 关系可以采用分别呈现 CS、US 的方法,或在配对呈现 CS-US 前使用不配对呈现的方法,或单独呈现 US,或在 CS-US 配对呈现后以非配对形式呈现 US 与 CS 的方法。在实际操作中可以用一个特定的刺激或背景来提示这些变化(Bouton,2007)。

2. 刺激的属性

第二类重要因素是刺激的呈现属性。

第一,研究者可以操纵 CS 和 US 的形式。研究发现,不仅在视觉刺激上(如人脸作为 CS 和 US;虚拟产品名字作为 CS,不同效价图片作为 US),在使用一些非视觉刺激(如口味、气味、声音和触觉等)的情况下也能观察到评价性条件反射效应。Hofmann 等人(2012)的一项元分析研究发现,视觉、味觉、嗅觉的评价性条件反射效应量是差不多的,而字词和触觉刺激的效应量相对较小。对于评价性条件反射来说,使用非文字刺激的 CS 产生的效应最大。更为重要的是,与具有明显的评价性信息的刺激相比,中性的 CS 产生的评价性条件反射效应更强大。在 US 的性质上,以电击作为 US 的评价性条件反射程序产生的效应最大;而触觉作为 US 产生的效应最小。

第二,研究者可以操纵 US 的效价及其与 CS 效价的一致性。研究表明,US 的效价(如积极、消极)会影响到 CS 效价改变的方向。这很好理解,人们会对与积极效价 US 配对的 CS 评价更为积极,对与消极 US 配对的 CS 评价更为消极。不过,积极效价的 US 在改变对 CS 的评价上比消极 US 的效果弱。对于研究者而言,US 的积极、消极效价的强度也是可以操纵的。然而迄今为止,关于这一过程中的因素的研究结果一直是比较混乱的。最后,不仅 CS 与 US 一对一配对会产生评价性条件反射效应,而且 CS 与同效价的不同 US 分别配对也会产生评价性条件反射效应,这些结果表明评价性条件反射效应实际上来自 US 的效价本身,而非特定的 US。

研究者也可以在实验过程中改变与某一特定 CS 配对的 US 的效价或刺激本身。如 US 再评法。在这种方法中,在 CS 与 US 配对呈现后,US 的效价会发生改变(Baeyens, Eelen, & Van den Bergh, 1992;Walther, Gawronski, Blank, & Langer, 2009)。再例如对抗条件反射法。在这种方法中,US 的同一性和效价都会发生改变。比如,一开始 CS 与积极效价的 US 配对,随后再与另一个消极效价的 US 配对。目前发现 US 再评法的效应不完全一致,而对抗条件反射法通常能消除初始配对产生的效应。

第三,研究者可以操纵 CS 与 US 的内在联系。这里的内在联系是指 CS 与 US 属性之间的交互作用。已有研究发现,某些 CS－US 组合会比其他 CS－US 组合产生更强的评价性条件反射效应。例如,Baeyens 等人(1990)发现,将饮料颜色与难喝的口味配对并不会改变被试对其他同种颜色饮料的偏好,而饮料风味与口味的配对却会对同种风味饮料的偏好造成影响。不过,对有关研究的元分析并没有发现 CS 和 US 之间存在的知觉相似性或模式匹配度会产生调节作用。

第四,CS 与 US 的呈现方式也会带来影响。先前介绍的影响因素仅涉及刺激本身,而刺激最终是需要通过某些方式呈现给被试的。刺激呈现的时间、位置,刺激的尺寸、明度等一系列属性都需要在实验前确定下来。已有研究表明这类参数会对评价性条件反射效应产生明显的影响。Hofmann 等人(2010)的元分析发现,当 US 呈现时间很短(50 ms)的时候,评价性条件反射效应会明显变小。研究也发现,当 CS 和 US 呈现时间有重叠的时候,评价性条件反射效应更大。不过,呈现顺序在统计学意义上并不会影响评价性条件反射效应的大小(CS 在 US 呈现前、同时、呈现后呈现),试次间隔时间和刺激间隔时间也不会对评价性条件反射效应造成影响。

3. 偏好测量的性质

所有的评价性条件反射程序都必须包含对偏好进行测量的环节,不然就没有意义了。测量方法有很多种。已有研究中使用过许多种测量方法来证明评价性条件反射效应。Hofmann 等人(2010)的元分析结果表明,使用内隐测量(情绪启动范式)得到的评价性条件反射效应小于使用外显测量(Likert 量表)得到的结果。

4. 被试的性质

评价性条件反射程序需要测量 CS、US 以及 CS - US 之间的关系,不过这些测量从根本上离不开参与实验的被试。在被试方面,首先涉及的是以物种为代表的基因因素。大部分针对评价性条件反射的研究都以人类为被试,但是也有一些研究使用了非人类的动物作为被试(Boakes, Albertella, & Harris, 2007; Capaldi, 1992; Delamater, Campese, LoLordo, & Sclafani, 2006)。其次,还会涉及社会地位(学生、非学生)和年龄。Hofmann 等人(2010)的元分析发现,被试的年龄(而非性别或地位)会对评价性条件反射效应产生影响。儿童身上产生的评价性条件反射效应小于大学生或成人。

第三个影响因素是被试的人格或精神障碍情况。不过,很少有研究关注到这一点。Baeyens等人(1992)在研究中虽然尝试过考察被试的评价风格对评价性条件反射效应的影响,但是并未发现被试的"感受型"和"思考型"特质会影响评价性条件反射效应。Blechert等人(2007)发现,与正常人相比,创伤后应激障碍患者要花费更长时间来消退评价性条件反射效应;而正常人身上则是两极化的,即不是彻底消失,就是消退量很小。

被试自身的身体状况(如脑损伤)也会影响评价性条件反射效应的产生。很少有对评价性条件反射的研究考虑这个问题。有一些研究考察了与巴甫洛夫经典条件反射中的恐惧反应有关的杏仁核复合体(ANC)的作用。虽然Johnsrude等人(2000)发现,单侧ANC损伤会破坏评价性条件反射效应,但是,Coppens(2006)等人发现在这类脑损伤被试身上依旧可以产生和正常人一样的评价性条件反射效应。

5. 环境的性质

第五类影响因素是呈现CS-US关系的环境。环境因素包括被试在呈现CS-US关系任务前、任务中、任务后需要完成的任务。有研究发现分心任务会妨碍评价性条件反射效应的产生(如倒数1 000减3;Corneille, Yzerbyt, Pleyers, & Mussweiler, 2009; Field & Moore, 2005; Pleyers, Corneille, Yzerbyt, & Luminet, 2009)。但也有研究者发现分心任务并不会造成影响,甚至会促进产生评价性条件反射效应(Fulcher & Hammerl, 2001; Walther, 2002)。

呈现CS-US关系的环境不仅包括评价性条件反射程序中包含的其他任务及它们对被试造成的影响,还包括CS-US关系带来的其他效应。也就是说,在某种程度上,CS-US关系对CS偏好的影响(即评价性条件反射效应)可能与其他CS-US关系带来的效应(如生理反馈或意识性知识造成的影响)有关。有关领域的研究主要关注的是CS-US关系对被试对CS-US关系意识性的影响。Hofmann等人(2010)的元分析结果表明:对CS-US关系的知觉能够解释37%的评价性条件反射效应。因此,对CS-US关系的意识性知觉能够增加评价性条件反射效应的大小。也就是说,通过增加这种意识性的水平,就能提升评价性条件反射效应(Baeyens, Eelen, & Van den Bergh, 1990; Fulcher & Hammerl, 2001)。虽然元分析结果并未说明无意识情况下是否会产生评价性条件反射(Bar-Anan et al., in press; Pleyers et al., 2007),但是有研究结果显示似乎在某些情况下确实能产生无意识的评价性条件反射效应(Fulcher&Hammerl, 2001; Walther, 2002)。

6. CS-US 关系传达方式的性质

大多数的评价性条件反射研究都以物理方式呈现 CS 和 US,这些刺激均由被试直接感知。然而,CS-US 关系也可以在被试无法感知到刺激的时候对被试产生影响。首先,已有研究发现被试通过观察其他人直接经验到的 CS-US 关系就可以间接产生评价性条件反射效应(Baeyens, Vansteenwegen, De Houwer, & Crombez, 1996)。其次,研究者也可以通过文字指导语的形式间接提供有关 CS-US 关系的信息(De Houwer, 2006)。虽然没有研究直接比较过直接经验 CS-US 关系与通过文字信息间接传达取得的评价性条件反射效应之间的差异,但是现有证据能够肯定这两种呈现方式都能产生评价性条件反射效应。

(四)评价性条件反射的心理加工机制:进一步探讨

在研究中我们无法直接观察到产生评价性条件反射的心理加工过程。更不用提多种不同的心理加工均能导致同样的评价性条件反射效应了。因此,仅仅根据出现了评价性条件反射效应,我们是无法推断这个评价性条件反射效应到底来自哪一种加工的。许多研究者倾向于将评价性条件反射效应解释为在记忆中自动化形成的联结。虽然在目前的评价性条件反射研究领域中这种形成联结的理论占据着主导地位(巴甫洛夫条件反射研究也在此列),但是这并不代表所有评价性条件反射效应都来自记忆中已经形成的联结。例如,有研究者就认为评价性条件反射效应也可能是形成命题与真命题评估的结果(De Houwer, Baeyens, & Field, 2005; Mitchell, De Houwer, & Lovibond, 2009)。因此,仅仅根据发现评价性条件反射效应,我们并不能直接推断其背后实际发生的心理加工是什么。

如果要想推断评价性条件反射背后的心理加工,那么唯一的方法就是考察评价性条件反射效应发生的条件。在评价性条件反射的研究领域中,每种理论都假定评价性条件反射效应仅会在某些特定条件下产生。例如,联结形成理论认为,评价性条件反射效应能够在未意识到CS-US之间联系的情况下出现(Baeyens et al.,1995;Jones et al.,2009);命题解释认为,评价性条件反射效应仅在被试能够在一定程度上意识到CS-US之间联系的情况下形成(De Houwer et al.,2005;Mitchell et al.,2009)。目前研究发现,评价性条件反射效应与知觉到存在联系有关,这个现象在一定程度上符合评价性条件反射效应依赖于命题加工的观点。

由于从理论上而言,评价性条件反射效应可能来自多种不同心理过程,所以程序上的同一个因素并不一定会对所有评价性条件反射效应测量指标产生影响。例如,在很多情况下观察到的评价性条件反射效应可能来自联结形成(如不需要意识到存在关联或有仅呈现CS的试次),而非命题加工(如需要意识到存在关联,不包含仅有CS的试次)。这或许能解释在评价性条件反射研究的结果上存在诸多冲突的现实情况(De Houwer,in press;De Houwer et al.,2001;Field,2005;Hofmann et al.,2010)。对我们来说,与其去挖掘某一个特定因素是否会影响评价性条件反射的产生(如是否呈现仅有CS的试次),不如去研究在什么情况下某个因素会影响评价性条件反射的产生。这种研究路径关注的是不同影响因素之间的交互作用(De Houwer,2007)。

研究评价性条件反射背后的加工机制不仅具有一定的理论意义,同时也能帮助我们更好地整合现有的关于评价性条件反射产生条件的知识,有助于推断出影响产生评价性条件反射的可能因素。也就是说,心理加工理论具有启发式和预测性的功能。因此,即使我们可能永远无法直接观察到评价性条件反射背后的心理加工过程,但是推测这些加工还是有用的(如能帮助我们更深一步理解人类为什么会喜欢或讨厌某个事物)。然而,对于评价性条件反射背后的心理加工机制的争议仅仅对确定这些加工起到启发式或预测功能的程度有帮助;这些理论上的争议对于解答评价性条件反射为什么仅在某些特定条件下产生这一问题并没有突出的价值。

四、总结和结论

评价性条件反射程序是研究我们为什么会喜欢或讨厌某物的一种独特工具。由于偏好是影响行为的一个重要的因素,因此,理解喜欢和讨厌的来源对于社会心理学来说是非常重要的。和其他所有的研究工具一样,评价性条件反射程序的建构和运用取决于我们对使用这个工具要达到的目的所进行的详细分析。根据 EC 的"由于刺激的配对导致偏好发生改变"的定义,我们可以区分出三种研究目的。

第一,我们可以用评价性条件反射程序考察评价性条件反射是否出现。因此,评价性条件反射程序中必须包含对偏好的有效测量,这样才能用来考察定义中所述的偏好是否发生了改变。此外,评价性条件反射程序同样需要避免其他可能发生的加工带来的干扰,尽可能使偏好上的改变只来自刺激的配对。因此,在设置评价性条件反射程序时需要消除或控制其他潜在的影响偏好的因素。

第二,评价性条件反射程序也可以用于考察评价性条件反射会在什么情况下出现。在回答这个问题的时候需要操纵一系列的程序因素。本章中将这些因素归入六大类,为评价性条件反射研究提供了层次分明、条理清晰的框架。研究者可以根据研究中被操纵的因素的性质把评价性条件反射研究分入框架中的不同层次。通过考察不同因素调节评价性条件反射的机制,我们就可以知道在什么条件下通过配对呈现刺激会导致偏好发生变化。由于这方面的知识可以增进我们对环境如何影响偏好的理解(也即环境的哪些方面会决定我们喜欢或讨厌某物),所以评价性条件反射程序对社会心理学家而言是非常有价值的。

第三,评价性条件反射程序也关注评价性条件反射是怎样产生的。

即评价性条件反射背后的心理加工机制。虽然我们无法直接观察到这些加工过程,也无法从评价性条件反射效应直接推断出发生过何种特定的心理加工过程,但是通过考察在什么情况下会产生评价性条件反射效应,我们就可以从侧面推断出评价性条件反射可能是由什么加工过程导致的。

总的来说,对于评价性条件反射的研究极度依赖于对评价性条件反射程序的使用与解释。如果没有能够使研究者观察到是否产生评价性条件反射效应以及能够由研究者操纵可能影响评价性条件反射效应的因素的评价性条件反射程序,那么研究者就无法深入了解刺激配对导致偏好发生改变这种现象,也就无法探究这种学习背后的认知加工机制。通过介绍评价性条件反射程序的目标以及可能破坏这些目标的威胁来源,我希望本章的内容可以帮助感兴趣的研究者进一步理解评价性条件反射。

推荐阅读

De Houwer, J. (2007). A conceptual and theoretical analysis of evaluative conditioning. *Spanish Journal of Psychology*, 10, 230-241.

Hofmann, W., De Houwer, J., Perugini, M., Baeyens, F., & Crombez, G. (2010). Evaluative conditioning in humans: A meta-analysis. *Psychological Bulletin*, 136, 390-421.

Walther, E., Nagengast, B., & Trasselli, C. (2005). Evaluative conditioning in social psychology: Facts and speculations. *Cognition and Emotion*, 19, 175-196.

参考文献

Baeyens, F., Crombez, G., Van den Bergh, O., & Eelen, P. (1988). Once in contact, always in contact: EC is resistant to extinction. *Advances in Behaviour Research and Therapy*, 10, 179-199.

Baeyens, F., Eelen, P., & Crombez, G. (1995). Pavlovian associations are forever:

On classical conditioning and extinction. *Journal of Psychophysiology, 9,* 127–141.

Baeyens, F., Eelen, P., Crombez, G., & Van den Bergh, O. (1992). Human EC: Acquisition trials, presentation schedule, evaluative style and contingency awareness. *Behaviour Research and Therapy, 30,* 133–142.

Baeyens, F., Eelen, P., & Van den Bergh, O. (1990a). Contingency awareness in EC: A case for unaware affective–evaluative learning. *Cognition and Emotion, 4,* 3–18.

Baeyens, F., Eelen, P., Van den Bergh, O., & Crombez, G. (1989). Acquired affective–evaluative value: Conservative but not unchangeable. *Behaviour Research and Therapy, 27,* 279–287.

Baeyens, F., Eelen, P., Van den Bergh, O., & Crombez, G. (1990). Flavor–flavor and color–flavor conditioning in humans. *Learning and Motivation, 21,* 434–455.

Baeyens, F., Eelen, P., Van den Bergh, O., & Crombez, G. (1992). The content of learning in human EC: Acquired valence is sensitive to US revaluation. *Learning and Motivation, 23,* 200–224.

Baeyens, F., Vansteenwegen, D., De Houwer, J., & Crombez, G. (1996). Observational conditioning of food valence in humans. *Appetite, 27,* 235–250.

Bar-Anan, Y., De Houwer, J., & Nosek, B. (2010). Evaluative conditioning and conscious knowledge of contingencies: A correlational investigation with large samples. *Quarterly Journal of Experimental Psychology, 63,* 2313–2335.

Blechert, J., Michael, T., Vriends, N., Margraf, J., & Wilhelm, F. H. (2007). Fear conditioning in posttraumatic stress disorder: Evidence for delayed extinction of autonomic, experiential, and behavioural responses. *Behavior Research and Therapy, 45,* 2019–2033.

Boakes, R. A., Albertella, L., & Harris, J. A. (2007). Expression of flavor preference depends on type of test and on recent drinking history. *Journal of Experimental Psychology: Animal Behavior Processes, 33,* 327–338.

Bornstein, R. F. (1989). Exposure and affect: Overview and meta-analysis of research, 1968–1987. *Psychological Bulletin, 106,* 265–289.

Borsboom, D., Mellenbergh, G. J., & van Heerden, J. (2004). The concept of validity. *Psychological Review, 111,* 1061–1071.

Bouton, M. E. (2007). *Learning and behavior: A contemporary synthesis.* Sunderland, MA: Sinauer Associates.

Capaldi, E. D. (1992). Conditioned food preferences. *Psychology of Learning and Motivation, 28,* 1–33.

Conrey, F. R., & Smith, E. R. (2007). Attitude representation: Attitudes as patterns in a distributed, connectionist representational system. *Social Cognition, 25,* 718–735.

Coppens, E., Vansteenwegen, D., Baeyens, F., Vandenbulcke, M., Van Paesschen, W., & Eelen, P. (2006). Evaluative conditioning is intact after unilateral resection of the anterior temporal lobe in humans. *Neuropsychologia, 44,* 840–843.

Corneille, O., Yzerbyt, V. Y., Pleyers, G., & Mussweiler, T. (2009). Beyond awareness and resources: Evaluative conditioning may be sensitive to processing goals. *Journal of Experimental Social Psychology, 45,* 279–282.

Davey, G. C. L. (1994). Defining the important questions to ask about evaluative conditioning: A reply to Martin and Levey (1994). *Behaviour Research and Therapy, 32,* 307–310.

Degner, J. (2009). On the (un)controllability of affective priming: Strategic manipulation is feasible but can possibly be prevented. *Cognition and Emotion, 23*, 327–354.

De Houwer, J. (2006). Using the implicit association test does not rule out an impact of conscious propositional knowledge on EC. *Learning and Motivation, 37*, 176–187.

De Houwer, J. (2007). A conceptual and theoretical analysis of EC. *Spanish Journal of Psychology, 10*, 230–241.

De Houwer, J. (2009). What are association formation models good for? *Learning and Behavior, 37*, 25–27.

De Houwer, J. (in press). Evaluative conditioning: A review of procedure knowledge and mental process theories. In T. R. Schachtman & S. Reilly (Eds.), *Applications of learning and conditioning*. Oxford, UK: Oxford University Press.

De Houwer, J., Baeyens, F., & Field, A. P. (2005). Associative learning of likes and dislikes: Some current controversies and possible ways forward. *Cognition and Emotion, 19*, 161–174.

De Houwer, J., & Barnes-Holmes, D. (2009). *A general framework for learning research*. Unpublished manuscript.

De Houwer, J., Beckers, T., & Moors, A. (2007). Novel attitudes can be faked on the Implicit Association Test. *Journal of Experimental Social Psychology, 43*, 972–978.

De Houwer, J., Hermans, D., & Eelen, P. (1998). Affective and identity priming with episodically associated stimuli. *Cognition and Emotion, 12*, 145–169.

De Houwer, J., & Moors, A. (2010). Implicit measures: Similarities and differences. In B. Gawronski, & B. K. Payne (Eds.), *Handbook of implicit social cognition: Measurement, theory, and applications* (pp. 179–194). New York: Guilford Press.

De Houwer, J., Teige-Mocigemba, S., Spruyt, A., & Moors, A. (2009a). Implicit measures: A normative analysis and review. *Psychological Bulletin, 135*, 347–368.

De Houwer, J., Teige-Mocigemba, S., Spruyt, A., & Moors, A. (2009b). Theoretical claims neccesitate basic research. *Psychological Bulletin, 135*, 377–379.

De Houwer, J., Thomas, S., & Baeyens, F. (2001). Associative learning of likes and dislikes: A review of 25 years of research on human EC. *Psychological Bulletin, 127*, 853(869.

Delamater, A. R., Campese, V., LoLordo, V. M., & Sclafani, A. (2006). Unconditioned stimulus devaluation effects in nutrient-conditioned flavor preferences. *Journal of Experimental Psychology: Animal Behavior Processes, 32*, 295–306.

Eagly, A. H., & Chaiken, S. (2007). The advantages of an inclusive definition of attitude. *Social Cognition, 25*, 582–602.

Fazio, R. H. (1986). How do attitudes guide behavior? In R. M. Sorrentino & E. T. F. Higgins (Eds.), *The handbook of motivation and cognition: Foundations of social behavior* (Vol. 1, pp. 204–243). New York: Guilford Press.

Fazio, R. H., Eiser, J. R., & Shook, N. J. (2004). Attitude formation through exploration: Valence asymmetries. *Journal of Personality and Social Psychology, 87*, 293–311.

Field, A. (2005). Learning to like (or dislike): Associative learning of preferences. In A. Wills (Ed.), *New directions in human associative learning* (pp. 221–252).

Mahwah, NJ: Erlbaum.
Field, A. P., & Davey, G. C. L. (1997). Conceptual conditioning: Evidence for an artifactual account of evaluative learning. *Learning and Motivation, 28*, 446–464.
Field, A. P., & Davey, G. C. L. (1999). Reevaluating EC: A nonassociative explanation of conditioning effects in the visual EC paradigm. *Journal of Experimental Psychology: Animal Behaviour Processes, 25*, 211–224.
Field, A. P., & Moore, A. C. (2005). Dissociating the effects of attention and contingency awareness on evaluative conditioning effects in the visual paradigm. *Cognition and Emotion, 19*, 217–243.
Fulcher, E. P., & Hammerl, M. (2001). When all is revealed: A dissociation between evaluative learning and contingency awareness. *Consciousness and Cognition, 10*, 524–549.
Garcia, J., & Koelling, R.A. (1966). The relation of cue to consequence in avoidance learning. *Psychonomic Science, 4*, 123–124.
Gawronski, B. (Ed.). (2007). What is an attitude? [Special issue]. *Social Cognition, 25*(5).
Gorn, G. J. (1982). The effects of music in advertising on choice behaviour: A classical conditioning approach. *Journal of Marketing, 46*, 94–101.
Hammerl, M., & Grabitz, H.-J. (1996). Human evaluative conditioning without experiencing a valued event. *Learning and Motivation, 27*, 278–293.
Hermans, D., Baeyens, F., & Eelen, P. (2003). On the acquisition and activation of evaluative information in memory: The study of evaluative learning and affective priming combined. In J. Musch & K. C. Klauer (Eds.), *The psychology of evaluation: Affective processes in cognition and emotion* (pp. 139–168). Mahwah, NJ: Erlbaum.
Hofmann, W., De Houwer, J., Perugini, M., Baeyens, F., & Crombez, G. (2010). Evaluative conditioning in humans: A meta-analysis. *Psychological Bulletin, 136*, 390–421.
Jaanus, H., Defares, P. B., & Zwaan, E. J. (1990). Verbal classical conditioning of evaluative responses. *Advances in Behavioral Research and Therapy, 12*, 123–151.
Johnsrude, I. S., Owen, A. M., White, N. M., Zhao, W. V., & Bohbot, V. (2000). Impaired preference conditioning after anterior temporal lobe resection in humans. *Journal of Neuroscience, 20*, 2649–2656.
Jones, C. R., Fazio, R. H., & Olson, M. A. (2009). Implicit misattribution as a mechanism underlying evaluative conditioning. *Journal of Personality and Social Psychology, 96*, 933–948.
Klauer, K. C., & Teige-Mocigemba, S. (2007). Controllability and resource dependence in automatic evaluation. *Journal of Experimental Social Psychology, 43*, 648–655.
Lagnado, D. A., Waldmann, M. R., Hagmayer, Y., & Sloman, S. A. (2007). Beyond covariation: Cues to causal structure. In A. Gopnik & L. Schulz (Eds.), *Causal learning: Psychology, philosophy, and computation* (pp. 154–172). New York: Oxford University Press.
Levey, A. B., & Martin, I. (1975). Classical conditioning of human "evaluative" responses. *Behaviour Research and Therapy, 4*, 205–207.
Martin, I., & Levey, A. B. (1978). Evaluative conditioning. *Advances in Behaviour Research and Therapy, 1*, 57–102.
Mitchell, C. J., De Houwer, J., & Lovibond, P. F. (2009). The propositional nature

of human associative learning. *Behavioral and Brain Sciences, 32*, 183–198.

Olson, M., & Fazio, R. (2001). Implicit attitude formation through classical conditioning. *Psychological Science, 5*, 413–417.

Page, M. M. (1969). Social psychology of a classical conditioning of attitudes experiment. *Journal of Personality and Social Psychology, 11*, 177–186.

Pleyers, G., Corneille, O., Luminet, O., & Yzerbyt, V. (2007). Aware and (dis)liking: Item-based analyses reveal that valence acquisition via EC emerges only when there is contingency awareness. *Journal of Experimental Psychology: Learning, Memory, and Cognition, 33*, 130–144.

Pleyers, G., Corneille, O., Yzerbyt, V., & Luminet, O. (2009). Evaluative conditioning incurs attentional costs. *Journal of Experimental Psychology: Animal Behavior Processes, 35*, 279–285.

Razran, G. (1954). The conditioned evocation of attitudes (cognitive conditioning?). *Journal of Experimental Psychology, 48*, 278–282.

Rescorla, R. A. (1968). Probability of shocks in the presence and absence of CS in fear conditioning. *Journal of Comparative Physiological Psychology, 66*, 1–5.

Skinner, B.F. (1938). *The behavior of organisms: An experimental analysis.* New York: Appleton-Century.

Staats, A. W., & Staats, C. K. (1957). Meaning established by classical conditioning. *Journal of Experimental Psychology, 54*, 74–80.

Stahl, C., & Unkelbach, C. (2009). Evaluative learning with single versus multiple USs: The role of contingency awareness. *Journal of Experimental Psychology: Animal Behavior Processes, 35*, 256–291.

Strack, F., & Deutsch, R. (2004). Reflective and impulsive determinants of social behavior. *Personality and Social Psychology Review, 8*, 220–247.

Stuart, E. W., Shimp, T. A., & Engle, R. W. (1987). Classical conditioning of consumer attitudes: Four experiments in an advertising context. *Journal of Consumer Research, 14*, 334–351.

Vansteenwegen, D., Crombez, G., Baeyens, F., & Eelen, P. (1998). Extinction in fear conditioning: Effects on startle modulation and evaluative self-reports. *Psychophysiology, 35*, 729–736.

Walther, E. (2002). Guilty by mere association: EC and the spreading attitude effect. *Journal of Personality and Social Psychology, 82*, 919–934.

Walther, E., Gawronski, B., Blank, H., & Langer, T. (2009). Changing likes and dislikes through the back door: The US revaluation effect. *Cognition and Emotion, 23*, 889–917.

Walther, E., Nagengast, B., & Traselli, C. (2005). Evaluative conditioning in social psychology: Facts and speculations. *Cognition and Emotion, 19*, 175–196.

第 5 章

工作记忆容量

Brandon J. Schmeichel
Wilhelm Hofmann

本章将介绍工作记忆容量(WMC)这种重要的认知能力在社会心理学理论与研究中的贡献。接下来,我们会介绍一种在认知心理学中具有影响力的 WMC 概念,并介绍两项社会心理学中使用 WMC 考察刻板印象威胁与自我调节背后加工的著名研究。最后,我们会系统回顾一些将 WMC 作为个体差异的调节变量、中介变量或因变量的社会心理学研究。这些研究都为社会心理学的发展做出了重要贡献。

一、工作记忆的多成分模型

我们通常会用短时记忆来帮助理解工作记忆。实际上,短时记忆指的仅仅是在大脑中把信息简单地存储几秒到几分钟的能力;而工作记忆指的是人们在持续加工信息的时候,存储与刷新其他信息的能力。例如,某个人先阅读一些词汇,在间隔一段很短的时间后再回忆出来,这种任务依赖的是短时记忆;而在做数学题的同时阅读一些词汇,随后在回忆这些词汇的时候依靠的则是工作记忆。与短时记忆不同,工作记忆在存储信息的作用之外还包含认知加工(所以叫作"工作"记忆)。

认知心理学中最经典的工作记忆模型是 Baddeley 和 Hitch(1974)提出的多成分模型。他们认为工作记忆具有三个成分:(1)存储言语和声音信息的听觉环路,(2)存储视觉和空间信息的视觉画板,以及(3)以促进实现目标为目的,控制注意以及调控工作记忆其他成分中信息的中央执行系统(Norman & Shallice,1986)。后来,研究者又加入一个负责存储听觉环路、视觉画板以及长时记忆中内容的整合性表征的情景缓冲器(Baddeley,2000)。除此以外的其他工作记忆模型着重强调中央执行系统的功能,忽视了其他相关的存储成分;还有一些模型关注的实质上是加工速度或长时记忆(Conway, Jarrold, Kane, Miyake, & Towse, 2007; Miyake & Shah, 1999)。

早期对工作记忆开展的研究主要关注多成分模型中的存储成分(听觉环路与视觉画板;又被称为"伺服系统")。这些研究重点关注伺服系统的占用情况以及对任务表现进行评估。例如,有研究者要求被试在完成一项简单的推理任务的同时记忆6位数字。记忆数字占用了语音环路,结果使得被试推理的速度变慢(Baddeley & Hitch, 1974)。一般而言,占用或"载入"记忆会影响人们在那些需要进行大量加工的任务(如阅读理解、推理)上的表现。这项研究结果表明信息存储会消耗 WMC,但是维持记忆内容对需要执行系统的加工造成的影响不大。由此,Baddeley 和 Hitch 指出,存储和加工实际上是工作记忆的两个不同元素。

在整个领域沉寂了几年后,Daneman 和 Carpenter(1980)的研究再一次将针对工作记忆中央执行系统的研究引入人们的视野,这也是本章所关注的重点。他们发现短时记忆上的个体差异并不能很好地解释人们在阅读理解任务中表现出的差异。虽然早先的记忆理论预测短时记忆能力会促进阅读理解,但是他们发现短时记忆好的人并不一定善于理解文本意义。他们由此提出,相对于只关心广度的短时记忆,反映连续存储与加工信息能力的 WMC 或许更加能够预测人们在阅读理解任务中的表现。

为证明上述假设,Daneman 和 Carpenter(1980)开发了一种要求被试大声阅读一些句子,然后再回忆每个句子最后一个词的"阅读广度任务"。在这个任务中,被试必须在连续加工其他信息(阅读并理解句子)的同时储存并更新信息(句子的最后一个词)。研究者发现,相比简单的短时记忆测量结果,WMC更能有效地预测被试在阅读理解测试中的表现,这个结果与他们的理论假设一致。

二、WMC的个体差异

紧随着Daneman和Carpenter(1980)的研究,心理学家创造出好几种被称为复杂广度任务的WMC测量方法。这些复杂广度任务都要被试持续地存储与加工信息。不同任务之间的差异主要在于需要被试存储与加工的内容不同。例如,Daneman和Carpenter的阅读广度任务要求被试在理解句子的同时记住句子最后一个单词;Oberauer等人(2000)的计算广度任务要求被试在不断完成计算任务的同时记住算式答案;操作广度任务(OSPAN)则要求被试一边记忆随后要回忆的单词,一边完成计算题(Turner & Engle, 1989)。OSPAN是目前在认知心理学和社会心理学研究中使用最为广泛的WMC测量任务。

如果有人一次性参与了几个复杂广度任务,他可能会发现自己测得的结果都差不多。然而在形式上,这些任务的加工需求(如数学计算、阅读理解)不同,储存的信息类型(如词汇、图片)也不同。Kane等人(2004)发现6种不同的复杂广度任务结果之间的相关系数在.49以上(Engle, Tuholski, Laughlin, & Conway, 1999)。根据这个结果,研究者提出被试在不同复杂广度任务上的表现主要涉及一种称之为"执行性注意"的一般性机制。"执行性注意"体现的是人们避免受到其他竞争性反应倾向或分心任务造成的干扰,维持与当前任务相关加工的能力(Engle, 2001; de Fockert, Rees, Frith, & Lavie, 2001; Smith & Jonides, 1999)。执行性注意是工作记忆中央执行系统的核心功能,能够用复杂广度任务进行测量。

对注意控制的研究直接证明了人们在WMC上存在的个体差异来自执行性注意。例如,有研究比较了不同WMC水平的被试在Stroop

任务(该范式详见第1章)上的表现,发现高 WMC 的被试在任务中表现得比低 WMC 的被试更好(Kane & Engle,2003)。也有研究发现 WMC 和视觉注意控制有关,在呈现明显的视觉线索后,高 WMC 的被试更容易把自己的视线从这个线索上移开(Kane, Bleckley, Conway, & Engle, 2001; de Fockert et al., 2001)。还有研究发现,在双耳分听任务中,被试的 WMC 水平能够预测被试在任务中忽略非追随耳接收到的信息的能力(Conway, Cowan, & Bunting, 2001)。这些研究都为 WMC 可以反映注意控制能力的观点提供了证据。

此外,也有研究指出 WMC 上的个体差异来自构成执行功能的一系列认知加工。Miyake 等人(2000)曾在研究中要求被试在完成一些测量执行功能的任务以外,还要完成一项复杂广度任务(OSPAN)。结果发现,被试在 OSPAN 中的表现能够预测执行功能中的信息更新与监控功能水平。这个结果与 Baddeley 和 Hitch(1794)提出的 WMC 是连续加工和储存信息的根本这一观点相吻合。因此,可以说 WMC 上的个体差异是导致人与人之间在以更新功能为主的执行功能上存在差异的原因之一。然而,WMC 上的个体差异却无法对反应抑制和切换等其他执行功能造成明显的影响(Friedman & Miyake, 2004)。这说明 WMC 实际上只是执行功能的一个成分,而不是执行功能本身。

虽然本章将复杂广度任务作为一种 WMC 测量方法进行介绍,但是需要注意,复杂广度任务并不是测量 WMC 的唯一方法。在神经影像学和认知神经科学领域内,研究者普遍使用 n-Back 任务作为 WMC 的测量手段(Owen, McMillan, Laird, & Bullmore, 2005)。在 n-Back 任务中,被试的任务是观看屏幕上呈现的一系列刺激,判断当前呈现的刺激与 n 个试次前呈现的刺激是否一致。n-Back 任务和复杂广度任务两者之间有什么关联? 这个问题的答案依旧处于争议中(Kane, Conway, Miura, & Colflesh, 2007; Schmiedek, Hildebrandt, Lövden, Wilhelm, & Lindenberger, 2009)。不过,大量研究都倾向于使用被试在复杂广度任务(而非 n-Back 任务)中的表现与基于任务表现的执行性注意测量结果进行比较。这些研究发现诸如 OSPAN 这样的复杂广度任务具有较高的结构效度。与 n-Back 任务相比，复杂广度任务在社会心理学研究中的应用范围更广。因此，鉴于本书的目的，我们在本章中仅介绍复杂广度任务。

三、对 WMC 的实验操纵

除了将 WMC 作为一种反映个体差异的自变量以外，研究者也开展了大量操纵 WMC 的研究。接下来我们将会以两项操纵 WMC 的研究为例，介绍社会心理学研究中对 WMC 的实验操纵。

操纵认知负荷是最常见的操纵 WMC 的方法。使用这种方法的时候通常是让被试在完成一项主要任务（如推理任务）的同时完成一项次要任务（如记忆数字；Baddeley & Hitch，1974）。中央执行系统所发挥的功能使人们能够同时做好这两件事。通过增加认知负荷就可以起到加大中央执行系统加工负荷的作用。通过这种方式，研究者就能考察自己关心的加工具有的特征。一般而言，增加认知负荷会降低 WMC，并且会直接影响到被试在任务中的表现。这在那些非常依赖控制加工或执行性注意的任务中表现得尤为明显。

在社会心理学中，对人知觉的研究是人们最容易想到的一个使用认知负荷考察认知加工的研究领域（Gilbert，Pelham，& Krull，1988）。在一项经典的研究中，研究者让被试先观察一个表现得很焦虑的人，这个模特"正在讨论"一些会提升焦虑感的话题（如被当众侮辱），或一些不会带来焦虑的话题（如理想的假期）。研究者通过要求被试编码并回忆每个讨论话题的方式操纵认知负荷。在观察后，研究者让被试评价那个表现得焦虑的人所具有的特质性焦虑水平。结果发现，认知负荷降低了被试使用情境特征解释行为的归因倾向。在无认知负荷的情况下，被试认为在讨论焦虑主题的情况下，这个人的特质焦虑水平比较低；而在讨论轻松的主题的情况下，这个人的特质焦虑水平比较高。在有认知负荷的情况下则不然，讨论的问题这种情境特征并不会影响到被试对特质焦虑水平的评价。这个结果说明，相对于对人进行特质归因而言，情境归因的速度通常更慢、控制化并且依赖于WMC。

也有研究使用认知负荷探索人们在意识到死亡不可避免时会有什么样的反应，以及会以什么行为来应对。研究发现，在直接提醒被试人总是会死亡（即死亡凸显）之后，死亡相关概念的可及性就会变低。Aendt等人（1997）认为，这是因为提示死亡会使人们去压抑那些与死亡有关的思维，把这些思维内容排除在意识之外。鉴于有研究发现认知负荷会破坏这种思维上的抑制行为（Wegner，1994）。Aendt等人在研究中通过要求被试复述11位数字的方法对认知负荷进行操纵，同时让被试思考死亡。结果确实符合他们的假设，即那些认知负荷高的被试对死亡思维的可及性更高；也就是说，死亡相关概念在认知资源充足的时候比较容易被抑制住。从这个结果可以看出，与行为的情境归因一样（Gilbert et al.，1988），思维的抑制也依赖于WMC。

对认知负荷的操纵在社会心理学的研究中占据着重要的位置。尤其在关于对人知觉（Gilbert et al.，1988）、恐惧管理理论（Arndt et al.，1997）、刻板印象以及人类求偶的进化理论等主题方面，对认知负荷的操纵更是一种非常有价值的工具（Barrett，Frederick，Haselton，& Kurzban，2006；DeSteno，Bartlett，Braverman，& Salovey，2002；Macrae，Bodenhausen，Schloerscheidt，& Milne，1999）。可以这么说，所有操纵认知负荷的研究实际上都是对WMC的研究。

四、OSPAN

在认知心理学和社会心理学中，OSPAN是最常用的测量WMC的方法。简而言之，OSPAN就是要求被试在完成一项短时记忆任务（存储任务）的同时再解决一项数学计算任务（加工任务）。被试在完成任务后回忆目标词汇的成绩越好，就代表其WMC越高。

Turner和Engle（1989）使用OSPAN来检验他们提出的不包含阅

读成分的 WMC 测量结果能预测阅读理解成绩这一假设。与 Daneman 和 Carpenter(1980)采用的要求被试阅读句子并记忆单词的阅读广度任务不同,OSPAN 的加工任务是数学运算,而不是句子理解。这样做就排除了阅读成分在其中发挥作用的可能性。研究者在实验中发现 OSPAN 的结果能够像阅读广度任务的结果一样预测阅读理解的成绩。根据这个结果,他们提出 WMC 的作用并不取决于任务。也就是说,复杂广度任务所测量到的 WMC 与任务涉及的认知加工成分无关。随后,Kane 等人(2004)以及其他研究者进一步证明,WMC 是一种一般性的注意控制能力(即执行性注意)。这种能力在阅读理解、逻辑推理和视觉注意控制等需要注意控制的任务中都会用到(Kane et al., 2001; Kyllonen & Christal, 1990; Schmeichel & Baumeister, 2010)。

OSPAN 通常是在计算机上完成的。在一般的 OSPAN 中,被试需要先大声读出一个需要进行两步计算的等式,再大声说出答案。第一步的计算通常是乘除法,如"(2×6)"。第二步的计算则是在第一步计算得到的结果上再进行个位数的加法或减法计算。在等号的另一边会呈现一个答案,如"$(2 \times 6)-1=9$"。被试在大声念出等式的同时要在心里计算答案,然后按键判断屏幕上呈现的计算结果是否正确。在任务中,只有一半试次的答案是正确的。判断数学等式对错就是 OSPAN 中的加工成分。

在判断等式对错的同时,OSPAN 会让被试先阅读再回忆目标单词。这就是 OSPAN 中的存储/更新成分。在 OSPAN 中,紧接着数学等式后会呈现一个常用的单音节词[如在显示"$(9/3)+2=5$"之后呈现"钟表"],被试在判断等式答案正确与否后,要大声读出屏幕上呈现的词汇。然后再进行下一个试次。这样,被试就需要在一系列试次中持续更新存储的词汇序列。

根据研究者的设置,被试在看到 2、3、4 或 5 个词后,程序就会在屏幕上看到一个线索刺激(如"????"),这时候被试需要根据顺序或写下或说出或输入所有词汇。以目前的文献来看,WMC 的结果并不会受到报告方法影响。一般情况下,等式和词汇的呈现速率由被试的反应决定。例如，在被试判断等式的答案后，由主试按键显示词汇；等到被试口头报告了词汇后，主试再按键呈现下一个等式。这个过程也可以由被试自己按键来实现，或者可以在实验前设置一个固定的时间参数来自动呈现。在回忆阶段，大多数研究者并不设定反应时限，一切都由被试自己把握(当被试认为自己已经回忆好了之后再呈现一组新的等式)。

在典型的 OSPAN 中，被试通常需要完成 12 个等式-词汇对的序列(每个序列包含 3 个等式-词汇对；图 5-1)。序列的呈现顺序可以在被试间固定，也可以随机排列。虽然随机排列能够彻底排除刺激排列顺序可能造成的干扰。不过，目前并未发现这两种做法在最终得到的结果上存在明显的差异。

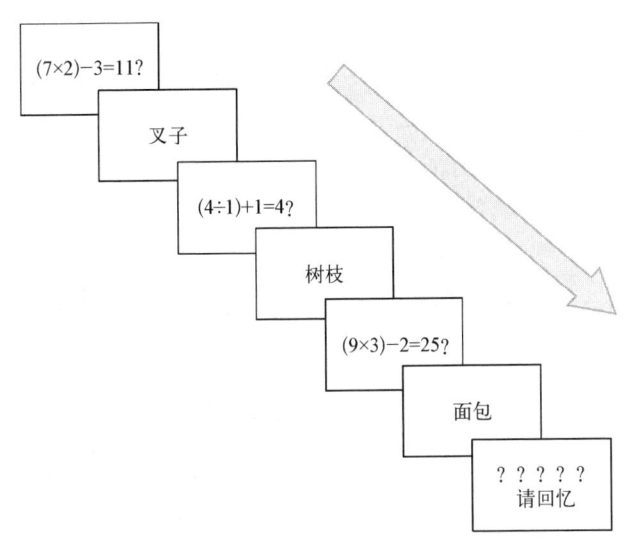

图 5-1 经典的 OSPAN 流程

OSPAN 有很多种计分方法(Conway et al., 2005)。其中最常用的计分方法是"全或无"。这种方法只记录整个序列都回忆正确的序列的回忆总量。例如，在一个包含 5 个等式-字词对的序列中，如果被试仅正确回忆出 3 个词，那么这个序列中回答正确的词数不会被计入正确的分数；如果一个被试正确回忆出所有 5 个词，那么就会在总分上加上 5 分。使用"全或无"记录的 WMC 得分反映的是所有准确、完整回忆出的序列中词的数量。

也有研究使用"部分计分"的方法进行计算。在使用这种方法时，被试的得分是由正确作答的数量占整个序列中需要记忆内容总量的比例计算而得。例如，答对序列中 5 个项目其中的 3 个，得分就是 0.6 分；5 个项目全对，得分就是 1 分。任务完成后，使用所有序列得分的均值表示最终的得分。此时得到的 WMC 分数反映的是每个序列中回忆正确的平均数量。Conway 等人（2005）比较推荐在研究中使用这种方法。

在使用 OSPAN 的时候也需要兼顾被试在计算任务（加工成分）中的表现。在 OSPAN 中，被试在记忆词汇的同时要判断等式是否正确。使用 OSPAN 的研究者通常会排除计算任务正确率低于 85% 的被试。

有研究者还开发了 OSPAN 的自动化测量程序，称为 AOSPAN（Unsworth, Heitz, Schrock, & Engle, 2005）。AOSPAN 与经典的 OSPAN 在很多方面具有相似性，感兴趣的读者可以从开发者的网站上直接下载使用（englelab.gatech.edu/tasks.html）。

五、社会心理学研究中的应用样例

接下来我们会系统地回顾在社会心理学中比较有影响力的两项使用复杂广度任务测量 WMC 的研究。第一项是 Schmader 和 Johns（2003）对刻板印象威胁开展的研究。在这项研究中，研究者不仅以 WMC 为因变量，同时也把 WMC 作为中介变量加以考察。第二项是 Hofmann 等人（2008）对自我调节开展的研究，他们将 WMC 看作一种个体差异的调节变量。这两项研究向我们展现了在社会心理学的研究中测量 WMC 能发挥出的理论价值。此外，我们也会简单介绍另外三个受到 WMC 推动的社会心理学研究领域。

（一）WMC 在刻板印象威胁研究中的作用

当个体的行为符合他所属群体的消极刻板印象时，知觉者就会产生刻板印象威胁(Steele，1997)。例如，当黑人学生参加标准化考试的时候，如果知觉者意识到诸如"非洲裔美国人智力较差"的刻板印象，此时就会发生刻板印象威胁。一般情况下，当意识到消极刻板印象后，知觉者会通过同化效应验证这种刻板印象。也就是说，刻板印象威胁会让知觉者对符合刻板印象的行为更加敏感，更容易表现出或觉察到这些行为。就刚才的例子而言，如果黑人学生在进行测验前意识到有关黑人的消极刻板印象，他们的测验成绩就会变差(Steele & Aronson，1995)。

自Steele和Aronson(1995)首次提出刻板印象威胁这个概念后，研究者陆续证明除了黑人学业刻板印象以外，其他刻板印象也存在着刻板印象威胁效应。例如，性别数学刻板印象威胁导致女性的数学成绩比男性差(Spencer，Steele，& Quinn，1999)；种族数学性别刻板印象威胁导致白人在面对亚裔的时候数学成绩变差(Aronson et al.，1999)；凸显老年人身份会使老年人的记忆能力衰退(Levy，1996)。

除了考察导致刻板印象威胁的条件外，研究者还探索了消极刻板印象的激活之所以会影响人们在诸多领域中表现的原因。有一些研究者认为，被刻板印象威胁提升的焦虑水平是产生这种效应的原因(Aronson et al.，1999；Stone et al.，1999)。确实有一些研究发现焦虑在刻板印象威胁影响行为表现的过程中起到中介作用(Spencer et al.，1999)。但是，Steele和Aronson(1995)并未发现能够证明焦虑在刻板印象威胁发挥作用时起到重要作用的决定性证据。他们由此指出在刻板印象威胁中同时存在着焦虑以外的其他机制。

Schmader和Johns(2003)在寻找刻板印象威胁效应机制的时候考察了WMC在刻板印象威胁中的作用。他们认为知觉者与消极刻板印象进行"斗争"会消耗完成复杂认知任务所必需的认知资源，由此影响到知觉者在任务中的表现。所以，他们进一步假设：(1)刻板印象威胁会降低WMC；(2)WMC的降低能够帮助解释刻板印象威胁导致的任务表现变差的现象。

研究者在第一个实验中安排男女被试在刻板印象威胁、非威胁的情况下完成OSPAN。其中一组被试得知这个任务测试的是数学能力。该指导语会激活女性刻板印象威胁。另一组被试直接被告知这个任务测试的是工作记忆。该指导语不会激活刻板印象威胁。研究者预期只有在指导语将 OSPAN 介绍为测量数学能力的时候，女性被试在 WMC 任务中的表现才会变差。

实验结果验证了研究者的假设，支持了消极刻板印象会削弱工作记忆中央执行系统能力这一观点。更重要的是，在存在刻板印象威胁的情况下，女性被试主观报告的焦虑水平并不比其他被试高，这说明刻板印象威胁效应是通过认知而非情绪对知觉者的表现造成影响的。

接下来，研究者又检验了 WMC 起到的中介作用（Schmader & Johns，2003）。他们在实验中把女性被试随机分配入刻板印象威胁情境或非威胁情境中，让她们先后完成 WMC 测量和数学能力测试。在刻板印象威胁条件下由男性担任主试，并由两名男性助手协助开展测试。被试被告知这项研究的目的在于收集男女性在数学天赋上的常模数据。在非威胁情境中，所有的主试都是女性，并且告诉她们研究目的是收集大学生在数学天赋上的常模数据（Inzlicht & Ben-Zeev，2000）。

与预期结果一致，刻板印象威胁组测得的 WMC 水平较低，重复验证了第一个实验的结果。此外，对刻板印象威胁的操纵也导致女性的数学能力测试结果变低，这也和前人的研究相一致（Spencer et al.，1999）。更重要的是，通过统计发现，WMC 水平的降低是刻板印象威胁对数学测验结果造成影响的中介因素。根据这一结果，研究者得出了刻板印象威胁导致女性在数学测验中表现变差的原因是刻板印象威胁降低了 WMC 这一结论。

通过 WMC 的变化来解释刻板印象威胁效应的做法为后续对刻板印象威胁的研究开拓了一条新的道路。Schmader 和 Johns（2003）的研究证实了刻板印象威胁是一种不能够用单一变量进行解释的现象，而是多方面因素共同作用的结果（Steele，Spencer，& Aronson，2002）。并且，这项研究同时揭示出非情绪因素也能解释刻板印象威胁效应。这些发现证明刻板印象威胁不一定会提升焦虑或情绪唤起水平，所以不能用情绪来解释实验中观察到的任务表现降低的现象。

Schmader 和 Johns(2003)的研究是最早使用 WMC 考察社会心理学家感兴趣问题的研究之一。在他们的研究基础上，Schmader、Johns 和 Forbes(2008)提出了将 WMC 作为解释刻板印象威胁效应核心成分的成熟的加工模型。接下来要介绍的有关自我调节的研究同样将 WMC 视为人们做出需要努力的、可以控制的反应的重要来源。

(二) WMC 在自我调节中的作用

自我控制指的是人们抑制或克服"不希望产生的行为倾向，以及抑制做出这些行为"的能力(Tangney, Baumeister, & Boone, 2004)。已有研究证明自我控制依赖于认知资源，若认知资源被损耗，那么自我控制就可能失败(Baumeister, Bratslavsky, Muraven, & Tice, 1998; Vohs & Heatherton, 2000)。根据 WMC 可能是资源损耗效应的来源这种观点(Hofmann et al., 2008)，再结合自我调节的双加工理论，Hofmann 等研究者认为 WMC 可以调节由冲动性加工导致的行为，但无法调节反思性加工后做出的行为(Barrett, Tugade, & Engle, 2004; Hofmann, Friese, & Strack, 2009)。

根据行为决定的双系统理论，Hofmann 等人(2008)提出自我调节冲突是一种目标和标准两者与环境刺激激发的冲动型加工(与内部需求状态交互作用)之间发生的一场"拔河比赛"。其中，根据目标或标准进行反应通常被认为是一种相对比较耗费认知资源的行为，需要利用 WMC。冲动性加工则是由环境中的诱发线索激发的，是一种相对自动化和不需要意志努力的加工形式。冲动型加工诱发的行为有时与自我调节的目标背道而驰。例如，即使在减肥的时候，人们还是可能会在不经意间吃完一包薯片。WMC 要同时服务于两方面的需求：一是保持自我调节的目标处于"激活状态"，这样自我调节的目标就能作为参照标准自上而下地影响行为(Miller & Cohen, 2001)；二是防止冲动性加工(如激情思维和侵入式思维)与优势性、冲动性行为倾向对自我调节的目标造成干扰(Hofmann, Friese, Schmeichel, & Baddeley, 2010; Kavanagh, Andrade, & May, 2005)。

研究者开展了三项实验室研究来佐证 WMC 可以调节冲动与反思性加工对行为影响这一观点。在这些实验中,研究者都使用复杂广度任务作为测量 WMC 的方法(Oberauer et al., 2000)。在复杂广度任务中,被试的任务是在判断等式正确与否的同时记住等式的正确答案。研究中使用诸如 IAT 的基于反应时的测量方法测量冲动行为的预测指标(实验 1 与实验 2 考察自动化情绪反应;实验 3 考察内隐自我概念),研究者认为这种基于反应时的实验范式能够测量信息加工的自动化性质(Greenwald, McGhee, & Schwartz, 1998)。与之相对,研究者使用自呈问卷测量外显态度和限制标准,这些结果是反思性加工行为的预测指标。

第一个研究关注的是性兴趣行为。在研究中,男性异性恋者要观看屏幕上呈现的一系列性感女性的情色照片和作为控制条件的艺术图片(Hofmann et al., 2008)。看图的时长由被试自己决定。也就是说,被试可以一直看呈现给他们的图片,直到他们感到自己准备好回答一系列问题(例如,你有多愿意和这位女性讲话?你有多愿意把这幅画挂在你的房间里?)。与预期的结果一致,仅对于低 WMC 的被试而言,实验前测量的对情色图片的自动化情绪反应能够预测被试观看情色图片的时间长度;而通过自呈报告获得的对于情色图片的外显态度仅能预测高 WMC 者的看图时间。

在第二个研究中,研究者使用糖果消费再次检验了第一个研究的发现。在实验中,研究者首先测量了被试对于糖果的自动化情绪反应以及不吃糖果的外显自我调节目标强度。接下来,研究者开展了一项虚假的产品测试。被试有 5 分钟时间试吃 125 克包装的巧克力豆,还要在一些指标上对巧克力豆这个产品做出评价(如甜度、成分、产品设计)。最后,通过称量被试剩下的巧克力豆的重量得到糖果消耗量指标。结果发现,自动化情绪反应能够预测低 WMC 被试的糖果消耗量,不吃糖果的外显目标强度能够预测高 WMC 被试的糖果消耗量。此外,WMC 调节了自动化情绪反应对知觉到的糖果口味与对糖果的喜好度造成的影响。特别地,对于高 WMC 者而言,自动化情绪反应能够预测他们在产品测试中表现出的对糖果的偏好度。因此，对于低WMC者而言，在试吃糖果后做出的外显评价是一种自下而上的"激情加工"。而对于高WMC者而言，对糖果的评价较少受到糖果直接带来的享乐作用影响。这一反应模式符合Kavanagh等人(2005)提出的精细化欲望侵入理论。这个研究的结果还表明，高WMC能够避免欲望相关的思维进入意识层面。

在第三个研究中，Hofmann等人(2008)在愤怒调节问题上再一次检验了WMC的作用。他们考察了攻击性的内隐自我概念（冲动性）、控制愤怒的目标标准（反思性）以及因挑衅而产生愤怒时的WMC水平三者之间的交互作用。在第一阶段的测量中，研究者使用IAT测量内隐攻击性自我概念（我-他人、冷静-攻击），再通过使用状态-特质愤怒表达量表中的愤怒控制分量表测量外显的愤怒控制标准(Spielberger, 1988)。

两周后进行第二次测量。在这次测量中，研究者首先通过匿名他人做出消极社会反馈的形式激发愤怒。接着，研究者给予被试一次使用消极反馈进行反击的机会。结果发现，高愤怒控制目标的被试做出的反击行为强度更轻。然而，这一效应受到WMC调节（图5-2）。首先，WMC与攻击自我概念存在交互作用，低WMC的高攻击自我概念者做出的消极反馈最强。其次，愤怒控制目标与WMC之间也存在显著的交互作用。高WMC且高愤怒控制目标者做出的消极反馈最轻。相反，在低WMC的情况下，愤怒控制目标不影响人们对消极反馈的回应。也就是说，仅仅有需要控制愤怒的目标是不够的，只有在具有一定WMC的情况下，控制愤怒的目标才能调节行为。

也有一些研究在吸烟(Grenard et al., 2008)、注意酒精线索(Friese et al., 2009)，以及饮酒(Grenard et al., 2008; Thush et al., 2008)等主题下证明了WMC能够调节冲动性的而不是反思性的行为。这些研究分别使用不同方法测量WMC，并在不同的冲动性加工的测量方式下得到了相似的结果（如使用不同的IAT，不同的开放式记忆联想测量; Grenard et al., 2008)。同时，这些研究也通过考察在工作记忆资源充足的情况下，哪些加工会得到促进，哪些则会被削弱，提出

WMC 起着调节作用。最后,这些研究同时测查了导致高 WMC 和低 WMC 者之间行为差异的来源(如自我调节目标、自动化情绪反应)。这些研究在证明 WMC 为追求自我调节目标起到支持作用的同时,也表明对于那些低 WMC 的个体而言,冲动性行为的征兆会主导他们的反应。这些研究结果整合性地从冲动和反思性行为两方面为更全面地对自我调节行为做出了解释。

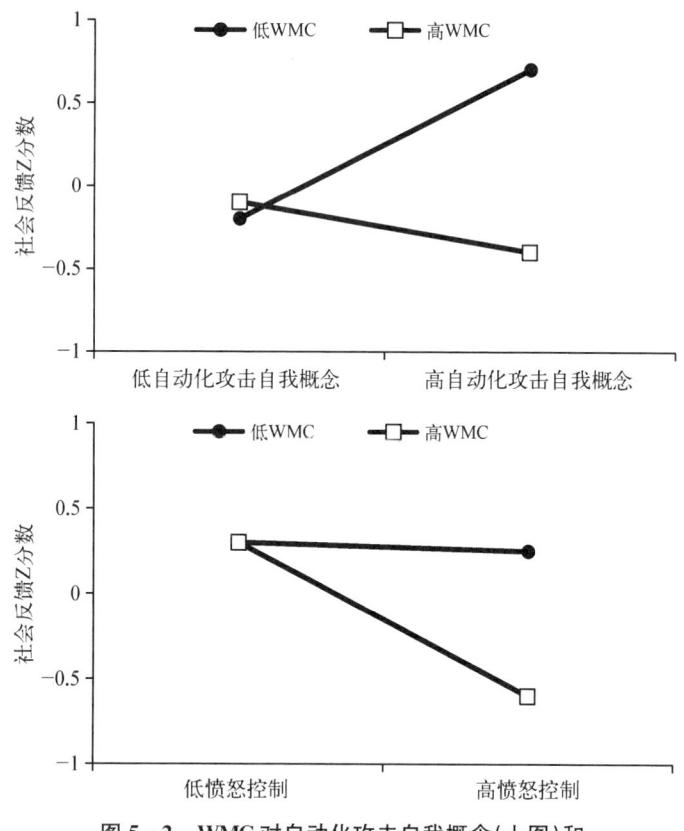

图 5-2　WMC 对自动化攻击自我概念(上图)和愤怒控制(下图)的调节效应

[经许可引用自 Hofmann, Gschwendner, Friese, Wiers 和 Schmidt(2008),稍有修改。Copyright © 2008 by the American Psychological Association]

(三) 其他运用 WMC 的社会心理学研究

接下来简单介绍 WMC 在反事实思维、依恋理论和情绪调节等领域中的应用。

Goldinger等人(2003)的研究是较早尝试将WMC引入社会心理学研究的重要工作。他们的研究主要关注反事实思维。即类似"如果……就好了"的思维(Roese,1997)。在他们的研究中,被试首先要阅读一些关于事故受害者的短篇故事。其中一些故事包含有关这些受害者在事故前做了一个特殊决定的内容,由此作为反事实思维的来源(如"如果这个人没有做这个决定,事故可能就不会发生了")。与控制条件的故事相比,反事实思维故事使人们更倾向于指责受害者。这种指责受害者的倾向在低WMC者(高认知负荷下)中特别明显。也就是说,在高认知负荷的情况下,人们更倾向于指责受害者。而在无认知负荷的情况下,故事中受害者所做特殊决定的内容并不会对人们做出指责的行为产生影响。这些结果说明,与阅读理解能力或其他认知能力相比,WMC对人际知觉以及"责备受害人"倾向的影响力更强。

依恋理论的研究者使用一种新的WMC测量方法考察回避型依恋的信息加工模式。回避型依恋的个体更容易对亲密关系感到不适。Edelstein(2006)通过操纵OSPAN的内容,对回避型依恋者加工依恋相关信息与加工其他信息之间的差异进行研究。结果发现,在OSPAN由中性词(如"说话")或非依恋的情绪词构成的情况下(如"血""自由"),回避型依恋水平高低不会对WMC造成影响,而当OSPAN由积极和消极依恋相关词构成的时候(如"拥抱""离别"),高回避型依恋者的WMC水平会变低,对依恋相关词进行的加工也更粗糙。这一结果显示出,高回避型依恋的个体选择性地限制了与依恋相关信息的加工。这不是一般的防御动机或认知能力受损造成的结果,而是动机性地避免依恋系统激活起到的作用。我们相信,针对动机取向和WMC之间交互作用的研究将会为社会心理学提供更多有价值的理论。

情绪调节在一定意义上也是WMC的功能(Gross & Thompson,2007;Koole,2009)。Schmeichel等人(2008)在一系列研究中发现在WMC上存在的个体差异会影响意识性的、外显的情绪调节行为。在一项实验中,被试根据指导语的要求在观看一段宣泄情绪的影片时压抑自己的情绪。结果发现,那些在 OSPAN 中得分高的被试比那些得分低的被试表达出的情绪水平更低。这个结果表明高 WMC 者在抑制情绪表达上做得更好。在另一项实验中,OSPAN 得分高的被试比那些得分低的被试在调节自我情绪上表现得更好。该结果说明高 WMC 者重评情绪性刺激的能力更强。这些研究说明认知能力能够用来控制情绪加工和情绪反应。

本节中介绍的研究都体现出在考察某些需要努力控制反应的加工时,将 WMC 作为一个调节变量引入其中是很有价值的。无论是降低自动化的偏见,抑制不需要的思维,还是调节情绪反应,WMC 在这些加工中都起着核心作用。由此,我们认为 WMC 上的个体差异应当也能调节恐惧管理效应(Arndt et al.,1997)。例如,低 WMC 者在思考死亡后可能比那些高 WMC 者更具有防御性(cf. Gailliot, Schmeichel, & Baumeister, 2006)。同样地,WMC 也可能调节与情绪预测、刻板印象和偏见以及人际关系行为有关的常见心理与行为效应。社会心理学中广阔的研究主题都可以结合 WMC 开展研究,焕发出新的光彩。

六、测量 WMC 的好处与代价

我们强烈建议在社会心理学研究中关注 WMC 变量。接下来我们将简单介绍在研究中测量 WMC 可能带来的好处与潜在的代价。

测量 WMC 的复杂广度任务信度较高,这是好的一方面。这类任务除了具有较高的内部一致性以外,还具有跨时间的稳定性(Conway et al., 2005)。因此,WMC 测量结果具有较高的预测效度。复杂广度任务在时间和金钱成本上也比较低。一般情况下,OSPAN 耗时仅有 10 分钟左右,使用计算机就能完成(甚至可以用 PowerPoint 制作实验程序),通过纸笔就能记录结果。现在也有完全自动化的 WMC 测试程序可供免费使用。

测量 WMC 的代价在于 WMC 测试可能会在测试后一段时间内降低被试的动机水平和认知能力(Schmeichel，2007)。WMC 是一项具有挑战性的任务，多数被试在完成任务时会感到困难。因此，研究者在测量 WMC 的时候，需要更全面地考虑在完成复杂广度任务后如何处理可能存在的后效。对于这个问题，有些研究者通过将 WMC 测量与其他测量分离的方法来防止后效对后续任务造成干扰(Hofmann et al.，2008；Schmeichel et al.，2008)。另外，WMC 的测量结果其实同时反映了认知能力和动机水平的作用，这会为解释被试 WMC 的得分带来一定困难(Heitz et al.，2007)。虽然研究者可以通过现成的代码帮助自己计算结果，而且实验的执行也越来越自动化了，但是研究者至少需要会一些电脑操作才能完成监控与计分工作。

七、结　论

WMC 在社会心理学家所关注的认知加工问题中扮演着重要的角色。例如，WMC 的个体差异会调节控制加工的效率。Hofmann 等人(2008)的研究结果就有力地证明了这一点。由于控制加工在社会心理学的一些研究领域中处于核心地位，WMC 的个体差异所具有的预测作用能极大地推动社会心理学的研究与理论的发展(Barrett et al.，2004)。

此外，WMC 也可以作为因变量，用来考察有关变量对执行性注意的影响。Schmader 和 Johns(2003)以及 Edelstein(2006)的研究已经在这个领域里做出了尝试。这些研究会进一步拓展我们对情境和动机如何影响工作记忆的内容与功能的认识。

推 荐 阅 读

Baddeley, A. D., & Hitch, G. (1974). Working memory. In G. H. Bower (Ed.),

The psychology of learning and motivation: Advances in research and theory (Vol. 8, pp. 47-89). New York: Academic Press. — *A historical classic; one of the first papers to raise attention about working memory.*

Conway, A. R. A., Jarrold, C., Kane, M. J., Miyake, A., & Towse, J. N. (Eds.). (2007). *Variation in working memory*. Oxford, UK: Oxford University Press. — *A thorough, far-reaching volume that covers current themes and controversies in research on working memory.*

Kane, M. J., Bleckley, M. K., Conway, A. R. A., & Engle, R. W. (2001). A controlled-attention view of working-memory capacity. *Journal of Experimental Psychology: General, 130*, 169-183. — *A representative empirical article illustrating the executive attention view of WMC.*

Schmader, T., & Johns, M. (2003). Converging evidence that stereotype threat reduces working memory capacity. *Journal of Personality and Social Psychology, 85*, 440-452. — *One of the first papers in social psychology to incorporate WMC as a variable of interest.*

参考文献

Arndt, J., Greenberg, J., Solomon, S., Pyszczynski, T., & Simon, L. (1997). Suppression, accessibility of death-related thoughts, and cultural worldview defense: Exploring the psychodynamics of terror management. *Journal of Personality and Social Psychology, 73*, 5–18.

Aronson, J., Lustina, M. J., Good, C., Keough, K., Steele, C. M., & Brown, J. (1999). When white men can't do math: Necessary and sufficient factors in stereotype threat. *Journal of Experimental Social Psychology, 35*, 29–46.

Baddeley, A. (2000). The episodic buffer: A new component of working memory? *Trends in Cognitive Sciences, 4*, 417–423.

Baddeley, A. D., & Hitch, G. (1974). Working memory. In G. H. Bower (Ed.), *The psychology of learning and motivation: Advances in research and theory* (Vol. 8, pp. 47–89). New York: Academic Press.

Barrett, H. C., Frederick, D. A., Haselton, M. G., & Kurzban, R. (2006). Can manipulations of cognitive load be used to test evolutionary hypotheses? *Journal of Personality and Social Psychology, 91*, 513–518.

Barrett, L. F., Tugade, M. M., & Engle, R. W. (2004). Individual differences in working memory capacity and dual-process theories of the mind. *Psychological Bulletin, 130*, 553–573.

Baumeister, R. F., Bratslavsky, M., Muraven, M., & Tice, D. M. (1998). Ego depletion: Is the active self a limited resource? *Journal of Personality and Social Psychology, 74*, 1252–1265.

Conway, A. R. A., Cowan, N., & Bunting, M. F. (2001). The cocktail party phenomenon revisited: The importance of working memory capacity. *Psychonomic Bulletin and Review, 8*, 331–335.

Conway, A. R. A., Jarrold, C., Kane, M. J., Miyake, A., & Towse, J. N. (Eds.) (2007). *Variation in working memory*. Oxford, UK: Oxford University

Press.

Conway, A. R. A., Kane, M. J., Bunting, M. F., Hambrick, D. Z., Wilhelm, O., & Engle, R. W. (2005). Working memory span tasks: A methodological review and user's guide. *Psychonomic Bulletin and Review, 12,* 769–786.

Daneman, M., & Carpenter, P. A. (1980). Individual differences in working memory and reading. *Journal of Verbal Learning and Verbal Behavior, 19,* 450–466.

DeSteno, D., Bartlett, M. Y., Braverman, J., & Salovey, P. (2002). Sex differences in jealousy: Evolutionary mechanism or artifact of measurement? *Journal of Personality and Social Psychology, 83,* 1103–1116.

Edelstein, R. S. (2006). Attachment and emotional memory: Investigating the source and extent of avoidant memory deficits. *Emotion, 6,* 340–345.

Engle, R. W. (2001). What is working-memory capacity? In H. L. Roediger, III, & J. S. Nairne (Eds.), *The nature of remembering: Essays in honor of Robert G. Crowder* (pp. 297–314). Washington, DC: American Psychological Association.

Engle, R. W., Tuholski, S. W., Laughlin, J. E., & Conway, A. R. A. (1999). Working memory, short-term memory, and general fluid intelligence: A latent-variable approach. *Journal of Experimental Psychology: General, 128,* 309–331.

de Fockert, J. W., Rees, G., Frith, C. D., & Lavie, N. (2001). The role of working memory in visual selective attention. *Science, 291,* 1803–1806.

Francis, W. N., & Kucera, H. (1982). *Frequency analysis of English language.* Boston: Houghton Mifflin.

Friedman, N. P., & Miyake, A. (2004). The relations among inhibition and interference control functions: A latent-variable analysis. *Journal of Experimental Psychology: General, 133,* 101–135.

Friese, M., Bargas-Avila, J., Hofmann, W., & Wiers, R. W. (2009). *Here's looking at you, Bud: Memory associations with alcohol predict attentional bias for social drinkers with low executive control.* Unpublished manuscript, University of Basel, Basel, Switzerland.

Gailliot, M. T., Schmeichel, B. J., & Baumeister, R. F. (2006). Self-regulatory processes defend against the threat of death: Effects of self-control depletion and trait self-control on thoughts and fears of dying. *Journal of Personality and Social Psychology, 91,* 49–62.

Gilbert, D. T., Pelham, B. W., & Krull, D. S. (1988). On cognitive business: When person perceivers meet persons perceived. *Journal of Personality and Social Psychology, 54,* 733–740.

Goldinger, S. D., Kleider, H. M., Azuma, T., & Beike, D. (2003). "Blaming the victim" under memory load. *Psychological Science, 14,* 81–85.

Greenwald, A. G., McGhee, D. E., & Schwartz, J. L. K. (1998). Measuring individual differences in implicit cognition: The Implicit Association Test. *Journal of Personality and Social Psychology, 74,* 1464–1480.

Grenard, J. L., Ames, S. L., Wiers, R. W., Thush, C., Sussman, S., & Stacy, A. W. (2008). Working memory capacity moderates the predictive effects of drug-related associations on substance use. *Psychology of Addictive Behaviors, 22,* 426–432.

Gross, J. J., & Thompson, R. A. (2007). Emotion regulation: Conceptual foundations. In J. J. Gross (Ed.), *Handbook of emotion regulation* (pp. 3–24). New York: Guilford Press.

Heitz, R. P., Schrock, J. C., Payne, T. W., & Engle, R. W. (2007). Effects of incentive on working memory capacity: Behavioral and pupillometric data. *Psychophysiology, 45*, 119–129.

Hofmann, W., Friese, M., & Roefs, A. (2009). Three ways to resist temptation: The independent contributions of executive attention, inhibitory control, and affect regulation to the impulse control of eating behavior. *Journal of Experimental Social Psychology, 45*, 431–435.

Hofmann, W., Friese, M., Schmeichel, B. J., & Baddeley, A. D. (2010). Working memory and self-regulation. In K. D. Vohs & R. F. Baumeister (Eds.), *Handbook of self-regulation: Research, theory, and applications* (2nd ed., pp. 204–225). New York: Guilford Press.

Hofmann, W., Friese, M., & Strack, F. (2009). Impulse and self-control from a dual-systems perspective. *Perspectives on Psychological Science, 4*, 162–176.

Hofmann, W., Gschwendner, T., Friese, M., Wiers, R. W., & Schmitt, M. (2008). Working memory capacity and self-regulation: Toward an individual differences perspective on behavior determination by automatic versus controlled processes. *Journal of Personality and Social Psychology, 95*, 962–977.

Inzlicht, M., & Ben-Zeev, T. (2000). A threatening intellectual environment: Why females are susceptible to experiencing problem-solving deficits in the presence of males. *Psychological Science, 11*, 365–371.

Kane, M. J., Bleckley, M. K., Conway, A. R. A., & Engle, R. W. (2001). A controlled-attention view of working-memory capacity. *Journal of Experimental Psychology: General, 130*, 169–183.

Kane, M. J., Conway, A. R. A., Miura, T. K., & Colflesh, G. J. H. (2007). Working memory, attention control, and the *n*-back task: A question of construct validity. *Journal of Experimental Psychology: Learning, Memory, and Cognition, 33*, 615–622.

Kane, M. J., & Engle, R. W. (2003). Working-memory capacity and the control of attention: The contributions of goal neglect, response competition, and task set to Stroop interference. *Journal of Experimental Psychology: General, 132*, 47–70.

Kane, M. J., Hambrick, D. Z., Tuholski, S. W., Wilhelm, O., Payne, T. W., & Engle, R. W. (2004). The generality of working memory capacity: A latent-variable approach to verbal and visuospatial memory span and reasoning. *Journal of Experimental Psychology: General, 133*, 189–217.

Kavanagh, D. J., Andrade, J., & May, J. (2005). Imaginary relish and exquisite torture: The elaborated intrusion theory of desire. *Psychological Review, 112*, 446–467.

Koole, S. L. (2009). The psychology of emotion regulation: An integrative review. *Cognition and Emotion, 23*, 4–41.

Kyllonen, P. C., & Christal, R. E. (1990). Reasoning ability is (little more than) working-memory capacity?! *Intelligence, 14*, 389–433.

Levy, B. (1996). Improving memory in old age through implicit self-stereotyping. *Journal of Personality and Social Psychology, 71*, 1092–1107.

Macrae, C. N., Bodenhausen, G. V., Schloerscheidt, A. M., & Milne, A. B. (1999). Tales of the unexpected: Executive function and person perception. *Journal of Personality and Social Psychology, 76*, 200–213.

Miller, E. K., & Cohen, J. D. (2001). An integrative theory of prefrontal cortex function. *Annual Review of Neuroscience, 24*, 167–202.

Miyake, A., Friedman, N. P., Emerson, M. J., Witzki, A. H., Howerter, A., &

Wager, T. (2000). The unity and diversity of executive functions and their contributions to complex "frontal lobe" tasks: A latent variable analysis. *Cognitive Psychology, 41,* 49–100.

Miyake, A., & Shah, P. (Eds.). (1999). *Models of working memory: Mechanisms of active maintenance and executive control.* New York: Cambridge University Press.

Norman, D. A., & Shallice, T. (1986). Attention to action. In R. J. Davidson, G. E. Schwartz, & D. Shapiro (Eds.), *Consciousness and self regulation: Advances in research and theory* (Vol. 4, pp. 1–18). New York: Plenum Press.

Oberauer, K., Süss, H.-M., Schulze, R., Wilhelm, O., & Wittmann, W. W. (2000). Working memory capacity: Facets of a cognitive ability construct. *Personality and Individual Differences, 29,* 1017–1045.

Owen, A. M., McMillan, K. M., Laird, A. R., & Bullmore, E. (2005). N-back working memory paradigm: A meta-analysis of normative functional neuroimaging studies. *Human Brain Mapping, 25,* 46–59.

Roese, N. J. (1997). Counterfactual thinking. *Psychological Bulletin, 121,* 133–148.

Schmader, T., Johns, M., & Forbes, C. (2008). An integrated process model of stereotype threat effects on performance. *Psychological Review, 115,* 336–356.

Schmader, T., & Johns, M. (2003). Converging evidence that stereotype threat reduces working memory capacity. *Journal of Personality and Social Psychology, 85,* 440–452.

Schmeichel, B. J. (2007). Attention control, memory updating, and emotion regulation temporarily reduce the capacity for executive control. *Journal of Experimental Psychology: General, 136,* 241–255.

Schmeichel, B. J., & Baumeister, R. F. (2010). Effortful attention control. In B. Bruya (Ed.), *Effortless attention: A new perspective in the cognitive science of attention and action* (pp. 29–50). Cambridge, MA: MIT Press.

Schmeichel, B. J., Volokhov, R., & Demaree, H. A. (2008). Working memory capacity and the self-regulation of emotional expression and experience. *Journal of Personality and Social Psychology, 95,* 1526–1540.

Schmiedek, F., Hildebrandt, A., Lövden, M., Wilhelm, O., & Lindenberger, U. (2009). Complex span versus updating tasks of working memory: The gap is not that deep. *Journal of Experimental Psychology: Learning, Memory, and Cognition, 35,* 1089–1096.

Smith, E. E., & Jonides, J. (1999). Storage and executive processes in the frontal lobes. *Science, 283,* 1657–1661.

Spencer, S. J., Steele, C. M., & Quinn, D. M. (1999). Stereotype threat and women's math performance. *Journal of Experimental Social Psychology, 35,* 4–28.

Spielberger, C. D. (Ed.). (1988). *State–Trait Anger Expression Inventory: Research edition.* Odessa, FL: Psychological Assessment Resources.

Steele, C. M. (1997). A threat in the air: How stereotypes shape the intellectual identities and performance of women and African Americans. *American Psychologist, 52,* 613–629.

Steele, C. M., & Aronson, J. (1995). Stereotype threat and the intellectual test performance of African Americans. *Journal of Personality and Social Psychology, 69,* 797–811.

Steele, C. M., Spencer, S. J., & Aronson, J. (2002). Contending with group image: The psychology of stereotype and social identity threat. In M. Zanna (Ed.), *Advances in experimental social psychology* (Vol. 34, pp. 379–440). New

York: Academic Press.
Stone, J., Lynch, C., Sjomeling, M., & Darley, J. M. (1999). Stereotype threat effects on black and white athletic performance. *Journal of Personality and Social Psychology, 77*, 1213–1227.
Strack, F., & Deutsch, R. (2004). Reflective and impulsive determinants of social behavior. *Personality and Social Psychology Review, 8*, 220–247.
Tangney, J. P., Baumeister, R. F., & Boone, A. L. (2004). High self-control predicts good adjustment, less pathology, better grades, and interpersonal success. *Journal of Personality, 72*, 271–324.
Thush, C., Wiers, R. W., Ames, S. L., Grenard, J. L., Sussman, S., & Stacy, A. W. (2008). Interactions between implicit and explicit cognition and working memory capacity in the prediction of alcohol use in at-risk adolescents. *Drug and Alcohol Dependence, 94*, 116–124.
Turner, M. L., & Engle, R. W. (1989). Is working memory capacity task dependent? *Journal of Memory and Language, 28*, 127–154.
Unsworth, N., Heitz, R. P., Schrock, J. C., & Engle, R. W. (2005). An automated version of the operation span task. *Behavior Research Methods, 37*, 498–505.
Vohs, K. D., & Heatherton, T. F. (2000). Self-regulatory failure: A resource-depletion approach. *Psychological Science, 11*, 249–254.
Wegner, D. M. (1994). Ironic processes of mental control. *Psychological Review, 101*, 34–52.

第 6 章

心理语言学的研究方法

Klaus Fiedler
Malte Friese
Michaela Wänke

一、语言：社会心理学中处于核心地位但长期被忽视的主题

语言，是心理学研究最基本的媒介。研究人员不仅用语言来传达指导语、解释实验任务、呈现刺激、提示反应，也用语言来描述理论，解释实验结果，还必须用语言来交流、发表研究成果。即使你不赞成 Ludwig Wittgenstein(1959)提出的"我语言的边界就是我世界的边界"这一观点，你也必须承认几乎所有的研究都极度依赖语言传达的信息。

鉴于语言是研究者、被试以及同行之间交互的中介，以及语言在本质上具有的社会属性，所以社会心理学家在过去的研究中很少关注语言这种现象实在令人匪夷所思。大多数教科书中并没有包含关于语言的章节，并且大多数针对诸如刻板印象、态度改变、归因、建构层次、启发式和偏见等重要主题的社会认知理论也没有明确关注到语言因素的作用。在认知心理学中也是这样，归纳、演绎与类比推理、判断与决策、学习与联想记忆等理论研究都忽略了语言在认知与生理过程中的作用。在这种似乎是刻意忽略语言的话语背景下，"认知语言学"方法看似与社会心理学研究之间并没有外在的关系，研究者认为它最多起到了内隐的作用。在 PsycINFO(2005 年 1 月 25 日的搜索结果)中搜索的 45 篇有关文献中,只有 2 篇关注了认知语言学的研究与社会心理学有关。

在本章中,我们的主要目的是介绍语言和语言学方法这些在过去被研究者忽视的主题。具体来说,首先我们会介绍两种不同类型的语言学方法,即语言分析法和语言影响技术之间的差异。其次,我们将着重介绍词汇层面的语言分析方法。这是一种在社会认知研究中运用得越来越多的基于语言的研究工具。通过证明词汇分析在诊断和预后方面的作用,读者会逐步认识到词汇单元尤其适合用在社会心理学中进行的直接测量。最后,借助一个应用语言来研究亲密关系的研究案例(Fiedler, Semin, & Koppetsch, 1991),我们将分步介绍如何根据语言范畴模型的词汇分析程序开展研究(Semin & Fiedler, 1988)。

二、基于语言的研究方法概述

语言包括理解和产出两大过程(Clark & Clark, 1977),基于语言的研究方法也可以分为两类(表 6-1)。第一类方法是文本分析。文本分析的目的是促进和完善我们对言语信息(如报纸文章、政治言语、史书或其他文化特异的文字材料等)的理解和解释。从理解的角度来看,研究者要力图从语言信息中解读出更多信息,而不是像普通人一样只去理解一些显而易见的含义。例如,在法律事务中,对于目击者口头报告的文本分析通常会被用来推理证词的可信度和他们传达这些信息的目的。也有研究者根据人们的用词来推断他们的内隐态度或感情(Fiedler, 2008a; Pennebaker, Booth, & Francis, 2007)。

从语言产出的角度来看,研究者希望使用语言对人进行干预、施加说服或指导、帮助他人。那么,什么样的语言技巧对于指导、治疗或建议来说是有效的?什么样的提问方法或语言形式能够提升访谈资料的质量?这就涉及第二类方法,即,语言影响技术。

表6-1中对语言学研究方法进行了分类,并提供了有关的文献和使用范围。语言学研究方法除了语言理解(文本分析)和语言产出(影响技术)这种分类方式以外,这些方法在语言模态(口语和书面)和语言分析单元(从基本到复杂)上也存在着差异。

表6-1 根据目的、模态和分析单元分类的语言学研究方法

书 面 语 言	口 头 语 言
文本分析的方法	
语词分析与词频统计(Pennebaker et al., 2001)	语音分析(Scherer, 2003)
分析单元:简短的虚词、实词	分析单元:词素、词汇、短语
使用范围:大众媒体分析	使用范围:情绪状态测量
语言范畴模型(Semin & Fiedler, 1988)	副语言行为分析(Zuckerman, DePaulo, & Rosenthal, 1981)
分析单元:句子中的谓语	分析单元:基本的声音表情
使用范围:人际语言	使用范围:测谎
语言影响技术	
基于标准的可信度分析(Steller & Köhnken, 1989)	控制问题技术(Podlesny & Raskin, 1977)
分析单元:基本的声音表情	分析单元:测试性问题
使用范围:可信度评估	使用范围:测谎仪测谎
Gricean会话原则(Schwarz, 1996)	自信心训练(Paterson, 2000)
分析单元:问卷项目	分析单元:言语行为
使用范围:调查研究	使用范围:治疗性干预
认知访谈(Fisher & Geiselman, 1988)	访谈技术(Colwell et al., 2002)
分析单元:句子及以下层面的短语	分析单元:问题、话语
使用范围:证人证言可靠性	使用范围:审讯、调查研究

(一) 文本分析

文本分析的目的是提升并促进我们对文本的理解,理解内容包括文本中的潜台词、意义、蕴含的意义以及实际后果,这与语言理解的自然过程很像。文本分析与语言理解的不同之处在于文本分析比一般的语言理解更高级，这是由于文本分析要求对文本进行更为细微、精细，以及在技术上较为复杂的语言属性分析。例如，在一般的交流中，人们通常会用语音的音高来判断性别；然而，文本分析可以通过更为细致的语音分析将语音分解为不同频率的成分（如基本频率和高阶共振峰）后，再对这些人耳无法区分的信息加以分析。举例来说，在研究中可以使用声波图（一种用声波频率函数，是用来描述声音能量或声压的工具）来考察说话者的状态和动机方面的信息（Scherer，2003）。

当输入的语言为文字形式而非语音形式的时候，研究者就可以使用图像（如笔迹学）、正字法（反映拼写错误）、词素（单、复数，过去、现在时）、特定词汇（反映的是个人距离或即时性；Mehrabian，1966）、动词短语（行为或状态）、句子（不同的言语行为）或更大的文本单元形式进行分析。所有文本分析过程的目的都是在一般的语言理解基础上进一步系统地提升理解深度。这些分析方法在加深我们对语言理解的程度上会受到三种因素制约：(1)分析所使用的范畴系统的有效性，(2)被分析的文本自身的质量，以及(3)从原始数据中分离出系统变异所使用的统计方法具有的效力。

(二) 语言影响技术

当研究者从被动接收信息的角色转变到主动沟通的角色来开展研究时，他们关注的问题就变为如何使用语言有效地对他人施加影响了。使用什么语言技巧能塑造出一个优秀教师、治疗师、政治家或销售员？什么样的措辞或语言风格能够帮助研究者在调查、访谈、考试或实验任务中得到有效的数据？如何使用语言进行有效的说服、奉承，进行精确的指导，甚至是讲一个让人捧腹的笑话？虽然用语言造成社会影响这种主动功能与理解他人语言和影响这种被动功能是不同的，但是这并不影响语言学方法的使用，这些方法实际都遵循了相同的准则。例如，人们需要使用范畴系统帮助自己区分出那些能够对他人施加影响的语言类型。例如，认知访谈技术是一种被广泛承认的可以提升法律案件中证人证词质量的访谈技术(Fisher & Geiselman, 1988),它的特征是要具有耐心的、不打断、让证人自己决定报告顺序,并鼓励证人从不同角度重复报告。

在认知访谈中,范畴系统中包含的是交谈的抽象属性。其他的语言运用领域包含有更加基本的与具体的范畴系统。例如,在健康教育中使用频率数值而不是有误导性的概率来进行表述(Gigerenzer, Gaissmaier, Kurz-Milcke, Schwartz, & Woloshin, 2007);在广告中倾向于使用情绪性词汇(Agres, Edell, & Dubitsky, 1990);在职业广告中会运用或避免运用性别歧视词。总之,人们认为包含了明确语言属性的范畴系统的语言学方法在人类语言沟通过程中起着中介作用。

三、介绍语言学方法:三个例子

如果宽泛地介绍表6-1中所列的所有方法,那么我们就会偏离本章的主旨。出于介绍语言学方法基本准则的目的,我们仅选取一些方法作为样例进行介绍。接下来,我们首先简单地概述基于标准的可信度分析这种方法,以此为例说明法律专家是如何使用言语报告来评价证人可信度的。然后,我们将介绍一款能够通过分析大型文本语料库中语义性措辞的出现率来推断情感和动机状态的现代化计算机软件。最后,我们将介绍如何使用有效对话的方法(Gricean 会话原则)来达到影响、操纵消费者的目的。

(一) 基于标准的可信度分析

基于标准的可信度分析是一种被经常应用于法律判断的语言学工具。在刑事审判中,如果没有能证明被告罪行的物理证据,而仅有证人的言语证词时,法庭就需要对证词的可信度进行专业判断。基于 Steller 和 Köhnken(1989)的工作,表6-2中呈现的是一种司法专家广泛使用的范畴系统。这种判断过程背后的心理语言学原理实质上就是判断证词符合表中所列特征的程度,符合程度越高,说明被试越可能真的目击了证词中所报告的事件。很显然,如果报告是被伪造的,那么证词中就不太可能出现一些不寻常的细节,不太会承认自己的记忆有缺失或引述自己的心理过程。如果能够在证词中找到比较多的真实标准特征,那么就能判断证人的证言是真实的。虽然表 6-2 中列出的 19 个语言线索各自的诊断相关性(证词的真实性与各个线索之间的相关性)较弱(通常在.10—.20),但是当把 19 条线索作为一个整体用作证词真实性指标时,虽然得到的结果并不完美,但还是能够较为有效地判断证词的真实性。

基于标准的可信度分析具备建立起一个语言学方法所需要满足的测量学要求:(1) Yo——证词初始的真实状态(有效性标准);(2) 有区别真实证词与虚假证词的一系列范畴或线索,x_1, x_2, $\cdots$, x_k(如表 6-2 所示);(3) 专家综合所有线索做出的主观真实性判断 Ys。通过对常规群体的研究,我们可以对每种线索的诊断力($v\beta_1$, $v\beta_2$, $\cdots$, $v\beta_k$;Yo 与 x 的相关系数或回归系数),专家怎样使用线索($u\beta_1$, $u\beta_2$, $\cdots$, $u\beta_k$;Ys 与 x 的相关系数或回归系数),以及方法整体上的效果(Yo 与 Ys 之间的相关系数)进行估算。

表 6-2 专家判断证人可信度的语言学标准[①]

一般属性和特殊细节	内容独特性	动机性的和案件特异的内容
• 逻辑一致性	• 不寻常的细节	• 自发纠正证词
• 非结构化的报告	• 补充细节	• 承认记忆缺失
• 细节丰富(量化)	• 描述难以理解的元素	• 对自己的证词产生怀疑
• 时空链接	• 间接情节有关的信息	• 自我贬低
• 交互描述	• 报告自己的心理过程	• 为被告开脱
• 语言复述	• 描述被告的心理过程	• 包含案件类型特异的成分
• 伴随行为		

① 也有研究者划分为四类,称之为基于标准的内容分析(Zhou, Burgoon, Nunamaker, Twitchell, 2004)。具体见国内有关综述文章。——译者注

符合以上这些要求的语言学方法可以和 Brunswik(1952)提出的透镜模型概念框架联系起来(图6-1),所以也可以在此框架下对数据进行统计分析(Hammond & Summers,1972; Hursch, Hammond, & Hursch,1964)。研究者可以用透镜模型分析来检验信息接收者主观理解的 Ys 中正确反映沟通者传达的真实意义 Yo 的程度,同时也可以检验不同语言线索在理解过程中是否起到中介作用。尤其是研究者也可以分析信息接收者是否是根据那些能够诊断初始意图信息的有效线索进行理解的(即图6-1中右侧的线索使用率是否与左侧的线索生态效度相匹配)。在这些基础上,研究者就可以对不同线索系统的效度进行比较了(如词汇线索和文体线索)。研究者也可以分析内省自知力程度(如接受者是否知道自己使用的线索)、误解(如不同的接受者对同一线索分配的权重不同)或线索之间的交互作用(如同一个线索所发挥的功能是否会取决于同时存在的其他线索)。

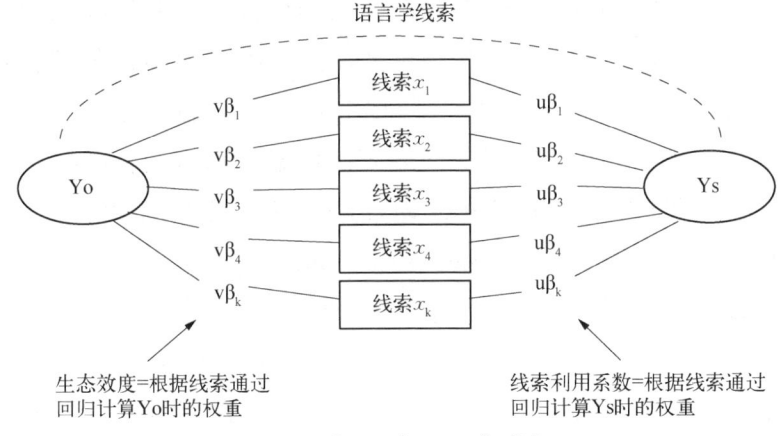

语言学线索

生态效度=根据线索通过回归计算Yo时的权重

线索利用系数=根据线索通过回归计算Ys时的权重

$$R_a = G \cdot R_{Yo}R_{Ys} + C \cdot [(1-R_{Yo}^2)(1-R_{Ys}^2)]^{1/2}$$

G=知识=根据线索预测出的 Yo 和 Ys 之间的相关系数
C=把线索的作用排除后,Yo 和 Ys 残余方差之间的相关系数
R_{Yo}=Yo 和线索之间的多重相关系数
R_{Ys}=Ys 和线索之间的多重相关系数

图6-1 Brunswik(1952)用于分析客观状态 Yo 和主观解释 Ys 之间关系的透镜模型

沟通的成效(即在样本中 Yo 与 Ys 之间的相关系数 r_a)可以分解为不同的成分,即图6-1中呈现的可以称之为"透镜模型等式"的形

式。这种分析框架能够帮助研究者量化沟通有效性 r_a 是如何被特定线索系统 G 或残差 C（线索系统所无法解释的部分）以线性形式中介的。如果你对透镜模型等式感兴趣，可以阅读 Hammond 和 Summers（1972）的论文。

(二) 语词分析和词频统计

现代电脑技术以及软件工具使得研究者可以很容易地使用语言学方法分析诸如史书、文字媒体或互联网信息等大型语料库。这其中最著名的方法就是 Pennebaker 等人（2001，2007）开发的语词分析与词频统计方法（LIWC）。这种文本分析工具非常便利，能发挥语言学方法的测量学价值。LIWC 并不旨在捕捉到所有文本结构中的全部属性，而是巧妙地去关注那些容易测量到的并且通常能够提升心理测量质量的文本单元。

所有人在一开始都会认为语言学方法是灵敏且有效的，并且希望这些方法能够鉴别出字里行间中包含的隐喻、类比、文体特征、模糊限制词、意蕴等等造就了语言复杂性和创造性特征的成分。事实上，人类的语言非常复杂、精细、多层次，只有那些高度熟练的语言使用者，例如诗人和语言专家，才可能从书面或口语的实例中充分提取出有效信息（Pennebaker，Mehl，& Niederhoffer，2003）。

LIWC 是一种缺乏上述所有能力的电脑程序。它并不关注语言所说的内容是什么，也无法领会表达者想要表达的意义（无论是直截了当地说，还是隐晦地暗示）。LIWC 只会简单地对词汇计数，除此以外做不了任何事情。所以说，LIWC 并不能理解讽刺、挖苦或比喻，甚至不会鉴别一词多义的同音异义词。那么，像 LIWC 这样的词频统计软件能为社会心理学家的研究带来什么帮助呢？

答案就是：非常多！与其他统计词频的方法一样，与其说 LIWC 考察的是语言内容，不如说它考察的是语言风格（Weintraub，1989）。也就是说，这种程序并不关心人们想要说或写什么，而关心人们怎么说或怎么写。以 Chung 和 Pennebaker（2007）使用的两个人谈论他们对冰激凌感受的对话为例。A可能会说"我想说我喜欢冰激凌",B可能会简单地说"冰激凌很美味,是好东西"。这两句会话看似传达了相同的信息,但是它们使用了不同的方法。A说的话比较迟疑、小心,而B说的话更为随和与不羁。这些信息并不存在于它们表达的具体内容中,而体现在它们的用词上,但是这些词并不为他们所说话的语义增加额外的内容。

LIWC有一个包括4 500个词汇的词典。软件可以逐词分析任何形式的文本文件(如书、短文、网络材料、转录的口语等)。软件包含80种预先定义的语言范畴,其中包括语言过程(如代词、文章)、心理过程(如情绪或社会过程词)、个人关注(如钱、工作)以及口语范畴(如填充词)。这些范畴有的是语法规则,有的是由一些人通过多步骤评价判断总结得出(Tausczik & Pennebaker, 2010)。程序会把其识别出的每个词分入一个或多个层级的范畴中。例如,"愤怒"(rage)会被分入情绪词大范畴里,同时也会被分入消极情绪词子范畴。当分析结束后,LIWC会报告所有被识别的词分属不同范畴的百分比。例如,研究者可能会看到3%的词是代词,2%词是消极情绪词。这些信息对于研究一些心理过程和个体差异的研究者来说具有很高的价值。

但是,单独一个范畴的信度可能并不高。这是因为传统测量方法与自然语言之间存在很大差异。传统问卷会使用不同措辞来测量同一个问题以增加测量的信度。然而在自然语言中,表达者会直接说出他们想要说的内容。人们并不会重复同样的话语,而是会加入一些新的内容,这就降低了测量的信度。虽然信度存在一定问题,但是,LIWC使用的词频统计方法还是能够揭示一些有趣且可靠的心理加工过程。与前文在基于标准的可信度分析部分介绍的方法相似,研究者可以通过判断几种语言线索是否同时满足作为指标来提升该方法的诊断力度。满足所有线索能够提供相当程度的诊断力度,但是这些相互独立的线索本身与测量对象之间的联系却比较弱。当然,这里也可以使用透镜模型进行解释。

通过对成千上万的文本以及超过1亿个单词的分析,LIWC已经经过了多次重大修改与功能扩展,有一些功能已经非常简单实用了(使用手册见 Mehl & Gill, 2010)。同时,LIWC 的词典也已经被翻译为好几种语言(包括西班牙语、意大利语、土耳其语、德语、挪威语和葡萄牙语)。更多语言的词典正在陆续完成中,读者可以登录网站 www.liwc.net 获取程序。

(三) Gricean 会话原则

Grice(1975)提出的研究会话逻辑的语用语言学方法使用的是良好沟通中的文体法则,而不是词汇的范畴系统。根据 Grice 的观点,进行会话的人会期望其他人都能坚持合作原则。这种合作原则包含四个准则。这些准则是在字里行间进行推论的规则:数量准则指的是要求沟通者在达到让他人能理解的目的前提下,尽可能传达数量少的细节信息;质量准则指的是沟通的所有方面都必须包含一些有意义的、有效的信息(即使并非所有话语内容都是真实的)。关联准则要求话语与前后句或上下文存在有意义的联系;方式准则指的是要排除异常和模糊的沟通方式。使用 Gricean 准则对文本编码能够帮助人们找到能使沟通变得更加有效与成功的文体性质。

以上 4 个准则并不只是沟通者需要遵守的说明性规范,还可以帮助人们推测沟通者在文字背后想要传达的含义。数量准则体现的是一种所有沟通的信息都是有意义的,并且有意义的信息才会被说出来的理想状态。很显然,在沟通的时候,人们会在不同程度上或有意或无意地偏离这个准则。完全遵守 Gricean 准则能够使人们开展顺畅且有效的沟通。偏离这些准则不仅会导致产生误解和歧义,也会带来幽默和诗意(Schwarz, 1996; Wänke, 2007)。

接下来举个例子说明会话分析是如何揭示语言背后隐藏的意义的。请比较以下两句广告语"遵照指导吃 Eradicold 药片能帮助你在冬天不感冒"和"不感冒地度过冬天,遵照指导吃 Eradicold 药片"。第一句广告语体现了吃药和不得感冒之间的因果关系,而第二句广告则没有这层意思。然而,第二句广告语中通过运用将两句无关的陈述放在一起,这种违反关联准则的方法隐含地构造出了因果关系。在进行消费决策时,这种隐含的信息对人们决策的影响甚至比断言的信息更大(Harris,1977;Harris,Pounds,Maiorelle,& Mermis,1993)。

使用关联准则能使无意义的和失真的信息变得具有说服力。由于广告的目的是说服消费者,所以广告中呈现的任何信息都必须有利于宣传商品的优势,否则就与沟通的目的无关,违反了关联准则。因此,在广告中即使虚构出对消费者来说毫无意义的属性,也会激发出良好的品牌反应(Wänke & Reutner,2010b)。

四、词汇层面的语言学分析

虽然语言不能简单地等同于构成句子、段落或其他文本结构的词汇,但是词汇对于语言分析来说是非常重要的。毕竟词汇是构成语言的最自然的语义单元。对词汇的分析体现了语言学测量的两个目标的最优整合。词汇单元的长度足够承载实质性意义,同时对于客观测量来说又足够小、足够进行区分。简单的短语可以作为启动刺激、强化物、范畴标签,以及心理学实验中涉及的其他刺激。从人类发展的角度来说,词汇是早期语言学习的最主要单元,也是翻译、定义、量化、精确化以及评估的主要单元。在详细介绍一种常用的词汇分析方法以及应用之前,接下来先简单介绍两种创造性非常强的使用词汇分析来研究沟通中的细节的方法。

(一) 虚词分析

在 LIWC 中,Pennebaker 等人(2001,2007)区分出两种词汇——实词与虚词。实词通常包含名词、规则动词、形容词和副词。实词传达的是陈述性内容。在"德国人在点球决胜中又一次战胜了英国人"这个句子中,德国人、战胜、英国人、点球决胜都是实词。与实词相对,虚词并不包含人们要传达的信息内容,而是有关人们"怎么说"的信息。虚词像胶水一样将实词连接起来，构成一个连贯的句子。在上文的样句中，在、又、一次都是虚词。虽然虚词在语言中所占比重很小，但在口语和书面语中的功能却举足轻重。然而，人们只会记住沟通的内容，并不会意识到用了哪些、用了多少虚词。但是，事实上，虚词的使用通常与不同心理过程和个体差异有关。

大量研究已经考察了虚词的使用和多种心理过程之间的关系（Chung & Pennebaker，2007；Tausczik & Pennebaker，2010）。接下来会简单介绍这方面的研究，其中主要侧重于一些最为突出的成果。

研究者在对社会地位的研究中发现第一人称单数代词的使用与低地位有关，而第一人称复数代词的使用则和高地位有关（Sexton & Helmreich，2000）。从这里可以看出，似乎低地位者更关注自我，而高地位者则倾向于在沟通中包含他人。在对抑郁的研究中也发现，抑郁同样与第一人称单数代词使用情况有关。正在经历抑郁的患者比曾经经历过抑郁的人更倾向于使用第一人称单数代词，这两类人比没有抑郁病史的人使用第一人称单数代词的概率更高（Mehl，2004；Rude，Gortner，& Pennebaker，2004）。这个现象在对自杀的诗人和未自杀的诗人作品的文本分析中也得到了验证（Stirman & Pennebaker，2001）。

如果自我关注者使用第一人称单数代词的现象与消极结果有关，那么在此基础上可以假设，采用使用第三人称代词的方法能够转移这些人对社会环境的注意，也许就能够改变他们的状况。这一假设已经得到实验证明，有研究者发现非我代词的使用情况与心理、生理健康有关（Chung & Pennebaker，2007）。

一项针对"9·11"恐怖袭击造成的语言变化的研究取得了令人瞩目的结果（Cohn，Mehl，& Pennebaker，2004）。这些研究者分析了"9·11"恐怖袭击前两周至后六周的1 100个活跃的博客账户，从中得到超过70 000篇日志，提取出超过25 000 000个词汇。LIWC程序根据情绪积极性、认知加工、社会定向以及社会距离四个指标对日志进行分析，对博客主人进行评分。

情绪积极性指标是指积极情绪词(如"高兴""好")比消极情绪词(如"杀""丑")的使用率高多少。认知加工指标反映的是人们试图使沟通言之有理,并对沟通主题有更深层次理解的程度(如"使用""想""因为"等词)。社会定向指标是指人们在日志里提及他人的程度(如"使用""谈话""朋友"等词)。心理距离指标是一个经由因素分析派生出来的变量,是指人们倾向于使用此时此刻的语气还是使用抽象的、非人的、理性的语气的程度。除了这四个范畴之外,诸如"奥萨马""世贸中心"等反映对恐怖袭击事件关注程度的词也被计为一个指标。

结果发现,在恐怖袭击后,博客上表现出的消极情绪更多。但是在两周内,这种情绪回归到了恐怖袭击发生前的水平。这个结果说明,虽然这些消极情绪会持续一段时间,但是情绪本身会逐渐淡化,体现的是一种应对反应。

在恐怖袭击后,博客作者也倾向于使用更多表现精细认知和社会定向的词。表明他们在试图弄清楚到底发生了什么,并且由于情绪困扰而向他人求助。同样,认知加工指标和社会定向指标在两周内恢复到了恐怖袭击发生前的水平,并且在六周后降低到基线水平以下。

心理距离指标在恐怖袭击后急速上升,并在两周内下降。但是在六周后仍然高于基线水平。研究者认为这个模式表示恐怖袭击对美国人产生了冲击,使他们更独立且在认知上更为谨慎(Cohn et al., 2004)。虽然这种模式在所有的博客作者身上都有所体现,但是这只反映了那些高度关注恐怖袭击的网民的情况。总的来说,这项研究证明了语言分析能帮助解释、描述人们情绪波动的心理过程;并且显示出使用 LIWC 这类工具可以通过分析大量公开信息得到可靠结果的可能性。

(二) 主语、谓语和指称

毋庸置疑,不同的词承载的意义不同。因此,人们的选词风格也具有诊断意义和进行操纵的可能。有关词汇影响人的研究关注的一个主题是名词短语的语法地位。在语法上,主语的作用是引导叙事主题或叙事焦点,以及促进理解过程(Lyons,1977)。Turnbull(1994)将其描述为"在同时呈现其他信息的时候,言语者可以使用主位结构指导听众/读者将其注意投注到某些信息上"。谓语传达的是正在说什么的信息。因此,判断一个句子中什么是主语,什么是谓语是非常重要的。例如,"小明和小红跳舞"与"小红和小明跳舞",这两个句子虽然说的是同一个场景,但是会让人推测出不同的意义。第一句是关于小明的句子,第二句是关于小红的句子。读者可能会将第一句理解为小明是跳舞这件事的起因,而将第二句理解为小红是这件事的起因。用刑事案件来举个例子,当询问强奸受害人时,如果人们认为她是可信的,人们可能会问她"小明和你跳舞了吗?";而当人们认为她不可信时,就可能会问她"你和小明跳舞了吗?"(Semin & De Poot,1997)。

在比较句中,主语在确定句子主题上的作用最为明显。例如,"树和人一样"与"人和树一样"这两句话传达的信息完全不同(Tversky,1977)。从说话者的角度来看,比较句的主语并不仅仅是词在句法中的位置,更是体现了说话者的关注点。如果有人问你是否认为乔治·克鲁尼是一个比布拉德·皮特更好的演员,这其实说明他可能更看重乔治·克鲁尼(Wänke,2010)。例子中的布拉德·皮特作为"指称"。指称反映的是比较关系中的基本标准水平。在语言中,某个目标信息作为主语还是指称出现,实际上会影响人们对沟通目标的推断(Bruckmüller & Abele,2010)。

主语与指称之间互换位置可能会导致偏好发生反转或在其他方面产生差异(Wänke & Reutner,2010a)。例如,人们倾向于认为"墨西哥像美国",而不太会认为"美国像墨西哥"(Tversky,1977)。同样,与形式逻辑相违背,在一项调查中,当被要求比较"交通和工业"两者造成空气污染的大小时,45%的被试认为交通是主要污染源;当要求比较"工业与交通"时,则只有24%的被试认为交通是主要污染源(Wänke,Schwarz,& Noelle-Neumann,1995)。可以发现,词汇在语法上所扮演的角色能够影响人们做出的判断和决策,并且对于这些用法的语言分析也能够揭示语言使用者说话的前提、偏好,以及某些内隐的假设。

五、句子中谓语的语言范畴

在 Semin 和 Fiedler(1988)的开创性工作后,越来越多的研究使用语言范畴模型(LCM)来研究社会沟通中语言的作用。LCM 的范畴系统包含了四类可以作为句子谓语的动词或形容词:描述性动作动词(DAV)、解释性行为动词(IAV)、状态动词(SV)和形容词(ADJ),四种范畴描述行为或事件的抽象度递增(表 6-3)。在沟通中,人们选择使用什么抽象程度的词可以揭示出他们的动机、态度、情绪和行为倾向,并会导致在推理、归因和情感反应上出现系统化的差异。例如,求职者可能会在简历中将自己的社会性水平形容为"能够和其他同事聊天"(DAV)、"和其他人共同完成项目"(IAV)、"尊敬他人"(SV)或"是一个不错的同事"(ADJ)。如果使用抽象的谓语(ADJ 或 SV),就说明这个人的社会行为比较稳定,不依赖于特定的情境。相反,如果使用具体的谓语(DAV 和 IAV),那就说明这个人的社会行为不稳定,是意图性的,依赖于特定情境的。因此,在进行个性归因的时候,应当更加关注抽象度高的谓语所传达的信息;而具体的谓语则需要进行情境归因。

表 6-3 Semin 和 Fiedler(1988)的语言范畴模型

描述性动作动词(DAV)	拜访	单一行为事件
	踢	具体情境参照
	涌起	不变的物理属性
	接触	情境依赖的意义
解释性行为动词(IAV)	欺骗	单一行为事件
	伤害	具体情境参照
	帮助	解释与效价
	保存	单一行为事件
		具体情境参照
		情境依赖的意义

续　表

状态动词(SV)	钦佩	情绪或认知状态
	讨厌	非情境参照
	喜欢	解释与效价
	妒忌	抽象的具体行为
形容词(ADJ)	诚实	长期倾向
	好斗	非情境参照
	美丽	高度解释性
	聪明	抽象的行为与人

LCM 在分析的时候排除了大量具体语言内容。这不仅忽视了所有的非词汇信息,也不关注某些词汇的引申义,而仅仅关注表中划分的四种范畴。这种做法的主要原因有两个:一是这四种范畴本身虽然很精简,但应用很广泛,并且不受个体偏好使用某些特殊词的影响。有些特殊词很容易受人控制、隐瞒或者容易受人责难。然而,人们很难控制自己在 LCM 范畴上用词的频率分布,因此 LCM 可以被认为是一种客观的,不容易受到人为影响的方法。二是 LCM 的四种范畴也是 LCM 的理论基础。与提供一系列范畴来评价语言内容的方法相比,LCM 始终紧扣着四种语言范畴分别能激活不同认知功能的理论假设。

如果需要更深入地了解这些理论的基础,可以尝试阅读有关的研究(Fiedler,2008b;Semin & Fiedler,1988)。接下来介绍一些得到反复验证的,有关四种范畴激发的认知推论与精细化加工的理论观点:

(1) 不同单词范畴会激发产生不同的归因加工。例如,根据 Kelley(1967)的协方差归因模型,抽象 ADJ 谓语会激活有关的因果图式知识。ADJ 句子("Vince 是诚实的")的语义信息显示出高一贯性(在不同时间和场合都会出现)、低独特性(对不同的人做出同样的行为)和低一致性(Vince 和其他人不同),这就导致人们对 Vince 做出内部归因。相反,SV 句子("Vince 尊敬 Laura")则导向对 Laura 进行归因,这是由于"尊敬"这个词暗含了高独特性(Laura 有一些特殊的地方)、高一致性(其他人也可能尊敬 Laura)以及高一贯性(时间上稳定)。

(2) 语言范畴会激发不同层次的认知表征。人们通常会使用整体特征和低维度的简单记忆结构来表征抽象语句；使用局部特征和高维度的复杂记忆结构来表征具体语句（Fiedler, Semin, & Finkenauer, 1993; Semin & Fiedler, 1988; Trope & Liberman, 2003）。

(3) 抽象和具体词会引发人们开展不同的确认过程和有效性检查。举例来说，抽象 ADJ 句子（如"Ronald 很虔诚"）是否真实这个问题就依赖于其他与同一个人有关的 ADJ 词汇（如道德的、忠实的），而不用关心具体的时空背景。而当面对一个具体的 DAV 句子时（如"Ronald 鼾声很响"），人们需要依赖于特定的情境（如卧室）来判断这个句子是否真实，而不依靠其他具体的行为。总的来说，与抽象属性相比，具体属性更容易被人们认为是真实的，而且更容易被保存在记忆中。即便语义内容不变，使用更多具体短语的语句通常会被认为比使用更多抽象短语的语句更真实（Hansen & Wänke, 2010）。

(4) 语言范畴承载了语句所描述的人的动机和情绪的微小线索。抽象和具体的词汇能够表达出远、近社会距离信息。此外，抽象词汇会导致人们产生促进定向，而具体词汇则会导致人们产生防御定向（Semin, Higgins, de Montes, Estourget, & Valencia, 2005）。

（一）在社会心理学研究中使用 LCM 方法

由于上述这些原因，我们可以发现 LCM 分析不仅能够揭示出很多有关沟通者的动机和归因信息，同时也能推测沟通中另一方的推断过程。在群际偏见的研究中，LCM 的这一优势表现得最为抢眼（Maass, 1999; Wigboldus & Douglas, 2007）。已有研究发现，当讨论外群体成员时，人们通常倾向于使用抽象形式来传达消极属性，使用具体形式来传达积极属性。而讨论内群体成员时则相反。由此，当研究关注文本理解时，就可以使用 LCM 来诊断沟通者的团体归属或态度。另一方面，当研究关注语言产生时，LCM 就可以用于选择能够有助于塑造信息接收者心目中积极或消极目标群体形象的谓语。

同样地，Anolli 等人（2006）使用 LCM 的四个范畴来评价政治沟通中传达的态度。Schmid 和 Fiedler(1998)通过 LCM 分析模拟法庭中公诉人和辩护律师之间的最终陈词,探讨了动词和形容词是如何改善或恶化人们对被告的印象的。Karpinski 和 Von Hippel(1996)发现维持由刻板印象诱发的期望依赖于会引起语言群际偏向的语言风格。除了很多考察刻板印象的 LCM 研究以外,Kashima 等人(2006)还考察了语言习惯作为个体主义文化和集体主义文化起源的观点。与他们的预期一致,无论语言描述的对象是一个人或一群人,西方文化(英国人)比东方文化(韩国人)下会做出更多客观化描述(名词和形容词)。

Kashima 等人(2006)并不满足于仅使用语言分析进行纯粹的描述性研究,他们还用语言学方法来解释文化差异。使用 LCM 进行内容分析,同时再解决理论问题,以此达到双重目标是 Fiedler 等人(1991)研究的一大亮点。在本章最后部分将会详细地介绍 Fiedler 等人的研究,完整地呈现一种语言学研究方法。

(二) 亲密关系中的语言范畴和归因偏向

接下来介绍的研究关注的是行为者-观察者偏差。即观察者倾向于将他人的行为进行稳定的内部归因,而行为者倾向于将他人的行为进行不稳定的外部归因(Jones & Nisbett, 1972; Watson, 1982)。这个现象可能是社会冲突和有偏见的判断的来源,通常被认为反映了行为者和观察者在知觉角度上的差异(Storms, 1973),也表现出在认知上对自己和他人的不对等性(Sande, Goethals, & Ratloff, 1988)。因此,人们普遍认为内部的认知因素是行为者-观察者偏差的主要来源。

Semin 和 Fiedler(1989)对这个观点提出了质疑。他们认为类似现象至少有一部分来自人际沟通,而非完全是内部认知因素作用的结果。对此,他们分析了行为者自我描述以及观察者对他人行为描述的文本中出现的沟通规则。结果发现,当描述自己的行为和成果时,行为者倾向于避免使用抽象或描述性格的形式来形容自己。这是因为人们不习惯做自己的评价者或裁判,认为评价应当由他人做出。当这种语言规范促使行为者更少使用抽象的特质词来形容自己,而更多使用具体词来形容自己的行为时,我们所观察到的行为者-观察者偏差实际上反映的就是一种语言现象。

(三) 一个研究样例

根据上述理论观点,Fiedler 等人(1991)考察了人们对自己的行为和亲密他人的行为的自由描述内容。这是一个非常有趣的研究主题。在已有理论中,关于自己与亲密他人行为的归因在理论上存在冲突。例如,研究者认为,行为者-观察者偏差会表现为人们对亲密他人更多使用内部归因;但是与此同时,亲密关系中的自我中心偏差则会导致人们更多将家务的责任归于自己而非亲密他人(Ross & Sicoly, 1979; Thompson & Kelley, 1981)。

行为者-观察者偏差与自我中心偏差之间的理论冲突无法用人们对自己和他人在知觉或知识上的认知假设进行解释。然而,使用语言学方法就能既简单又直接地解释这种理论冲突。通过分析,研究者发现,几乎所有行为者-观察者偏向都是在 ADJ 层面进行特质归因的(Jones & Nisbett, 1972),而大部分关注自我中心偏向的研究使用的都是在 IAV 层面编制的与行为或成就相关的问卷(Ross & Sicoly, 1979)。从语言学的角度来说,这种做法确实有可能促使人们不使用 ADJ 层面来描述自己的特质。然而,由于人们更清楚、更容易记住自己的行为,而不是亲密他人的行为(Ross & Sicoly, 1979),因此人们会在以 IAV 为主的研究方法中将自己的行为归因到更多的 IAV 项目上。

Fiedler 等人(1991)在研究中要求 31 对夫妇自由描述他们自己和他们的伴侣。除了告知他们可以参照他们的特征、活动、感受和习惯进行描述,而且他们说出的句子除了必须包含逻辑主语(自己或伴侣)之外,不再做出其他的限制。随后使用 LCM 分析获得的语料。分析的目标是找到支持两种归因倾向的证据,无论它们的语言层级是否一致。研究者认为行为者-观察者偏差(对伴侣进行更多内部归因)应当存在于 ADJ 层面上,而自我中心偏向(对自己进行更多内部归因)应当存在于 IAV 层面上。

（四）将文本分割为编码单元

和其他内容分析方法一样，LCM 文本分析的第一步也是分段（见附录 6.1）。在这一步中，完整的文本会被分割为几个基本命题，然后再根据 LCM 的四个范畴将基本命题中的谓语分类。如果一个句子包含多个谓语，那就根据谓语再拆分成几个基本命题。例如，"小李有时候很冷漠、缺乏兴趣，没有感情。"这句话包含了三个基本命题，分别是"小李冷漠""[他]缺乏兴趣"和"[他]没有感情"。虽然主语"小李"并没有在所有的命题中出现，但是很明显地，这些命题中的谓语都指向"小李"。

在分段的时候要进行选择。例如，当前这个研究的目标（即评价自己和伴侣的语言范畴）要求语句的逻辑主语必须是自己或伴侣。那么，研究者就要排除提及其他人的句子。研究者也要事先确定如何处理那些无法明确分类的句子。例如，研究者需要事先确定是否要保留使用"我们"作为主语的句子。一般来说，如果将这种句子同时编码为描述自己和伴侣，就会削弱在自己和伴侣描述中可能存在的差异。同样地，研究者也要事先决定如何处理一些代词（如"男人""男友"，而非"小李"之类指代具体个体的词）。研究者更要事先确定当遇到同义词的时候是否需要重复编码并计数。这些问题都没有固定的解决方法。那么，在实际应用中到底要怎么处理？这就取决于文本的形式、研究目的、科学程度要求以及研究者需要的精确度了。一旦确定了方法，就要应用到整个语料库中。

（五）对基本命题编码

分段得到基本命题后就可以进行第二步的语言编码了。在样例研究中，研究者需要从两个方面对基本命题编码：(1) 句子的主语/逻辑主语（自己-伴侣，分别使用"S"和"P"来代表）；(2) 谓语的语言学范畴（DAV、IAV、SV、ADJ）。在一些关于群际偏见的研究中，还需要对基本命题的效价编码。在更为精细的研究中，研究者还要对 (3) 描述情境背景的副词短语的内容编码，或对 (4) 主动与被动语态、限定词、数量词,以及(5) 直接、间接表达的语言内容编码。不过对于大多数的 LCM 研究来说,关注前三个编码内容就足够了。

在附录 6.2 中,第一列内容是从附录 6.1 的文本中抽取的分析单元。第二列是编码的结果。第三列是 LCM 编码决策中存在的一些问题。这些问题会在后续部分进行解释。如果需要更深入地了解编码,可以阅读 Schmid 等人(2000)编撰的编码手册(www.psychologie.uni-heidelberg.de/ae/sozps/downloads/lcmcod.pdf)。

1. 归属于多个范畴的词

在编码中最常见的问题之一就是有的词会同时归属于多个范畴。这时候就需要分两种情况进行讨论。第一是情况是有些词处于两个范畴的中间地带。例如,"我们每两周见(meet)一次朋友"这句话中的"meet"如果理解为物理上的接近、会面,就可以编码为 DAV,如果理解为几个人会面的形式,就应该编码为 IAV。第二种情况是遇到了多义词。例如,"感谢(thank)"这个词同时包含 SV(内部的情感状态)和IAV(表达谢意的沟通行为)两种含义。附录 6.1 中的"他表达了感谢"就比较清晰地导向了 IAV。

无论面对哪种情况,编码人员都必须做出主观判断。在心理测量学上,可以通过计算两个乃至更多相互独立的编码人员的编码一致性来判断这种模棱两可情况下编码的信度。即使编码者主观上感到猜测或不确定的编码比例较高,评分者的一致性系数——Cohen's Kappa (Cohen,1960),通常也会达到.80—.90,远高于编码者主观上的估计值。

当测量工具包含人工判断环节时,以上现象是很常见的。智力测验的测题和心电图的电极无法感受到误差情况和它们自己可能产生的不确定性,而人类编码者却可以。从测量学的角度来看,LCM 编码的变异性并不是一个很严重的问题。哪怕只有 60% 的编码决策不存在争议,编码者还是可以通过猜测将编码的正确率提升至 80%。当人们在做不确定的决策时,准确率往往比随机猜测的时候更高。同样,当模棱两可的词的总量低于 40% 的时候(这是很常见的情况),结果的准确性也会很高。即使在最差的情况下,如果文本足够长,即使分类错误,抽象的、具体的错误之间也会互相抵消,不会对最后的结果产生太大影响。由此可见,LCM 编码在心理测量学上的质量比其他方法更高。

2. 起到形容词功能的名词短语

判断动词(DAV、IAV、SV)和形容词(ADJ)是很简单的。然而,在现实中很容易遇到名词短语起形容词作用的情况。一般来说,即使是由名词组成,含有助动词的谓语依旧可以被编码为 ADJ(如"to be""to become""to get""to seem")。在附录 6.1 中,"小李是一个律师"这句话表达了小李的品质。言下之意,如果使用 ADJ 进行描述就是"小李很可信"或"小李缺乏幽默感"。当然,最后还是需要研究者自己决定如何排除名词短语。因为名词短语在文本中数量比较大,所以研究者应当谨慎对待这些有价值的数据,而不是直接忽视它们。

3. 被动语态的编码

在日常言语中,被动语态是很少见的。如果直接排除所有用了被动语态的基本命题,结果也不会受到太大的影响。如果不删除的话,也可以在调整被动语态的语序后再进行分析。例如,"他感到被他的老板冒犯了"这句话就可以改成"他的老板冒犯了他"。如果转换得到的句子的主语既不是自己,也不是其他人,那么就可以考虑删除这个句子。当然,编码的时候也可以直接锁定"感到"这个词,直接将句子标记为 SV(又因为使用的是被动语态,另外要标记为描述他人)。

4. 主要句子和辅助句子

虽然大量辅助句子只是起到提示可能行为的作用,而不是提出或确认特定行为,但是在 LCM 编码的时候最好把这些句子都纳入分析。因此,虽然"当他感到……沮丧,因为有些人犯错了"这句话并没有肯定地说他沮丧,而是陈述了一个暂时的场景,但是却暗示了这个情况有时候会发生。因此,如果没有特别的好理由,研究者就不要管句子到底是什么性质,在编码中统一对所有基本命题进行编码。

5. 元沟通

区分沟通和元沟通(metacommunicate),以及排除那些作者仅用来传递他们希望大量话语如何被人理解的元沟通内容在编码中是必要的。例如,人们通常会在话语中插入"我想说的是""相信我""就是这样"等多种限定词、免责声明、言语-行动指标[如"言外之意指标"(illocutionary force-indicating devices);Scher & Darley,1997]等不属于沟通目标,但却对沟通行为有作用的内容(例如,附录 6.1 中的句子"我的意思是,小李有时候很冷淡")。如果 LCM 分析的目的是评价沟通对象的内隐态度或归因,那么,不排除这些元沟通信息就可能会导致范畴分类错误(容易搞错主语)。

(六) 数据分析

在完成分段和编码工作后,最后的步骤就是用适当方法进行统计分析。在大量只关注一般抽象水平的 LCM 的研究中,研究者只需要计算每个目标对象(自己、他人)的指标,以此反映平均的用词抽象水平。这个指标怎么计算?关于群际偏向或建构水平理论的语言学研究习惯于使用 1—4 四级计分来反映 DAV、IAV、SV 和 ADJ 四种抽象水平不同的句子。使用 ADJ 就记 4 分,代表最高抽象水平;如果介于 IAV 和 SV 之间,就记 2.5 分。

在归因偏向的研究中,计算整体的抽象水平并不能满足研究的需要。如果要检验不同用语导致相反归因偏向这种理论观点(即 ADJ 反映对伴侣的行为者-观察者偏差,而 IAV 反映对自己的自我中心偏向),研究中就需要计算自己与伴侣在每个语言范畴上的得分。图 6-2 中呈

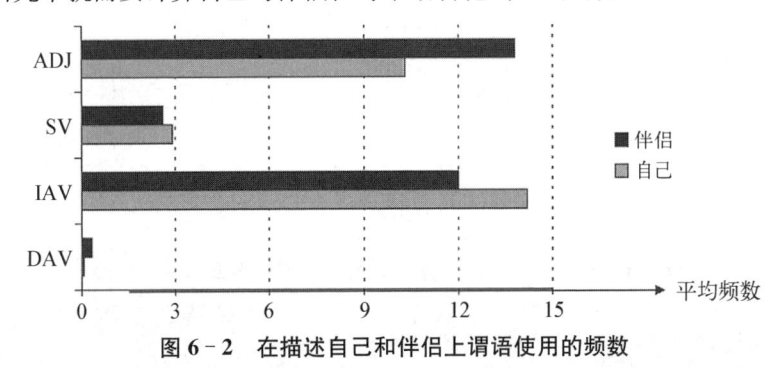

图 6-2 在描述自己和伴侣上谓语使用的频数

注:伴侣相关的形容词(ADJ)使用量高,反映的是行为者-观察者偏向;自己相关的解释性行为动词(IAV)使用量高,反映的是自我中心偏向。[数据源自 Fiedler 等(1991)]

现的是 Fiedler 等人(1991)的研究结果。如同假设,IAV 表现出更多自我归因,而 ADJ 表现出更多伴侣归因。这两种偏向在单独的分析中都显著存在,因此证明了研究者的假设,即两种对立的归因偏向能够在不同的语言水平上共存。

最后回到透镜模型这种精巧的语言分析研究方法。图 6-3 中将四种 LCM 范畴作为四种归因线索纳入模型。图左侧呈现的是四种线索的外部效度。在预测描述对象的时候,DAV、IAV、SV 和 ADJ 句的回归系数代表的是什么?此时的回归分析相当于一种简单的判别分析[①]。如果系数为正,那么就表示这个语言范畴属于自我,而非伴侣;系数为负则相反。这只是描述图 6-2 的结果的另一种方法。模型的右侧表示未来可能进行的一项研究。在这项研究中,可以向被试呈现来自沟通者的口语信息,被试的任务是对亲密关系中的双方进行归因。按照假设,ADJ 线索可能导致人们倾向于根据特质进行判断;而 IAV 线索可能导致人们倾向于根据意图性行为和行为结果进行判断。通过分析实验中不同线索条件下的结果,研究者可以考察信息接收者在解码这四种范畴的信息时是否遵循了和沟通者传播时一致的模式(权重)。通过使用图 6-1 中的透镜模型,研究者就能量化计算 LCM 线索能够在什么程度上解释左侧的参照对象(自己 vs 伴侣)与右侧的归因偏向类型(行为者-观察者偏差 vs 自我中心偏向)之间的关联。

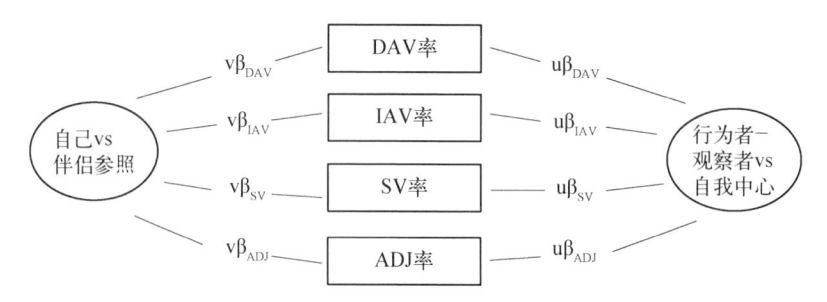

图 6-3 使用透镜模型研究归因偏向受不同类型谓语的影响

注:左侧的回归系数表明描述自己或伴侣时使用的语言范畴权重,右侧的回归系数表明不同语言范畴导致不同归因偏向的权重。

---

① 可能更合适的方法是使用 Logistic 回归。

六、结　论

社会心理学研究者常常忽视语言和语言分析的重要性。大量标准化或非标准化的语言学研究方法拥有相似的基本结构。理解文本或产生文本都是基于某个范畴或线索系统完成的。这些范畴的复杂度和抽象度在最基本的音素或字形到句子，乃至整个文本上都存在差异，但是大部分的语言分析只考察词汇层面。这是由于定义词汇比较容易，并且由人类编码者或现代软件工具进行编码也比较容易实现。语言分析结果的效度和深度依赖于研究关注的线索系统的诊断力以及使用者的合理利用程度。Bruncwik(1952)的透镜模型为评价、统计分析几乎所有的语言学研究方法提供了一种简单的研究框架。虽然本章中介绍的几乎所有方法使用的都是对已有语料库的相关分析，但是研究者也可以在一些设计精巧的实验范式中直接操纵语言词汇单元。

推荐阅读

Cohn, M. A., Mehl, M. R., & Pennebaker, J. W. (2004). Linguistic markers of psychological change surrounding September 11, 2001. *Psychological Science*, 15, 687–693.

Fiedler, K. (2008). Language: a toolbox for sharing and influencing social reality. *Perspectives on Psychological Science*, 3, 38–47.

Schwarz, N. (1996). *Cognition and communication: Judgmental biases, research methods, and the logic of conversation.* Mahwah, NJ: Erlbaum.

Tausczik, Y., & Pennebaker, J. W. (2010). The psychological meaning of words: LIWC and computerized text analysis methods. *Journal of Language and Social Psychology*, 29, 24–54.

Wigboldus, D. H. J., & Douglas, K. (2007). Language, stereotypes and intergroup relations. In K. Fiedler (Ed.), *Social communication* (pp. 79–106). New York: Psychology Press.

参考文献

Agres, S., Edell, J. A., & Dubitsky, T. M. (1990) *Emotion in advertising: Theoretical and practical explorations*. New York: Quorum Books.

Anolli, L., Zurloni, V., & Riva, G. (2006). Linguistic intergroup bias in political communication. *Journal of General Psychology, 133*, 237–255.

Bruckmüller, S., & Abele, A. E. (2010). Comparison focus in intergroup comparisons: Who we compare to whom influences who we see as powerful and agentic. *Personality and Social Psychology Bulletin, 34*, 1424–1435.

Brunswik, E. (1952). *The conceptual framework of psychology. International encyclopedia of unified science*. Chicago: University of Chicago Press.

Chung, C. K., & Pennebaker, J. W. (2007). The psychological function of function words. In K. Fiedler (Ed.), *Social communication: Frontiers of social psychology* (pp. 343–359). New York: Psychology Press.

Clark, H. H., & Clark, E. V. (1977). *Psychology and language: An introduction to psycholinguistics*. New York: Harcourt Brace Jovanovich.

Cohen, J. (1960). A coefficient of agreement for nominal scales. *Educational and Psychological Measurement, 20*, 37–46.

Cohn, M. A., Mehl, M. R., & Pennebaker, J. W. (2004). Linguistic markers of psychological change surrounding September 11, 2001. *Psychological Science, 15*, 687–693.

Colwell, K., Hiscock, C., & Memon, A. (2002). Interviewing techniques and the assessment of statement credibility. *Applied Cognitive Psychology, 16*(3), 287–300.

Fiedler, K. (1987). Anomalien bei Vergleichsurteilen und das Merkmalsmodell der Ähnlichkeit [*Anomalies in comparison judgments and the feature model of similarity*]. *Sprache und Kognition, 6*, 1–13.

Fiedler, K. (2008a). Language—a toolbox for sharing and influencing social reality. *Perspectives on Psychological Science, 3*, 38–47.

Fiedler, K. (2008b). The implicit meta-theory that has inspired and restricted LCM research: Why some studies were conducted but others not. *Journal of Language and Social Psychology, 27*, 182–196.

Fiedler, K., Semin, G. R., & Finkenauer, C. (1993). The battle of words between gender groups: A language-based approach to intergroup processes. *Human Communication Research, 19*, 409–441.

Fiedler, K., Semin, G. R., & Koppetsch, C. (1991). Language use and attributional biases in close personal relationships. *Personality and Social Psychology Bulletin, 17*, 147–156.

Fisher, R. P., & Geiselman, R. E. (1988). Enhancing eyewitness memory with the cognitive interview. In M. M. Gruneberg, P. E. Morris, & R. N. Sykes (Eds.), *Practical aspects of memory: Current research and issues: Vol. 1. Memory in everyday life* (pp. 34–39). New York: Wiley.

Gigerenzer, G., Gaissmaier, W., Kurz-Milcke, E., Schwartz, L., & Woloshin, S. (2007). Helping doctors and patients make sense of health statistics. *Psychological Science in the Public Interest, 8*, 53–96.

Grice, H. P. (1975). Logic and conversation. In P. Cole & J. L. Morgan (Eds.), *Syntax and semantics 3: Speech acts* (pp. 41–58). New York: Academic Press.

Hammond, K. R., & Summers, D. A. (1972). Cognitive control. *Psychological Review, 79*, 58–67.

Hansen, J., & Wänke, M. (2010). Truth from language and truth from fit: The impact of linguistic concreteness and level of construal on subjective truth. *Personality and Social Psychology Bulletin, 36*, 1576–1588.

Harris, R. J. (1977). Comprehension of pragmatic implications in advertising. *Journal of Appplied Psychology, 62*, 603–608.

Harris, J. H., Pounds, J. C., Maiorelle, M., & Mermis, M. (1993). The effect of type of claim, gender and buying history on the drawing of pragmatic inferences from advertising claims. *Journal of Consumer Psychology, 13*, 454–463.

Hursch, C. J., Hammond, K. R., & Hursch, J. L. (1964). Some methodological considerations in multiple-cue probability studies. *Psychological Review, 71*, 42–60.

Jones, E. E., & Nisbett, R. E. (1972). The actor and the observer: Divergent perceptions of the causes of behavior. In E. E. Jones, D. E. Kanouse, H. H. Kelley, R. E. Nisbett, S. Valins, & B. Weiner (Eds.), *Attribution: perceiving the causes of behavior* (pp. 79–94). Morristown, NJ: General Learning Press.

Karpinski, A., & Von Hippel, W. (1996). The role of the linguistic intergroup bias in expectancy maintenance. *Social Cognition, 14*, 141–163.

Kashima, Y., Kashima, E., Kim, U., & Gelfand, M. (2006). Describing the social world: How is a person, a group, and a relationship described in the East and the West? *Journal of Experimental Social Psychology, 42*, 388–396.

Kelley, H. H. (1967). Attribution theory in social psychology. In D. Levine (Ed.), *Nebraska Symposium on Motivation: Vol. 15* (pp. 192–238). Lincoln: University of Nebraska Press.

Lyons, J. (1977). *Semantics* (Vol. 2). Cambridge, UK: Cambridge University Press.

Maass, A. (1999). Linguistic intergroup bias: Stereotype perpetuation through language. In M. P. Zanna (Ed.), *Advances in experimental social psychology* (Vol. 31, pp. 79–121). San Diego, CA: Academic Press.

Mehl, M. R. (2004). *The sounds of social life: Exploring students' daily social environments and natural conversations.* Unpublished doctoral dissertation, University of Texas at Austin.

Mehl, M. R., & Gill, A. J. (2010). Automatic text analysis. In S. D. Gosling & J. A. Johnson (Eds.), *Advanced methods for conducting online behavioral research* (pp. 109–127). Washington, DC: American Psychological Association.

Mehrabian, A. (1966). Immediacy: An indicator of attitudes in linguistic communication. *Journal of Personality, 34*, 26–34.

Paterson, R. (2000). *The assertiveness workbook: How to express your ideas and stand up for yourself at work and in relationships.* Oakland, CA: New Harbinger.

Pennebaker, J. W., Booth, R. J., & Francis, M. E. (2007). *Linguistic inquiry and word count: LIWC2007.* Austin, TX: LIWC.net.

Pennebaker, J. W., Chung, C. K., Ireland, M., Gonzales, A., & Booth, R. J. (2007). *The development and psychometric properties of LIWC2007.* Austin, TX: LIWC. net.

Pennebaker, J. W., Francis, M. E., & Booth, R. J. (2001). *Linguistic inquiry and word count (LIWC): LIWC2001.* Mahwah, NJ: Erlbaum.

Pennebaker, J., Mehl, M., & Niederhoffer, K. (2003). Psychological aspects of natural language use: Our words, our selves. *Annual Review of Psychology,*

54, 547–577.
Podlesny, J. A., & Raskin, D. C. (1977). Physiological measures and the detection of deception. *Psychological Bulletin, 84,* 782–799.
Roese, N. J., Sherman, J. W., & Hur, T. (1998). Direction of comparison asymmetries in relational judgment: The role of linguistic norms. *Social Cognition, 16,* 353–362.
Ross, M., & Sicoly, F. (1979). Egocentric biases in availability and attribution. *Journal of Personality and Social Psychology, 37,* 322–336.
Rude, S. S., Gortner, E. M., & Pennebaker, J. W. (2004). Language use of depressed and depression-vulnerable college students. *Cognition and Emotion, 18,* 1121–1133.
Sande, G., Goethals, G., & Radloff, C. (1988). Perceiving one's own traits and others': The multifaceted self. *Journal of Personality and Social Psychology, 54,* 13–20.
Schmid, J., Fiedler, K., Semin, G. R., & Englich, B. (2000). *Measuring implicit causality: The linguistic category model.* Heidelberg: University of Heidelberg.
Schmid, J., & Fiedler, K. (1998). The backbone of closing speeches: The impact of prosecution versus defense language on juridical attributions. *Journal of Applied Social Psychology, 28,* 1140–1172.
Scher, S., & Darley, J. (1997). How effective are the things people say to apologize?: Effects of the realization of the apology speech act. *Journal of Psycholinguistic Research, 26,* 127–140.
Scherer, K. (2003). Vocal communication of emotion: A review of research paradigms. *Speech Communication, 40*(1–2), 227–256.
Schwarz, N. (1996). *Cognition and communication: Judgmental biases, research methods, and the logic of conversation.* Mahwah, NJ: Erlbaum.
Semin, G., & Fiedler, K. (1988). The cognitive functions of linguistic categories in describing persons: Social cognition and language. *Journal of Personality and Social Psychology, 54*(4), 558–568.
Semin, G., Higgins, T., de Montes, L., Estourget, Y., & Valencia, J. (2005). Linguistic signatures of regulatory focus: How abstraction fits promotion more than prevention. *Journal of Personality and Social Psychology, 89,* 36–45.
Semin, G. R., & Fiedler, K. (1989). Relocating attributional phenomena within a language-cognition interface: The case of actors' and observers' perspectives. *European Journal of Social Psychology, 19,* 491–508.
Semin G. R., & de Poot, C. J. (1997). You might regret it if you don't notice how a question is worded! *Journal of Personality and Social Psychology, 73,* 472–480.
Sexton, J., & Helmreich, R. (2000). Analyzing cockpit communications: The links between language, performance, error, and workload. *Human Performance in Extreme Environments, 5,* 63–68.
Steller, M., & Köhnken, G. (1989). Criteria-based statement analysis: Credibility assessment of children's statements in sexual abuse cases. In D. C. Raskin (Ed.), *Psychological methods for investigation and evidence* (pp. 217–245). New York: Springer.
Stirman, S. W., & Pennebaker, J. W. (2001). Word use in the poetry of suicidal and non-suicidal poets. *Psychosomatic Medicine, 63,* 517–522.
Storms, M. (1973). Videotape and the attribution process: Reversing actors' and observers' points of view. *Journal of Personality and Social Psychology, 27,* 165–175.

Tausczik, Y., & Pennebaker, J. W. (2010). The psychological meaning of words: LIWC and computerized text analysis methods. *Journal of Language and Social Psychology, 29,* 24–54.

Thompson, S., & Kelley, H. (1981). Judgments of responsibility for activities in close relationships. *Journal of Personality and Social Psychology, 41,* 469–477.

Trope, Y., & Liberman, N. (2003). Temporal construal. *Psychological Review, 110,* 403–421.

Turnbull, W. (1994). Thematic structure of descriptions of violent events influences perceptions of responsibility: A thematic structure effect. *Journal of Language and Social Psychology, 13,* 132–157.

Tversky, A. (1977). Features of similarity. *Psychological Review, 84,* 327–352.

Wänke, M. (2007). What is said and what is meant: Conversational implicatures in natural conversations, research settings, media and advertising. In K. Fiedler (Ed.), *Social communication* (pp. 223–256). New York: Psychology Press.

Wänke, M. (2010). *Conversational norms as an explanation for focus of comparison effects.* Manuscript submitted for publication.

Wänke, M., & Reutner, L. (2010a). Direction-of-comparison effects: How and why comparing apples with oranges is different from comparing oranges with apples. In G. Keren (Ed.), *Perspectives on framing* (pp. 177–194). London: Psychology Press.

Wänke, M., & Reutner, L. (2010b). Pragmatic persuasion: How communicative processes make information appear persuasive. In J. P. Forgas, J. Cooper, & W. Crano (Eds.), *Attitudes and attitude change* (pp. 183–197). New York: Psychology Press.

Wänke, M., Schwarz, N., & Noelle-Neumann, E. (1995). Question wording in comparative judgments: Understanding and manipulating the dynamics of the direction of comparison. *Public Opinion Quarterly, 59,* 347–372.

Watson, D. (1982). The actor and the observer: How are their perceptions of causality divergent? *Psychological Bulletin, 92,* 682–700.

Weintraub, W. (1989). *Verbal behavior in everyday life.* New York: Springer.

Wigboldus, D. H. J., & Douglas, K. (2007). Language, stereotypes and intergroup relations. In K. Fiedler (Ed.), *Social communication* (pp. 79–106). New York: Psychology Press.

Wittgenstein, L. (1959). *Logical-philosophical treatise [Tractatus logico-philosophicus].* Oxford, UK: Basic Blackwell.

Zuckerman, M., DePaulo, B. M., & Rosenthal, R. (1981). Verbal and nonverbal communication of deception. In L. Berkowitz (Ed.), *Advances in experimental social psychology* (Vol. 14, pp. 1–59). New York: Academic Press.

附录6.1 文本分段样例

"好吧,我们在一起非常开心,但是我必须承认在我们的关系中,争论是家常便饭。只要我不够注意他,或者我沉浸在自己的兴趣里,小李很容易就会发火、会生气……当然，因为工作压力，我们吵过很多次……我一直担心自己的硕士论文，然而小李是律师，在一家大型保险公司工作。只要他感到被老板冒犯了，或者因为其他人犯错使自己不得不去善后而感到沮丧，他就会把他的坏心情传给我。我的意思是说，小李有时候很冷漠、缺乏兴趣、没有感情。我一直尝试无视这些感受，但是最后我都会告诉他：'现在是周末，忘了你的工作吧，现在是我们两个的时间。'我会做些好吃的，或者安排一些娱乐活动，我也会约他看电影，或者和每两周见一次的朋友煲电话粥。通常情况下，小李都会走出他的困境，和我一起享受周末。有时候，对于我的付出，他表示感谢，他甚至会为自己的情绪状态感到可笑。但是他有时也会生气，根本无法放松下来。"

附录6.2 根据分段结果初步编码

文 本 内 容	编 码	典 型 问 题
我们在一起非常开心	S, P - ADJ	主语包含两个人
小李很容易就会发火	P - ADJ	
（小李）会生气	P - ADJ	没有外在的主语
我不够注意他	S - IAV	
我沉浸在自己的兴趣里	S - SV	
我一直担心自己的硕士论文	S - SV	
小李是律师	P - ADJ	名词性谓语
（小李）在一家大型保险公司工作	P - IAV	没有外在的主语
他感到被老板冒犯了	P - SV	
（他感到）沮丧	P - SV	没有外在的主语
自己不得不去善后	P - IAV	
他就会把他的坏心情传给我	P - IAV	
小李有时候很冷漠	P - ADJ	
（小李）缺乏兴趣	P - ADJ	没有外在的主语
（小李）没有感情	P - ADJ	没有外在的主语

续 表

文 本 内 容	编 码	典 型 问 题
我一直尝试无视这些感受	S-SV	
我都会告诉他："现在是周末……"	S-DAV	
我会做些好吃的	S-IAV	
(我会)安排一些娱乐活动	S-IAV	没有外在的主语
我也会约他看电影	S-IAV	
(我)会煲电话粥	S-DAV	没有外在的主语
我们每两周就会见一次的朋友	S,P-IAV	
小李都会走出他的困境	P-IAV	
(小李会)享受周末	P-SV	没有外在的主语
他表示感谢	P-IAV	SV和IAV同音异义词"感谢"
我的付出	S-IAV	
他甚至会为自己的情绪状态感到可笑	P-IAV	
他有时也会生气	P-ADJ	
(他)无法放松	P-ADJ	没有外在的主语

第 7 章

元认知：测量初级认知和次级认知的方法

Derek D. Rucker
Pablo Briñol
Richard E. Petty

评价过程在指导人类行为上扮演了重要角色。其中，思维过程对于人类的评价具有决定性作用（Fiske & Taylor, 1991）。想法（thought）与情绪（以及对情绪的想法）会影响人类对一系列客体的态度，而态度又会反过来影响人类的行为反应（Petty & Wegener, 1998）。研究者可以在控制化-自动化（Chaiken & Trope, 1999）和客观性-偏向性两个维度上将思维（thinking）分类（Wegener & Petty, 1997）。

除了以上两种常见的分类维度，我们还可以将思维划分为初级认知和次级认知。初级认知是指我们对某客体和某属性的初始联想，或某客体在决策时考虑的某个维度上的投射。例如，"那个产品质量很好""我喜欢小红"或"我太累了，没法爬那座山"。初级思维可以伴随产生次级思维，即达到反思水平的思维（如"那个产品真的质量好吗""我不确定我是否喜欢小红"）。元认知指的就是这种次级思维，或称之为我们对于自己想法或思维过程的思维。元认知之所以重要，是因为我们如何思考自己的想法会间接指导态度的形成，还会影响后续的行为（Petty, Briñol, Tormala, & Wegener, 2007）。

在本章中，我们会从四个部分来介绍初级认知和次级认知。在认知对象上，我们将以态度和说服研究为例。这是因为这两个领域是我们最为熟悉的研究领域，同时也因为它们是在元认知研究中最为活跃的研究领域。此外，与理解评价判断有关的初级和次级认知对于理解其他的判断也有很重要的作用。在本章的前两节中，我们借助与态度改变有关的初级和次级认知过程对元认知进行初步介绍。接下来，我们会继续介绍一种可以用来证实或证伪某种认知加工是否是观察到的效应的来源的研究方法。最后将会结合一项具体样例（或个案研究），介绍以实验手段区分初级认知和次级认知在研究方法上的细节。

一、初级认知过程

评价过程中初级思维的重要性是在对说服的认知反应和阻抗说服的免疫理论的研究中体现出来的（Greenwald，1968；McGuire，1964；Petty，Ostrom，& Brock，1981）。早期的理论认为，态度改变需要经过对信息的学习过程，改变失败源自学习失败（Hovland，Janis，& Kelley，1953）。与之相反，认知反应和免疫理论两者都主张说服（或阻抗）并不依赖于学习，而是依赖于个体对呈现信息的特殊想法。由此可见，说服信息如果能激发明显与问题相关的赞同想法就能促进态度改变；相反，如果激发出与物体相关的反对想法就会招致阻抗。

虽然这些观点为解释说服过程提供了很多重要见解，但是它们背后的理论都是将人们视为主动的信息加工者。也就是说，这些理论并没有涵盖那些不积极加工信息的个体。说服的精细加工可能性模型（ELM；Petty & Cacioppo，1986）通过引入人们会在不同情境下分别使用高水平思维或低水平思维修正了以往的观点。

ELM认为很多因素会通过有限数量的加工过程影响说服的结果，其中的许多加工过程都涉及体现为个人思考的初级认知（Petty & Cacioppo，1986）。决定在说服中采用哪种过程的关键因素是人们在其中投入的思考程度或精细程度，这是ELM的核心假设。人们可以投入少量思维（低精密度）或中等程度的思维（中等精密度）进行思考，也可以进行严格评估(高精密度)。越来越多的证据表明,人们思考得越多,就越能够通过不同过程在初级认知层面影响说服结果。在讨论说服的次级认知的重要性之前,我们先介绍一些初级认知过程(图7-1)。

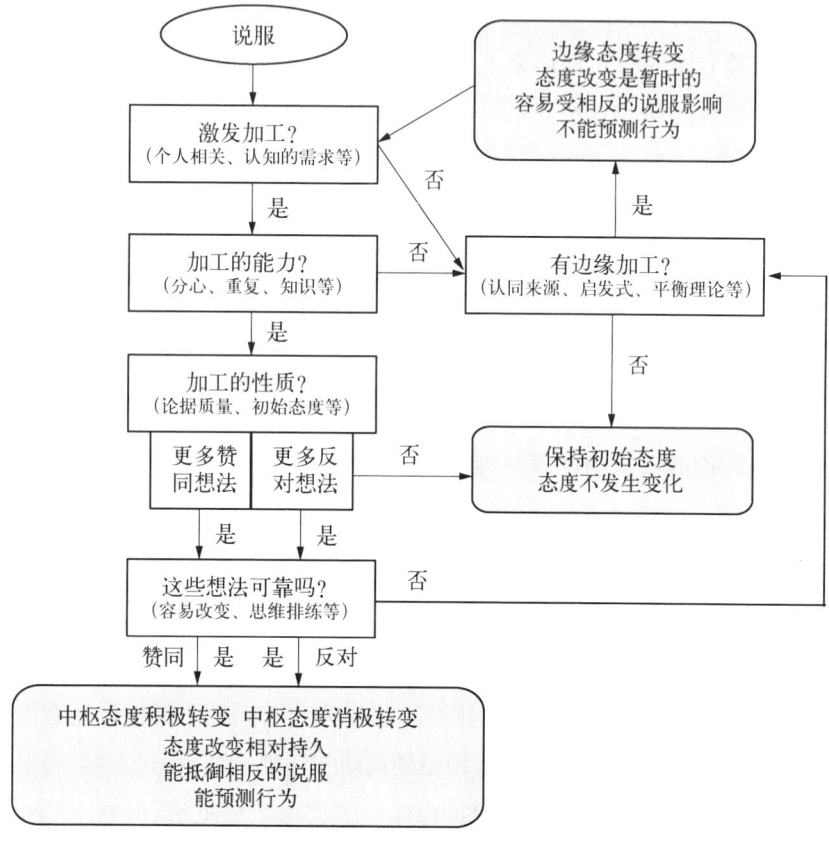

图 7-1 ELM 图示

(一) 低水平的信息相关思维

有些变量能够作为简单线索或启发式在初级认知层面对说服的效果或更为一般的信念产生影响(Chen & Chaiken,1999；Petty & Cacioppo,1986)。也就是说,无论这些变量本身与结果之间有没有逻辑关联,它们都能够促进人们做出简单反应。这一现象往往出现在人们较少进行信息加工的时候。这就解释了我们接下来要介绍的一些测量人们初始的信息相关想法的方法为什么会得到不同的结果。Petty

等人(1981)发现,在进行低水平思维的情况下,无论信息是否模棱两可,人们都更容易被专家说服。同样地,Razran(1940)通过释放刺激性气体或提供免费午餐操纵被试产生消极或积极情绪状态,结果发现处于积极情绪下的被试对随后呈现的政治口号持有更积极的态度。这一结果也与积极情绪状态和态度之间存在简单的联想过程,或人们归因的启发式"如果我感受不错,那我一定喜欢它"的现象相一致。

(二) 思维量

变量是怎么影响人们判断的?其中一个最根本的途径就是影响人们的思维量。人们思考得越多,做出判断就越容易受到与信息相关想法的影响(Petty et al., 1981)。如果人们的判断是在大量思考后得出的,那么这个判断的可及性及稳定性就会更高,对说服的阻抗程度以及预测行为的能力也会更强(Petty, Haugtvedt, & Smith, 1995)。对于说服过程而言,如果人们对于信息的自然反应是产生积极的想法(如"毕竟这些论据听起来有道理"),那么人们就会更加关注这些信息,也就会自然而然地认识到这个论据的力量,进而形成并使用积极的想法。例如,Wegener, Petty 和 Smith(1995)提出,在积极心境下,人们会在认为信息能维持自己好心境的情况下加工更多信息。确实,在实验中被诱导产生快乐感受的被试在信息被塑造为可以维持他们快乐感受的时候可能产生更多与信息相关的想法,并且会更倾向依赖于产生的想法来做出决定;而当信息会破坏他们当前感受的时候,则会倾向于产生更少与之有关的想法。并且,当信息能自然激发积极想法的时候,信息的说服力就会增强;反之则说服力会降低。

(三) 思维内容

在高精细度的情况下,当信息看似与那些产生积极想法的客体有关时,人们更容易被说服(Eagly & Chaiken, 1993; Petty & Cacioppo, 1986)。由此可见,有些变量会对人们用作自己观点的想法产生影响。例如,当人们仔细思考的时候,"使用某种洗发水的人的头发的吸引力"

就可能是让人接受"这种洗发水使人头发好看"这一命题的重要论据(Petty & Cacioppo,1981;Petty,Cacioppo,& Schumann,1983)。但是当人们没有进行仔细思考的时候,头发的吸引力可能仅会被作为某一无关产品(如银行贷款服务)的效价线索。在一项研究中,Martin等人(1997)在激发被试快乐或悲伤情绪后,安排被试阅读并评价一则能够激发快乐或悲伤情绪的故事。故事的核心目标是激发情绪,那些事先被激发了与阅读材料同样情绪的被试更容易在阅读后评价自己被激发了同样的情绪。

(四) 思维方向

在高水平的思维条件下,有些变量会使人们有偏地加工信息(Killeya & Johnson,1998;Rucker & Petty,2004)。因为明确的强或弱论据都会降低思维偏向产生的概率,所以在信息模糊的情况下更可能发生有偏加工。例如,Chaiken 和 Maheswaran(1994)发现,当信息中呈现模糊论据,而且信息是由专家传达的时候,人们更可能产生赞同的想法,并形成赞成的态度。同样地,Petty 等人(1993)发现,在高水平的思维条件下,处于积极情绪状态下的被试产生积极想法的可能性更高,而处于消极情绪状态下的被试产生消极想法的可能性更高。由此,与消极情绪相比,积极情绪提升了说服的效果。这些研究都说明,有些变量会通过使人有偏地进行初级认知来影响说服的效果。

二、次级认知过程

早期的研究都只关注了初级认知在说服中的作用。事实上,有些变量也可以通过次级认知产生的种种想法来影响态度。例如,产生初级认知(如"那辆车看起来安全。")的时候可能会同时伴随出现评价初级认知效度的次级认知(如"那个想法很容易想到,它一定是对的。")。由于这些次级认知得到的想法反映的是对于已有认知结果的认知性评价,所以它们本质上是元认知的结果。因为当人们对自己的想法非常有自信的时候,他们就更有可能使用此时的想法进行判断,所以这种次级认知是非常重要的(Petty, Briñol, & Tormala, 2002)。如果人们对他们自己想法的效度存在怀疑,那么就不太可能将自己的想法(初级认知的结果)运用到判断中去。由于次级认知针对的对象是初级认知,因此,次级认知只会在高水平思维情况下存在(Petty et al., 2002)。具体来说,因为人们必须首先投入足够的精力去产生初级认知,然后再进一步去思考初级认知得到的想法,所以元认知必然存在于高水平的思维下。说服研究中的两个最主要的次级认知过程分别是对想法的效度评价以及对思维偏向的修正。

(一) 思维的效度

人们在思考的时候,同时会伴随着对想法本身产生信心或怀疑。虽然对想法的信心是次级认知的结果,但是它却和初级认知同等重要。这是由于当人们越是对自己的想法有信心,人们就更倾向于根据自己的这些想法来形成态度。相反,如果人们对自己的想法感到怀疑,就不太可能使用这些想法来形成态度。这种评价想法效度的过程被称为自我确认(self-validation; Petty et al., 2002)[1]。

例如,Tormala 等人(2007)在实验中要求被试先阅读一段信息;在阅读完信息后,被试被告知这段信息来自高可信度/低可信度的来源。结果发现,当被试知道这些信息来自高可信度来源的时候,他们对自己的有关想法更加自信,而且对这些想法的信心也会影响说服的效果。也就是说,当人们的想法倾向于赞同信息的内容时,那些来自可信度高的来源的信息更容易说服被试;反之,当他们的想法倾向于反对相关内容时,那些来自可信度低的来源的信息更容易说服被试。

在本章随后的内容中,我们将介绍测量元认知效度的实验假设、测

---

[1] 我们承认想法的其他元认知成分也会影响到说服(如想法的重要性)。此处我们只介绍对想法的信心和伴随着想法的偏向。这两个元认知过程在目前的文献中得到了大量研究者关注。

量方法和调节路径。

(二) 修正偏向

如果人们认为他们的判断存在偏向,那么人们会向他们认为存在偏向的相反方向调整或修正他们的判断(Petty & Wegener, 1993; Wegener & Petty, 1997; Wilson & Brekke, 1994)。这种修正依赖于次级认知加工。即需要先由次级认知识别初级认知是否存在偏向,再由此引导人们调节态度,消除偏向带来的影响。例如,看到一则汽车广告的人可能会想"车边上的女孩非常有魅力",但是也会意识到可能存在的偏向"我喜欢这辆车的水平可能高于我应该喜欢的程度,这可能是因为那个女孩的魅力影响了我的判断"。经过这个过程,人们就可能会倾向于降低对那辆车的喜好程度。

Petty 等人(1998)发现,在偏向不明显的情况下,来自令人喜欢的来源的信息更容易说服被试。然而,当要求被试在判断中排除偏向的影响时,这种信息来源导致的效应就消失了。也就是说,当人们发现信息是否令人喜欢会影响自己判断的时候就会使用元认知,并会根据偏向调整判断。当然,仅知道存在偏向并不代表会正确地进行修正。实际上,人们可能并不能做到完全修正,有时候会过度修正,甚至在有些情况下会向着偏向的方向修正(Wegener & Petty, 1997)。和自我确认一样,理论驱动的修正过程本质上也是元认知,并且它的产生也有一定的条件[①]。

(三) 不同认知过程的结果

由于不同过程会导致不同的结果,所以我们要认识到多重过程的重要性。以情绪为例,如果情绪使人们的想法产生偏差(影响初级认知),积极情绪会导致人们对模糊的论据产生积极态度,但是并不会影

[①] 修正的时候也会运用其他的元认知过程,如思维抑制、判断或行为抑制,以及减法操作。本章中我们只关注理论驱动的过程,这是由于这种方法最能代表说服研究(Petty et al., 2007)。

响明确的论据(强论据)或弱论据(Chaiken & Maheswaran,1994)。相反,如果人们的初级认知得到情绪的确认(影响次级认知),那么积极情绪就可能在强论据的时候引发积极态度,而在弱论据的时候引发消极态度。但是情绪对于模糊论据的影响有限。然而,有时候元认知过程会导致和初级认知一样的结果。例如,信息与信息接收者的相关性提升后,无论是想法的数量和想法的有效性提升都会使论据质量效应变大(Briñol,DeMarree, & Petty,2010)。

总的来说,初级认知和次级认知可能会导致同样的结果,也可能会导致不同的结果。但是即使是同样的加工过程(无论是初级还是次级认知)也能造成不同的结果(如积极情绪通过影响思维量导致说服可能性提升或降低)。不同的过程也可能会导致表面上看起来相似的结果。然而,即使是内容一样的态度,那些通过高水平的思维(高精细化)形成的态度更难被改变,对于行为的影响力也越大(Petty et al.,1995)。因此,通过了解不同机制的作用情境以及与这些加工过程有关的结果,研究者就可以根据有关变量对说服的效果进行针对性的预测。

三、识别和区分不同认知过程的实验方法

理解说服背后的过程是非常重要的。为达到这一目的,我们必须使用精确的实证方法来识别各种认知和元认知过程。幸运的是,研究者可以把手头有限的方法结合起来使用,以阐明某个变量影响说服效果的机制。接下来,我们将讨论前文中介绍过的认知过程,同时介绍用来检验观察到的效应背后对应加工过程的实验方法。

(一) 低思维水平时的认知过程:变量作为简单线索

在低精细化水平下的加工过程中,变量最明显的特征通常会被作为简单线索。有一系列指标可以用来检验某些变量是否被作为简单线

索加以使用。

1. 测量思维量

我们可以通过关于知觉到的认知投入程度测得精细化程度,或称之为思维量。例如,人们可以评估他们思维、注意或兴趣的高低水平(Petty et al.,2002)。对于信息的精细化加工水平自然地存在个体差异。在研究中,可以通过让被试完成认知需求量表(Need for Cognition Scale;Cacioppo,Petty,& Kao,1984)来实现这个目的。认知需求量表测的是人们倾向于进行且享受努力思考的程度(Cacioppo & Petty,1982)。高认知需求的个体倾向于在努力对有关信息的质量进行分析的基础上做出判断(高水平思维过程),而低认知需求的个体则倾向于依赖简单的线索进行判断(低水平思维过程)。

如果变量被用作简单线索,那么它带来的效应将会在精细化水平低的时候最为明显(无论采用自评或认知需求量表来区分)。当然,在研究中除了对精细化水平进行测量,也可以通过一些因素对精细化水平加以操纵(如信息相关性、任务重要性),(Petty & Wegener,1998)。操纵是另一种可以帮助我们明确精细化水平带来的作用的方法。

2. 想法的效价

在初级认知的水平上,人们可以报告自己对于说服自己的尝试的认知反馈或想法。有关说服的研究通常要求被试列出在阅读说服信息的时候脑中产生的想法,随后再根据积极、消极效价对这些想法编码。

将与信息相关的积极、消极想法数量之差与信息相关的积极、消极效价想法数量之和做商得到的值可以作为效价的评价指标(Cacioppo & Petty,1979)。在使用这种方法的时候,编码的时候不要处理那些与信息本身无关的想法(如"我感到累了")。最近30年里的研究基本使用的都是这种指标。这是由于这个指标呈现的是一种相对效价,并且在指标中控制了含有效价的想法总量带来的影响。当然,研究者也可以使用其他的指标来评估效价(如积极效价的想法占总数的比例,积极效价与消极效价的想法数量之差)。虽然这些指标之间的相关性比较高,但是这些方法都没有兼顾想法的总量(在指标中考虑总量就能对被试的言语能力进行控制)。

研究者可以采用由他人根据被试写下的内容判断想法效价的方法,也可以由形成想法的被试自己判断效价。有趣的是,在说服的研究中,当要求被试自己判断自己想法的效价时,他们的思维就会进入元认知的水平。这是由于任务要求他们思考自己的想法(如"你的想法有多赞同这个问题")。为完成"报告"的任务,被试必然会思考他们的想法,也只有经过这番思考的结果才能用来预测他们随后采取的态度。

如果某个变量(如来源可靠性)通过简单线索的形式影响说服过程,那么就可以基本忽略这个变量对信息相关想法的影响(即想法和态度之间的相关性较低)。这是因为仔细审查信息的属性并不会导致态度改变。反过来,如果在研究中发现造成态度改变的信息相关想法之间存在明显的差异,那么就可以认为态度的改变可能不是来自简单线索的影响。

3. 测量态度强度

识别变量是否以简单线索发挥作用的另一个方法是考察态度强度。在高水平思维下产生的态度更容易维持很长时间,不容易发生改变,同时也更容易影响判断和行为。态度强度的测量有客观和主观两种形式。

态度的客观测量指的是测量态度可观察到的属性,如态度-行为关联。态度(如"你喜欢那个政客吗")和态度有关行为(如"你给那个政客投票了吗")之间正相关的水平就是态度的一个客观指标。此时,相关系数如果在统计学上不显著就代表这种态度很弱。如果两次态度测量(如间隔6个月)之间的相关系数很大,或者外界很难改变态度时,就说明态度很强。态度可及性也是一种测量态度强度的方法(Fazio,1995)。这种方法具有很多种不同形式。测量人们报告态度所需的时间是最常用的态度可及性测量方法。但是在使用这种方法的时候要注意,如果一次使用很多项目来测量态度,那么在第一次回答后,态度的可及性就会提升,最终结果显示的也就不是自然状况下的可及性差异了(Petrocelli, Tormala, & Rucker, 2007)。

Wegener等人(1995)发现几乎所有我们认为的测量态度强度的客观指标，如激活态度的耗时(可及性；Fazio，1995)，有关态度的信息数量(知识；Wood，Rhodes，& Biek，1995)，或对态度进行思维的量(Petty et al.，1995)，都能同时测量感知到的态度可及性或知识、想法量。另外也有一些诸如态度确定性和重要性的主观知觉指标，这些指标的测量并不能与客观指标一起进行(Petty & Krosnick，1995；Petty et al.，2007)。这些元认知指标通常会在诸如"你有多喜欢新的校长?"的问题后，以"你有多确定你对新校长的态度是正确的?""你对新校长的态度有多重要?"或"你是基于多少信息得出对新校长态度的?"这样的问题收集。人们在形成态度时思考得越多，态度在这些维度上的水平就更高。

　　如果变量仅起到简单线索的作用，那么态度和行为之间应当不存在关联或只有非常微弱的关联。当然，诸如态度可及性、态度明确性等态度强度指标也会随除了思维量之外的因素发生变化(DeMarree，Petty，& Briñol，2007)。因此，与所有的测量方法一样，研究者应该把这些指标与其他测量方法整合起来，共同用于测量精细化水平。

　　4. 论据质量

　　操纵论据质量指的是人为使不同组中呈现的说服信息所主张的内容具有不同水平的说服力(即随机分配被试进入接受强或弱观点的组内；Petty & Cacioppo，1986)。例如，如果有一条劝说人们吃更多蔬菜的信息。强论据可以是"吃更多的蔬菜能使你更健康，能够让你远离癌症"；弱论据可以是"吃更多蔬菜能够使你的餐桌更加富有色彩"。操纵中使用的不同论据都要通过前测来确保它们确实激活了相应的想法。也就是说，强论据会激活赞同对象或提议的想法；而弱论据则会激发反对的想法或招致反驳。除了强度以外，强、弱信息在其他有关特征(如可信度、合理性、可理解性、复杂性和熟悉度)上应该保证是相当的。虽然哪些因素会影响论据的强度本身就是个非常有趣的问题(Petty & Wegener，1998)，但是对于说服的研究来说，论据质量一般只是研究说服背后的心理过程的一种手段而已。

当使用论据质量作为研究手段时,需要牢记的是无论强、弱论据都必须支持同一个目的(如多吃蔬菜),只是强论据提供的理由比弱论据更令人信服。由于这两种论据的最终目的相同,所以如果人们并不思考它们的含义的话,这两种论据在说服上的效果应当是差不多的。也就是说,那些没有仔细思考信息的人可能仅仅是对呈现论据的数量做出简单反应,或根据说服目的做出第一反应。然而,当对信息投入更多注意后,人们在强、弱论据作用下产生的态度之间的差异会随之变大。

如果变量仅仅起到简单线索的作用,那么论据质量并不会对说服的结果产生影响,或者只会造成很微弱的影响。这是人们没有仔细加工的结果。我们可以借助操纵论据质量来区分几种不同过程。

图7-2呈现的是使用弱、强、模糊论据时产生的交互作用。

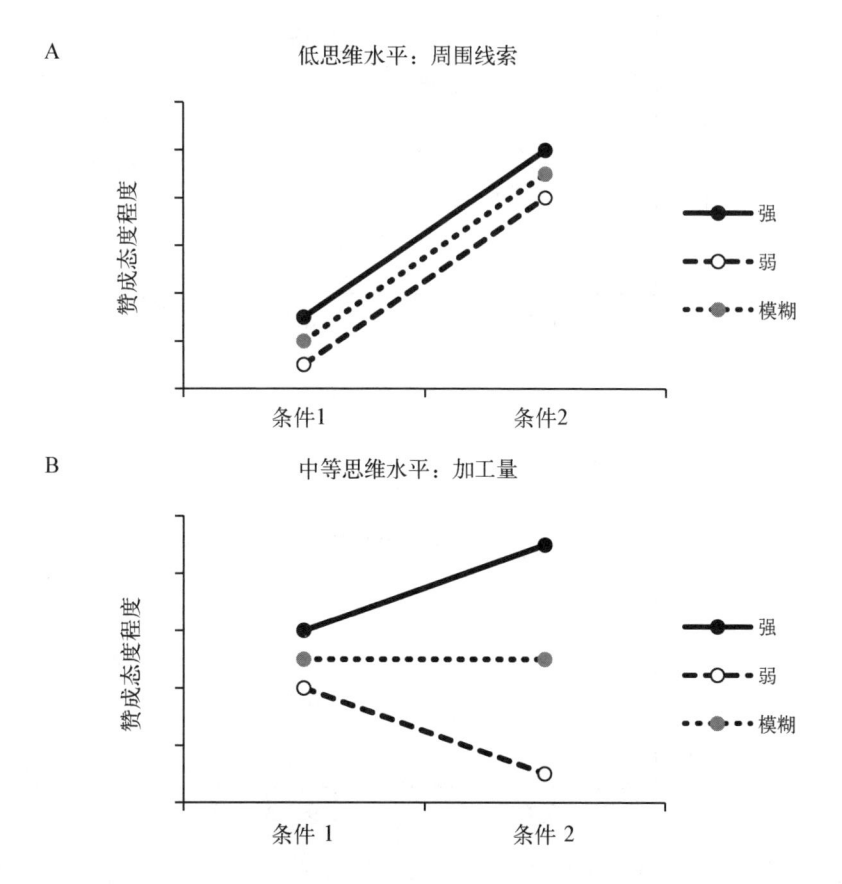

A　　　　　　低思维水平:周围线索

B　　　　　　中等思维水平:加工量

C 高思维水平：加工偏向

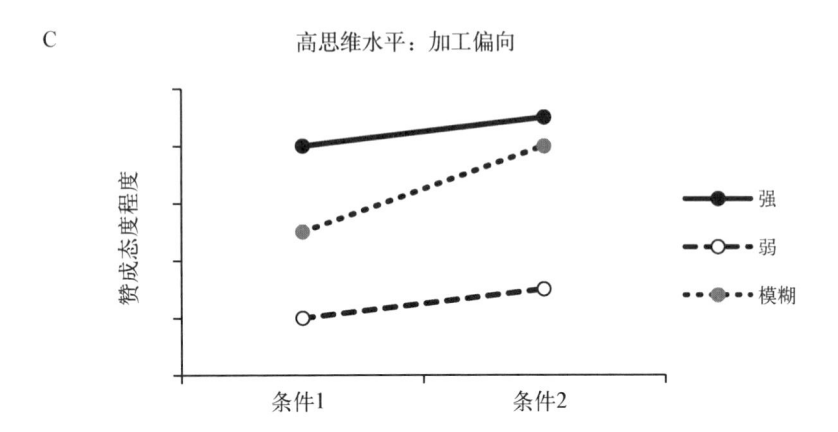

— 强
--○-- 弱
⋯●⋯ 模糊

纵轴：赞成态度程度
横轴：条件1，条件2

D 高思维水平：对思维的信心

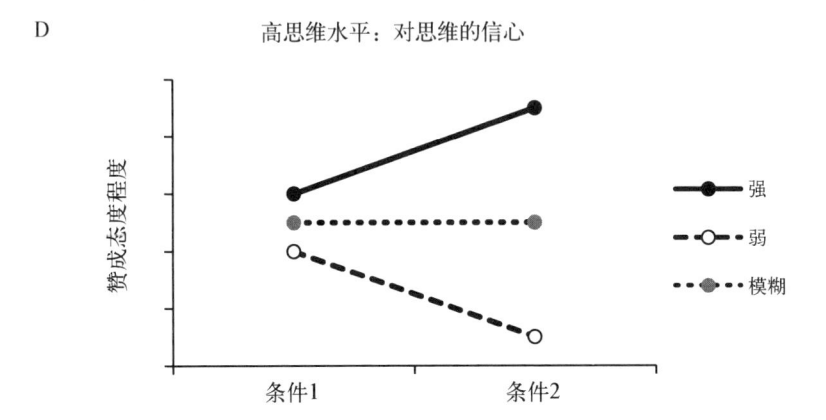

— 强
--○-- 弱
⋯●⋯ 模糊

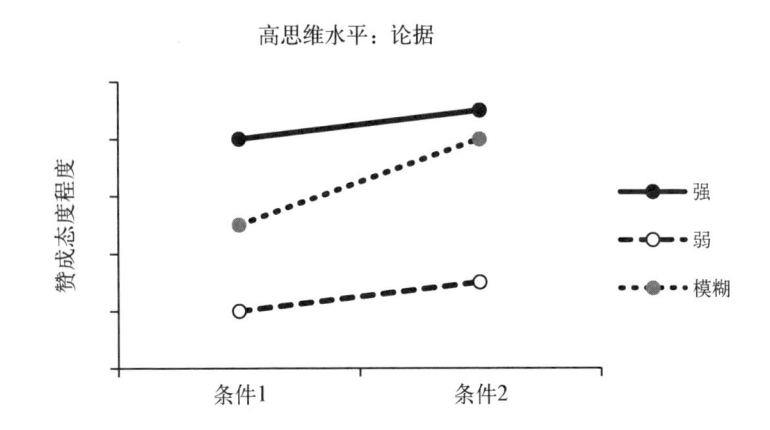

纵轴：赞成态度程度
横轴：条件1，条件2

E 高思维水平：论据

— 强
--○-- 弱
⋯●⋯ 模糊

纵轴：赞成态度程度
横轴：条件1，条件2

F　　　　　　　　高思维水平：修正

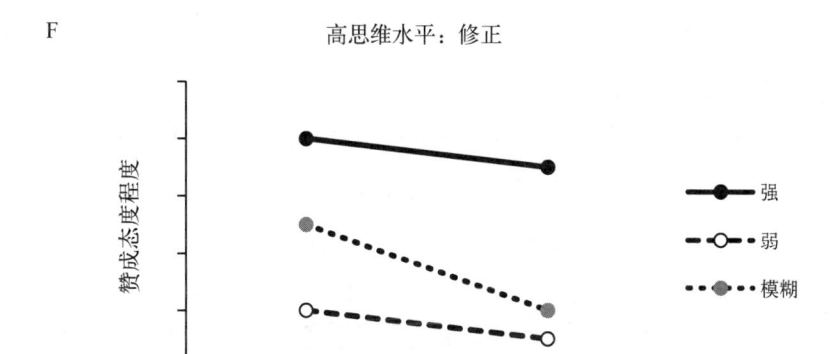

图7-2　变量和论据质量在不同思维水平下对应不同心理过程
（设定在第二种条件下变量对说服有积极作用）

（二）中等思维水平时的认知过程：找出影响思维量的变量

我们能够使用上文介绍简单线索时提及的一些方法来检验变量是否影响思维量。然而，虽然我们可以借鉴这些方法，但是测量思维量时要关注的模式和简单线索中要关注的模式不同。

1. 测量思维量

如果任务没有强制设定思维量高低时能够很容易地观测到某一效应，这就说明这个变量可能会影响思维量。因此，如果测量精细化程度的方法在以中等程度加工信息（如中等认知需求）的人身上发现了这种效应，那么这个结果就等于告诉我们这个变量影响了思维量。

2. 论据质量

测量某个变量是否会影响思维量的最佳方法或许就是操纵论据质量以及测量想法效价。对于论据质量而言，思维数量上的差异在某些条件下会导致强、弱论据的效果之间产生更大差异。这是由于人们越是关注信息的实际内容（而不是只关注论据的立场或数量），强、弱论据之间的差异就越会凸显出来。例如，如果有人认为某因素会提升（或降低）信息加工水平，那么在某些条件下，强、弱论据之间的差异应当比其他条件下更大（或小），进而在图像上出现扇形效应

(如图 7-2 B)。

3. 想法的效价

思维量的差异同样也会表现在想法的效价上。如果信息中包含的论据很强(弱),那么信息加工水平越高,就会伴随出现越多(少)赞同的想法。在测量想法效价的时候通常也会同时测量论据质量。由于思维量的认知过程和包含自我确认的元认知过程在论据质量上会表现出相似的模式,所以想法效价上的差异对于从包含自我确认的元认知过程中分离出思维量的认知过程而言是非常重要的。

4. 测量态度强度

如果某个因素会影响思维量,那么态度的强度应当在高思维水平的情况下更强。因此,无论使用什么测量方法,一旦观测到态度强度发生变化,就相当于观测到了思维深度发生改变。思维量越高,态度就越强。

(三) 高思维水平时的认知过程:概述

在高思维水平条件下能够同时产生多重认知和元认知过程。前文中介绍的一些测量方法并不能有效地分解或区分这些不同过程。接下来介绍的加工过程都出现在高思维水平条件下(如出现在高认知需求的个体身上)。这些加工过程都会产生更强的态度。虽然这些测量方法可以证明某一过程产生于高精细化水平下,但是它们并不能区分出不同的高精细化加工过程。接下来我们将着重介绍一些能够鉴别出在高思维水平下出现哪种加工过程的测量方法。

(四) 高思维水平时的认知过程:找出影响思维方向的变量

1. 论据质量

在判断某个变量是否影响或"引导"思维的方向时,论据质量可以起到非常大的帮助。当论据模棱两可的时候,思维偏向就可能影响说服的效果。这一影响在论据明显强或弱的情况下会衰减(图 7-2 C)。也就是说,当论据模棱两可的时候,人们更可能受到偏向性的影响;并且这时候额外呈现的论据更可能对人们的想法产生影响①。

2. 想法的效价

思维中存在的偏向也会体现在与信息相关的想法中。人们会根据偏向的方向产生与之效价一致的想法,并反过来诱发判断和态度上的外在表现。在同时操纵论据质量的时候,思维的偏向在论据模棱两可的时候更容易表现出来。

(五) 高思维水平时的认知过程:作为论据的变量

当变量本身作为论据时,这个变量就是态度对象的信息来源。由此,无论论据质量有多高,该变量都会对想法的效价产生作用。这一现象在论据模棱两可的情况下最为明显。从这个角度上来说,确认某个变量是否是论据的实证方法(如对想法的测量)和考察某个变量是否是偏向性的思维的方法相同。虽然方法一样,但是两者之间最根本的差异在于信息是否与需要判断的态度客体相关。如果被试认为两者相关,那么研究中发现的差异就可以归结于被试将信息作为论据;反之,如果两者之间不相关,那么差异就来自被试思维中存在的偏差。例如,当经理在评估程序员求职者的时候,他会同时仔细考虑这个求职者拥有的 MIT 的博士学位和好体型。虽然求职者的面试表现平平(即模棱两可的论据质量),但是他的博士学位和好体型会提升他被雇用的概率。然而,MIT 的博士学位和工作直接相关(即这个人是不是懂编程),所以可以认为它在其中作为论据;而好体型与工作无关,因此只是一种有偏的思维。

(六) 高思维水平时的认知过程:影响思维效度的变量

有些变量可以通过元认知过程影响人们思维操作的效度。研究者

---

① 当然,偏向性可能会强到能够消除论据质量带来的任何影响(如有些人会无视信息)。如果不能做到使偏向性都指向同一个方向,也有可能由于论据质量的操纵效果非常强,使得偏向的影响呈现为非对称的形式(Petty et al., 1993)。因此,图 7-2 C 适用于一种进行相对评价的情况下,而非绝对评价的时候。

可以通过测量对想法的信心、论据质量以及想法的效价来找出影响个体思维效度的变量。

1. 对想法的信心

对想法的信心是一种系于个体想法的次级认知，是对个体想法的"佐证"。也就是说，虽然个体的想法可能会赞同说服的内容，也可能反对说服的内容，但是人们对于这些想法的信心程度存在差异（Briñol & Petty，2003；Briñol，Petty，& Barden，2007；Petty et al.，2002）。对想法的信心可以通过要求被试报告他们整体上对所有想法的信心或他们对列出的每一条想法的信心水平进行测量（Briñol，Petty，& Tormala，2004；Briñol et al.，2007；Tormala et al.，2007）。例如，在研究中可以要求被试回想他们脑海中冒出过的想法，并回答他们对自己的这些想法有多少"信心"、多高"明确度"或感到在多大程度上"有效"。这些问题的答案之间高度相关，因此可以使用平均值来计算对想法信心的总分。也可以列出所有想法（如事先输入在计算机上或打印出来），让被试评价自己对每个想法的信心有多强。通过这种方法可以个别测量被试对每个想法的信心水平，而不是得到一个笼统的整体结果。如果某个变量能提升思维的效度，那么这个变量就会对想法的信心水平产生影响，由此导致态度上存在不同。

2. 论据质量

提升想法有效性会提升人们对想法的依赖性（Petty et al.，2002）。因此，论据质量也能够作为一个衡量变量影响思维效度的外在指标。例如，当被试对他们自己的想法有信心时，他们会更倾向于依赖于他们的想法。此时强、弱论据的作用就会存在明显的差异（图 7-2D）。

3. 想法的效价

如果一个变量是通过思维效度的途径影响说服结果的，那么，此时想法的效价所起到的作用就会变弱。研究者可以通过思维效价的差异来判断思维量上的差异（图 7-3 上）；也可以通过思维信心的程度差异来判断思维效价的差异（图 7-3 下）。

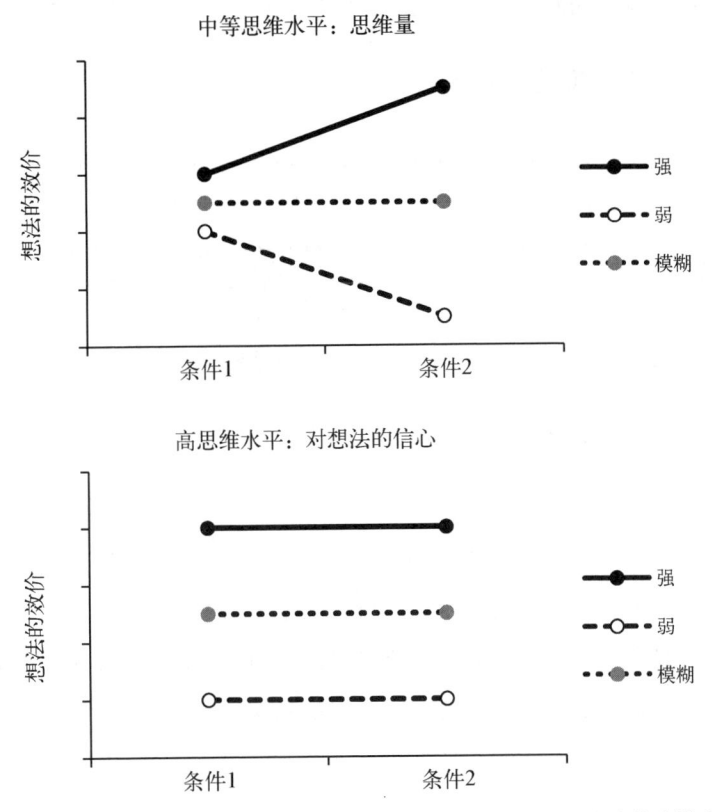

图 7-3 与思维量(认知)和对想法的信心(元认知)分别有关的效价模式

(七) 高思维水平时的认知过程：修正偏向的变量

人们需要持有正确的态度(Petty & Cacioppo, 1986)，所以他们会在发现自己存在偏向的时候努力改正自己的态度。这也必然导致针对偏向的修正会随着人们对存在偏向的意识增长而增长。对存在偏向的意识进行操纵的方法之一是人为要求被试考虑并修正可能存在的偏向。当然，在使用修正偏向的指导语分离这些过程时，被试必须拥有修正的动机和修正的能力(Petty & Wegener, 1993)。另一种检查某个变量是否是人们试图修正偏向的结果的方法是测量或评估被试的朴素理论(naive theory)，即直接问他们是否进行了修正。如果被试报告他们在一定程度上进行了修正，这就可以作为存在修正的证据。当被试能够明确表述偏向的方向和大小的时候，这一判断就能更加肯定。

(八) 分离认知过程总结

如前文所介绍的那样，我们有很多种可以用来区分不同加工过程的方法。例如，研究者可能在一开始就操纵论据质量，分离出某些过程。也有研究者可能在一开始就检验精细化水平对某个效应的影响，缩小可能的解释范围。无论从什么角度入手，这里所介绍的方法都能够使研究者逐步接近外在效应背后的认知过程。

(九) 使用控制组区分不同认知过程

在说服研究中经常会涉及使用控制组的问题。例如，在比较高、低专业度信息来源影响的时候，是否需要设置一个没有信息来源的控制组来帮助我们描绘效应的模式？对于几乎所有类似问题来说（至少对于说服的研究而言），相对于控制条件，研究的许多背景特征都可能是导致效应显示出某种模式的原因。以信息来源可信度为例，如果信息有理有据并且使用了统计数据，那么即使在无信息来源的情况下，人们也会认为这个信息来自高可信度的来源；此时，操纵产生的低可信度来源的信息带来的效应就会与控制条件情况下存在明显的差异。换句话说，如果信息使用的是强论据，那么在控制条件下得到的说服效果就可能直接处于较高水平，这就会导致低可信度来源的论据取得的效应与控制条件的效应存在差异。很多与操纵本身无关的变量都可能通过更高、更低的来源可信度影响到控制条件。

如果研究目标只是为了考察效应的模式，那么鉴于控制组得到的结果取决于对于控制组本身的设计，所以控制组在这类研究中并不是必需的。然而，在一些特殊的应用领域中，控制组具有很高的价值。例如，如果有一项健康活动的组织方要判断增加一位可信的发言人是否能够提升说服的效果，那么这时候就需要增加控制条件来考察没有发言人的情况，从而得出增加可信的发言人到底能够起到多大作用的结论。

四、案例分析：考察涉及情绪的不同认知加工过程

现在我们将用一些具体研究案例来介绍如何使用上文介绍的方法来论证是否存在某些加工过程。基于前文介绍的精细加工可能性模型（ELM）的大框架，我们将分别举例介绍考察低、中等、高精细化水平加工过程的研究。

同一个变量在说服中可以扮演多重角色。根据 ELM 思考一下：人们偶然产生的情绪状态如何影响到评价决策结果？第一个也是最简单的解释是，当思维水平被限定为低水平时（如处于分心的状态），情绪就会作为一种简单的联想性线索，依据它具有的效价影响说服效果（Petty et al., 1993）。当思维的可能性没有被其他变量限定为高或低水平时，情绪就会影响思维的程度。例如，悲伤情况下人们会对信息思考更多，这是因为悲伤本身也传递了存在需要解决的问题这一信号（Schwarz, Bless, & Bohner, 1991），也传递出一种不确定感（Tiedens & Linton, 2001）。如果人们在悲伤的情况下比在快乐的情况下加工的信息更多，那么他们就更可能被有说服力的论据说服，也就更不可能被模棱两可的论据说服。当思维处于高水平时，情绪发挥的作用就不同了。首先，情绪可以作为线索（如处于消极情绪会使人们喜欢那些体现消极情绪的电影；Martin, 2000）。其次，情绪会使思维过程产生偏向（DeSteno, Petty, Wegener, & Rucker, 2000）。最后，情绪也会影响自己对想法的信心（Briñol et al., 2007）。接下来将会详细介绍以上这些情绪影响说服效果的可能过程①。

---

① 在 ELM 中，这些影响过程可能不只是来自情绪，也可能来自其他变量的同时作用。例如，信息可信度和其他变量也会起到和情绪一样的多重作用。

(一) 低思维水平时的认知过程：情绪作为线索

Petty 等人(1993)发现情绪可以作为线索影响说服结果,积极情绪会引发更赞同的态度。在实验中,研究者通过安排观看喜剧节目或中性节目的形式操纵被试的情绪状态。在情绪启动后,再通过告知被试在实验后需要在一些钢笔或速溶咖啡之间进行选择来操纵被试的卷入度。接下来,被试会看到一些广告,这些广告中包括一个钢笔广告。这个钢笔广告是实验的核心环节。对于那些被告知要选择钢笔的被试来说,这则广告就是和他们有关的(高卷入度),而对那些被告知要选择咖啡的被试来说则是和他们无关的(低卷入度)。随后,被试在 9 点量表上评价他们对钢笔的态度。最后,被试要列出他们在看钢笔广告时脑中产生的想法。实验结束后,由两名主试单盲地根据效价对被试列出的想法编码,再根据积极想法数量计算想法指数作为因变量。

除了卷入度的主效应以外,Petty 等人(1993)还发现在低卷入度的情况下,处于积极情绪状态下的被试比处于消极情绪状态下的被试对钢笔的评价更积极。在另一个实验中,研究者在低认知需求水平(倾向于借助启发式,而非进行深思熟虑的思考)被试的精细化水平上发现了相似的效应。此外,研究者也发现在低精细化水平时,被试在想法上没有明显的差异。由于信息相关思维并不能对这其中的差异进行解释,所以这些结果说明此时情绪可能起到了线索的作用。Petty 等人也发现,虽然在高精细化水平下也出现了相似的模式(积极情绪下得到更积极的态度),但是这一效应受到人们对信息相关思维的中介作用。简单说,Petty 等人的研究表明,通过操纵、测量精细化程度以及测量想法的效价这两种手段,可以得出情绪能够起到简单线索的作用这一结论。

(二) 中等思维水平时的认知过程：情绪影响思维量

Wegener 等人(1995)的研究指出,情绪可以通过影响思维量的形式影响说服效果(Mackie & Worth, 1989; Schwarz et al., 1991)。他们认为,积极情绪会在人们认为加工信息不会威胁或摧毁他们的积极情绪的时候增加思维量。

为检验这个假设，研究者要求被试先想象一些能够激发积极情绪的场景（如参加免费的夏威夷旅行），或中性场景（如从图书馆借书）。随后，研究者让被试阅读一段包含强或弱论据的信息。这些信息的内容被设置为不会对积极情绪产生威胁（看护促进项目）。这段内容与被试个人中等相关（卷入度），以此将精细化控制在中等水平。研究者发现，在积极情绪条件下，强、弱论据的说服效果存在显著差异，而在中性情绪条件下则不存在差异。在另一项实验中，研究者发现想法的不同效价也会得到相似的结果（即情绪和论据质量之间存在交互作用），进一步支持了信息加工这种解释。

但是，这项研究并未考察情绪是否会影响思维信心（元认知）。不过，Wegener 等人（1995）发现在想法之间存在的差异符合认知信息加工的解释，涵盖范围高于元认知的解释。最后，由于在中性情绪下并未发现存在论据质量的效应，所以该结果表明，此时整体的精细化水平并不高，所以必须要元认知过程参与其中。

简单来说，这项研究通过操纵论据质量、将精细化水平设定为中等以及测量个体想法三种手段分离不同过程。

（三）高思维水平时的认知过程：情绪影响初级和次级认知

由于变量最可能在低精细化条件下通过初级认知过程影响说服结果（作为线索），也能在中等精细化条件下通过初级认知产生影响（影响思维量）。但是在高精细化的条件下，初级认知（思维方向、变量作为论据）和次级认知（思维的效度、修正）将会同时发挥作用。我们可以使用一些研究方法来分离这些加工过程。

（四）高思维水平时的认知过程：情绪影响思维方向

Petty 等人（1993）在一项研究中考察了在高精细化情况下，情绪是否会影响思维方向这一问题。他们发现，无论是由于个体差异（高认知需求）还是环境因素（广告内容是后续要进行选择的商品）导致的高精细化，与中性情绪相比，积极情绪都会导致更多的赞同态度。重要的是，在高精细化条件下，情绪对态度的作用受到信息相关思维的中介作用(Petty et al., 1993)。积极情绪导致系统化的偏向。也就是说，处于积极情绪状态下的被试比非积极情绪状态下的被试产生更多赞同的想法，并且这种想法上的差异会影响他们的态度。

Petty等人(1993)在研究中也操纵了论据质量，发现情绪并不与论据质量发生交互作用。如果不考虑高精细化水平这一条件，信息加工或思维信心的观点并不能解释这些结果。由于研究中的情绪是伴随信息而来的，所以它本身不可能作为论据发挥作用。因此，出于(1)研究中将精细化水平操纵为高水平，(2)信息相关想法起到中介作用，(3)结果并不受论据质量调节这三个原因，研究者指出，研究中发现的态度变化可能和偏向性的思维有关。

(五) 高思维水平时的认知过程：情绪作为论据

很少有研究系统化地将情绪作为论据加以考察。幸好Martin等人(1997)做了这项工作，弥补了该领域的不足。在他们的研究中，研究者首先启动快乐或悲伤情绪，随后让被试阅读快乐或悲伤的故事。由于故事的核心目标是生成某种情绪，因此，被试自身的情绪自然而然就是评价故事情绪的论据。与假设相同，研究发现被试在积极情绪下更容易把积极故事评价为积极的。

虽然在这项研究中并没有被操纵或测量精细化水平，但是被试都被要求阅读并评价故事的任务设置事实上已经让被试接近高精细化水平了。此外，虽然并未发现情绪上存在一致的主效应(即积极情绪并不带来更为赞同的评价)，但是情绪却对个体情绪和信息之间的匹配性很敏感。这说明情绪信息是作为论据进行评估的，而不是作为线索或简单的偏向性思维起作用。

(六) 高思维水平时的认知过程：情绪影响思维的效度

Briñol等人(2007)指出，积极情绪可能会通过元认知影响说服，这可能是因为积极情绪可能会增强个体对于自己想法的信心。出于这种可能性,研究者认为在呈现说服性信息后激发积极情绪能够提升被试感知到的说服信息的效度。由此,一开始持有积极想法的被试应当在启动积极情绪后,比启动消极情绪后更倾向于赞同说服信息;一开始就对说服信息持有消极想法的被试则相反,在启动积极情绪后会更反对说服信息。

在研究中,研究者首先要求被试阅读包括强/弱论据的关于学生证政策的信息。通过告知学生被试这件事很重要,要求他们仔细关注这则信息提升精细化水平。在强论据的情况下,被试会被引导产生积极想法,而在弱论据的情况下则会引导产生消极想法。在阅读信息后,被试写下他们对信息中提到的政策的所有想法。接下来通过回忆高兴或悲伤的事件启动情绪。最后,被试再写下他们对于列出的想法的信心水平以及他们对政策最终持有的态度。

结果发现,与处在悲伤情绪下的被试相比,处在积极情绪下的被试在强、弱论据的反应上存在显著差别。这个结果表明加工过程不仅与思维量有关,同时也与元认知所包含的思维信心有关。然而,研究者也发现信息相关的想法并没有受到情绪的影响。这个结果是意料之中的,这是因为情绪操纵本身就晚于对政策信息的加工,而且被试在这个过程中要密切注意交给他们的任务。此外,研究者也发现论据质量和情绪的交互作用受到被试对思维信心的中介作用。因此,研究中发现不存在初级认知的作用,但却存在对想法信心的中介作用的结果支持了对想法的信心这种解释方法。

在另一项实验中,研究者测量了被试的认知需求水平,发现情绪仅在高认知需求的被试身上产生自我确认效应。对于低认知需求的被试来说,实验仅发现存在情绪的主效应(Briñol,2007)。即带有积极情绪的被试比带有消极情绪的被试表现出更多的赞同态度,这与在低精细化水平研究中发现的将情绪作为线索的结果一致(Petty et al.,1993)。这些发现分别使用论据质量、思维效价、思维信心,以及操纵或测量精细化水平有关的方法区分出不同的加工过程。

（七）高思维水平时的认知过程：情绪导致对偏向进行修正

由于情绪通常脱离于需要传递的信息，所以在许多情况下人们可能会将情绪的作用看作是一种不受欢迎的偏向。因此，如果被提示存在这种偏向，人们就可能会调整他们的评价来补偿可能发生的偏差。Schwarz 和 Clore（1983）发现，虽然被试报告他们对晴天（激发积极情绪）的生活满意度高于雨天（激发消极情绪），但是这一效应在改为事先询问他们天气后就消失了。这个结果表明，人们认为情绪会带来偏差，而且人们会在出现偏差后进行修正。

DeSteno 等人（2000）也发现在高精细化水平下，感受到特定情绪会导致判断时发生偏向。即某些情绪（愤怒或悲伤）会提升被试知觉到那些与情绪相联系的消极事件（堵车或失恋）的可能性。然而，当提醒被试此时可能存在偏向（即告诉他们这项研究旨在研究情绪体验），并且被试有动机和能力进行修正（高认知需求）的时候，先前观察到的效应就消失了。倘若被试拥有回归"正确"判断的动机和能力，那么通过提醒被试当前可能存在偏差就能让他们进行修正，这时也直接说明他们有进行修正的动机和能力（Schwarz & Clore，1983；DeSteno et al.，2000）。

（八）在同一个设计中分析多重过程

前文中讨论的是如何测量每种不同的过程。以情绪为例，我们已经发现能够在同一个实验中对不同的过程进行测量。首先，Petty 等人（1993）发现在高、低精细化条件下，与中性情绪相比较，积极情绪会提升说服的效果。然而，他们发现这一效应在低精细化条件下并不受思维的中介作用，而在高精细化条件下受到思维的中介作用。这个现象能用思维偏向进行解释。其次，Briñol 等人（2007）也发现积极情绪能在低精细化条件下影响态度。这个结果能用情绪起到简单线索的作用来解释。但是研究同时又发现高精细化条件下存在情绪和论据质量的交互作用，这个结果能用对想法的信心来解释。通过操纵精细化水平以及对产生的想法进行测量,这些研究者都在同一个实验设计中证明存在处于不同精细化水平上的两个认知过程。

五、结论

虽然精细加工可能性模型是一个很复杂的理论,但是它对于理解态度改变背后的根本过程(初级、次级认知)来说是非常有用的。该理论关注的是在不同环境下使用的多重认知过程。也就是说,任何一个变量都可能发挥多重的作用,并由此导致不同的结果(例如,信息来源可信度在作为线索的时候会促进说服效果,但当起到提升对弱论据思考的作用时则会减弱说服效果)。这也就是说,任何相似的结果都可能是由不同的过程产生的(例如,信息来源可信度作为线索,增加对强论据的思考,或本身作为论据的时候都会提升说服效果)。并且,该理论还认为,并不是所有表面上看起来一样的判断结果实质上也一样(例如,高、低思维水平导致产生同样的态度,但是这两种方法产生的态度在持久性上不同)。

最后,需再次强调——虽然我们在本章中关注的是元认知在态度和说服领域中起到的作用,但是初级认知和次级认知之间的区别在社会心理学的其他领域中也都发挥着很大的作用,其中包含从个体层面的主观感受(Schwarz & Clore, 1983)和想法(Kruglanski, 1989),到群体和组织的研究领域中的大量研究主题(Hinsz, Tindale, & Vollrath, 1997)。如果你想要进一步了解社会元认知,可以阅读Briñol和DeMarree最新的综述。

推荐阅读

Cacioppo, J. T., & Petty, R. E. (1981). Social psychological procedures for cognitive response assessment: The thought listing technique. In T. V. Merluzzi, C. R. Glass, & M. Genest (Eds.), *Cognitive assessment* (pp. 309–342). New York: Guilford Press.

Petty, R. E., & Cacioppo, J. T. (1986). *Communication and persuasion: Central and peripheral routes to attitude change* (see Chapter 1). New York: Springer-Verlag.

Rucker, D. D., & Petty, R. E. (2006). Increasing effectiveness of communications to consumers: Recommendations based on the elaboration likelihood and attitude certainty perspectives. *Journal of Public Policy and Marketing*, 25(1), 39–52.

参考文献

Bassili, J. N. (1996). Meta-judgmental versus operative indexes of psychological attributes: The case of measures of attitude strength. *Journal of Personality and Social Psychology*, 71(4), 637–653.

Briñol, P., & DeMarree, K. G. (Eds.). (in press). *Social metacognition*. New York: Psychology Press.

Briñol, P., & Petty, R. E. (2003). Overt head movements and persuasion: A self-validation analysis. *Journal of Personality and Social Psychology*, 84(6), 1123–1139.

Briñol, P., Petty, R. E., & Barden, J. (2007). Happiness Versus Sadness as a Determinant of Thought Confidence in Persuasion: A Self-Validation Analysis. *Journal of Personality and Social Psychology*, 93(5), 711–727.

Briñol, P., DeMarree, K. G., & Petty, R. E. (2010). Processes by which confidence (vs. doubt) influences the self. In R. M. Arkin, K. C. Oleson, & P. J. Carroll (Eds.), *Handbook of the uncertain self* (pp. 13–35). New York: Psychology Press.

Briñol, P., Petty, R. E., & Tormala, Z. L. (2004). Self-validation of cognitive responses to advertisements. *Journal of Consumer Research*, 30(4), 559–573.

Cacioppo, J. T., & Petty, R. E. (1979). Effects of message repetition and position on cognitive response, recall, and persuasion. *Journal of Personality and Social Psychology*, 37(1), 97–109.

Cacioppo, J. T., & Petty, R. E. (1981). Social psychological procedures for cognitive response assessment: The thought listing technique. In T. V. Merluzzi, C. R. Glass, & M. Genest (Eds.), *Cognitive assessment* (pp. 309–342). New York: Guilford Press.

Cacioppo, J. T., & Petty, R. E. (1982). The need for cognition. *Journal of Personality and Social Psychology*, 42(1), 116–131.

Cacioppo, J. T., Petty, R. E., & Kao, C. F. (1984). The efficient assessment of need for cognition. *Journal of Personality Assessment*, 48(3), 306–307.

Chaiken, S., & Maheswaran, D. (1994). Heuristic processing can bias systematic processing: Effects of source credibility, argument ambiguity, and task importance on attitude judgment. *Journal of Personality and Social Psychology*,

66(3), 460–473.
Chaiken, S., & Trope, Y. (1999). *Dual-process theories in social psychology*. New York: Guilford Press.
Chen, S., & Chaiken, S. (1999). The heuristic–systematic model in its broader context. In S. Chaiken & Y. Trope (Eds.), *Dual-process theories in social psychology* (pp. 73–96). New York: Guilford Press.
DeMarree, K. G., Petty, R. E., & Briñol, P. (2007). Self and attitude strength parallels: Focus on accessibility. *Social and Personality Psychology Compass, 1*(1), 441–468.
DeSteno, D., Petty, R. E., Wegener, D. T., & Rucker, D. D. (2000). Beyond valence in the perception of likelihood: The role of emotion specificity. *Journal of Personality and Social Psychology, 78*(3), 397–416.
Eagly, A. H., & Chaiken, S. (1993). *The psychology of attitudes*. Orlando, FL: Harcourt Brace Jovanovich College Publishers.
Fazio, R. H. (1995). Attitudes as object-evaluation associations: Determinants, consequences, and correlates of attitude accessibility. In R. E. Petty & J. A. Krosnick (Eds.), *Attitude strength: Antecedents and consequences* (pp. 247–282). Hillsdale, NJ: Erlbaum.
Fiske, S. T., & Taylor, S. E. (1991). *Social cognition* (2nd ed.). New York: McGraw-Hill.
Greenwald, H. J. (1968). The basic assumptions of dissonance theory. *Psychological Reports, 22*(3), 888.
Hinsz, V. B., Tindale, R. S., & Vollrath, D. A. (1997). The emerging conceptualization of groups as information processes. *Psychological Bulletin, 121*(1), 43–64.
Hovland, C. I., Janis, I. L., & Kelley, H. H. (1953). *Communication and persuasion* New Haven, CT: Yale University Press.
Killeya, L. A., & Johnson, B. T. (1998). Experimental induction of biased systematic processing: The directed-thought technique. *Personality and Social Psychology Bulletin, 24*(1), 17–33.
Kruglanski, A. W. (1989). *Lay epistemics and human knowledge: Cognitive and motivational bases*. New York: Plenum Press.
Mackie, D. M., & Worth, L. T. (1989). Processing deficits and the mediation of positive affect in persuasion. *Journal of Personality and Social Psychology, 57*(1), 27–40.
Martin, L. L. (2000). Moods do not convey information: Moods in context do. In J. P. Forgas (Ed.), *Feeling and thinking: The role of affect in social cognition* (pp. 153–177). New York: Cambridge University Press.
Martin, L. L., Abend, T., Sedikides, C., & Green, J. D. (1997). How would it feel if … ?: Mood as input to a role fulfillment evaluation process. *Journal of Personality and Social Psychology, 73*(2), 242–253.
McGuire, W. J. (1964). Inducing resistance to persuasion: Some contemporary approaches. In L. Berkowitz (Ed.), *Advances in experimental social psychology* (Vol. 1, pp. 191–229). New York: Academic Press.
Petrocelli, J. V., Tormala, Z. L., & Rucker, D. D. (2007). Unpacking attitude certainty: Attitude clarity and attitude correctness. *Journal of Personality and Social Psychology, 92*(1), 30–41.
Petty, R. E., & Briñol, P. (in press). The elaboration likelihood model: Three decades of research.. In P. Van Lange & E. T. Higgins (Ed.), *Handbook of theories of social psychology*. London: Sage.
Petty, R. E., Briñol, P., & Tormala, Z. L. (2002). Thought confidence as a determi-

nant of persuasion: The self-validation hypothesis. *Journal of Personality and Social Psychology, 82*(5), 722–741.

Petty, R. E., Briñol, P., Tormala, Z. L., & Wegener, D. T. (2007). The role of metacognition in social judgment. In A. W. Kruglanski & E. T. Higgins (Eds.), *Social psychology: Handbook of basic principles* (2nd ed., pp. 254–284). New York: Guilford Press.

Petty, R. E., & Cacioppo, J. T. (1981). *Attitudes and persuasion: Classic and contemporary approaches.* Dubuque, IA: Brown.

Petty, R. E., & Cacioppo, J. T. (1986). *Communication and persuasion: Central and peripheral routes to attitude change.* New York: Springer-Verlag.

Petty, R. E., Cacioppo, J. T., & Schumann, D. (1983). Central and peripheral routes to advertising effectiveness: The moderating role of involvement. *Journal of Consumer Research, 10*(2), 135–146.

Petty, R. E., Haugtvedt, C. P., & Smith, S. M. (1995). Elaboration as a determinant of attitude strength: Creating attitudes that are persistent, resistant, and predictive of behavior. In R. E. Petty & J. A. Krosnick (Eds.), *Attitude strength: Antecedents and consequences* (pp. 93–130). Hillsdale, NJ: Erlbaum.

Petty, R. E., & Krosnick, J. A. (1995). *Attitude strength: Antecedents and consequences.* Hillsdale, NJ: Erlbaum.

Petty, R. E., Ostrom, T. M., & Brock, T. C. (1981). *Cognitive responses in persuasion/edited by R. E. Petty, T. M. Ostrom, T. C. Brock.* Hillsdale, NJ: . Erlbaum.

Petty, R. E., Schumann, D. W., Richman, S. A., & Strathman, A. J. (1993). Positive mood and persuasion: Different roles for affect under high- and low-elaboration conditions. *Journal of Personality and Social Psychology, 64*(1), 5–20.

Petty, R. E., & Wegener, D. T. (1993). Flexible correction processes in social judgment: Correcting for context-induced contrast. *Journal of Experimental Social Psychology, 29*(2), 137–165.

Petty, R. E., & Wegener, D. T. (1998). Attitude change: Multiple roles for persuasion variables. In D. T. Gilbert, S. T. Fiske, & G. Lindzey (Eds.), *The handbook of social psychology* (Vol. 2, pp. 323–390). New York: McGraw-Hill.

Petty, R. E., & Wegener, D. T. (1999). The elaboration likelihood model: Current status and controversies. In S. Chaiken & Y. Trope (Eds.), *Dual-process theories in social psychology* (pp. 37–72). New York: Guilford Press.

Petty, R. E., Wegener, D. T., & White, P. H. (1998). Flexible correction processes in social judgment: Implications for persuasion. *Social Cognition, 16*(1), 93–113.

Razran, G. H. S. (1940). Conditioned response changes in rating and appraising sociopolitical slogans. *Psychological Bulletin, 37,* 481–493.

Rucker, D. D., & Petty, R. E. (2004). When resistance is futile: Consequences of failed counterarguing for attitude certainty. *Journal of Personality and Social Psychology, 86*(2), 219–235.

Schwarz, N. (2004). Meta-cognitive experiences in consumer judgment and decision making. *Journal of Consumer Psychology, 14*(4), 332–348.

Schwarz, N., Bless, H., & Bohner, G. (1991). Mood and persuasion: Affective states influence the processing of persuasive communications. In M. P. Zanna (Ed.), *Advances in experimental social psychology* (Vol. 24, pp. 161–191). New York: Academic Press.

Schwarz, N., & Clore, G. L. (1983). Mood, misattribution, and judgments of wellbeing: Informative and directive functions of affective states. *Journal of Per-*

sonality and Social Psychology. 45(3), 513–523.
Tiedens, L. Z., & Linton, S. (2001). Judgment under emotional certainty and uncertainty: The effects of specific emotions on information processing. *Journal of Personality and Social Psychology, 81*(6), 973–988.
Tormala, Z. L., Briñol, P., & Petty, R. E. (2007). Multiple roles for source credibility under high elaboration: It's all in the timing. *Social Cognition, 25*(4), 536–552.
Wegener, D. T., Downing, J., Krosnick, J. A., & Petty, R. E. (1995). Measures and manipulations of strength-related properties of attitudes: Current practice and future directions. In R. E. Petty & J. A. Krosnick (Eds.), *Attitude strength: Antecedents and consequences* (pp. 455–487). Hillsdale, NJ: Erlbaum.
Wegener, D. T., & Petty, R. E. (1995). Mood management across affective states: The hedonic contingency hypothesis. *Journal of Personality and Social Psychology, 66*(6), 1034–1048.
Wegener, D. T., & Petty, R. E. (1997). The flexible correction model: The role of naive theories of bias in bias correction. In M. P. Zanna (Ed.), *Advances in experimental social psychology* (Vol. 29, pp. 141–208). San Diego, CA: Academic Press.
Wegener, D. T., Petty, R. E., & Smith, S. M. (1995). Positive mood can increase or decrease message scrutiny: The hedonic contingency view of mood and message processing. *Journal of Personality and Social Psychology, 69*(1), 5–15.
Wilson, T. D., & Brekke, N. (1994). Mental contamination and mental correction: Unwanted influences on judgments and evaluations. *Psychological Bulletin, 116*(1), 117–142.
Wood, W., Rhodes, N., & Biek, M. (1995). Working knowledge and attitude strength: An information-processing analysis. In R. E. Petty & J. A. Krosnick (Eds.), *Attitude strength: Antecedents and consequences* (pp. 283–313). Hillsdale, NJ: Erlbaum.

第 8 章
外周心理生理学测量方法

Ursula Hess

一、在心理学中使用的心理生理学测量方法

心理生理学是一门研究行为的生理与心理两方面之间关联的学科,在心理学中有很长一段研究历史。早在 1890 年,William James 就在他的《心理学原理》一书中讨论过伴随心理加工发生的躯体变化。与此同时,诸如 Vigoroux(1879)、Féré(1888)和 Tarchanoff(1890)等先驱者们就已经对皮肤电活动(EDA)展开了研究。在 20 世纪上半叶的时候,心理生理学测量方法就已经在科学研究中得到普遍运用了。然而,直到 1960 年,心理生理学研究协会(SPR)才得以成立,1964 年才出版协会的会刊 *Psychophysiology*。实际上可以说,心理生理学作为一个独立学科的历史,才刚超过 50 年。

在过去的半个多世纪里,心理生理学的研究越来越容易实现,记录方法也越来越简便。过去的研究者需要根据研究需要自己搭建研究设备,而现在他们只需要编制不同的程序就可以了,甚至可以直接使用商业化的记录系统。由于不需要过多考虑技术上的问题,现在许多领域的心理学家都倾向于在他们的研究中使用心理生理学的测量方法。

在心理学研究中使用心理生理学测量方法最早可以回溯到对于扑克游戏中作弊的研究(Riddle,1925)、社会影响的研究(Smith,1936)

和偏见的研究(Ranking & Campbell,1955)。"社会心理生理学"这个术语第一次出现于 Schwartz 和 Shapiro(1973)的著作中。诸如情绪(Ax,1953；Cacioppo, Petty, Losch, & Kim,1986；Levenson, Ekman, & Friesen,1990)、情绪调节(Appelhans & Luecken,2006)、欺骗(Lykken,1959；Mager,1931；Verschuere, Crombez, De Clercq, & Koster,2004)、注意(Filion, Dawson, Schell, & Hazlett,1991；Graham & Clifton,1966)、偏见(Rankin & Campbell,1955；Vanman, Paul,Ito, & Miller,1997)、态度(Cacioppo & Petty,1979；Cacioppo & Tassinary,1989)、说服(Cacioppo & Petty,1987)和共情(Krebs,1975；Lamm, Porges, Cacioppo, & Decety,2008；Marci & Orr,2006；Stotland,1969)等研究领域中都有研究者使用心理生理学测量方法探索他们所关心问题内部的心理过程。

(一) 心理生理学测量与心理过程之间的关系

首先需要提醒的是,任何测量得到的心理生理学指标反映的只是生理变化,而不是某种心理过程的信号。也就是说,测量结果仅代表了机体对环境的反应,这些反应可能来自一系列心理过程,这些心理过程中有一部分可能与实验处理有关。对于大部分单一指标的测量结果而言(如心率、心电),它们几乎不可能与某一心理过程存在一对一的关系。例如,心率的增加可能有交感神经活动激活或副交感神经活动衰退这两种原因,它们代表了不同的心理过程(Berntson, Cacioppo, & Quigley,1993)。一般情况下,测量得到的心理生理学指标都是由多种来源所决定的；换个角度来看,同一个心理过程也可能同时体现在多种指标上。

Cacioppo 和 Tassinary(1990)根据特异性和一般性区分出四种关系(图8-1)。特异性指的是测量本身和被测量的加工之间的关系,它的两端分别代表一对一和多对多。在一对一的关系中,仅有一种生理测量指标与某一特定的心理状态有关,反之亦然。在多对多的关系中,两个及以上心理状态各自与两个及以上生理测量指标有关,反过来也是这样。一般性指的是这种测量和心理过程之间的关系是否仅出现在特定个体身上或情境中，它的两端分别代表高度依赖情境（低普适性）与不依赖情境（高普适性）。依赖情境的多对多关系称为"结果（outcomes）"，不依赖情境的多对多关系称为"协变（concomitant）"，依赖情境的一对一关系称为"标记（marker）"，不依赖情境的一对一关系称为"不变量（invariant）"。在下结论时要根据不同的关系类型有针对性地描述发现的现象。

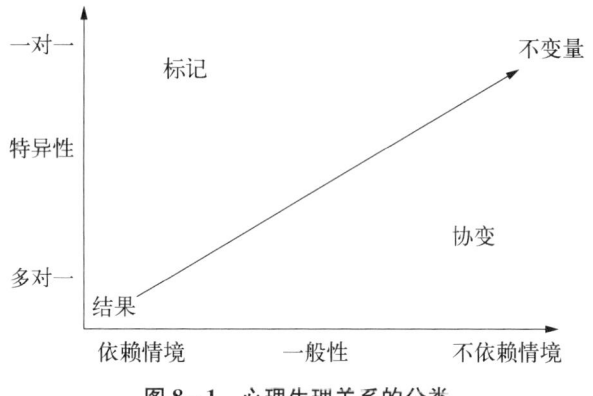

图 8-1 心理生理关系的分类

［参照 Cacioppo，Tassinary 和 Berntson（2000）］。

在研究中常见的一种谬误是研究者认为不能以未观察到一个特定的生理指标为理由做出不存在某种心理状态的结论。例如，虽然我们知道皱眉这种行为上的反应与愤怒有关（Dimberg & Ohman, 1996），但是没有皱眉并不代表这个人并不生气，没有皱眉仅仅表示这个人的眉部没有皱起来而已。相反，出现皱眉的反应也可能是因为人们在用力或试图看得更清楚而已（Pope & Smith, 1994）。如果要说明皱眉这种生理反应的意义，就必须采用适当的实验控制手段，匹配不同条件下的任务难度（如让视力不好的被试戴眼镜），也可以同时测量诸如牙齿咬合的肌肉活动和瞳孔活动，用这些指标共同进行佐证。

总的来说，实验控制是避免错误推断的第一步。即通过排除其他可能的心理加工，研究者就可以更明确测量结果的意义。此外，也可以同时测量多种指标，通过这种方法增加测量结果的特异性。

(二) 本章概述

我们在本章中会介绍几类测量方法。第一类是肌电图（EMG）和皮肤电活动测量。这是两种最为经典的指标，在许多领域都有所应用。对于初涉心理生理学研究的研究者而言，它们是最容易掌握的方法。第二类是心血管指标的测量方法，其中包括许多种不同的具体测量指标。从篇幅的角度考虑，本章中主要介绍心率（HR）、心率变异（HRV）和血压（BP）这三种在社会心理学研究中具有一定研究基础的指标。在介绍这些方法之前，首先详细介绍一些方法论上需要关注的问题。

二、方法论问题

心理生理测量需要使用精密的设备。这其中就包括能够识别电极记录的微小电信号的放大器。为得到较好的信号，在记录前需要对被试的皮肤进行清洁工作。通常来说，研究者仅对一定频率内的信号感兴趣，因此需要对信号进行过滤，只留下需要的部分。以上这些要求究竟如何实施与设置都取决于研究者所关心的信号。然而，无论研究者关心哪种信号，有一些要点是大部分心理生理测量方法都必须注意的。

(一) 基线

心理生理变量有相当程度的个体差异。以静息态下的心率为例，受过训练的人可能会处于每分钟 50 跳的水平。而普通人可能会处于每分钟 100 跳的水平。因此，在大多数的研究中会使用测量值与基线测量结果之间的差值作为被试的表现。一般来说，研究者会在实验前记录一段无任务的静息态数据作为基线。在这段记录过程中，被试需要真正处于静息状态。然而，在实际做实验的时候，被试在第一次进入心理生理学实验室后都会处于一定程度的焦虑状态。被试可能会由于不熟悉环境和实验过程而提升警戒水平。不过，随着时间的推移，这种现象就会消失。但是，如果基线是在消失前测量的，这就会导致测得的基线水平高于真实的基线水平，在分析实验结果的时候会产生误差。

被试在实验前的等待时间也不是越长越好。如果休息的时间太长，被试就会过于放松，测得的基线值会低于正常警戒水平下测得的值。因此，我们建议首先允许被试先熟悉一下实验环境，并将实验室的氛围打造成能够降低焦虑的风格。例如，准备舒适的座椅，不要使用医疗诊所式样的家具，以及使用颜色"愉快"的涂料。在记录心电图时，可以使用心率变异（HRV）判断被试是否处于静息态（Nava，Landau，Brody，Linder，& Schächinger，2004）。

McHugo 和 Lanzetta（1983）建议使用闭环基线测量法。也就是说，在每个试次前都测量一次基线。但是 Tassinary 和 Cacioppo（2000）指出，这种规律性测量基线的方法可能会改变被试的反应方式。不过，在实验的自然进程中使用这种测量方法还是可行的。例如，可以在呈现空屏的时间段内测量基线。

简单来说，研究者需要根据具体的实验来选择基线，并没有放之四海皆准的方法。然而，在选用方法的时候需要仔细关注所选用的基线测量方法是否会对实验本身效度和普适性产生影响。

（二）外界噪声来源

心理生理学研究中要通过使用双极导联电极和参考电极降低测量得到的噪声，使得需要的信号能被放大器放大。一般而言，所有电极都能接收到的信号就是噪声。那些在两个双极导联电极上测得大小不同的信号就会被放大器记录下来。理论上很容易，但是实际上很多噪声和信号是无法区分出来的。有些噪声是电器、荧光灯、取暖器、交流电电线，甚至是附近的通信基站造成的。虽然并不是所有噪声都能直接通过肉眼识别出来，但是通常而言，那些异常的高频成分和那些非常杂乱的成分都是噪声。

获得较好信号的方法就是尽可能减少噪声。这可以通过识别噪声和去除噪声源的方法来实现。有一些噪声来自建筑（如墙壁上的电缆、电梯)。对这种情况,最好的方法是将实验室放置在一个法拉第笼内。如果条件无法满足,也可以使用示波器检查实验室,找一个噪声影响较小的房间作为实验室。

实验室内的设备也需要检查。例如,房间里的电线都需要进行屏蔽,使用白炽灯或 LED 灯替代荧光灯。市面上的"日光灯"就是荧光灯,会产生很大的噪声。如果实验室使用了卤素灯,那么千万不要把变压器放置在被试附近,变压器通常会带来很大的噪声。尽量使用平板显示器呈现刺激,不要使用传统的显像管显示器。显像管显示器也会带来很大的噪声。

(三) 排除伪迹

被试触碰电极之类的大动作会产生伪迹。在记录过程中,如果被试做出了大动作(如打喷嚏),通常会在所有电极上产生一些很大的信号。而有一些行为(如触碰电极),则可能会在某些电极上产生信号,这些信号可能不会被识别为噪声。心电和皮肤电位的测量比较容易受到深呼吸的影响,如果没有同时记录呼吸,这种伪迹就不容易发现。在实验中同时拍摄录像能够帮助研究者在事后排查这些伪迹来源,并据此排除部分受到影响的信号。根据记录的信号以及伪迹量之间的比值,研究者可以自行判断是否需要排除整段数据,或者只是选择性地排除记录到的伪迹。

三、操作上问题

(一) 过敏

有些被试对测量 EMG、心电图(ECG)、EDA 等指标时使用的电极黏着剂过敏,这一点需要特别注意。一般来说,现成的带有黏着剂的电极所使用的黏着剂(或使用医用胶布)和创可贴使用的黏着剂是一样的。因此,可以询问被试是否对创可贴过敏来初步排除这种隐患。另外,在贴电极前要使用医用酒精对皮肤进行清洁,而有些被试对酒精过敏。这一点很容易被忽视。有时候,对于那些经历过创伤性医疗事件的被试来说,使用酒精进行擦拭可能会造成惊恐反应。因此,在实验准备阶段也需要询问被试酒精是否会对他们造成不良影响。

(二) 沟通

被试在实验中随时都可以要求终止。在实验开始后,由于被试的身体被通过电极连接在设备上,被试可能会认为自己的自由被限制了。因此,在实验开始前应确保被试能够自由地和主试沟通(如使用对讲机)。也可以将实验室装修成主试可以看到被试的形式,如果遇到一些不主动向主试报告自己感到不适的被试,主试也可以通过观察尽早发现问题。

四、肌电图 (EMG)

(一) 面部 EMG

EMG 测量的是肌肉收缩时产生的电活动,这种肌肉收缩直接与肌肉产生的力有关(Lawrence & DeLuca, 1983)。具体来说,横纹肌是由一系列独立的肌肉纤维束组成的。EMG 所记录的电位变化是沿着这些肌肉纤维传导的运动电位。在心理学研究中通常将电极放置在特定肌肉外的表皮上来记录 EMG。EMG 的采样率通常为几赫兹(Hz)到 500 Hz,测量的波幅跨度很大。EMG 具有的这些性质会使 EMG 与身体产生的其他电信号(如 ECG、EEG)以及使用交流电的设备所产生的 50—60 Hz 的噪声混杂在一起。

1. 怎么使用面部 EMG 做研究

研究者可以使用面部 EMG 来测量面部表情,以此研究情绪反应。虽然诸如观察者评分和系统化编码的方式也可以测量面部表情,但是,观察者评分需要相对大量的观察者,每个观察者在评价一些表情后就会疲劳。另外，评分者信度因具体的评价任务而异（Rosenthal，2005）。如果使用面孔行为编码系统（FACS）进行系统化编码，就必须采用经过高度训练的观察者，而且非常花费时间（Ekman & Friesen，1978）。FACS 提供了一套非常完备的评价面部动作的指标，但是这种评价方法在时间精度上存在不足，并且只能运用于那些能够清楚观察到被试面孔表情的任务中。与这种方法不同，EMG 的空间和时间精度都很高（Tassinary & Cacioppo，1992）。所以面部 EMG 可以被用来考察肉眼难以捕捉的非常微小或短暂的面部反应。

  面部 EMG 能够在很多不同的背景下测量人们的情绪状态。Cacioppo 等人（1986）首先断言"面部 EMG 反应对不同情绪反应会表现出不同的效价和强度"。由此，面部 EMG 逐渐被接受作为一种情绪反映指标[①]，并运用于视觉（Davis, Rah man, Smith, & Burns, 1995；Larsen, Norris, & Cacioppo, 2003）、听觉（Dimberg, 1990）、手势（Hu Player, McChesney, Dalistran, et al., 1999）、嗅觉（Jäncke & Kaufmann, 1994）、情绪刺激和情绪面孔（Dimberg, 1982; Dimberg & Ohman, 1996）、真实或虚拟的人际交互（Hess & Bourgeois, 2010; Mojzisch et al., 2006）、尼古丁或其他成瘾药物（Robinson, Cinciripini, Carter, Lam, & Wetter, 2007; Newton, Khalsa-Denison, & Gawin, 1997）、儿童或成人对他人与对自己的态度等诸多研究主题中（Armstrong, Hutchinson, Laing, & Jinks, 2007; Brown, Bradley, & Lang, 2006; Dambrun, Després, & Guimond, 2003; Buck, Hillman, Evans, & Janelle, 2004），并且在阈上与阈下刺激的研究中均有使用（Arndt, Allen, & Greenberg, 2001）。

  对于某些研究主题而言，面部 EMG 对情绪的测量结果已经被证明比自呈报告的结果更为可靠（Hazlett & Hazlett, 1999; Vanman et al., 1997）。此外，面部 EMG 也已经用在测量注意（Cohen，

---

① 实际上，在 Cacioppo 等人（1986）的研究之前已经有相当数量的研究者使用了 EMG 指标。

Davidson，Senulis，& Saron，1992)和疲劳(Veldhuizen，Gaillard，& de Vries，2003)的研究中了。

2. 测量方法

(1) 电极：记录面部 EMG 的心理学实验通常使用双极的 Ag/AgCl 耦合电极。这种双极导联的电极测量的是两个接触表面之间的电位差，然后再通过差分放大器放大这种电位之间的差异。然后再把这种差异信号与一个单极的参考电极或接地电极(放置于电中性的地方，EMG 研究中通常放置在前额中央或耳垂)进行比较。随后，差分放大器再从中排除参考电极上记录到的信号，仅保留下双极导联之间的差异。

记录到的信号的波幅取决于肌肉纤维的直径、纤维和电极之间的距离以及电极的性质。一般而言，电极测量的面积越大，阻抗就越小，这样测量的效果就越好。但是在测量时还是应当使用面积相对较小的电极来测量面部 EMG，这主要是由于两个原因：其一是电极如果太大，那么在测量的时候会同时测到很多无关的肌肉纤维的电位；其二是由于过大的电极更容易发生移动。对于面部 EMG 的研究而言，最好使用直径 4 mm 的微型电极。

(2) 电极放置与皮肤处理：如果要获得比较好的结果，就应当将电极放置于希望测量的肌肉的中部附近。这样做就能保证两个电极放置在平行于肌肉纤维的直线上(Loeb & Gans，1986)。由于头部、面孔处具有 30 对以上相互对称的肌肉(Gray，1918)，因此在放置电极的时候最大的挑战之一就是避免引入其他不需要考察的肌肉的电活动的干扰。人类肌电图研究的 SPR 守则建议研究者使用图 8-2 中的方法放置电极(参考电极只要放置一个就够了；Fridlund & Cacioppo，1986)。

在贴电极的时候一般会使用胶带。而且一般情况下电极中会填满导电膏，以保证皮肤上的电位能始终传递到电极上，不受运动的影响。在贴电极的时候，电极通常也会在一定程度上"嵌入"皮肤，这样可以使接触更为紧密，降低阻抗。在实验前必须认真清洁皮肤，去除皮肤表面的油脂和死皮。这两种污垢不仅会增大阻抗，也会影响黏着剂的黏性。

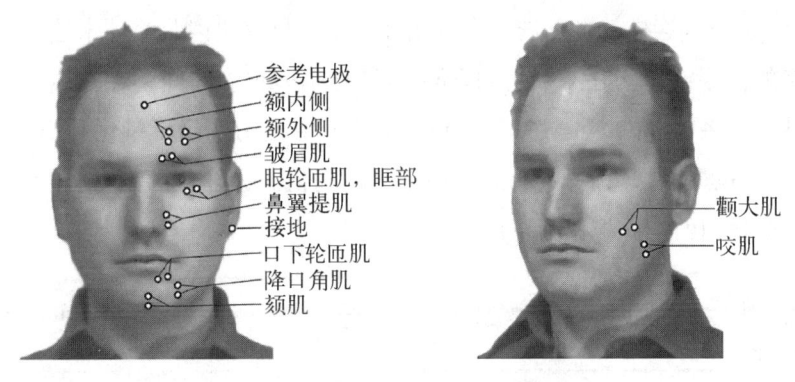

图 8-2 EMG 电极的放置

不妨使用医用磨砂膏或酒精片进行清洁，这样能取得比较不错的效果。有关的研究手册建议阻抗应当低于 10 或 5 kΩ(Fridlund & Cacioppo, 1986)。随着放大器的更新换代，高于这个标准的阻抗现在也是可以接受的。然而，需要注意的是我们现在讨论的阻抗只是整个系统的阻抗中的一部分。"电极-导线-放大器"这个完整系统的阻抗将会决定电极会采集到多大的噪声(Loeb & Gans, 1986)。因此，从整体来看，阻抗最好不要大于 30 kΩ。

（3）数据分析：在一定程度上，选用什么数据分析策略受制于取样的方法。不过，目前的设备可以轻松达到 1 000 Hz 或更高的采样率，这使得研究者可以更容易对数据进行离线处理。过低采样率的数据在离线处理时会遇到一些问题。这是由于 EMG 信号的频率上限可以高达 500 Hz。因此相对而言，1 000 Hz 的采样率是足够进行分析的。虽然 Van Boxtel 等人(1996)指出高于 250 Hz 的信号是可以忽略的，但是需要注意的是，这一标准实际上受制于具体的实验任务。对于 EMG 信号而言，一般设置 30—500 Hz 的带通滤波就足以去除大部分不太可能是真实 EMG 信号的噪声。同样，也可以设置采用 50 Hz(欧洲)或 60 Hz(北美)的陷波滤波来降低市电的噪声。

原始的 EMG 信号就是围绕着 0 点上下波动的伪随机的信号。直接平均这些信号只会得到几乎为 0 的均值，而且根本看不出方向。因此数据处理的第一步就是校正信号。首先，要把所有信号都取绝对值

(图 8-3),这样就可以进一步量化计算了。只要肌肉收缩还未达到肌肉的极限或肌肉还未疲劳,EMG 信号与肌肉收缩之间就存在线性的共变关系(Goldstein,1972;Lippold,1967)。因此,通常量化 EMG 反应的方法就是计算一定时间窗内信号的均值。另外,也有研究者使用时间窗内的均方根作为指标。

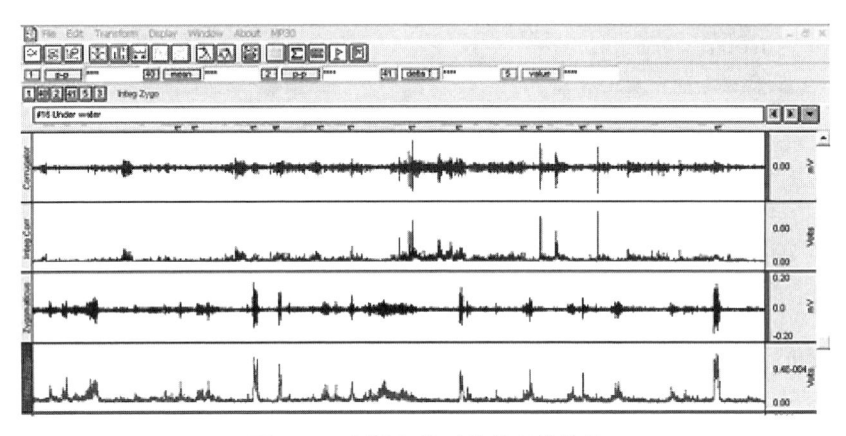

图 8-3 原始和绝对值处理的信号

虽然在心理生理学的研究中并不常见,但是基于快速傅立叶变换(FFT)的频域上的分析在诸如亲属人类学的领域中已经得到了应用。例如,可以从频率的降低得出肌肉疲劳的结论(Murata, Uetake, Matsumoto, & Takasawa, 2003)。

3. 样例:使用面部 EMG 研究偏见

Vanman 等人(2004)使用面部 EMG 对偏见开展过一项研究。在实验中,他们记录了颧大肌(笑)和皱眉肌(皱眉)两组肌肉上的电信号,测量的是白人大学生对黑人、白人图片表现出的情绪反应。在这个实验之后的一天,研究者再安排这些被试从 3 个候选人中(2 个白人、1 个黑人)选出一个人获得奖学金。那些在看黑人照片时颧大肌动作较小的被试更倾向于选择白人。更有意思的是,内隐联想测验(IAT;Greenwald, McGhee, & Schwartz, 1998)的结果并不能预测这种行为上的偏向。此外,对偏见的动机性控制只影响了 IAT 的结果,但是并没有影响 EMG 测量的结果。这个结果表明 EMG 能够用来测量与歧视有关的偏见。

4. 讨论

面部 EMG 对测量面部行为来说有很多优点。其中最为明显的是面部 EMG 的空间和时间分辨率很高,因此能够帮助研究者捕捉到肉眼难以观察到的微小反应。使用 EMG 之前必须先确定自己需要关注哪些肌肉。Vanman 等人(2004)的研究说明这种内隐测量不容易被自主行为影响,但是这并不是由于人们不能产生自主行为,而是因为人们可能并没有意识到他们产生了相应的表情。

(二) 惊吓眨眼与耳后反射

EMG 的另一种较为广泛的用途是测量对惊吓声音刺激的眨眼程度(Blumenthal & Franklin, 2009)。大量研究已经证明对突然呈现刺激的惊吓眨眼反射程度是受到人们的情绪状态影响的(Lang, 1995; Lang, Bradley, & Cuthbert, 1990; Vrana, Spence, & Lang, 1988)。根据 Lang(1995)的观点,当人们暴露于令人不快的刺激时,皮层下的厌恶系统环路就会被激活。人们就会出现包括眨眼反射在内的防御性反射。欲求状态和防御状态是两种对立的状态,这也就意味着呈现令人愉快的刺激时,眨眼反射之类的防御性反射会被削弱。

随后 Benning 等人(2004)又发现了一种与眨眼反射相反的反射模式,即耳郭后肌肉的收缩性反射。这种收缩性的反射会把耳郭往回并往上拉(Berzin & Fortinguerra, 1993)。耳后反射(PAR)通常与非惊吓的声音刺激有关。这种对声音的反射行为会在人们面对令人愉快的刺激时增强,在面对令人不愉快的刺激时减弱。

1. 测量

眨眼反射可以通过测量眼轮匝肌的 EMG 获取。图 8-2 所示的就是测量眼轮匝肌眶部 EMG 的方法。如果要测量眨眼的 EMG,就需要将电极放置在更加中央、更远的地方;如果要测量 PAR,就需要将电极放置在耳郭后肌肉的肌腱的位置上(图 8-4)。把耳郭向后拉的耳肌后部是一块纵向的肌肉,解剖学发现仅有 5% 的人没有这块肌肉。

虽然大部分人都有这块肌肉，但是并不是所有人都能在这块肌肉上测量到明显的肌肉活动。

当使用 EMG 测量惊吓的时候，最需要关注的是 EMG 的峰值。由于记录到的 PAR 信号通常很微弱，所以可以考虑把大量试次的数据整合起来，再根据基线进行峰测量。

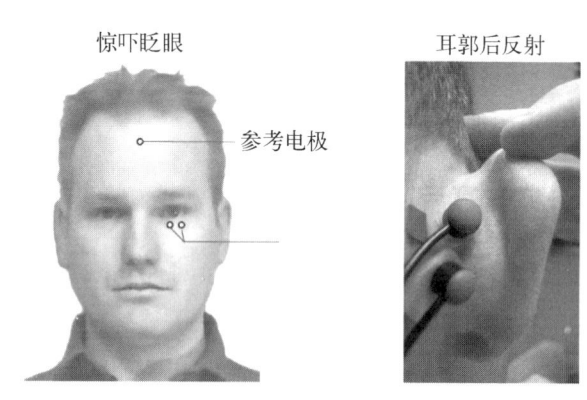

图 8-4　测量眨眼和 PAR 的电极摆放位置

2. 样例：使用耳郭后和惊吓反射考察对面孔表情的接近与回避倾向

Hess 等人(2007)使用耳郭后和惊吓反射这两个指标考察了人们对男性、女性的愤怒、快乐表情的反应。根据功能对等假设（Hess, Adams, & Kleck，2007，2009），研究者认为传达支配和归属关系的面部表情与形态线索对情绪归因的作用是一样的。研究者提出那些与支配有关的线索（如方下巴、浓眉毛、高额头）在男性身上更常见，因此男性通常被认为更具有支配性；另一方面，与友好关联在一起的娃娃脸在女性身上更常见，因此女性被认为更友好。研究者由此假设男性的愤怒表情比女性愤怒表情更具有威胁性，女性的微笑表情会被认为更加宜人。通过比较被试观看男性、女性的高兴、愤怒表情时的眨眼反射和 PAR，研究者发现在呈现高兴表情时 PAR 增强，而呈现愤怒表情时 PAR 减弱，并且这一效应在女性面孔上更为明显。眨眼反射在观看愤怒面孔时增强，在观看高兴表情时减弱，并且这一效应在男性面孔上更为明显。

五、皮肤电活动(EDA)

对皮肤电活动的测量是心理生理学研究中最为古老的研究方法。这一方法被运用于大量研究领域。EDA 会随着汗腺分泌汗液发生变化。我们可以把这些汗腺理解为皮肤上并联的可变电阻。当交感神经兴奋时，汗腺就会分泌汗液。汗液分泌越多，汗腺处的电阻就越低。哪怕没有达到大汗淋漓的程度，皮肤表面的导电性就已经能够发生明显的改变。皮肤整体的导电性是所有并联路径的导电性的总和；然而如果要计算整体的阻抗，那就需要借助相对复杂的公式了。

需要注意的是，汗腺仅被自主神经系统的交感支掌控。这种活动只会被胆碱类神经递质激活，而非肾上腺素，这是交感神经系统的典型性质。在很早的时候，EDA 就被作为一种测量唤醒、注意和情绪的方法了(Woodworth & Schlosberg, 1954)。在深入介绍 EDA 的意义之前，接下来先就如何测量 EDA 进行一些介绍。

(一) 测什么指标？

EDA 测的是皮肤电位或皮肤导电性/阻抗。Tarchanoff(1890)是第一个测量到皮肤电位的人。他发现即使没有对人体施加电流，皮肤上的电极间也能测量到电位差。在这之前，Féré(1888)发现在人体皮肤表面通上电流后，当被试观看一些外部刺激的时候，皮肤的导电性会变好。由于电位的两相性，皮肤电位并不容易被量化。而且相比皮肤导电性而言，皮肤阻抗的测量结果并不是那么可靠。因此，研究中通常测量的是皮肤导电性。

(二) EDA 可以干什么？

根据动物研究的结果，Boucsein(1992)指出皮肤导电性变化有三种来源：(1) 同侧的下丘脑和边缘系统的影响，(2) 对侧的皮质和基底神经节的影响,(3) 脑干网状结构的影响。Critchley 等人(2000)结合 EDA 和功能性磁共振成像技术(fMRI)发现与情绪和注意有关的脑区在皮肤导电性反应(SCRs)的产生与表现上发挥的作用不同。更进一步的证据表明,皮肤导电性水平与恐惧导致的杏仁核激活有关(Cheng, Knight, Smith, & Helmstetter, 2006; Phelps et al., 2001)。

总的来说,EDA 的意义实际上是由多种来源决定的。仅仅测量 EDA 并不足以帮助我们诊断出是否存在某种特殊的状态。不过,我们可以通过设置的实验条件对 EDA 的来源进行推论,从而得到一些有价值的结论。

对新异刺激的 SCRs 通常被认为是一种朝向反应(Öhman, 1979),在呈现具有重要意义的刺激时会产生 SCRs。这种特征使得我们能够把 SCRs 运用于犯罪知识测试中的测谎任务(Lykken, 1959)。犯罪知识测试认为有一些信息仅对那些"犯罪"的人具有重要意义(如用作凶器的刀、只有罪犯看到过的犯罪场景)。通过设计一个包含这些具有重要意义的刺激的多重选择测试,司法人员就可以甄别出罪犯。如果被测试者是罪犯,那么在呈现那些有重要意义的刺激时就会显示出 EDA 反应,而非罪犯则不会产生这种反应。在分辨经典性条件反射的研究中使用 EDA 也正是基于这种性质(Grings & Dawson, 1973)。

(三) 测量

Lykken 和 Venables(1971)在提出要对皮肤导电性测量进行标准化的时候就指出 EDA 是一种非常有用的方法,只不过"测量方法有时被滥用了"。他们认为采用标准化的测量程序对于获得有价值的结果来说是很重要的。目前,越来越多的心理生理学实验室都采用了标准化的测量程序。

皮肤导电性测量的是从一个电极向另一个电极传递的微小电流。为了避免期间产生的任何可能的风险(如触电),大量皮肤导电性实验使用的放大器是光耦合的。简单来说,光耦合指的是某些材质的材料在电磁辐射的作用下会释放出电子(光伏效应)。在放大器中,一个发光二极管会在一端射出光束,在另一端的光敏二极管会接收这束光(就像太阳能电池一样)。随后,光敏二极管再将光照转换为电压。这样就可以保证即使有强电流进入放大器,该电流也不会传递到被试身上,这样就能彻底确保被试的生命安全。

1. 电极与电极放置

EDA 测量中使用的是 Ag/AgCl 电极。电极一般放置在成人的手上或婴幼儿的脚上。以手为例,电极通常放在手掌与小鱼际隆起处,或放置在食指与无名指的中部和远端(图 8 - 5)。因为实验测量的是导电性,所以不需要对皮肤进行处理。也就是说,我们建议最多只要求被试不用肥皂洗手,这样做只是为了去除一些污垢。和其他方法一样,EDA 也需要设置一个参考电极或接地电极。然而,由于 EDA 很少单独测量,并且在心理生理学研究中通常只需要使用一个参考电极,因此,参考电极就需要结合所有测量的指标在整体上进行考量。

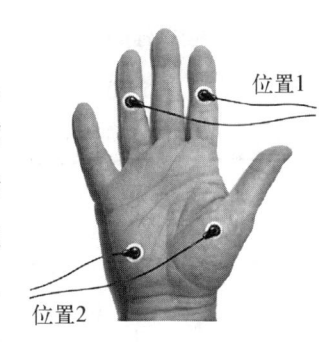

图 8 - 5 EDA 的电极放置

EDA 使用的电极尺寸不能太小。根据 SPR 规则(Fowles et al.,1981),我们建议使用表面积在 $1\ cm^2$ 的电极。不过大部分商业化生产的电极都比这个尺寸小,因此也可以使用 9 或 10 mm 直径的电极替代。电极与皮肤间的导电介质可以使用测量 EKG 或 EEG 时使用的导电膏,不过这些导电膏的设计目的是降低阻抗,因此会干扰测试的效果。导电膏造成的影响在实验持续时间长的情况下比较明显,所以要尽可能使用中性的导电介质。

SPR 规则中提供了一个配方,研究者可以根据这个配方自行配置中性导电介质(Fowles et al.,1981)。这个配方中基础的成分是中性的膏基(如 Schering 基)和标准的生理盐水(0.9% NaCl)。配置比例为使用 1 磅膏基(454 g)混合 230 ml 生理盐水,放置 24 小时后使用。由于这个配方不含任何防腐剂,所以必须放置在冰箱中冷藏。

2. 数据分析

皮肤导电性可以使用某一时间窗内的平均皮肤导电性(皮肤导电

水平,SCL)进行测量,也可以使用 SCRs 的相位测量(图 8-6)。SCRs 通常出现于刺激呈现后 1—4 秒。SCRs 也会自发产生,此时称为非特异的 SCRs(NS-SCRs)。表 8-1 和图 8-6 中列出了很多测量 SCRs 的方法。在所有的方法中,我们推荐使用时间窗中 SCRs 的频率以及平均波幅作为指标。

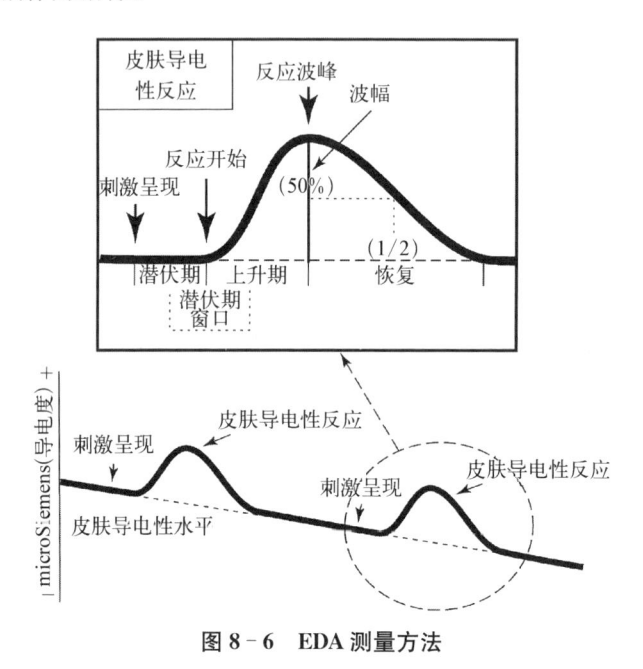

图 8-6 EDA 测量方法

表 8-1 皮肤电测量方法、定义以及测量值一般范围

方　法	定　义	一般范围
SCL	皮肤导电性均值	2—20 μs
SCL 改变量	在两个或多个时间点测量的 SCL 的渐变	1—3 μs
NS-SCRs 频率	无刺激时的 SCRs 数量	1—3 个/分钟
ER-SCR 波幅	刺激呈现后,短暂时间内导电性相位增加	0.2—1.0 μs
ER-SCR 潜伏期	刺激呈现到 SCR 开始所需的时间	1—3 s
ER-SCR 上升时间	SCR 从开始到峰值所需的时间	1—3 s
ER-SCR 半恢复时间	SCR 峰值降低到 SCR 波幅 50% 水平所需的时间	2—10 s

续 表

方　法	定　义	一般范围
ER‑SCR习惯化(试次)	达到两到三个试次内连续不产生变化前需要完成的试次数	2—8个
ER‑SCR习惯化(坡度)	ER‑SCR波幅变化率	0.01—0.5 μs/试次

注：来自Dawson等人(1992)；SCL‑皮肤导电性水平；SCR‑皮肤导电反应；NS‑SCRs‑非特异性皮肤导电反应；ER‑SCR‑事件相关皮肤导电反应。

(四) 使用SCLs的研究样例：对外群体成员的冲动性非言语行为

Dotsch和Wigboldus(2008)针对冲动行为这种可以用来解释对外群体偏见行为的自动化类别加工导致的无意识行为开展了研究。研究者认为，对摩洛哥人持有内隐的消极态度而非外显的刻板印象的土耳其人会对摩洛哥人产生回避行为。杏仁核的激活可能是这种现象背后的生理基础，并且会体现在SCL上。也就是说，研究者认为SCL是内隐偏见与行为之间的中介变量。在实验中，被试被安排进入仿真的虚拟环境中分别面对白人和摩洛哥人角色，以被试与该角色之间保持的距离作为回避行为的指标，以单类别内隐联想测验(ST‑IAT; Bluemke & Friese, 2008; De Liver, Wigboldus, & van der Pligt, 2007)的结果作为内隐偏见指标。结果表明，高偏见的被试离摩洛哥人更远，并且测得的SCLs更大。外显刻板印象测量结果并不能预测距离与SCLs。实验结果说明SCL中介了内隐偏见和行为之间的关系。研究者就此提出偏见的自动激活会伴随产生基本的情绪反应，这种情绪反应会产生无法控制的厌恶行为反应。

(五) 使用非特异性SCRs测量任务参与度

非特异性的皮肤导电性反应会受到对任务的参与度，或对任务努力投入资源的程度有关(Dawson, Schell, & Filion, 1991)。Pecchinenda和Smith(1996)假设当应对潜力(知觉到的能够完成一项任务的能力)

比较高的时候，被试会继续从事一项任务；但是当应对潜力低的时候，被试就会试图脱离任务。对此，他们开展了一项实验。在实验中，他们让被试完成一系列回文构词任务，通过回文构词的难度和限定时间长短对难度进行控制。被试的自呈报告表明，当任务困难时，被试知觉到的应对潜力较低。生理结果表明，在所有条件下，非特异性的皮肤导电性水平在一开始都处于高水平状态。然而在最困难的情况下，皮肤导电性水平在这类试次结束的时候会降低，表明被试"放弃"了。在控制任务难度后，记录到的非特异性的反应率和反应的最高波幅都与被试自呈报告的应对潜力正相关。这个结果支持了研究者的假设，证明非特异性的 SCRs 可以用来测量任务的参与度。

（六）讨论

EDA 是一种古老但依旧有活力的心理生理学测量指标。它最大的优点是容易实施。EDA 测量并不依赖于复杂的设备，并且可以在许多不同的情境下使用。然而，和其他的测量方法一样，EDA 也会受到伪迹影响。在所有的伪迹中，影响最为明显的就是被试深呼吸导致的呼吸伪迹。因此，如果条件允许，可以在测量 EDA 的时候同时测量呼吸。但是这样做又会使测量变得复杂。另外，EDA 也存在着缺乏特异性这个不足。EDA 通常最适用于测量极端控制的情境下的反应，或与其他方法进行结合起来进行多元评估。

六、心血管测量

心血管系统包含心脏与血管两大组织。诸如心动周期（HR）和血压（BP）的心血管测量方法在心理生理学发展的早期就得到了研究者的运用（Ax, 1953; Elliott, 1969, 1974; Graham & Clifton, 1966; McGinn, Harburg, Julius, & McLeod, 1964; Scott, 1930）。基于长久以来的研究，目前，心血管功能各方面的大量指标都可以运用到心理学研究中。标准的心理生理学测量程序里要用心电图(ECG 或 EKG)测量 HR,使用手指脉搏描记器测量脉搏强度和脉搏频率,使用阻抗心动描记术测量心排血量,还会测量血压(BP)。接下来我会简单介绍每种方法。并且,由于心血管活动可以细分出很多种测量对象,因此还会分别使用研究样例对 HR、HRV 和 BP 进行详细介绍。

(一) 心电图(ECG 或 EKG)

ECG 测量的是心脏的电活动。图 8-7 中展现的是典型的 ECG 波形。一个心动周期起始于窦房结发出的一个电信号。窦房结是位于右心房的一个负责起搏的组织,产生的是窦性心律。这个电信号导致心房去极化,在 ECG 中表现为 P 波。这个电信号传导到心室后形成 QRS 波群。心室复极化的时候会产生 T 波。两个 R 波之间间隔的部分通常被视为一个心动周期,或称之为搏动间隔(IBI)。IBI 和 HR 的关系为:HR=60 000/(毫秒为单位的 IBI)。Berntson 等人(1993)指出测量心动周期优于测量 HR。尤其是在较广的基线值范围内,心动周期的变化与自主神经活动线性相关,而 HR 则达不到。另外,心动周期是可以实时测量的,而 HR 并不能。

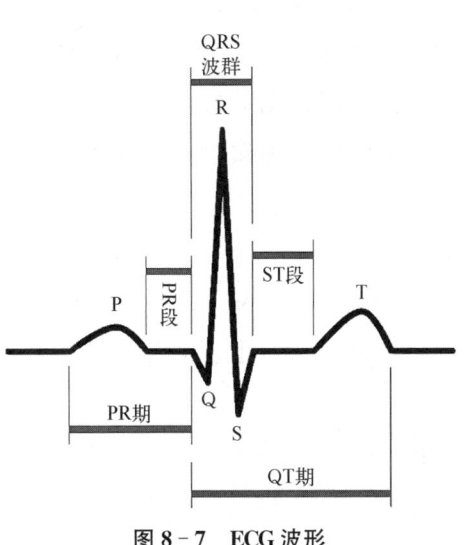

图 8-7 ECG 波形

1. 电极放置

测量心电图的时候通常会使用一次性的粘贴型 Ag/AgCl 电极。心电图的测量通常可以使用很多种电极放置方式,其中标准的几种放置方式分别是:第一种为放置在左、右手腕内侧,正极放置在左侧;第二种为放置在右手臂和左踝,正极放置在左踝;第三种为放置在左腕关节和左踝,正极放置在踝部。

将电极放置在腕部和踝部的做法可能会使数据受到运动伪迹干扰，因此通常会使用基于第二种放置方式的改良形式——将电极放置在躯干。也就是说，可以将两个电极分别放置在右胸骨和左胸腔下方。如果因为体毛影响了粘贴的效果，也可以考虑把电极贴在背上。如果衣物影响到胸腔侧的电极粘贴效果，也可以考虑贴在踝部，这样做至少能够避免手腕运动带来的影响。根据QRS波群的频率范围，也可以考虑使用30 Hz的高通滤波器来排除电流噪声和肌肉运动造成的伪迹。

2. HR和心动周期

在情绪、动机和注意/定向等研究中已经有研究者运用HR和心动周期(IBI)作为指标了(Ax, 1953; Cook & Turpin, 1997; Elliott, 1969, 1974; Fowles, 1988; Lang, Davis, & Öhman, 2000; Graham & Clifton, 1966; Verschuere et al., 2004)。紧张性HR也通常被用来测量个体差异。例如，紧张性HR被发现与儿童、青少年的反社会行为存在相关关系(Ortiz & Raine, 2004)。心脏的活动受到交感、副交感神经的共同作用，这就使得我们对HR的解释会变得很复杂。例如，HR的增大可能是由于交感神经兴奋，也可能是由于副交感神经活动衰退(Berntson et al., 1993)。因此，HR通常需要与其他指标共同测量来增加它的诊断力。例如，可以在使用HR测量卷入度和对能力的知觉的时候同时测量BP(Wright & Kirby, 2001)。

例子：对犯罪知识任务的认知或情绪反应。Lykken(1959)开发的隐藏信息或犯罪知识任务已经在实验室研究中被证明具有非常高的准确性了。某些只有"犯罪者"才知道的信息会对"犯罪者"激发SCR，而不会影响清白的人，这是该任务的理论假设。Verschuere等人(2004)认为这种反应实际上可能有两个来源，其一是情绪性的防御反应，即激活了一种力图回避刺激的防御反射(Sokolov, 1963)。其二是对于已知刺激做出的定向反应。HR在定向反应时会降低，而在防御反应时会提升(Cook & Turpin, 1997; Graham & Clifton, 1966)。在一项由被试出演虚拟罪案的模拟犯罪实验中，在呈现与罪案有关的图片后，测量得到的SCR和HR显示出被试的心血管反应仅在面对他们"参与"

的罪案时才会增强的。与此同时,在这个过程中HR降低了,表明此时是一种定向反应而非防御性反应。

3. HR变异

除了可以测量HR和心动周期,ECG也可以用来测量HRV(心率变异)。迷走神经紧张会影响ECG的测量结果,并因此被用于作为行为冲动性(Lacey & Lacey, 1958)、自我调节(Stephens, Harris, Brady, & Shaffer, 1975)、情绪倾向(Sloan et al., 1994)、特质焦虑(Brosschot, Van Dijk, & Thayer, 2007)、注意状态(Porges & Raskin, 1969)、心理负荷状态(Kalsbeek & Ettema, 1963)、执行功能状态(Hansen, Johnse, & Thayer, 2003)等方面的个体差异变量的测量方法。

从广义的角度来说,Porges(1995)的多层迷走神经系统理论认为迷走神经活动衰退会产生战/逃反应,而迷走神经活动对心脏的作用加强会产生自发的社会交往行为。Porges指出,动物性迷走神经具有髓鞘化的分支,因此可以迅速调节心脏输出血量,以此导致人们做出接近、远离环境的行为。这种髓鞘化的动物性迷走神经在神经解剖学层面上与负责控制面部表情和发声来调控社会交往的脑区有关。由于动物性迷走神经包含并中介了自发性行为(如面部表情、发声),而植物性迷走神经仅与无髓鞘的迷走神经纤维中介的内环境平衡行为(如消化)有关,因此Porges将动物性迷走神经称为"聪明的迷走神经"。正常情况下,迷走神经中介的HRV与良好的心理、生理以及性功能正相关(Brody & Preut, 2005;Ruiz-Padial, Sollers, Vila, & Thayer, 2003)。

量化:HRV或呼吸性窦性心律不齐(RSA)指的是在吸气时HR降低,而在呼气时增高的现象。HRV是由Hales(1733)和Ludwig(1874)在动物身上发现的。使用胆碱能阻断剂和功能性迷走神经切断术两种方法可以破坏RSA的手段的研究发现,HRV在很大程度上是由迷走神经的副交感神经兴奋导致的结果。使用β-肾上腺素阻断剂并不会导致这种结果,这从另一个侧面证明了副交感神经兴奋这种解释(Berntson et al., 1997)。

在时域和频域上分别有很多方法可以测得 HRV。对于关注时域的研究来说,考察的是连续出现的正常的波群之间的间隔时间。也就是说需要记录下每个 QRS 波群,相邻的 QRS 波群之间的间隔就称为"法线至法线"(Normal-to-normal;NN)间隔(从窦房结去极化的时刻开始计算)。对于关注频域的研究来说,需要先使用诸如 FFT 或自回归模型将数据转换为不同频率的成分。Porges 和 Bonrer(1990)曾开发了一种称作移动多项式法的处理方法,感兴趣的研究者可以参考。

时域下的测量中,每个分段中所有 NN 间隔时长的标准差是一种简单的时域下的测量指标。这种指标能够在正常呼吸条件下提供准确估计值并且能够修正虚假心跳信号(Hayano et al., 1991; Salo, Huikuri, & Seppänen, 2001)。此外,另一种常用方法是计算连续 NN 间隔均方差的平方根。频域分析中,最常用的方法是对时域数据进行快速傅立叶变换(FFT)。其中,高频频段(HF)为 0.15—0.4 Hz,代表的是副交感神经兴奋;低频频段(LF)为 0.05—0.15 Hz,代表的是混合的影响。那么,在研究中到底选用什么指标进行测量? 这需要研究者经过考虑后再做决定。虽然简单的时域测量已经足够用于考察经典的实验任务中副交感神经兴奋的状态。然而,如果要更为深入地对数据进行分析,进行频域分析不失为一个好主意(Berntson et al., 1997)。

由于 HRV 是发生在时间序列上的,所以每一个分段的长度就非常重要了。Force(1996)建议,如果要在频域上进行分析,那么分段至少要是需要考察的最低频率的周期的 10 倍以上。这个要求相当于在考察 HF 时需要以 1 分钟为分段的标准,而在考察 LF 时需要以 2 分钟为分段的标准。如果在时域上进行分析,那么就至少要以 5 分钟作为分段的标准。

先前介绍的测量方法中均没有提及对呼吸的控制。这是因为在对呼吸的控制这个问题上存在着一定的争议(Denver, Reed, & Porges, 2007; Grossman & Taylor, 2007)。Denver 等人(2007)指出是否要控制呼吸的核心问题是呼吸是否对 RSA 非常重要,或是否 RSA 与呼吸频率是心肺震荡同时生成的两种伴随表现。对于后者而言,控制呼吸就没有实际的作用了。

伪迹控制：由于 HRV 来自 ECG 的 RR(两个 R 波之间的间隔)。因此，HRV 测量的质量取决于初始 ECG 信号的质量。其中存在一个问题。由于大部分对 HRV 的测量都需要获取一个完整的时间序列，很难简单地从中识别出伪迹。虚假 R 波指的是错把 T 波当作 R 波。研究者可以通过将两个有虚假 R 波的短序列叠加起来的方法解决虚假 R 波的问题。如果在序列里未能记录到 R 波，那就需要进行替代。一般来说是通过插值法根据邻近的 RR 间隔进行计算，或直接将长间隔时间分为两段加以处理(Berntson et al., 1997)。

样例：使用 HRV 研究刻板印象威胁。 Croizet 等人(2004)使用 HRV 考察刻板印象威胁(例如，社会群体的智力表现受到与他们有关的刻板印象信息影响)背后的加工机制。通常，具有某种认知能力上较弱的刻板印象的群体成员在群体身份被凸显后确实会表现得更糟糕。这是由于人们认为其他人会用刻板印象对待自己，这种想法增加了任务压力，影响到任务表现。如果刻板印象没有被激活，那么这些人的表现就不会受到影响。

Croizet 等人(2004)使用瑞文高级推理测验作为认知能力测验对理科生和心理系的学生开展测试(后者认为自己被他人认为智力水平较低)，结果发现心理系的学生得分确实较低。然而，当被试不知道这项任务测量的是认知能力的时候，两组被试的得分没有差异。研究者同时还使用 HRV 在能量谱系(0.15—0.60 Hz)中的 RR 间隔和 HF 成分的连续差异均方根(RMSSD)作为生理指标。结果发现，当瑞文测验被描述为一种认知能力测验时，两种测量结果均大幅降低，代表被试产生了心理负荷(Kalsbeek & Ettema, 1963)。中介效应分析表明这种心理负荷中介了刻板印象威胁组的表现，但是并未中介非威胁组的表现。

(二) 血压

BP 非常容易测量，因此成为心理生理学研究早期流行的测量指标，并且被广泛使用于欺骗(Mager, 1931)、情绪(Landis, 1926; Scott,

1930)和个体差异等大量研究领域(McGinn et al.，1964)。然而,BP较难进行连续无创测量,并且测量行为本身非常"明显",这些问题限制了BP测量的运用。尽管如此,BP依旧是一种测量心血管反应的基本工具。BP测量最为经典的应用领域包括压力(Obrist et al.，1978; Taylor et al.，2010)、威胁(Blascovich, Spencer, Quinn, & Steele, 2001; Manuck, Harvey, Lechleiter, & Neal, 1978)和努力(Wright & Kirby, 2001)。

1. 测量方法

有很多种方法可以测量BP,其中最广为人知的是使用血压计的听诊法。这种方法通过柯氏音(心脏跳动的声音)进行判断。在操作时,先把充气臂带缠绕在上臂上,然后在肱动脉处塞入听诊器。随后向充气臂带充气,直到压力将动脉血流阻断。然后再缓慢释放充入的空气,降低压力,使血液再次通过。血液重新开始通过的时候可以听到第一声柯氏音。随着压力的进一步减弱,在听到最后一次柯氏音后,就无法再听见其他声音了。第一次听到柯氏音时,血压计上记录的气压是收缩压(SBP);最后一次听到柯氏音时,血压计上记录的气压是舒张压(DBP)。这种方法的主要问题是测量是断断续续进行的,测量过程非常显眼,而且还需要安排专人进行测量。

现在已经有了很多种自动化的BP测量设备,这种测量设备不需要主试在场操作。这些设备有些使用的是听诊法,有些使用的是示波法。这些设备在测量的时候,首先会向臂带充气,直到获得SBP,随后会降低气压到DBP以下,记录DBP。在记录的过程中,臂带的气压与肱动脉周期性膨胀和收缩同步变化,再根据测得的震荡情况计算SBP和DBP。

这种自动测量的方法使得在实验中进行多次测量成为可能,并且不会打扰被试。然而,臂带的充气与放气依旧是一种很明显的外界刺激,可能会影响被试的反应。除了这些方法之外,研究者也可以考虑使用动脉张力法或容积补偿法连续测量BP(Stern, Ray, & Quigley, 2001)。不过,使用这些方法的花费都非常高。在所有使用BP测量的研究中,测量本身都比较凸显,会打扰被试完成任务,并且被试也会感到一些不适。

2. 量化指标

BP 的单位是毫米汞柱(mmHg),测量的是心动周期内血管壁承受压力的大小。SBP 是动脉上最高的峰值压力,反映的是心室收缩的时刻,通常处于心动周期的末期。DBP 是动脉上的最低压力,反映的是血管里充满血的时候,通常处于心动周期的初期。平均动脉血压(MAP)是一种对 SBP 和 DBP 加权平均取得的值,MAP = (2DBP + SBP)/3。脉搏压(PP)是 SBP 减去 DBP 的差值。

3. 样例:使用 BP 测量评价性威胁

在其他人面前完成一项任务通常会让人表现得更好(Zajonc,1965)。然而,对任务的掌握程度一般会对这个效应产生影响。对于那些具有压力的任务来说,提示旁观者会对行为进行评价(存在评价性威胁)会干扰人们的反应。Allen 等人(1991)在研究中首先要求女性被试在实验室中完成一项有压力的任务,此时仅有主试在场。两周后,被试在家里再在仅有主试的情况下或另外还有一个女性朋友或一只宠物犬在场的情况下完成这项任务(宠物犬不会对人产生评价,但对主人来说也是支持性的他者)。研究者测试了被试完成任务时的 SCRs、脉搏速率和 BP,计算了 SCRs 和 SBP 与基线之间的差异。结果发现,在家庭环境中完成任务时,朋友在场的情况下 SCRs 和 SBP 与基线之间的差异大于控制条件(只有主试或有宠物在场)。研究还发现,宠物在场的情况下测得的差异比控制条件小(只有主试在场)。在行为上,被试在有朋友在场的条件下表现得更糟糕。这个结果说明会造成评价性威胁的他人会影响人们对任务压力的体验。

(三) 其他心血管测量方法

1. 阻抗心动描记术

在心动周期中,主动脉中的血量变化会导致胸部阻抗发生变化。低阻抗表明血容量大。阻抗心动描记术提供给我们一种测量每搏输出量的估计方法(每次心脏搏动泵出的血液容积)。由于心脏输出量等于心率乘以每搏输出量,所以结合 EKG 和阻抗心动描记术就可以估算出心脏输出量。如果对这种方法感兴趣,可以阅读 Sherwood(1993)或 SPR 指导手册(Sherwood,1990)获取更多有关阻抗心动描记术衍生的其他方法以及更深入的细节信息。另一种测量每搏输出量的方法是借助流经心脏的血流速度会导致多普勒频移的效应,这个效应会改变返回的超声波频率。这种多普勒频移法是比较可靠的,但是对于心理生理学实验室而言耗费比较大。

基于阻抗心动描记术的测量方法在对压力源的威胁和挑战反应(Blascovich,Mendes,Tomaka,Salomon,& Seery,2003;Tomaka,Blascovich,Kelsey,& Leitten,1993)和孤独的研究中得到应用(Cacioppo & Hawkley,2009;Cacioppo et al.,2002;Hawkley,Burleson,Berntson,& Cacioppo,2003)。

量化阻抗心动描记术获取的数据是比较费时费力的,自动化的算法没法排除伪迹的影响。因此,尽管阻抗心动描记术能够提供非常有潜在价值的信息,但是这种方法还是适合那些专业进行心血管测量的实验室进行操作。

2. 体积描记法

血容量、脉量和脉搏率也可以通过一种测量肢体、器官或整个躯体的内体积变化的体积描记法进行测量。血容量指的是肢体容量的缓慢变化,而脉量通常指的是从手指上测量的非常快的容量变化。血容量或脉量的光电变化可以用容量或阻抗变化来衡量(Stern et al.,2001)。在使用这种方法的实验中,通常会使用指夹式的光体积描记器。其原理是,当红外线照射手指时,部分红外线会被手指吸收,吸收的量则取决于手中的血液以及血管的量。不过,这种测量方法是不精确的,这是由于每个人的皮肤性质都有所不同,不同的皮肤性质会带来误差(Jennings,Tahmoush,& Redmond,1980)。同样,Speckenbach 和 Gerber(1999)指出,通过光体积描记器测量的脉量在生物反馈任务中的信度并不高。在心理生理学研究中通常会测量从最低到最高容量的幅度变化。这种幅度的峰值可以用来作为心动周期的指标。与 ECG

不同,使用这种方法并不需要被试脱衣服粘贴电极,只需要在手指上夹上夹子就好了。然而,虽然在静息态的时候 ECG 与体积描记法得到的心动周期值相关性很高,但是在 Stroop 任务中两者测得的结果却不存在相关关系(Giardino et al., 2002)。因此,研究者需要结合具体的实验情境认真考虑是否要在实验中使用体积描记法。

七、还有其他方法吗

本章介绍了一些心理生理学初学者所能够接触到的在社会心理学研究中使用过的测量方法。由于需要医院实验室或有创采血,我们没有介绍其他诸如胃部测量、性行为测量、激素测量和免疫测量的方法。不过,随着技术的发展,过去一些较难达到的测量手段现在已经能够相对容易做到了。例如,眼动仪的普及使得研究者能够更容易地测量瞳孔直径,并以此为指标分析认知负荷(Beatty, 1982; Beatty & Lucero-Wagoner, 2000; Juris & Velden, 1977; Van Gerven, Paas, van Merriënboer, & Schmidt, 2004)。同样地,便携式的数据采集系统也使我们有能力开展一些现场研究。近来,一些情绪计算领域的研究者建议将被试使用的一些物品改造为心理生理学的测量工具(Woolf et al., 2009),甚至可以做成"珠宝"的样子佩戴在身上(Poh, Swenson, & Picard, 2010)。这些途径为在实验室外使用心理生理学研究方法提出了令人激动的前景。然而,无论使用什么方法,控制伪迹都是一个很有挑战性的问题。

推荐阅读

心理生理学基础

Cacioppo, J. T., Tassinary, L. G., & Berntson, G. G. (Eds.). (2007). *Handbook*

of psychophysiology (3rd ed.). New York: Cambridge University Press.
Harmon-Jones, E., & Beer, J. S. (2009). *Methods in social neuroscience*. NewYork: Guilford Press.
Stern, R. M., Ray, W. J., & Quigley, K. S. (2001). *Psychophysiological recording*.New York: Oxford University Press.

心血管测量

Berntson, G. G., Bigger, J. T., Eckberg, D. L., Grossman, P., Kaufmann, P. G.,Malik, M., et al. (1997). Heart rate variability: Origins, methods, and interpretivecaveats. *Psychophysiology*, 34, 623–648.
Jennings, J. R., Berg, W. K., Hutcheson, J. S., Obrist, P., Porges, S., & Turpin, G. (1981). Publication guidelines for heart rate studies in man. *Psychophysiology*,18(3), 226–231.
Jennings, J. R., Tahmoush, A. J., & Redmond, D. P. (1980).Non-invasive measurementof peripheral vascular activity. In I. Martin & P. H. Venables (Eds.),*Techniques in psychophysiology* (pp. 69–137). New York: Wiley.
Shapiro, D., Jamner, L. D., Lane, J. D., Light, K. C., Myrtek, M., Sawada, Y., et al.(1996). Blood pressure publication guidelines. *Psychophysiology*, 33, 1–12.
Sherwood, A. (1993). Use of impedance cardiography in cardiovascular reactivityresearch. In J. J. Blascovich& E. S. Katkin (Eds.), *Cardiovascular reactivityto psychological stress and disease* (pp. 157–199). Washington, DC: American Psychological Association.
Sherwood, A., Allen, M. T., Fahrenberg, J., Kelsey, R. M., Lovallo, W. R., & vanDoornen, L. J. (1990). Methodological guidelines for impedance cardiography.*Psychophysiology*, 27, 1–23.

皮肤电活动测量

Blumenthal, T. D. (1998). Comparing several measures of human startle eyeblinkEMG response magnitude. *Journal of Psychophysiology*, 12, 159–171.
Blumenthal, T. D., Cuthbert, B. N., Filion, D. L., Hackley, S., Lipp, O. V., & vanBoxtel, A. (2005). Guidelines for human startle eyeblink electromyographic studies. *Psychophysiology*, 42, 1–15.
Blumenthal, T. D., & Franklin, J. C. (2009).The startle eyeblink response.InE. Harmon-Jones & J. S. Beer (Eds.), *Methods in social neuroscience* (pp.92–117). New York: Guilford Press.
Fridlund, A. J., & Cacioppo, J. T. (1986).Guidelines for human electromyographic research. *Psychophysiology*, 23, 567–589.
Hess, U. (2009). Facial EMG. In E. Harmon-Jones & J. S. Beer (Eds.), *Methodsin the neurobiology of social and personality psychology* (pp. 70–91). NewYork: Guilford Press.

Loeb, G. E., & Gans, C. (1986). *Electromyography for experimentalists*. Chicago: University of Chicago Press.

参考文献

Allen, K. M., Blascovich, J., Tomaka, J., & Kelsey, R. M. (1991). Presence of human friends and pet dogs as moderators of autonomic responses to stress in women. *Journal of Personality and Social Psychology, 61*, 582–589.

Appelhans, B. M., & Luecken, L. L. (2006). Heart rate variability as an index of regulated emotional responding. *Review of General Psychology, 10*, 229–240.

Armstrong, J. E., Hutchinson, I., Laing, D. G., & Jinks, A. L. (2007). Facial electromyography: Responses of children to odor and taste stimuli. *Chemical Senses, 32*, 611–621.

Arndt, J., Allen, J. J. B., & Greenberg, J. (2001). Traces of terror: Subliminal death primes and facial electromyographic indices of affect. *Motivation and Emotion, 25*, 253–277.

Ax, A. F. (1953). The physiological differentiation between fear and anger in humans. *Psychosomatic Medicine, 15*, 433–442.

Beatty, J. (1982). Task-evoked pupillary responses, processing load, and the structure of processing resources. *Psychological Bulletin, 91*, 276–292.

Beatty, J., & Lucero-Wagoner, B. (2000). Pupillary system. In J. T. Cacioppo, L. G. Tassinary & G. G. Berntson (Eds.), *Handbook of psychophysiology* (pp. 142–162). New York: Cambridge University Press.

Benning, S. D., Patrick, C. J., & Lang, A. R. (2004). Emotional modulation of the post-auricular reflex. *Psychophysiology, 41*, 426–432.

Berg, W. K., & Balaban, M. T. (1999). Startle elicitation: Stimulus parameters, recording techniques, and quantification. In M. E. Dawson, A. M. Shell, & A. H. Böhmelt (Eds.), *Startle Modifications: Implications for neuroscience, cognitive science, and clinical science* (pp. 21–50). Cambridge, UK: Cambridge University Press.

Berntson, G. G., Bigger, J. T., Eckberg, D. L., Grossman, P., Kaufmann, P. G., Malik, M., et al. (1997). Heart rate variability: Origins, methods, and interpretive caveats. *Psychophysiology, 34*, 623–648.

Berntson, G. G., Cacioppo, J. T., & Quigley, K. S. (1993). Cardiac psychophysiology and autonomic space in humans: Empirical perspectives and conceptual implications. *Psychological Bulletin, 114*, 296–322.

Berzin, F., & Fortinguerra, C. R. (1993). EMG study of the anterior, superior, and posterior auricular muscles in man. *Anatomischer Anzeiger, 175*, 195–197.

Blascovich, J., Mendes, W. B., Tomaka, J., Salomon, K., & Seery, M. (2003). The robust nature of the biopsychosocial model challenge and threat: A reply to Wright and Kirby. *Personality and Social Psychology Review, 7*, 234–243.

Blascovich, J., Spencer, S. J., Quinn, D., & Steele, C. (2001). African Americans and high blood pressure: The role of stereotype threat. *Psychological Science, 12*, 225–229.

Bluemke, M., & Friese, M. (2008). Reliability and validity of the Single-Target

IAT (ST-IAT): Assessing automatic affect towards multiple attitude objects. *European Journal of Social Psychology, 38*, 977 - 997.

Blumenthal, T. D. (1998). Comparing several measures of human startle eyeblink EMG response magnitude. *Journal of Psychophysiology, 12*, 159–171.

Blumenthal, T. D., & Franklin, J. C. (2009). The startle eyeblink response. In E. Harmon-Jones & J. S. Beer (Eds.), *Methods in social neuroscience* (pp. 92–117). New York: Guilford Press.

Boucsein, W. (1992). *Electrodermal activity.* New York: Plenum Press.

Brody, S., & Preut, R. (2005). Vaginal intercourse frequency and heart rate variability. *Journal of Sex and Marital Therapy, 29*, 371–380.

Brosschot, J. F., Van Dijk, E., & Thayer, J. F. (2007). Daily worry is related to low heart rate variability during waking and the subsequent nocturnal sleep period. *International Journal of Psychophysiology, 63*, 39–47.

Brown, L. M., Bradley, M. M., & Lang, P. J. (2006). Affective reactions to pictures of ingroup and outgroup members. *Biological Psychology, 71*, 303–311.

Buck, S. M., Hillman, C. H., Evans, E. M., & Janelle, C. M. (2004). Emotional responses to pictures of oneself in healthy college age females. *Motivation and Emotion, 28*, 279–295.

Cacioppo, J. T., & Hawkley, L. C. (2009). Loneliness. In M. R. Leary & R. H. Hoyle (Eds.), *Handbook of individual differences in social behavior* (pp. 227–240). New York: Guilford Press.

Cacioppo, J. T., Hawkley, L. C., Crawford, E., Ernst, J. M., Burleson, M. H., Kowalewski, R. B., et al. (2002). Loneliness and health: Potential mechanisms. *Psychosomatic Medicine, 64*, 407–417.

Cacioppo, J. T., & Petty, R. E. (1979). Attitudes and cognitive response: An electrophysiological approach. *Journal of Personality and Social Psychology, 37*(12), 2181–2199.

Cacioppo, J. T., & Petty, R. E. (1987). Stalking rudimentary processes of social influence: A psychophysiological approach. In M. P. Zanna, J. M. Olson, & C. P. Herman (Eds.), *Social influence: The Ontario Symposium* (Vol. 5, pp. 41–47). Hillsdale, NJ: Erlbaum.

Cacioppo, J. T., Petty, R. E., Losch, M. E., & Kim, H. S. (1986). Electromyographic activity over facial muscle regions can discriminate the valence and intensity of affective reactions. *Journal of Personality and Social Psychology, 50*(2), 260–268.

Cacioppo, J. T., & Tassinary, L. G. (1989). The concept of attitudes: A psychophysiological analysis. In H. L. Wagner & A. S. R. Manstead (Eds.), *Handbook of social psychophysiology* (pp. 309–346). Chichester, UK: Wiley.

Cacioppo, J. T., & Tassinary, L. G. (1990). Inferring psychological significance form physiological signals. *American Psychologist, 45*(1), 16–28.

Cheng, D. T., Knight, D. C., Smith, C. N., & Helmstetter, F. J. (2006). Human amygdala activity during the expression of fear responses. *Behavioral Neuroscience, 120*, 187–195.

Cohen, B. H., Davidson, R. J., Senulis, J. A., & Saron, C. D. (1992). Muscle tension patterns during auditory attention. *Biological Psychology, 33*, 133–156.

Cook, E. W., III, & Turpin, G. (1997). Differentiating orienting, startle and defense responses: The role of affect and its implications for psychopathology. In P. J. Lang, R. F. Simons, & M. T. Balaban (Eds.), *Attention and orienting: Sensory and motivational processes* (pp. 137–164). Hillsdale, NJ: Erlbaum.

Critchley, H. D., Elliott, R., Mathias, C. J., & Dolan, R. J. (2000). Neural activity relating to generation and representation of galvanic skin conductance responses: A functional magneticn resonance imaging study. *Journal of Neuroscience, 20*, 3033-3040.
Croizet, J.-C., Desprès, G., Gauzins, M.-E., Huguet, P., Leyens, J.-P., & Méot, A. (2004). Stereotype threat undermines intellectual performance by triggering a disruptive mental load. *Personality and Social Psychology Bulletin, 30*, 721-731.
Dambrun, M., Desprès, G., & Guimond, S. (2003). On the multifaceted nature of prejudice: Psychophysiology responses to ingroup and outgroup ethnic stimuli. *Current Research in Social Psychology, 8*, 200-204.
Davis, W. J., Rahman, M. A., Smith, L. J., & Burns, A. (1995). Properties of human affect induced by static color slides (IAPS): Dimensional, categorical and electromyographic analysis. *Biological Psychology, 41*, 229-253.
Dawson, M. E., Schell, A. M., & Filion, D. L. (1991). The electrodermal system. In J. T. Cacioppo & L. G. Tassinary (Eds.), *Principles of psychophysiology: Physical, social, and inferential elements* (pp. 295-324). New York: Cambridge University Press.
De Liver, Y., Wigboldus, D., & van der Pligt, J. (2007). Positive and negative associations underlying ambivalent attitudes: Evidence from implicit measures. *Journal of Experimental Social Psychology, 43*, 319-326.
Denver, J. W., Reed, S. F., & Porges, S. W. (2007). Methodological issues in the quantification of respiratory sinus arrhythmia. *Biological Psychology, 74*, 286-294.
Dimberg, U. (1982). Facial reactions to facial expressions. *Psychophysiology, 19*(6), 643-647.
Dimberg, U. (1990). Perceived unpleasantness and facial reactions to auditory stimuli. *Scandinavian Journal of Psychology, 31*, 70-75.
Dimberg, U., & Ohman, A. (1996). Behold the wrath: Psychophysiological responses to facial stimuli. *Motivation and Emotion, 20*(2), 149-182.
Dotsch, R., & Wigboldus, D. H. R. (2008). Virtual prejudice. *Journal of Experimental Social Psychology, 44*, 1194-1198.
Ekman, P., & Friesen, W. V. (1978). *The Facial Action Coding System: A technique for the measurement of facial movement.* Palo Alto, CA: Consulting Psychologists Press.
Elliott, R. (1969). Tonic heart rate: Experiments on the effects of collative variables lead to a hypothesis about its motivational significance. *Journal of Personality and Social Psychology, 12*, 211-228.
Elliott, R. (1974). The motivational significance of heart rate. In P. A. Obrist, A. H. Black, J. Brener, & L. V. DiCara (Eds.), *Cardiovascular psychophysiology* (pp. 505-537). Chicago: Aldine.
Féré, C. (1888). Note sur les modifications de la résistance électrique sous l'influence des excitations sensorielles et des emotions [Note on the modification of electric resistance under the influence of sensory or emotional excitement]. *Comptes Rendus des Séances de la Société de Biologie, 5*, 217-219.
Filion, D. L., Dawson, M. E., Schell, A. M., & Hazlett, E. A. (1991). The relationship between skin conductance orienting and the allocation of processing resources. *Psychophysiology, 28*, 410-424.
Fowles, D. C. (1988). Psychophysiology and psychopathology: A motivational approach. *Psychophysiology, 25*, 373-391.

Fowles, D. C., Christie, M. J., Edelberg, R., Grings, W. W., Lykken, D. T., & Venables, P. H. (1981). Publication recommendation for electrodermal measurements. *Psychophysiology, 18*, 232–239.

Fridlund, A. J., & Cacioppo, J. T. (1986). Guidelines for human electromyographic research. *Psychophysiology, 23*, 567–589.

Fridlund, A. J., Schwartz, G. E., & Fowler, S. C. (1984). Pattern recognition of self-reported emotional state from multiple-site facial EMG activity during affective imagery. *Psychophysiology., 21*, 622–637.

Giardino, N. D., Lehrer, P. M., & Edelberg, R. (2002). Comparison of finger plethysmograph to ECG in the measurement of heart rate variability *Psychophysiology, 39*, 246 –253.

Goldstein, B. (1972). Electromyography: A measure of skeletal muscle response. In N. S. Greenfield & R. A. Sternbach (Eds.), *Handbook of psychophysiology* (pp. 329–366). New York: Holt, Rinehart & Winston.

Graham, F. K., & Clifton, R. K. (1966). Heart-rate change as a component of the orienting response. *Psychological Bulletin, 65*, 305–320.

Gray, H. (1918). *Anatomy of the human body*. Philadelphia: Lea & Febiger. Retrieved November 1, 2007, from *www.bartleby.com/107*.

Greenwald, A. G., McGhee, D. E., & Schwartz, J. L. K. (1998). Measuring individual differences in implicit cognition: The Implicit Association Test. *Journal of Personality and Social Psychology, 74*, 1464–1480.

Grings, W. W., & Dawson, M. E. (1973). Complex variables in conditioning. In W. Prokasy & D. C. Raskin (Eds.), *Electrodermal activity in psychological research* (pp. 203–254). New York: Academic Press.

Grossman, P., & Taylor, E. W. (2007). Toward understanding respiratory sinus arrhythmia: Relations to cardiac vagal tone, evolution and biobehavioral functions. *Biological Psychology, 74*, 263–285.

Guerra, A. B., Metzinger, S. E., Metzinger, R. C., Xie, C., Xie, Y., Rigby, P. L., et al. (2004). Variability of the postauricular muscle complex: Analysis of 40 hemicadaver dissections. *Archives of Facial Plastic Surgery, 6*, 342–347.

Hackley, S. A., Woldorff, M., & Hillyard, S. A. (1987). Combined use of microreflexes and event-related brain potentials as measures of auditory selective attention. *Psychophysiology, 24*, 632–647.

Hales, S. (1733). *Statical essays: Haemastaticks*. Lausanne: Universität Lausanne.

Hansen, A. L., Johnse, B. H., & Thayer, J. F. (2003). Vagal influence on working memory and sustained attention. *International Journal of Psychophysiology, 48*, 263–274.

Hawkley, L. C., Burleson, M. H., Berntson, G. G., & Cacioppo, J. T. (2003). Loneliness in everyday life: Cardiovascular activity, psychosocial context, and health behaviors. *Journal of Personality and Social Psychology, 85*, 105–120.

Hayano, J., Sakakibara, Y., Yamada, A., Yamada, M., Mukai, S., Fujinami, T., et al. (1991). Accuracy of assessment of cardiac vagal tone by heart rate variability in normal subjects. *American Journal of Cardiology, 67*, 199–204.

Hazlett, R. L., & Hazlett, S. Y. (1999). Emotional response to television commercials: Facial EMG vs. self-report. *Journal of Advertising Research, 39*, 7–23.

Hess, U., Adams, R. B., Jr., & Kleck, R. E. (2007). When two do the same it might not mean the same: The perception of emotional expressions shown by men and women. In U. Hess & P. Philippot (Eds.), *Group dynamics and emotional expression* (pp. 33–52). New York: Cambridge University Press.

Hess, U., Adams, R. B., Jr., & Kleck, R. E. (2009). The face is not an empty canvas: How facial expressions interact with facial appearance. *Philosophical Transactions of the Royal Society B: Biological Sciences, 364,* 3497–3504.

Hess, U., & Bourgeois, P. (2010). You smile—I smile: Emotion expression in social interaction. *Biological Psychology, 84,* 514–520.

Hess, U., Sabourin, G., & Kleck, R. E. (2007). Postauricular and eye-blink startle responses to facial expressions. *Psychophysiology, 44,* 431–435.

Hu, S., Player, K. A., McChesney, K. A., Dalistan, M. D., Tyner, C. A., & Scozzafava, J. E. (1999). Facial EMG as an indicator of palatability in humans. *Physiology and Behavior, 68,* 31–35.

James, W. (1890). *Principles of psychology.* New York: Holt.

Jäncke, L., & Kaufmann, N. (1994). Facial EMG responses to odors in solitude and with an audience. *Chemical Senses, 19,* 99–111.

Jennings, J. R., Tahmoush, A. J., & Redmond, D. P. (1980). Non-invasive measurement of peripheral vascular activity. In I. Martin & P. H. Venables (Eds.), *Techniques in psychophysiology.* New York: Willey.

Juris, M., & Velden, M. (1977). The pupillary response to mental overload. *Physiological Psychology, 5,* 421–424.

Kalsbeek, J. W. H., & Ettema, J. H. (1963). Scored irregularity of the heart pattern and the measurement of perceptual or mental load. *Ergonomics, 6,* 306–307.

Kamarck, T. W., Manuck, S. B., & Jennings, J. R. (1990). Social support reduces cardiovascular reactivity to psychological challenge: A laboratory model. *Psychosomatic Medicine, 52,* 42–58.

Krebs, D. (1975). Empathy and altruism. *Journal of Personality and Social Psychology, 32,* 1134–1146.

Lacey, J. I., & Lacey, B. C. (1958). Verification and extension of the principle of autonomic response stereotypy. *American Journal of Psychology, 71,* 50–73.

Lamm, C., Porges, E. C., Cacioppo, J. T., & Decety, J. (2008). Perspective taking is associated with specific facial responses during empathy for pain. *Brain Research, 1227,* 153–161.

Landis, C. (1926). Studies of emotional reactions: V. Severe emotional upset. *Journal of Comparative Psychology, 6,* 221–242.

Lang, P. J. (1995). The emotion probe: Studies of motivation and attention. *American Psychologist, 50,* 372–385.

Lang, P. J., Bradley, M. M., & Cuthbert, B. N. (1990). Emotion, attention, and the startle reflex. *Psychological Review, 97,* 377–395.

Lang, P. J., Davis, M., & Öhman, A. (2000). Fear and anxiety: Animal models and human cognitive psychophysiology. *Journal of Affective Disorders, 61,* 137—159.

Larsen, J. T., Norris, C. J., & Cacioppo, J. T. (2003). Effects of positive and negative affect on electromyographic activity over zygomaticus major and corrugator supercilii. *Psychophysiology, 40,* 776-785.

Lawrence, J. H., & DeLuca, C. J. (1983). Myoelectric signal versus force relationship in different human muscles. *Journal of Applied Physiology, 54,* 1653–1659.

Levenson, R. W., Ekman, P., & Friesen, W. V. (1990). Voluntary facial action generates emotion-specific autonomic nervous system activity. *Psychophysiology, 27,* 363–384.

Lippold, O. C. J. (1967). Electromyography. In P. H. Venables & I. Martin (Eds.),

A manual of psychophysiological methods (pp. 245–297). Amsterdam: North Holland.

Loeb, G. E., & Gans, C. (1986). *Electromyography for experimentalists.* Chicago: University of Chicago Press.

Ludwig, C. (1847). Beiträge zur Kenntnis des Einflusses der Respirationsbewegungen auf den Blutumlauf im Aortensystem [Contribution to the knowledge on the influence of respiration on the circulation of blood in the aortic system]. *Archiv für Anatomie, Physiologie und wissenschaftliche Medicin, 242*–257.

Lykken, D. T. (1959). The GSR in the detection of guilt. *Journal of Applied Psychology, 43*, 385–388.

Lykken, D. T., & Venables, P. H. (1971). Direct measurement of skin conductance: A proposal for standardization. *Psychophysiology, 8*, 656–672.

Mager, H. (1931). Deception: A study in forensic psychology. *Journal of Abnormal and Social Psychology, 26*, 183–198.

Manuck, S. B., Harvey, A. H., Lechleiter, S. L., & Neal, K. S. (1978). Effects of coping on blood pressure responses to threat of aversive stimulation. *Psychophysiology*, 544–549.

Marci, C. D., & Orr, S. P. (2006). The effect of emotional distance on psychophysiologic concordance and perceived empathy between patient and interviewer. *Applied Psychophysiology and Biofeedback, 31*, 115–128.

McGinn, N. F., Harburg, E., Julius, S., & McLeod, J. M. (1964). Psychological correlates of blood pressure. *Psychological Bulletin, 61*, 209–219.

McHugo, G. J., & Lanzetta, J. T. (1983). Methodological decisions in social psychophysiology. In J. T. Cacioppo & R. E. Petty (Eds.), *Social psychophysiology: A sourcebook* (pp. 630–665). New York: Guilford Press.

McHugo, G. J., Lanzetta, J. T., Sullivan, D. G., Masters, R. D., & Englis, B. G. (1985). Emotional reactions to a political leader's expressive displays. *Journal of Personality and Social Psychology, 49*, 1513–1529.

Mojzisch, A., Schilbach, L., Helmert, J. R., Pannasch, S., Velichkovsky, B. M., & Vogeley, K. (2006). The effects of self-involvement on attention, arousal, and facial expression during social interaction with virtual others: A psychophysiological study. *Social Neuroscience* [Special issue: Theory of mind], *1*, 184–195.

Murata, A., Uetake, A., Matsumoto, S., & Takasawa, Y. (2003). Evaluation of shoulder muscular fatigue induced during VDT tasks. *International Journal of Human-Computer Interaction, 15*, 407–417.

Nava, E., Landau, D., Brody, S., Linder, L., & Schächinger, H. (2004). Mental relaxation improves long-term incidental visual memory *Neurobiology of Learning and Memory, 81*, 167–171.

Newton, T. F., Khalsa-Denison, M. E., & Gawin, F. H. (1997). The face of craving?: Facial muscle EMG and reported craving in abstinent and non-abstinent cocaine users. *Psychiatry Research, 73*, 115–118.

Obrist, P. A., Gaebelein, C. J., Teller, E. S., Langer, A. W., Grignolo, A., Light, K. C., et al. (1978). The relationship among heart rate, carotid dP/dt, and blood pressure in humans as a function of the type of stress. *Psychophysiology, 15*, 102–115.

Öhman, A. (1979). The orienting response, attention, and learning: an information processing perspective. In H. D. Kimmel, E. H. van Olst & J. F. Orlebeke (Eds.), *The orienting reflex in humans* (pp. 443–471). Hillsdale, NJ: Erlbaum.

Ortiz, J., & Raine, A. (2004). Heart rate level and antisocial behavior in children and adolescents: A meta-analysis. *Journal of the American Academy of Child and Adolescent Psychiatry, 43,* 154–162.

Pecchinenda, A., & Smith, C. A. (1996). The affective significance of skin conductance activity during a difficult problem-solving task. *Cognition and Emotion, 10,* 481–503.

Phelps, E. A., O'Connor, K. J., Gatenby, C., Gore, J. C., Grillon, C., & Davis, M. (2001). Activation of the left amygdala to a cognitive representation of fear. *Nature Neuroscience Letters, 4,* 437–441.

Poh, M. Z., Swenson, N. C., & Picard, R. W. (2010). Motion tolerant magnetic earring sensor and wireless earpiece for wearable photoplethysmography. *IEEE Transactions on Information Technology in Biomedicine, 3,* 786–794.

Pope, L. K., & Smith, C. A. (1994). On the distinct meanings of smiles and frowns. *Cognition and Emotion, 8,* 65–72.

Porges, S. W. (1995). Orienting in a defensive world: Mammalian modifications of our evolutionary heritage: A polyvagal theory. *Psychophysiology, 32,* 301–318.

Porges, S. W., & Bohrer, R. E. (1990). The analysis of periodic processes in psychophysiological research. In J. T. Cacioppo & L. G. Tassinary (Eds.), *Principles of psychophysiology: Physical, social, and inferential elements* (pp. 708–753). New York: Cambridge University Press.

Porges, S. W., & Raskin, D. C. (1969). Respiratory and heart rate components of attention. *Journal of Experimental Psychology, 81,* 497–503.

Rankin, R. E., & Campbell, D. T. (1955). Galvanic skin response to Negro and white experimenters. *Journal of Abnormal and Social Psychology, 51,* 30–33.

Riddle, E. M. (1925). Aggressive behavior in a small social group. *Archives of Psychology, 12,* 1925.

Robinson, J. D., Cinciripini, P. M., Carter, B. L., Lam, C. Y., & Wetter, D. W. (2007). Facial EMG as an index of affective response to nicotine. *Experimental and Clinical Psychopharmacology, 15,* 390–399.

Rosenthal, R. (2005). Conducting judgment studies: Some methodological issues. In J. A. Harrigan, R. Rosenthal, & K. R. Scherer (Eds.), *The new handbook of methods in nonverbal behavior research* (pp. 199–234). Oxford, UK: Oxford University Press.

Ruiz-Padial, E., Sollers, J. J., III, Vila, J., & Thayer, J. F. (2003). The rhythm of the heart in the blink of an eye: Emotion-modulated startle magnitude covaries with heart rate variability *Psychophysiology, 40,* 306–313.

Salo, M. A., Huikuri, H. V., & Seppänen, T. (2001). Ectopic beats in heart rate variability analysis: effects of editing on time and frequency domain measures. *Annals of Noninvasive Electrocardiology, 6,* 5–17.

Schwartz, G. E., & Shapiro, D. (1973). Social psychophysiology. In W. F. Prokasy & D. C. Raskin (Eds.), *Electrodermal activity on psychological research* (pp. 377–416). New York: Academic Press.

Scott, J. C. (1930). Systolic blood pressure fluctuations with sex, anger and fear. *Journal of Comparative Psychology, 10,* 97–114.

Sherwood, A. (1993). Use of impedance cardiography in cardiovascular reactivity research. In J. J. Blascovich & E. S. Katkin (Eds.), *Cardiovascular reactivity to psychological stress and disease* (pp. 157–199). Washington, DC: American Psychological Association.

Sherwood, A., Allen, M. T., Fahrenberg, J., Kelsey, R. M., Lovallo, W. R., & van

Doornen, L. J. (1990). Methodological guidelines for impedance cardiography. *Psychophysiology, 27,* 1–23.

Sloan, R. P., Shapiro, P. A., Bigger, J. T., Bagiella, E., Steinman, R. C., & Gorman, J. M. (1994). Cardiac autonomic control and hostility in healthy subjects. *American Journal of Cardiology, 74,* 298–300.

Smith, C. E. (1936). A study of the autonomic excitation resulting from the interaction of individual opinion and group opinion. *Journal of Abnormal and Social Psychology, 31,* 138–164.

Sokolov, E. N. (1963). *Perception and the conditioned reflex.* New York: Macmillan.

Sollers, J. J., III, & Hackley, S. A. (1997). Effects of foreperiod duration on reflexive and voluntary responses to intense noise bursts. *Psychophysiology, 34,* 518–526.

Speckenbach, U., & Gerber, W. D. (1999). Reliability of infrared plethysmography in BVP biofeedback therapy and the relevance for clinical application. *Applied Psychophysiology and Biofeedback, 24,* 261–265.

Steele, C. M. (1997). A threat in the air: How stereotypes shape intellectual identity and performance. *American Psychologist, 52,* 613–629.

Stephens, J. H., Harris, A. H., Brady, J. V., & Shaffer, J. W. (1975). Psychological and physiological variables associated with large magnitude voluntary heart rate changes. *Psychophysiology, 12,* 381–387.

Stern, R. M., Ray, W. J., & Quigley, K. S. (2001). *Psychophysiological recording.* New York: Oxford University Press.

Stotland, E. (1969). Exploratory investigations of empathy. In L. Berkowitz (Ed.), *Advances in experimental social psychology* (Vol. 3, pp. 271–313). New York: Academic Press.

Tarchanoff, I. (1890). Über die galvanischen Erscheinungen an der Haut des Menschen bei Reizung der Sinnesorgane und bei verschiedenen Formen der psychischen Tätigkeit [On the galvanic aspect of the human skin in response to the stimulation of the sense organs and with various forms of psychological activity]. *Pflügers Archiv für die gesamte Physiologie, 46,* 46–55.

Task Force of the European Society of Cardiology and the North American Society of Pacing Electrophysiology. (1996). Heart rate variability: Standards of measurement, Physiological interpretation, and clinical use, *Circulation, 93,* 1043–1065.

Tassinary, L. G., & Cacioppo, J. T. (1992). Unobservable facial actions and emotion. *Psychological Science, 3,* 28–33.

Tassinary, L. G., & Cacioppo, J. T. (2000). The skeletomotor system: Surface electromyography. In J. T. Cacioppo, L. G. Tassinary, & G. G. Berntson (Eds.), *Handbook of psychophysiology* (2nd ed., pp. 163–199). Cambridge, UK: Cambridge University Press.

Taylor, S. E., Seeman, T. E., Eisenberger, N. I., Kozanian, T. A., Moore, A. N., & Moons, W. G. (2010). Effects of a supportive or an unsupportive audience on biological and psychological responses to stress. *Journal of Personality and Social Psychology, 98,* 47–56.

Tomaka, J., Blascovich, J., Kelsey, R. M., & Leitten, C. L. (1993). Subjective, physiological, and behavioral effects of threat and challenge appraisal. *Journal of Personality and Social Psychology 65,* 248–260.

Van Gerven, P. W. M., Paas, F., van Merriënboer, J. J. G., & Schmidt, H. G. (2004).

Memory load and the cognitive pupillary response in aging. *Psychophysiology, 41*, 167–174.

Vanman, E. J., Paul, B. Y., Ito, T. A., & Miller, N. (1997). The modern face of prejudice and structural features that moderate the effect of cooperation on affect. *Journal of Personality and Social Psychology, 73*, 941–959.

Vanman, E. J., Saltz, J. L., Nathan, L. R., & Warren, J. A. (2004). Racial discrimination by low-prejudiced whites facial movements as implicit measures of attitudes related to behavior. *Psychological Science, 15*, 711–714.

Veldhuizen, I. J. T., Gaillard, A. W. K., & de Vries, J. (2003). The influence of mental fatigue on facial EMG activity during a simulated workday. *Biological Psychology, 63*, 59–78.

Verschuere, B., Crombez, G., De Clercq, A., & Koster, E. H. W. (2004). Autonomic and behavioral responding to concealed information: Differentiating orienting and defensive responses. *Psychophysiology, 41*, 461–466.

Vigoroux, R. (1879). Sur la röle de la resistance electrique des tissues dans l'electrodiagnostique [On the role of the electric resistance of tissues on electrodiagnostics]. *Comptes Rendus des Séances de la Société de Biologie, 31*, 336–339.

Vrana, S. R., Spence, E. L., & Lang, P. J. (1988). The startle probe response: A new measure of emotion? *Journal of Abnormal Psychology, 97*, 487–491.

Woodworth, R. S., & Schlosberg, H. (1954). *Experimental psychology* (rev. ed.). New York: Holt.

Woolf, B., Burleson, W., Arroyo, I., Dragon, T., Cooper, D., & Picard, R. (2009). Affect-aware tutors: Recognising and responding to student affect. *International Journal of Learning Technology, 4*, 129–163.

Wright, R. A., & Kirby, L. D. (2001). Effort determination of cardiovascular response: An integrative analysis with applications in social psychology. In M. P. Zanna (Ed.), *Advances in experimental social psychology* (Vol. 33, pp. 255–307). San Diego, CA: Academic Press.

Zajonc, R. B. (1965). Social facilitation. *Science, 149*, 269–274.

第 9 章

事件相关电位技术

David M. Amodio
Bruce D. Bartholow

认知心理学的研究方法能够帮助心理学家揭示内部心理加工,这种作用对社会心理学的研究而言是非常有价值的。社会认知,即社会行为背后的认知过程,是社会心理学的一个重要主题(Fiske & Taylor, 2008; Ostrom, 1984; Ross & Nisbett, 1991)。社会性的对象是如何被知觉并被范畴化的?态度是否是内隐的?刻板印象进入意识的速度有多快?人们如何调和自己的需要和社会规范之间的冲突?要想回答这些社会认知主题下的问题就必须对社会思维和行为背后的一些无法直接测量的认知加工进行分析。过去的心理学家通常使用行为实验和自呈报告的形式对可能存在的加工过程进行推理。随着技术的进步,可以测查与认知加工同步产生的神经信号的事件相关电位技术(ERP)进入了社会心理学家的视野,并逐步成为检验社会认知理论的重要工具。

本章主要介绍如何使用 ERP 来检验社会行为背后的认知机制。首先会对 ERP 的原理和方法进行简单介绍(Fabiani, Gratton, & Federmeier, 2007; Luck, 2005);随后介绍 ERP 是如何被运用于诸如社会知觉、社会认知、自我调节等领域研究中的;最后会对在实验室条件下使用 ERP 的利弊进行客观的讨论。

一、ERP 是什么

ERP 是对某一特定事件(刺激呈现或撤销)进行反应时激活的大脑皮质神经元产生的电位。虽然科学家很早就知道大脑中存在生物电位(R. Bartholow,1882),然而直到 1929 年 Hans Berger 才首先证明能够使用两个连接到差分放大器上的盐水电极记录得到的脑电图(EEG)来测量活人大脑的电活动。在 Berger 的开拓性工作的引领下,EEG 的技术得到了迅猛发展,目前已经能做到同时使用多个电极进行高质量的测量(Davidson,Jackson,& Larson,2000)。持续记录的 EEG(如执行一个心理任务时)反映的是大脑皮层电位的持续性变化,这种变化通常介于 $-100~\mu V$—$100~\mu V$ 之间(如果要了解更多有关 EEG 的知识,可以阅读 Harmon-Jones & Amodio, in press)。当在记录 EEG 的同时要求被试完成一些特定的任务(呈现刺激或对刺激做出反应)的时候,研究者就可以通过检验 EEG 中的某些部分来研究与特定任务有关的神经反应。这种任务相关的 EEG 上的反应称为事件相关电位(ERP)。

从生理学的角度来说,ERPs 是主要来自大脑皮层上的大量同步激活的神经元突触后电位的总和(Allison, Wood, & McCarthy, 1986;Coles & Rugg, 1995)。皮层神经元的柱状结构的方向决定了产生电位的电场,并能产生可以到达头皮且被记录到的信号。所以,ERP 反映的是激活的神经元产生的偶极子的一端。极性相反的偶极子通常在另一端(远离头皮的地方,所以是测量不到的)。因此 ERP 记录的只是靠近头皮的电极产生的偶极子。事实上,头皮上记录的 EEG 并不是大脑产生的所有神经电信号,只有那些朝向头皮的偶极子产生的信号才会被记录下来。另外,多个来源各自产生的相反的偶极子(即朝向对方的相反极性的偶极子)会互相抵消,这些偶极子也无法从头皮上探测到。

在头皮上探测到的某个电位可能来自大脑上的一个或多个区域的共同作用。由于大脑皮层有很多褶皱,因此神经元的朝向具有很大的可变性。所以,神经信号的来源以及在头皮上检测到的位置也具有很大不确定性。例如,根据神经纤维的走向,某个脑区中的某个神经结构产生的 ERP 可能会在一个离发生源比较远的头皮位置上最为明显。最后,那些排列得不是很整齐的神经结构(如杏仁核等核团)可能不会产生明显的偶极子,所以我们无法使用头皮电极来测量这些结构的激活状态。

从心理学的观点来看,ERPs 是一种与刺激或反应事件相关联的信息加工操作在神经层面的表现。ERP 波形通常是由一系列或正、或负走向变化的电位组成的(称之为成分)。虽然特定的 ERP 成分通常在论文中会被描述为是某一特定信息加工的反应(Fabiani et al.,2007),但是实际上任何 ERP 成分都可能是大量同时发生的加工的集中表现(Coles & Rugg,1995)。一般而言,ERP 成分的波幅反映的是刺激或反应时间激发的加工水平高低,而反应时则代表加工完成的时间(Fabiani et al.,2007)。

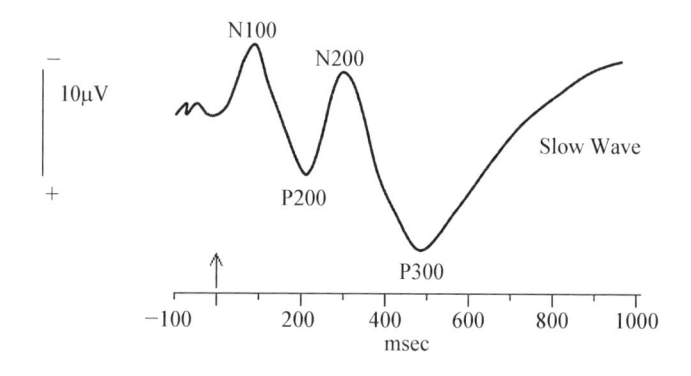

图 9-1　新异视觉刺激激发的 ERP 波形

注:时间轴上的竖直箭头指的是刺激呈现的时刻,曲线上的正、负走向的电位图形就是 ERP 成分,使用 P 开头代表正成分,使用 N 开头代表负成分,数字代表的是从刺激呈现后到波峰出现的大致时间。然而,这种以时间进行命名的方法来对实证研究结果的概括,并不能完全对应到实验中观察到的峰潜伏期。另一种命名方法是以在刺激呈现后的顺序命名(如 N1、P2、N2 等)。需要注意的是,根据电生理的研究规范,在作图时曲线的形式一般是上负下正。

二、ERP 测量

社会和认知心理学中大部分的 ERP 实验使用的都是行为实验的设计。也就是说，大部分 ERP 的实验研究都由仔细设计呈现时间的视觉刺激，以及通过键盘等输入设备记录反应的任务环节组成。虽然看上去很相似，但是使用 ERP 的实验与传统的行为实验在几个方面上是不同的。首先，依据研究者所关心的 ERP 成分，ERP 实验往往需要比行为实验安排更多的试次数（如每个条件下 30—50 次）。其次，试次之间的间隔时间更长（如 2—4 秒），这是为了使较晚产生的 ERP 成分能够出现，并且能够获得足够的分辨率。在 ERP 实验中，试次之间的间隔时间最好设定为随机值，目的是减弱相邻试次之间的干扰，同时也能减弱对于即将呈现新试次的期待效应。接下来，由于实验需要，被试通常会坐在显示器前一米左右的椅子上，如果实验需要以某一特定视角的尺寸呈现刺激，最好考虑用腮托固定住被试的头部，这么做还能降低被试在长时间实验中的劳累程度。最后，由于神经活动是许多 ERP 实验的主要因变量（如视知觉），因此，在有的实验中并不一定需要收集行为数据。

EEG 使用的是无创性的放置于头皮上的电极来采集信号。电极通常以某种排列标准摆放在头皮上。为了保证位置准确与准备速度，通常会使用根据排列标准事先安装好电极的电极帽进行采集。这种做法也可以起到标准化电极摆放位置的目的。ERP 实验采用的电极通常是 4—8 mm 厚的铝片或银/氯化银金属片（导电性优秀，而且不容易极化）。所有的电极通过导线连接到接在放大器上的前置放大器上。放大器能够将非常微弱的电信号放大 10 000—50 000 倍，放大之后的信号就能被准确测量了。脑电信号的数字化采样率通常为 100—10 000 Hz（每秒采集的次数），记录后直接保存到存储设备中。一般情况下，ERP 实验的采样率为 250—1 000 Hz。在原则上，采样率应当至少大于研究者感兴趣的波形的频率的两倍(即尼奎斯特频率)。这种做法是为了避免信号失真(由于采样率太低,无法获取整个波形的形状)。对初始的模拟信号进行数字化采集所得到的数据质量取决于采样率、放大器增益以及滤波参数的共同作用(如果有兴趣可以阅读 Luck, 2005)。

(一) ERP 实验中数据记录的注意事项

在进行 ERP 实验之初就需要采取一些手段来保证自己得到一段"干净"的生理信号。首先,最重要的一点是进行实验的实验室必须远离电子干扰源(如马达、无屏蔽的电缆,以及显示器),这样可以尽可能排除一些测量误差的来源。EEG 实验室一般由两个独立的房间组成,电脑主机和放大器放置在控制间,被试则在被试间完成实验。当然,如果有条件的话,被试间可以进行电磁屏蔽和隔音处理。不过,得益于技术的更新,现在市面上的大部分放大器都能够耐受一定量的电磁干扰,因此在条件有限的情况下,电磁屏蔽是可以暂且不考虑的。

第二个需要注意的部分是实验前的准备过程(准备过程的细节请见 Harmon-Jones & Peterson, 2009)。首先,需要仔细确认电极位置(可以参照解剖结构或标准的模板,如 10—20 系统)。这一步很重要,因为如果电极位置存在偏差,那么实际上就相当于记录了另一块头皮位置上的电位,这样,记录到的信号强度就会降低(相对于噪声而言)。此外,当使用低阻抗、以导电膏为介质的记录系统时,在实验前需要清洁被试头皮,去除油脂和死皮等会影响到记录效果的杂质。当使用高阻抗、以盐水为介质的记录系统时,需要注意避免因为盐水流出导致电极间发生串联(使用导电膏的时候其实也需要注意这个问题)。此外,还要注意避免实验结束前海绵中的盐水就已经蒸发的情况,这样会导致数据记录不全。参考电极的选择也非常重要。在线参考的参考电极指的是在记录过程中其他所有电极都与之进行比较的电极。也就是说,EEG 记录的实际上是每个电极点与参考电极之间的电位差异。理想的放置参考电极的位置是身体上很难捕捉到大脑活动放电的部位(例如,耳垂、耳后的乳突、头顶、鼻尖)。因为 EEG 实际上是电极之间的差异,所以如何选取参考电极对测得特定 ERP 成分的波幅和极性有很大的影响(Picton et al.,2000)。

除了噪声带来的干扰,被试自己的运动也会产生伪迹。因此在实验期间,被试必须坐着不动,并且要专注于任务本身,以此减少运动伪迹(如肌电、EMG)。由于眼睛距离头皮很近,所以眨眼也会产生明显的伪迹。除了眨眼以外,眼球的转动也会造成伪迹。由于眼球是极性的,相当于一个角膜-视网膜方向的偶极子,所以眼球转动也会造成电位变化。对于靠近眼球的前额部的电极而言,这种伪迹十分明显。因此,在采集 EEG 时,会另外使用电极记录眼睛部位的电位(眼电图、EOG)。一般会同时使用 4 个电极,两个贴在一只眼睛上下方的电极记录垂直的眼动,另外两个贴在两侧外眦的电极记录水平的眼动。当然,事后排除不如事前预防,在指导语中最好告知被试要盯着屏幕,不要左顾右盼,也不要频繁眨眼。不过,由于每个人眨眼的模式通常是一致的,这使得眨眼的伪迹在数据中很好辨认,所以可以使用一些算法在事后剔除。另外一些很容易导致眼动的细节问题也需要加以注意,其中比较有代表性的就是实验室外突然传入的声响。这种分心刺激导致的不规律的眼动很难通过统计方法排除,而且会导致一整段 EEG 被一起排除,这很浪费。因此,在进行实验的时候,主试要尽可能避免自己的行为影响到被试。

(二) 提取 ERP 信号

如果已经取得了比较"干净"的 EEG 数据,接下来就要从中提取波幅相对 EEG 背景较低的 ERP 信号(通常是几微伏)。EEG 记录的是整个大脑中正在进行的所有加工活动产生的电信号,其中的大部分与实验任务或研究者感兴趣的心理过程无关,因此需要从 EEG 中提取 ERP。最常用的从"噪声"中提取"信号"的方法是滤波与平均。滤波是通过一系列电子元件使符合事先设置的频率范围的信号通过放大器被记录下来。通过组合使用不同的高通、低通滤波器,研究者就能有针对性地保留部分信号,排除不需要的信号(Marshall-Goodell, Tassinary, &

Cacioppo，1990)。例如，大部分与心理学有关的 ERP 成分的频率通常在 0.5—30 Hz 之间(Fabiani et al.，2007；Luck，2005)。因此，在记录信号(或后期处理数据)的过程中，可以使用数字或模拟滤波器排除这个范围之外的信号(但是不要滥用滤波；Luck，2005)。在实际使用中，大部分研究者在记录时会采用较宽的频带(如 0.01—100 Hz)进行在线滤波，在离线处理的时候再使用数字滤波器进行更为严格的滤波。

滤波后就要进一步通过平均来去除 EEG 中的背景噪声。因为这些噪声和具体的任务无关，不同试次中的背景噪声都是随机的，所以通过把大量 EEG 信号叠加起来就可以降低它们对结果造成的影响。在叠加、平均前首先要进行"基线校正"，这样做可以使所有 EEG 的振幅分布在 0 的两侧。听起来很复杂，其实这个过程就是使用人为规定的在任务前一段时间内(如刺激呈现前 100 ms)的平均 EEG 作为每一段 EEG 的基线，然后再从每一段 EEG 中减去各自的基线。在基线校正后，与感兴趣的加工或时间进程有关的 EEG 就会凸显出来。一般情况下，样本量越多，ERP 的信噪比越好(不过，一味追求样本量的做法也有局限性，见 Fabiani et al.，2007；Luck，2005)。图 9-2 中展示的就是进行平均的作用。图中的 EEG 来自参与听觉分辨任务的 4 个被试。每个被试各完成了 4 个试次(第 1 列)。随后，对每个被试的 EEG 进行平均(第 2 列)，接下来再对 4 个被试的结果进行平均(第 3 列)。再从每个被试身上采集更多段的 EEG 之后(更多试次)，研究者就得到了噪声更少的 ERP 信号(第 4 列)。大部分 ERP 研究在每种条件下至少要收集 30 个试次的数据，也有一些研究设置了 100 个乃至更多的试次。在一些与错误有关的 ERP 成分中，由于错误本身是不常见的，研究者建议至少要保证每种条件下有 5—8 个试次。这样才能基本保证结果具有一定的信度(Amodio et al.，2004；Olvet & Hajcak，2009)。

最后需要指出，实际上还有其他提取 ERP 信号的方法。例如，使用主成分分析法(PCA)(或独立成分分析，ICA)和快速傅立叶变换(FFT)这两种方法都能够让研究者在 EEG 的功率谱上找到特定的 ERP 频段。由于 ERP 的理论研究者认为时域中观察到的 ERP 成分未必反映的是对特定事件的真实神经反应,所以 PCA 的运用逐步得到关注(Dien & Frischkoff, 2005)。然而,在大部分的研究中,PCA 的结果和通过平均得到的结果基本一致。所以,虽然 PCA 已经提出了很久,但是实际运用并不如平均那般普遍(Horst & Donchin, 1980)。

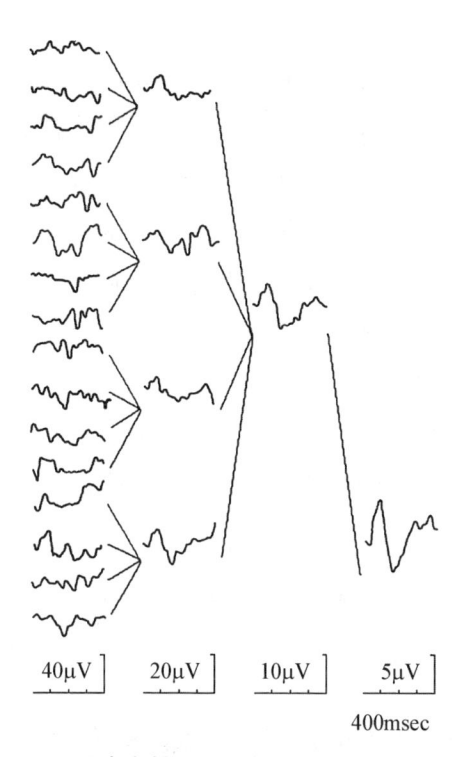

图 9-2　一项声音刺激任务的 ERP 叠加结果(Cz 电极)

注:第 1 列是 4 个被试的 4 个试次中所记录的波形,第 2 列是 4 个被试各自的平均波形,第 3 列是 4 个被试共同的平均波形,第 4 列是将试次扩充到 64 次以后再平均的波形。比较第 3 列和第 4 列的波形后可以发现试次越多,波形的随机波动越小。(Copyright © by John Wiley & Sons, Inc.经许可引用。)

(三) 对 ERPs 的量化

一旦为每个被试计算出平均的波形后,就要着手进行统计分析了。最为常见的分析方法是考察研究所关心的 ERP 成分的峰振幅(peak amplitude)。峰振幅是在根据成分设定的时间窗内最大(正成分)或最小(负成分)的电压值。虽然不同的成分都有各自约定俗成的时间窗

(如 P2 成分的波峰通常出现在刺激呈现后 200 ms),实际操作中设置的时间窗会随不同任务进行变化。一般而言,任务越复杂,潜伏期就越长。当确定了要考察 ERP 的时间窗后,接下来就要用肉眼观察波形,确定所要考察的成分大致的起止时间,再根据这个起止时间设定计算参数。这一步是为了更为精确地纳入目标波峰,避免引入其他无关的信号。除了峰振幅以外,研究者也经常使用围绕某一成分的一个时间窗内的平均振幅作为指标。那么,在研究中应该选用哪个方法呢? 这就取决于需要解决的问题和具体的成分,以及 EEG 采集、滤波的方式了(Fabiani, Gratton, Karis, & Donchin, 1987)。

也有研究者对 ERP 成分的潜伏期感兴趣。潜伏期代表的是某个成分在事件发生后达到峰值的时间点(如果想要学习更多关于峰测量和平均振幅测量的知识,请阅读 Fabiani et al., 2007; Gratton, 2000)。许多商业软件都可以用来分析 ERP 数据,而且这些软件都可以把结果导出为可以使用统计软件包进行统计分析的格式。

三、怎么解释 ERP 数据

ERP 最吸引心理学家的地方是研究者可以借助 ERP 的结果来解释心理过程。对于社会认知中使用 ERP 的研究而言,从 ERP 的结果推论出内部心理过程是至关重要的一环。研究者可以使用一些如激发成分的任务、时长、电极位置、发生源、理论观点等信息对不同 ERP 成分所代表的功能做出推断。接下来我们将介绍一些经常运用于研究的 ERP 成分,讨论这些 ERP 成分通常用来解决的问题。根据 EEG 在平均的过程中如何进行合并,这些成分可以分为由刺激锁定的、由反应锁定的,以及预期的 ERP 成分三大类。由刺激锁定的 ERP 指的是 EEG 分段按照刺激呈现时间对齐并平均;由反应锁定的 ERP 指的是 EEG 分段按照行为反应产生的时间对齐并平均,这时候通常会用反应时或肌肉运动(肌电)作为指标;预期的 ERP 指的是根据未来呈现的刺激对

EEG分段对齐并平均。具体使用哪种平均方法取决于需要研究的问题以及具体的实验设计。接下来介绍的只是一部分常见成分，不同领域中与某种加工有关的ERP成分可能是不同的。随着研究的深入，成分数量也会随之扩大。

(一) 由刺激锁定的成分

由刺激锁定的ERP关注的是人脑对特定刺激（如视觉或听觉刺激）的反应。大部分由刺激锁定的ERP成分反映的是对刺激的知觉或注意加工。在这些研究中通常将变大的波幅解释为这些加工对于某些刺激更强。锁定刺激的成分通常用极性（正-P、负-N）以及事件发生后产生的顺序（例如，第一个正走向的成分命名为P1）或波峰出现的大致时间（如P100）命名。

1. 早期成分

对早期加工过程中注意对刺激偏向的程度感兴趣的研究者通常会关注一些内源性的早期成分的波幅。这些成分通常是高频的，而且在图像上比较细小。特别地，P1和N1这两个成分通常被认为与非常早期的注意过程有关(Fabiani et al., 2007)。这两个成分的波幅越大，通常表明选择性注意以及对刺激定向的水平越高(Hillyard, Vogel, & Luck, 1998; Hopfinger & Mangun, 2001; Mangun, Hillyard, & Luck, 1993)。

另一个比较重要的成分是N170。这个成分在颞-枕区最为明显（尤其在右侧）。N170对于面孔有特异性的反应，并被认为反映的是视知觉中对面孔的低水平结构的编码(Bentin, Allison, Puce, Perez, & McCarthy, 1996; Eimer, 2000)。然而，近来也有研究指出N170似乎也对高水平的社会性动机因素很敏感，例如，内-外群体的区分(Herrmann et al., 2007; Stahl, Wiese, & Schweinberger, 2008; Walker, Silvert, Hewstone, & Nobre, 2008)。N170是哪来的？研究者发现这个成分来自大脑颞-枕区多重结构的共同作用，其中就包括梭状回(Deffke et al., 2007)。由于反映的是社会知觉的早期过程，所以 N170 对于社会认知的研究具有很大意义。然而,到目前为止,只有非常少的研究在检验社会认知机制的理论的过程中探索了 N170 的作用(Walker et al., 2008)。

在某些任务中,我们会在刺激呈现后 150—250 ms 在头部中线区域观察到 P2。在社会认知的研究中,P2 经常得到研究者的关注。这一成分通常在加工诸如外群体他人面孔的社会性刺激的时候更为明显(Amodio, in 2010a; Dickter & Bartholow, 2007; Ito & Urland, 2003)。虽然有研究者指出 P2 实际上反映的是一种对威胁的反应(Correll, Urland, & Ito, 2006),但是更多的文献指出 P2 是对一些具有明显的情绪或动机性的刺激(如高兴、愤怒面孔,种族线索等)的反应(Amodio, 2010a; Mendoza & Amodio, 2010; Schutter, de Haan, & van Honk, 2004)。这些早期成分的心理功能到底是什么?这个问题的答案还没有定论,目前我们所知道的是它们至少体现了注意投入,不过神经层面的来源还不清楚。

N2 是在刺激呈现后 200—350 ms 产生的内源性成分。这个成分通常与注意加工和反应准备有关,但是在任务中具体起到的作用有赖于通过时程和发生位置来确定(Folstein & Van Petten, 2008)。较早产生的 N2 通常与刺激的新异性或失匹配(即期望违例)有关,这种 N2 在前部的中线区域最大(Luck & Hillyard, 1994; Suwazono, Machado, & Knight, 2000)。较晚产生的 N2 通常与视皮层加工时的注意投入水平有关,此时的 N2 在后部的中线区域最大(Suwazono et al., 2000)。第三种 N2 与反应准备和认知控制中的注意加工有关,此时的 N2 在前部最大(Bartholow et al., 2005; Folstein & Van Petten, 2008)。在有些研究中发现这种 N2 与种族内、外群体的不同反应有关(Amodio et al., 2004; Dickter & Bartholow, 2007; Henry, Bartholow, & Arndt, 2010; Ito & Urland, 2003, 2005)。

No‐go N2 是在 Go/No‐go 范式中发现的一种特殊的 N2 成分。这种 N2 通常出现于 No‐go 刺激呈现后大约 300 ms。在被试成功抑制对 No‐go 刺激的反应时波幅最大。这种对反应的抑制无法获取行为上的指标,因此 No‐go N2 是由刺激锁定的成分,但是在解释的时候应当解释为反应抑制(还有另一种解释,见 Bruin,Wijers,& van Staveren,2001)。与这种解释一致,No‐go N2 与诸如行为抑制或冲突监控的自我调节的执行控制加工有关(Amodio,Master,Yee,& Taylor,2008;Kopp,Rist,& Mattler,1996;Nieuwenhuis,Yeung,van den Wildenberg,& Ridderinkhof,2003),产生于前扣带回(ACC;Amodio,Master,et al.,2008;Nieuwenhuis et al.,2003)。所以可以认为 No‐go N2 与反应抑制的运动加工(为避免做出行为而收缩肌肉)有关,这与其他反应锁定的成分所具有的特征很相似(Folstein & Van Petten,2008)。另外,在中线区域也有很多负走向的刺激锁定的成分,这些成分通常被称为"内侧负波",它们通常被认为是额部 N2 的某种形式。

2. 晚期成分

与早期成分相比,晚期成分的频率较低,而且波的形状不明显。在 ERP 中研究最为广泛的 P3[或 P300,也有研究称为晚期正成分(LPP)]是刺激呈现后 300—800 ms 出现的正走向的成分(Cacioppo,Crites,Gardner,& Berntson,1994)。当某个事件出现可能性小的时候,P3 的波幅会变大(Donchin & Coles,1988;Duncan‐Johnson & Donchin,1977),反映的是新异性的加工(Friedman,Cycowicz,& Gaeta,2001)。也有大量研究发现人们对会激发更大 P3 的刺激的记忆效果更好,这个结果说明 P3 可能是工作记忆刷新的一个指标(Donchin,1981;Donchin & Coles,1988;Friedman & Johnson,2000)。P3 波峰的潜伏期也被认为是刺激评价或范畴化所用的时间,潜伏期越长,表示加工越需要努力(Kutas,McCarthy,& Donchin,1977)。我们目前对于 P3 的神经基础缺乏足够的了解,近期的研究认为它可能是蓝斑对高唤醒度事件产生的去甲肾上腺素信号伴随产生的多重激活导致的(Nieuwenhuis,Aston-Jones,& Cohen,2005)。所以,P3 可能反映的是与唤醒和增强认知加工有关的注意过程。这种观点简化了过去对 P3 功能的假设。

另一个根据刺激锁定的晚期成分是 N400。该成分产生于刺激呈现后 360—450 ms。N400 在使用视觉刺激的实验中最为明显,并被认为能够反映语言理解(Kutas & Federmeier,2000)。在语义不匹配的情况下,N400 的波幅最大。Kutas 和 Hillyard(1980)首先在实验中发现 N400 对句子最后一个字词最敏感[如"The pizza was too hot to cry"(语义不匹配)与"The pizza was too hot to eat"(语义匹配)]。对这个结果,有人指出 N400 可能对类似刻板印象的语义性社会知识违例敏感(Bartholow, Fabiani, Gratton, & Bettencourt, 2001)。White 等人(2009)发现在被试阅读违反性别刻板印象的句子时确实会产生更大的 N400 波幅。

最后再介绍一种由刺激锁定的晚成分,负性慢波(NSW)。NSW 在中部或额-中部最为明显。Bartholow,Dickter 和 Sestir(2006)分析了 Go/Stop 范式中"go"和"stop"线索呈现后 600—1 200 ms 的负波。NSW 通常出现在任务中反应完成后的时间段,与诸如反应抑制(Bartholow et al.,2006)、克服认知冲突等自我调节的认知控制加工有关(West & Alain,1999;Curtin & Fairchild,2003)。NSW 被认为可能与困难试次后产生的自上而下控制加工和预期过程有关,这些加工的目的是让被试在接下来的试次中更加谨慎。从这个角度看,NSW 与那些表示预期的成分有一些相似之处。

(二) 由反应锁定的成分

由刺激锁定的成分通常与知觉和注意投入有关,而由反应锁定的成分则有助于检验与产生行为反应或监督行为反应有关的心理机制。由反应锁定的成分通常会以它们的极性和激发它们的反应来命名。

1. 错误相关负波(ERN)

ERN 产生于行为反应后的 50—80 ms,在做出错误反应的情况下波幅更大(图 9-3)。ERN 可能源自背侧前扣带回(dorsal ACC;Dehaene, Posner, & Tucker, 1994;van Veen & Carter,2002)。由于 ERN 的出现与错误反应有关,所以研究者最初将 ERN 解释为错误检测的指

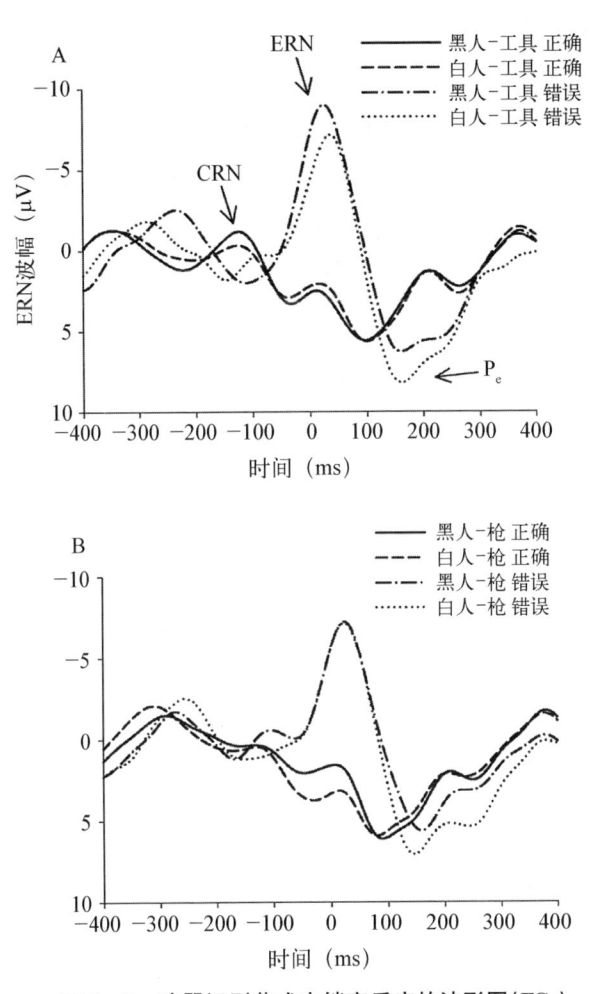

图 9-3 武器识别范式中锁定反应的波形图（FCz）

注：A 部分展现的是出现"工具"的试次，B 部分展现的是出现"枪"的试次。A 部分标出了 CRN、ERN 和 P_e，图中显示，锁定在反应上的 N2（或 CRN）以及 ERN 在"黑人-工具"试次时波幅最大。这是由于被试在这类试次中需要控制自动化激活的刻板印象。（P_e 大小不受到实验条件的影响）（来自 Amodio et al., 2004。Copyright © 2004 by Sage Publications. 经许可引用。）

标（Falkenstein, Hohnsbein, Hoormann, & Blanke, 1991; Gehring, Goss, Coles, Meyer, & Donchin, 1993）。然而，近来对于类似 ERN 的负成分的研究发现，在一些情况下，正确反应后也会产生类似的负波[如正确反应负波（CRN）; Vidal, Hasbroucq, Grapperon, & Bonnet, 2000]。由此，研究者更正指出 ERN/CRN 可能反映的是具有普遍性

的与冲突监控有关的加工(补充自上而下的控制;Botvinick, Braver, Barch, Carter, & Cohen, 2001; Yeung, Botvinick, & Cohen, 2004)。这个观点与使用功能性磁共振成像技术考察前扣带回的研究得到的结果一致(Carter et al., 1998)。另外,也有研究将 ERN 解释为体现对于不希望的或不理想的事件(如发生错误)表现出的消极情绪反应(Bush, Luu, & Posner, 2000)。

2. 错误正波(P_e)

在由反应锁定的波形中,紧随着 ERN 产生的是错误正波(P_e)。P_e 出现于反应后 250—400 ms。与 ERN 不同,P_e 可能产生于吻侧前扣带回(rostral ACC)以及内侧前额叶皮层的邻近区域(van Veen & Carter, 2002)。虽然很少有研究关注 P_e 成分,但是 Nieuwenhuis 等人(2001)发现 P_e 可能与人们对做出错误反应的意识性觉察有关,ERN 在是否意识到错误的情况下都存在(相反观点见 Scheffers & Coles, 2000)。社会心理学中的研究认为 P_e 反映了人们对与自己行为有关的社会背景的监控(Amodio, Kubota, Harmon-Jones, & Devine, 2006),这一点与神经影像学中发现的内侧前额叶皮层和吻侧前扣带回的机能一致(Amodio & Frith, 2006)。

(三) 预期的 ERP 成分

第三类成分是预期导致的波形,其中包括刺激前负波(stimulus-preceding negativity)和关联性负变(contingent negative variation)这两种成分。当被试为即将出现的刺激或反馈进行准备时就会出现这些成分,目前认为这些成分反映的是注意投入或控制准备。对于以人们的注意焦点以及对任务中某些试次的参与动机为目的的研究而言,这些成分是非常有用的。例如,有研究者希望采用一些不容易被发现的方法来考察被试在任务中对某些特定刺激的反应动机强度受到某些因素(例如,同伴压力或个体差异)的影响的形式,此时就可以运用这类成分进行考察(Chiu, Ambady, & Deldin, 2004)。负性慢波(NSW)与这些成分有一定的相似处。在解释这些成分的时候需要以理论和实验设计为前提进行分析。

另一种与之有关的成分是单侧化准备电位(LRP)。Kornhuber 和 Deecke(1965)在 ERP 实验中发现,当呈现提示被试"接下来要进行某个行为反应"的警告刺激时,就会记录到一个负走向的成分,并且这个成分在反应用手对侧的运动皮层上最为明显。研究者将其称为准备电位。大约 20 年后,有研究者开始在选择反应任务中使用 LRP 来推断被试是否以及何时优先做出某一特定的运动反应(Coles & Gratton, 1986; De Jong, Wierda, Mulder, & Mulder, 1988; Gratton, Coles, Sirevaag, Eriksen, & Donchin, 1988)。后续的研究结果证明,LRP 确实反映了与预备产生运动反应的对侧的运动皮层激活(Coles, 1989)。虽然 LRP 是被警告线索激活的,但是它实际体现的是对接下来要做反应的准备,因此可以被视为一种特殊的预期性的成分。

(四) 对成分解释的问题

研究者在根据特定的神经信号对心理反应进行解释的时候需要非常谨慎(当然,对于其他领域的解释也是如此)。重中之重的是需要具有这个意识:某个 ERP 成分很可能反映了多种心理机能,因此不可能将心理活动和生理指标一一对应。例如,Luck(2005)指出,听觉 P1 和 N1 成分和视觉 P1 和 N1 成分并没有什么关系。因此,大家在进行解释的时候要尽量避免做出诸如"社会分类任务中与内群体注意偏向有关的 N2,反映的是和反应冲突或抑制任务中发现的 N2 所代表的神经基础或加工过程"这种论断(Amodio et al., 2004; Dickter & Bartholow, 2010; Folstein & Van Petten, 2008; Ito & Urland, 2003, 2005)。

四、社会心理学中的 ERP 研究样例

如何使用 ERPs 来挖掘社会认知的机制?虽然解释社会判断与社

会行为等领域的认知加工理论正在逐步精细化,但是目前通过行为反应和自呈报告的方法很难检验这些假设。这些传统的方法并不能测量诸如社会知觉、分类以及刻板化为代表的不需要意识参与且无法进行自呈报告的快速加工。此外,内隐加工究竟是否能通过行为任务中的表现进行推断本身也处于争议之中(Amodio & Mendoza, 2010; Bartholow, Riordan, Saults, & Lust, 2009; Payne, 2001)。最后,传统的研究方法无法考察心理过程的连续变化,这些传统的方法往往会打断这些加工过程(如要求被试停止反应,完成一个情绪问卷)。ERPs 正好可以解决以上这些问题。接下来我们将会介绍一些通过使用 ERPs 突破了传统方法的局限性,并由此解决社会加工领域中的一些经典问题的例子。

(一) 态度和评价过程

1. 使用 ERPs 考察态度

Cacioppo 等人(1993)最早使用 P3 成分考察人们的态度。当新呈现的刺激与其他刺激不同时,P3 的波幅会增大(Donchin & Coles, 1988; Squires, Wickens, Squires, & Donchin, 1976)。根据这种特性,研究者改编了经典的 Oddball 范式,用来测量人们的态度。Oddball 范式是最为经典的测量 P3 成分的范式。在这个范式中,程序会在一系列标准刺激(频率高)中呈现目标刺激(频率低),偏差刺激(目标刺激)会导致产生更大的 P3 波幅,表明被试将目标刺激识别为与标准刺激不同的信息。Cacioppo 等人在研究中以积极词、消极词作为两类刺激,发现在消极词之间的积极词或积极词之间的消极词产生的 P3 成分波幅更大。这个研究为后续使用 ERP 考察被试的态度做出了开创性的贡献(Cacioppo et al., 1994; Crites & Cacioppo, 1996; Ito, Larsen, Smith, & Cacioppo, 1998)。随后,有研究者指出这种方法可以用于考察内隐态度(Ito & Cacioppo, 2007)。研究者比较了被试如实回答对目标刺激的态度以及错误回答对目标刺激的态度两种情况下的 P3 波幅,结果发现,无论被试是否如实做出回答,P3 波幅仅与被试真正的态度有关(Crites，Cacioppo，Gardner，& Berntson，1995)。

Ito等人(2004)也使用ERP结合Oddball范式研究自发激活的分类加工与白人对黑人群体的自呈评价之间的关联。在他们使用的Oddball范式中，刺激由白人面孔、黑人面孔和消极图片组成，被试的任务是在图片出现后按键判断自己是否喜欢这张图。通过检验白人面孔在消极背景下(黑人面孔＋消极图片)是否会产生更大的P3成分波幅来考察被试是否具有对应的种族偏见。结果自然是肯定的，并且与使用种族主义量表测得的结果相一致(量表见McConahay，Hardee，& Batts，1981)。通过这个研究样例可以知道，ERPs确实可以有效地在识别面孔类别的阶段测查种族偏见。

2. 情绪启动效应的机制

Fazio等人(1986)最早发现了启动效应，即先呈现相同效价的启动词会导致对后续呈现的同效价的目标词判断更快，而不同效价的启动词的效果则相反。其他很多研究都反复证实了这个效应(Klauer & Musch，2003)。然而，虽然这个效应很经典，但是对其中的"情绪一致性效应"背后的机制却存在一定争议(Klauer，Musch，& Eder，2005)。对此，Zhang等人(2006)使用ERP技术考察了情绪启动任务的神经电生理活动特征。结果发现，启动-目标刺激效价不一致的试次激发了更大的N2波幅(180—280 ms)以及更大的N400波幅(480—680 ms)。基于这一结果以及科学家对这两个成分的认识，研究者指出N400不仅对语义失匹配敏感(Kutas & Hillyard，1980)，同样也对情绪信息失匹配敏感，由此提出情绪启动实际上存在着和语义启动相似的内部机制的猜想。

随后，Bartholow等人(2009)使用ERP技术分析了情绪一致性效应到底来自评价性分类过程还是反应输出过程，抑或两者兼有(即考察了该效应在信息加工系统中的加工路径)。结果发现，在一致性试次相对较高的情况下(80%)或处于机遇水平的情况下(50%)，启动词诱发的LRP波幅表明被试的行为反应已经被启动词激活，随后才在目标词呈现后对激活的状态进行修正以做出正确反应。这时候，前后存在的冲突(启动-目标不一致情况下)会产生更大的 N2 波幅。若用评价性分类过程来解释,那么就会发现 P3 成分的波幅或潜伏期的差异会复现行为上的情绪一致性效应的结果(例如,不一致试次的潜伏期更长),然而事实并非如此。这个结果表明,情绪启动的情绪一致性效应可能是反应输出阶段存在冲突与否造成的,而不是简单的一致、不一致评价导致的。

(二) 对人的知觉

研究者使用大量的 ERP 成分来研究对人的知觉背后的一系列快速加工过程。其中的开创性的工作是由 Cacioppo 等人(1994)完成的。研究者创造性地将经典的一致性评价范式迁移到对人的知觉上(Cacioppo et al., 1993),比较积极、消极特质词分别激发的 P3 波幅。接下来将会按照加工阶段选取具有代表性的研究展开介绍。

1. 面孔知觉

对人知觉的研究都关注面孔特异的 N170 成分,并以这种代表面孔加工的早期阶段的成分来解释社会加工早期阶段的认知加工特点(Bentin et al., 1996)。然而,在社会认知中使用 N170 作为指标的研究数量不多。虽然数量有限,但是仅有的一些以 N170 为指标的研究已经证明 N170 能够反映人们在知觉上对不同社会群体成员的面孔存在的差异。这些研究的目的是证明面孔的种族信息能够影响非常早期的知觉加工。遗憾的是这些研究并未对社会认知的理论进行检验。同时,已有研究的结果之间也缺乏一致性,如有研究发现非自己种族的面孔会激发更大的 N170 波幅(Stahl et al., 2008; Walker et al., 2008),但是也有研究发现内群体面孔会激发更大的 N170 波幅(Ito & Urland, 2005),同时也有研究者发现群体身份不会对 N170 波幅带来影响(Caldara, Rossion, Bovet, & Hauert, 2004; Wiese, Stahl, & Schweinberger, 2009)。需要注意的是,以上这些研究使用的任务之间有很大的差异。所以,研究结果之间的差异很大程度上可能是不同方法导致的。例如,目前认为这些研究中并未很好地控制一些低水平的视觉刺激属性(如图片是否是彩色的,明度、对比度如何),因此,一些非社会因素可能会对结果造成很强的干扰。然而,不能因噎废食,未来应当在已有研究的基础上加强 ERP 技术在该领域的应用,深入挖掘社会认知中的知觉加工机制。

2. 社会分类

ERP 也被研究者用于考察对面孔进行社会分类的加工特征与时间进程。早期的研究以面孔性别范畴为研究对象,虽然在研究中并未发现面孔性别会影响 N170 波幅,然而 65—165 ms 的时间窗内,在顶部的一个负走向成分上存在性别差异(Mouchetant-Rostaing, Girard, Bentin, & Aguera, 2000)。类似的种族分类研究也取得了同样的结果。例如 Ito 和 Urland(2003)使用种族、性别作为刺激材料的 Oddball 范式,在该范式中,被试在一些组块中要根据要求对性别做出反应,而在另一些组块中则要根据要求对种族做出反应。结果发现黑人面孔能产生更大的 N1 和 P2 波幅,且男性面孔激发的 P2 波幅更大。与此同时,种族和性别的效应在 N2 成分上却颠倒过来了,白人面孔和女性面孔产生的 N2 波幅更大。最后,研究者也发现当以种族为反应对象时,白人背景刺激中呈现的黑人目标刺激比黑人背景刺激中呈现白人目标刺激引发了更大的 LPP。在其他使用 Oddball 范式、系列启动范式或内隐联想测验的研究中都发现了类似的神经电生理活动模式(Amodio et al., 2004; Correll et al., 2006; Dickter & Bartholow, 2007; Hurtado, Haye, González, Manes, & Ibáñez, 2009; Ito & Urland, 2005; Kubota & Ito, 2007)。

目前,种族分类会影响早期 ERP 成分的结果普遍表明,社会分类的加工发生得非常快速,并且是相对自动化或内隐的(Ito, Willadsen-Jensen, & Correll, 2007)。这个观点与先前研究者通过行为实验得到的结果互相印证(Fazio, Jackson, Dunton, & Williams, 1995; Gaertner & McLaughlin, 1983)。然而,行为实验无法揭示种族效应的心理意义,而 ERP 的结果则从注意过程、动机、反应冲突等环节对这一效应进行了深入挖掘。但是需要注意的是,ERP 并不是万能的,使用它得到的一些结果可能只适用于某一特定的范式,因而缺乏推广的能力。也就是说,使用 Oddball 范式得到的结果可能在一定程度上是对该任务特异的(例如,被试使用了某些反应策略来完成这个任务),而不具有普适性。如果没有很强的理论基础来推断 ERP 结果的意义,那么在解释结果的时候就必须慎重对待存在任务特异效应的可能性。

(三) 刻板印象

心理学家也使用 ERP 来测量句子中的语义关联导致的神经反应,借此考察刻板印象的加工机制。在这个领域较早期研究中,Osterhout 等人(1997)通过比较被试阅读性别职业刻板印象一致或不一致[健身教练在"他"(him)的课后休息了一会]、前后用词正确或违例["邮递员"(postman)在"她"(she)下班回家后洗了个澡]的句子,发现刻板印象不一致和用词违例情况下均产生更大的 P3 波幅,这个结果与被试外在完成的判断任务无关。White 等人(2009)也发现刻板印象违例会产生更大的 N400 波幅。由于 N400 反映的是评价语义信息的困难度(Kutas & Federmeier, 2000),White 等人(2009)结合前人的行为研究结果将这个现象解释为刻板印象的干扰作用(Gaertner & McLaughlin, 1983)。

受语义违例的 ERP 研究启发,Bartholow 等人(2006)使用 P3 作为指标考察了刻板印象启动范式中的刻板印象违例效应。在刻板印象启动范式中,程序会先后呈现种族面孔和刻板印象相关的形容词。这些词或与面孔代表种族的刻板印象一致/不一致。被试的任务是对后呈现的形容词做出反应(Dovidio, Evans, & Tyler, 1986)。在行为上,研究者发现被试对与刻板印象一致词(如"黑人-善运动")的反应时更快;另外,与一致词相比,不一致词产生的 P3 波幅更大,而且潜伏期也更长。这些结果表明刻板印象违例的信息难以进行分类,可能是由于违例在解决过程中引发了不一致(Macrae, Bodenhausen, Schloerscheidt, & Milne, 1999)。

在另一项研究中,Bartholow 和 Dickter(2008)通过与冲突相关的

ERP 成分考察刻板印象不一致信息是否会激发反应冲突。实验中向被试呈现一系列四周环绕着刻板印象一致/不一致词的黑人、白人面孔。结果发现，刻板印象不一致的情况下激发了更大的 LRP，表明被试对错误类别信息存在反应的倾向；同时，不一致情况下产生的 N2 波幅也更大，这表明此时存在更大的反应冲突。另外，刻板印象一致、不一致情况下 LRP 的差异能预测行为上的反应时差异。这种将 ERP 的结果与行为结果匹配起来的研究方法为解释刻板印象启动效应的认知加工机制带来了很大的帮助。

（四）自我调节

自我调节通常指的是对目标定向反应的协调过程。目前对自我调节的研究分别从校正性控制（自下而上）和前摄性控制（自上而下）两个角度开展。

1. 校正性的自我调节

大多数对自我调节的研究着眼于人们使用符合意图的反应去压制相反倾向的校正性控制（Devine，1989；Fazio，1990；Sherman et al.，2008），大部分对自我调节的 ERP 研究也在这个主题下展开。社会心理学中最早使用 ERP 研究自我调节的研究是 Amodio 等人（2004）在如何控制刻板印象影响这个经典问题中完成的。他们试图解决人们为何无法摆脱自动化激活的刻板印象这个问题。这是因为人们无法检测到刻板印象对他们造成的影响？还是人们虽然能意识到刻板印象的影响，但却对此无能为力？在认知神经科学的研究基础上（Botvinick et al.，2001），研究者认为对刻板印象相关目标反应的自我调节包含两种互补的加工：负责冲突监控的背侧扣带皮层以及负责调节的侧前额皮层两者共同加强了克服自动激活倾向的意图性反应（Kerns et al.，2004）。根据已有研究，研究者推断，如果在认知控制任务中发现 ERN 和前部的 N2 波幅增大，就证明背侧扣带皮层得到激活（Dehaene et al.，1994；Nieuwenhuis et al.，2001；van Veen & Carter，2002），这种激活状态与反应冲突监控有关（Yeung et al.，2004）。

在 Amodio 等人(2004)的研究中,被试完成的是武器识别范式。在这个范式中,被试的任务是在同时呈现不同种族面孔以及这个人手上拿的物品时,尽快判断手上拿的是枪还是工具。先前的研究发现,相对于白人面孔而言,黑人面孔促进了对武器的正确识别,但是干扰了对工具的正确识别(Payne, 2001)。这个结果说明由于来自黑人刻板印象的偏见(Devine & Elliot, 1995),黑人-工具试次需要进行更多的认知加工才能做出正确反应。在此基础上,Amodio 等人(2004)比较了不同类型试次下得到的 ERN,间接推断冲突相关的前扣带回的活动。与假设相一致,黑人-工具试次的 ERN 波幅比黑人-武器试次的 ERN 波幅更大,表明刻板印象不一致激发了明显的冲突,而且被试需要控制自己的种族偏见(图 9-3)。这个结果表明认识到刻板印象的作用以及控制刻板印象导致的倾向是两个分离的过程。同时,表现与做出正确反应有关的前扣带回活动的 N2 成分也展现出类似的模式,这说明控制的成功实际上取决于冲突监控过程(Amodio et al., 2004)。最后进行的相关分析也发现,与任务无关的刻板印象激活产生的冲突相关 ERP 成分越大,被试对行为的控制就越好。这个结果在性别刻板印象中也得到了重复(Ma, Shu, Wang, Dai, & Che, 2008)。

在随后开展的研究中,Bartholow 等人(2006)使用 ERPs 考察了调节机制在控制种族偏见中的作用。研究者认为醉酒会干扰对控制的调节,但却不会影响冲突监控。实验以停止信号任务为载体,被试的任务是尽快判断呈现的特质词是否可以用来形容屏幕上呈现的黑人或白人。依据刻板印象词的类型,被试的反应分为刻板印象一致与刻板印象不一致两种。在 25% 的试次中,特质词呈现后会很快出现一个红色的"×"("停止"试次),此时被试不能做出任何反应。图 9-4 中是这个实验的大致结果。与预期一样,清醒的被试的 NSW 成分比醉酒的被试更大,并且这个差异在刻板印象一致的"停止"试次中最大。这个结果表明刻板印象一致情况下的反应抑制需要很强的认知控制。同样地,在抑制刻板印象一致信息的试次中,与冲突监控有关的 No-go N2 的波幅比抑制刻板印象不一致信息的试次时更大,但是这一现象并不存在组间差异。也有研究者通过锁定关联性负变,发现低偏见被试在黑人面孔呈现前的预期 ERP 成分波幅更大,并且波幅越大,后续的反应正确率越高(Chui et al.,2004)。总的来说,这些研究进一步支持了群际反应的控制涉及冲突监控和控制实施两个不同的机制。

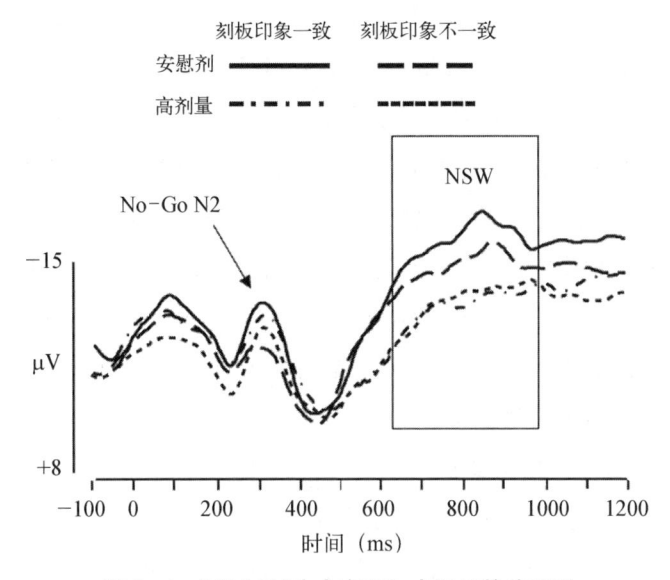

图 9‑4 "停止"试次中在 FCz 点记录的波形图

注:清醒组被试饮用的是安慰剂,饮酒组被试饮用了 0.8g/kg 酒精饮料。图中显示,清醒组刻板印象一致导致比刻板印象不一致条件下更大的 NSW 波幅。然而这个现象在饮酒组中并不存在。刻板印象一致试次的 No‑Go N2 的波幅同样更大,这表明存在冲突监控,然而这个效应并不受饮酒的影响[改编自 Bartholow,Dickter 和 Sestir(2006)]。

Amodio 等人(2006)也使用 ERN 作为指标来考察社会影响对控制的作用。他们认为在根据内、外部线索对反应进行调节时可能使用的是不同的机制。在这项研究中,研究者发现武器识别任务中 ERN 波幅与由内因激发的反应控制有关。当被试在公开的情况下完成任务时,P_e 成分也能够预测反应控制。然而,此时 P_e 成分的效应仅出现在那些对要不受偏见做出反应感到很大压力的被试身上。这个结果表明 P_e 以及与之相关的吻侧扣带回和内侧前额皮层与外部驱动的反应控制有关。事实上,这两个大脑结构确实起到根据外部线索(社会线索)调节反应的作用(Amodio & Frith,2006)。

还有一类研究关心的是为什么有些对黑人持有积极态度的平等主义者依旧会在以反应时为基础的测试中表现出刻板印象的偏见(Amodio, Devine, & Harmon-Jones, 2008)。研究者认为那些因为社会规范压力而声称自己不存在偏见的平等主义者可能会对涉及反应冲突的任务中的内部信号不敏感(Amodio, Harmon-Jones, & Devine, 2003; Devine, Plant, Amodio, Harmon-Jones, & Vance, 2002)。在实验中确实发现,在报告自己对做到在任务中不产生偏见有更强大动机的被试中,那些同时也报告自己有较强外部动机的被试实际在行为反应上表现得更糟糕,并且他们在刻板印象冲突的条件下产生的ERN波幅更小。这是因为自动化刻板印象倾向在冲突检测加工中发挥的作用并不强。这个结果表明有些自称平等主义者的人依旧会控制不住地做出种族偏见行为,这是因为在冲突监控过程中,自动化刻板印象倾向并没有被重视(Amodio et al., 2006)。

2. 前摄性的自我调节

大部分对自我调节的研究集中在校正性控制的自我调节上。这种自我调节发生在个体开始做出与意图不同的行为之后。然而,这种校正性的控制只是一种"替代性方案",是一种对自己计划的补救,发生在反应偏离意图之后。这个观点已经得到ERP研究的验证(Amodio et al., 2004; Bartholow et al., 2005)。前摄性控制是一种在反应还"有救"的时候进行的调节,从而避免事后校正(Amodio, 2010a)。也就是说,前摄性控制是一种自上而下的,符合工作记忆选择模型的调节形式(Thompson-Schill, 2003)。虽然大部分研究都关注校正性控制,但是在很多情况下,自我调节中同样会涉及前摄性控制过程。

Amodio(2010)指出,前摄性控制包括协调动机过程和知觉过程,以此为行为做好准备并探测行动线索。以种族刻板印象任务为例,被试具有的不作出偏见反应的动机会使被试对可能出现偏见的场合(如呈现少数族裔的面孔图片时;Monteith, 1993)更加警惕,在这个过程之后才会做出无偏见的意图性的反应。Amodio通过武器识别范式考察了左侧前额皮层位置的活动与接近动机之间的关系。他们以试次间隔中前额皮层的活动作为前摄性动机的指标。在实验中测量了对黑人或白人面孔做出反应时的 P2 成分波幅,作为注意过程的指标。结果发现,黑人面孔激发的 P2 波幅更大,这与前人研究结果一致(Ito & Urland,2003)。更重要的是,当出现黑人面孔时,左侧前额皮层在试次间隔时间内激活水平越强,反应时候测得的 P2 波幅就越大。这个结果表明前摄性控制的动机会提升对种族线索的注意水平。最后,在那些偏见水平比较低的被试身上发现,左侧前额皮层的激活水平越高,以及 P2 波幅越大,反应控制能力就越强,并且两者起到中介作用。这些结果支持了前摄性控制模型,即避免显示出偏见的动机会提升对偏见相关线索的注意水平,反应控制能力由此得到提升。

(五) 自我调节的个体差异

有一些研究者使用非常基础的冲突任务(如 Stroop 任务、Go/No-go 任务)作为研究范式,考察自我调节最为根本的认知神经机制(Amodio, Jost, Master, & Yee, 2007; Amodio, Master, et al., 2008; Forbes, Schmader, & Allen, 2008; Inzlicht & Gutsell, 2007)。例如,Amodio 等人(2007)发现和自由主义/保守派的政治观点有关的认知风格上的个体差异(Jost, Glaser, Kruglanski, & Sullaway, 2003)与 ERN 所测得的冲突监控系统敏感性有关。Inzlicht 和 Gutsell(2007)也指出,Stroop 任务中使用 ERN 为指标的研究结果表明,冲突监控能力会随着认知资源的消耗而减弱。

在更新发表的对偏见自我调节的研究中,ERP 已经不仅仅被视为某种一般性神经活动的指标,也被看作特定神经机制的指标。例如,ERN 和 P_e 分别被用作背侧与吻侧前额皮层激活的指标(Amodio et al., 2006; Nieuwenhuis et al., 2001),NSW 也被用作前额皮层激活的指标(Bartholow et al., 2006)。在同种范式下,通过使用 EEG 源定位、功能性磁共振成像等技术,以及对临床病人的研究,目前对于 ERP 成分和神经结构之间的关系已经取得了一定结论(Botvinick, Cohen, & Carter, 2004)。通过将特定心理反应导致的 ERP 成分与特定的神经结构联系在一起,研究者就可以根据大量行为学和认知神经科学的研究结果提出理论,解释实验结果背后的心理过程。

自我调节的 ERP 研究具有的另一个重要特点是使用行为测量来验证研究者对 ERP 结果做出的解释。例如,Amodio 等人(2004)指出 ERN 可能与武器识别范式中控制性的行为模式有关,而不是与自动化的行为模式有关。有研究者使用加工分离的方法分别考察自动化和控制性的反应,发现 ERN 波幅与控制性加工存在很强的联系,但是与自动化加工无关(Jacoby,1991;Payne,2001)。通过将 ERPs 与行为结果的数学模型相结合,研究者就能够在理论与方法上做得更加精确。

五、使用 ERP 技术作为研究手段会面临的实际问题

与其他所有用于研究社会行为及其背后机制的方法一样,ERP 技术同样也有它的优势和不足。ERP 技术的主要优势在于它有非常高的时间精度,并且它也是一种能够即时地、直接地反映大脑活动的方法(Gratton & Fabiani,2001)。与大多数人的认识不同,更广为人知的 fMRI 其实并不是对大脑活动的直接测量,而是通过神经元放电会导致血流量发生变化这种假设来间接推测大脑活动情况的。这种血液动力学的反应限制了根据结果所能做出的推论,尤其对于那些关心快速加工过程的研究而言更是不利。ERP 技术相对传统的行为实验方法的另一大优势在于其测量对象不依赖于外在的行为反应。这个特点使得研究者可以把做出反应的反应时和做出反应的认知过程分离开(McCarthy & Donchin,1981),也能把认知加工与反应实施分离开(Coles,Smid,Scheffers,& Otten,1995)。

对于 ERP 来说,最为明显的不足之处就是需要花费大量时间和资源。对于社会心理学的研究者来说,在研究中使用 ERP 技术就意味着要在接受传统的社会心理学研究方法训练的基础上,再接受相应的心

理生理学研究方法训练。好在已有研究机构提供了社会心理学、心理生理学以及认知神经科学相整合的训练课程。在这类训练课程中,学生需要在掌握传统的心理学研究方法的基础上进一步学习神经科学与生理学的理论知识,以及进行有关实验的技术知识储备。对于那些希望从事社会心理学研究的心理生理学家或认知神经科学家而言,这个培养过程的侧重点就颠倒过来了,他们需要接受更多关于社会心理学研究方法的训练。

设立与维持 ERP 实验室的费用也是一座大山。虽然不同设备的价格差异比较大,不过一般而言,一套中端的 ERP 设备依旧需要花费 75 000—100 000 美元(包括放大器、数据采集与分析软件、电极帽以及其他必需的设备;不包括实验室的装修费用)。对于部分研究者来说,他们就需要从各种渠道获得经费来初步建立实验室。然而,这笔开支只是一个开始。ERP 实验需要持续采购一系列的一次性实验用品,包括导电膏、磨砂膏、酒精片、医用胶带、替换的电极等。不过,这些费用和建立 MRI 实验中心相比简直是九牛一毛。

在实验方面,相比其他实验而言,ERP 实验通常需要花费更多的时间。首先,与基于行为的实验和自呈报告不同,ERP 实验只能一个一个被试进行,而不能进行集体测试(受到设备数量的限制)。其次,ERP 实验任务本身就比仅采集行为数据的使用同样范式的行为实验耗时更长。例如,ERP 实验需要填写知情同意书(解释实验风险与佩戴电极可能带来的不适);被试需要阅读更精细的指导语;任务的试次数量更多(一般为行为的 4 倍,以最终得到稳定的波形);需要花费一定时间佩戴电极帽、做准备工作(如 30—45 分钟),在实验后还要花一些时间摘去电极帽。因此,一般而言,ERP 实验花费的时间是行为实验的 3—4 倍,但是一次只能收取一个被试的数据。

不过,相比行为实验而言,ERP 实验需要的被试量相对较少。这得益于 ERP 实验中庞大的实验试次数量,这可以在一定程度上降低误差。然而,这个优点在组间实验设计中会被削弱,有些范式不太适用于 ERP 实验。在使用 ERP 开展研究的时候需要认真考虑很多实验设计上的因素(Luck，2005)。

六、结　论

ERP 为我们提供了一种探查社会认知的内部机制的有效手段。在本章中我们对如何将 ERP 应用于研究社会认知以及社会行为中的一些重要问题进行了讨论。由于 ERP 能够以高时间精度对神经活动进行测量并且能与大量实验范式相兼容，所以 ERP 在社会认知研究中的作用会愈加突出。我们衷心期望那些在认知与情感神经科学领域已经颇有建树的研究者能够在初步掌握行为研究方法的基础上，使用认知神经科学的方法来研究社会心理学的问题，帮助人类进一步深入对社会认知、社会行为，乃至社会的理解。

推 荐 阅 读

Amodio，D. M. (2010). Can neuroscience advance social psychological theory?: Social neuroscience for the behavioral social psychologist. *Social Cognition*, 28, 695–716.

Luck，S. J. (2005). *An introduction to the event-related potential technique*. Cambridge，MA: MIT Press.

Picton，T. W., Bentin, S., Berg, P., Donchin, E., Hillyard, S. A., Johnson R., Jr., et al. (2000). Guidelines for using human event-related potentials to study cognition: Recording standards and publication criteria. *Psychophysiology*, 37, 127–152.

参 考 文 献

Allison, T., Wood, C. C., & McCarthy, G. M. (1986). The central nervous system. In M. G. H. Coles, E. Donchin, & S. W. Porges (Eds.), *Psychophysiology: Systems, processes, and applications* (pp. 5–25). New York: Guilford Press.

American Encephalographic Society. (1994). Guideline thirteen: Guidelines for standard electrode position nomenclature. *Journal of Clinical Neurophysiology, 11,* 111–113.

Amodio, D. M. (2010a). Coordinated roles of motivation and perception in the regulation of intergroup responses: Frontal cortical asymmetry effects on the P2 event-related potential and behavior. *Journal of Cognitive Neuroscience, 22,* 2609–2617.

Amodio, D. M. (2010b). Can neuroscience advance social psychological theory?: Social neuroscience for the behavioral social psychologist. *Social Cognition, 28,* 695–716.

Amodio, D. M., Devine, P. G., & Harmon-Jones, E. (2008). Individual differences in the regulation of intergroup bias: The role of conflict monitoring and neural signals for control. *Journal of Personality and Social Psychology, 94,* 60–74.

Amodio, D. M., & Frith, C. D. (2006). Meeting of minds: The medial frontal cortex and social cognition. *Nature Reviews Neuroscience, 7,* 268–277.

Amodio, D. M., Harmon-Jones, E., & Devine, P. G. (2003). Individual differences in the activation and control of affective race bias as assessed by startle eyeblink responses and self-report. *Journal of Personality and Social Psychology, 84,* 738–753.

Amodio, D. M., Harmon-Jones, E., Devine, P. G., Curtin, J. J., Hartley, S. L., & Covert, A. E. (2004). Neural signals for the detection of unintentional race bias. *Psychological Science, 15,* 88–93.

Amodio, D. M., Jost, J. T., Master, S. L., & Yee, C. M. (2007). Neurocognitive correlates of liberalism and conservatism. *Nature Neuroscience, 10,* 1246–1247.

Amodio, D. M., Kubota, J. T., Harmon-Jones, E., & Devine, P. G. (2006). Alternative mechanisms for regulating racial responses according to internal vs. external cues. *Social Cognitive and Affective Neuroscience, 1,* 26–36.

Amodio, D. M., Master, S. L., Yee, C. M., & Taylor, S. E. (2008). Neurocognitive components of the behavioral inhibition and activation systems: Implications for theories of self-regulation. *Psychophysiology, 45,* 11–19.

Amodio, D. M., & Mendoza, S. A. (2010). Implicit intergroup bias: Cognitive, affective, and motivational underpinnings. In B. Gawronski & B. K. Payne (Eds.), *Handbook of implicit social cognition* (pp. 353–374). New York: Guilford Press.

Bartholow, B. D., & Dickter, C. L. (2008). A response conflict account of the effects of stereotypes on racial categorization. *Social Cognition, 26,* 273–291.

Bartholow, B. D., Dickter, C. L., & Sestir, M. A. (2006). Stereotype activation and control of race bias: Cognitive control of inhibition and its impairment by alcohol. *Journal of Personality and Social Psychology, 90,* 272–287.

Bartholow, B. D., Fabiani, M., Gratton, G., & Bettencourt, B. A. (2001). A psychophysiological analysis of cognitive processing of and affective responses to social expectancy violations. *Psychological Science, 12,* 197–204.

Bartholow, B. D., Pearson, M. A., Dickter, C. L., Sher, K. J., Fabiani, M., & Gratton, G. (2005). Strategic control and medial frontal negativity: Beyond errors and response conflict. *Psychophysiology, 42,* 33–42.

Bartholow, B. D., Riordan, M. A., Saults, J. S., & Lust, S. A. (2009). Psychophysiological evidence of response conflict and strategic control of responses in affective priming. *Journal of Experimental Social Psychology, 45,* 655–666.

Bartholow, R. (1882). *Medical electricity: A practical treatise on the applications of electricity to medicine and surgery* (2nd ed.). Philadelphia: Lea.

Bentin, S., Allison T., Puce, A., Perez, E., & McCarthy, G. (1996). Electrophysiological studies of face perception in humans. *Journal of Cognitive Neuroscience, 8*, 551–565.

Berger, H. (1929). Über das Elektroenzephalogramm des Menschen [On the electroencephalogram in humans]. *Archiv für Psychiatrie, 87*, 527–570.

Botvinick, M. M., Braver, T. S., Barch, D. M., Carter, C. S., & Cohen, J. D. (2001). Conflict monitoring and cognitive control. *Psychological Review, 108*, 624–652.

Botvinick, M. M., Cohen, J. D., & Carter, C. S. (2004).Conflict monitoring and anterior cingulated cortex: An update. *Trends in Cognitive Sciences, 8*, 539–546.

Bruin, K. J., Wijers, A. A., & van Staveren, A. S. J. (2001). Response priming in a go/no-go task: Do we have to explain the go/no-go N2 effect in terms of response activation instead of inhibition? *Clinical Neurophysiology, 112*, 1660–1671.

Bush, G., Luu, P., & Posner, M. L. (2000). Cognitive and emotional influences in anterior cingulate cortex. *Trends in Cognitive Sciences, 4*, 215–222.

Cacioppo, J. T., Berntson, G. G., Lorig, T. S., Norris, C. J., Rickett, E., & Nusbaum, H. (2003). Just because you're imaging the brain doesn't mean you can stop using your head: A primer and set of first principles. *Journal of Personality and Social Psychology, 85*, 650–661.

Cacioppo, J. T., Crites, S. L., Jr., Berntson, G. G., & Coles, M. G. H. (1993). If attitudes affect how stimuli are processed, should they not affect the event-related brain potential? *Psychological Science, 4*, 108–112.

Cacioppo, J. T., Crites, S. L., Gardner, W. L., & Berntson, G. G. (1994). Bioelectrical echoes from evaluative categorizations: I. A late positive brain potential that varies as a function of trait negativity and extremity. *Journal of Personality and Social Psychology, 67*, 115–125.

Cacioppo, J. T., & Tassinary, L. G. (1990). Psychophysiology and psychophysiological inference. In *Principles of psychophysiology: Physical, social, and inferential elements* (pp. 3–33). New York: Cambridge University Press.

Caldara, R., Rossion, B., Bovet, P., & Hauert, C. (2004). Event-related potentials and time course of the "other-race" face classification advantage. *NeuroReport, 15*, 905.

Carter, C. S., Braver, T. S., Barch, D. M., Botvinick, M. M., Noll, D., & Cohen, J. D. (1998). Anterior cingulate cortex, error detection, and the online monitoring of performance. *Science, 280*, 747–749.

Chiu, P., Ambady, N., & Deldin, P. (2004). Contingent negative variation to emotional in- and out-group stimuli differentiates high- and low-prejudiced individuals. *Journal of Cognitive Neuroscience, 16*, 1830–1839.

Coles, M. G. H. (1989). Modern mind–brain reading: Psychophysiology, physiology, and cognition. *Psychophysiology, 26*, 251–269.

Coles, M. G. H., & Gratton, G. (1986). Cognitive psychophysiology and the study of states and processes. In G. R. J. Hockey, A. W. K. Gaillard, & M. G. H. Coles (Eds.), *Energetics and human information processing* (pp. 409–424). Dordrecht: Martinus Nijhoff.

Coles, M. G. H., & Rugg, M. D. (1995). Event-related brain potentials: An introduction. In *Electrophysiology of mind: Event-related brain potentials and cognition* (pp. 1–26). New York: Oxford University Press.

Coles, M. G. H., Smid, H. G. O. M., Scheffers, M. K., & Otten, L. J. (1995).

Mental chronometry and the study of human information processing. In M. D. Rugg & M. G. H. Coles (Eds.), *Electrophysiology of mind: Event-related brain potentials and cognition* (pp. 86–131). New York: Oxford University Press.

Correll, J., Urland, G. R., & Ito, T. A. (2006). Event-related potentials and the decision to shoot: The role of threat perception and cognitive control. *Journal of Experimental Social Psychology, 42*, 120–128.

Crites, S. L., & Cacioppo, J. T. (1996). Electrocortical differentiation of evaluative and nonevaluative categorizations. *Psychological Science, 7*, 318–321.

Crites, S. L., Cacioppo, J. T., Gardner, W. L., & Berntson, G. G. (1995). Bioelectrical echoes from evaluative categorization: II. A late positive brain potential that varies as a function of attitude registration rather than attitude report. *Journal of Personality and Social Psychology, 68*, 997–1013.

Curtin, J. J., & Fairchild, B. A. (2003). Alcohol and cognitive control: Implications for regulation of behavior during response conflict. *Journal of Abnormal Psychology, 112*, 424–436.

Davidson, R. J., Jackson, D. C., & Larson, C. L. (2000). Human electroencephalography. In J. T. Cacioppo, G. G. Berntson, & L. G. Tassinary (Eds.), *Handbook of psychophysiology* (2nd ed., pp. 27–52). New York: Cambridge University Press.

Deffke, I., Sander, T., Heidenreich, J., Sommer, W., Curio, G., Trahms, L., et al. (2007). MEG/EEG sources of the 170-ms response to faces are co-localized in the fusiform gyrus. *NeuroImage, 35*, 1495–1501.

Dehaene, S., Posner, M.I., & Tucker, D. M. (1994). Localization of a neural system for error detection and compensation. *Psychological Science, 5*, 303–305.

De Jong, R., Wierda, M., Mulder, G., & Mulder, L. J. M. (1988). Use of partial information in responding. *Journal of Experimental Psychology: Human Perception and Performance, 14*, 682–692.

Devine, P. G. (1989). Stereotypes and prejudice: Their automatic and controlled components. *Journal of Personality and Social Psychology, 56*, 5–18.

Devine, P. G., & Elliot, A. J. (1995). Are racial stereotypes really fading?: The Princeton Trilogy revisited. *Personality and Social Psychology Bulletin, 21*, 1139–1150.

Devine, P. G., Plant, E. A., Amodio, D. M., Harmon-Jones, E., & Vance, S. L. (2002). The regulation of explicit and implicit race bias: The role of motivations to respond without prejudice. *Journal of Personality and Social Psychology, 82*, 835–848.

Dickter, C. L., & Bartholow, B. D. (2007). Event-related brain potential evidence of ingroup and outgroup attention biases. *Social Cognitive and Affective Neuroscience, 2*, 189–198.

Dickter, C. L., & Bartholow, B. D. (2010). Ingroup categorization and response conflict: Interactive effects of target race, flanker compatibility and infrequency on N2 amplitude. *Psychophysiology, 47*, 596–601.

Dien, J., & Frischkoff, G. A. (2005). Principal components analysis of ERP sata. In T. C. Handy (Ed.), *Event-related potentials: A methods handbook* (pp. 189–207). Cambridge, MA: MIT Press.

Donchin, E. (1981). Surprise!...Surprise? *Psychophysiology, 18*, 493–513.

Donchin, E., & Coles, M. G. (1988). Is the P300 component a manifestation of context updating? *Behavioral and Brain Sciences, 11*, 357–427.

Dovidio, J. F., Evans, N., & Tyler, R. B. (1986). Racial stereotypes: The contents of their cognitive representations. *Journal of Experimental Social Psychology*, 22, 22–37.

Duncan-Johnson, C. C., & Donchin, E. (1977). On quantifying surprise: The variation of event-related potentials with subjective probability. *Psychophysiology*, 14, 456–467.

Eimer, M. (2000). Event-related brain potentials distinguish processing stages involved in face perception and recognition. *Clinical Neurophysiology*, 111(4), 694–705.

Fabiani, M., Gratton, G., & Federmeier, K. (2007). Event-related brain potentials. In J. T. Cacioppo, L. G. Tassinary, & G. G. Berntson (Eds.), *Handbook of psychophysiology* (3rd ed., pp. 85–119). New York: Cambridge University Press.

Fabiani, M., Gratton, G., Karis, D., & Donchin, E. (1987). The definition, identification, and reliability of measurement of the P300 component of the event-related brain potential. In P. K. Ackles, J. R. Jennings, & M.G.H. Coles (Eds.), *Advances in psychophysiology* (Vol. 1, pp. 1–78). Greenwich, CT: JAI Press.

Falkenstein, M., Hohnsbein, J., Hoormann, J., & Blanke, L. (1991). Effects of crossmodal divided attention on late ERP components: II. Error processing in choice reaction tasks. *Electroencephalography and Clinical Neurophysiology*, 78, 447–455.

Fazio, R. H. (1990). Multiple processes by which attitudes guide behavior: The MODE Model as an integrative framework. In M. P. Zanna (Ed.), *Advances in experimental social psychology* (Vol. 23, pp. 75–107). New York: Academic Press.

Fazio, R., Jackson, J., Dunton, B., & Williams, C. (1995). Variability in automatic activation as an unobtrusive measure of racial attitudes: A bona fide pipeline? *Journal of Personality and Social Psychology*, 69, 1013–1027.

Fazio, R. H., Sanbonmatsu, D. M., Powell, M. C., & Kardes, F. R. (1986). On the automatic activation of attitudes. *Journal of Personality and Social Psychology*, 50, 229–238.

Fiske, S. T., & Taylor, S. E. (2008). *Social cognition: From brains to culture.* New York: McGraw-Hill.

Folstein, J. R., & Van Petten, C. (2008). Influence of cognitive control and mismatch on the N2 component of the ERP: A review. *Psychophysiology*, 45, 152–170.

Forbes, C. E., Schamder, T., & Allen, J. J. B. (2008). The role of devaluing and discounting in performance monitoring: A neurophysiological study of minorities under threat. *Social Cognitive and Affective Neuroscience*, 3, 253–261.

Friedman, D., Cycowicz, Y. M., & Gaeta, H. (2001). The novelty P3: An event-related brain potential (ERP) sign of the brain's evaluation of novelty. *Neurosceince and Biobehavioral Reviews*, 25, 355–373.

Friedman, D., & Johnson, R., Jr. (2000). Event-related potential (ERP) studies of memory encoding and retrieval: A selective review. *Microscopy Research and Technique*, 51, 6–28.

Gaertner, S. L., & McLaughlin, J. P. (1983). Racial stereotypes: Associations and ascriptions of positive and negative characteristics. *Social Psychology Quarterly*, 46, 23–30.

Gerhing, W. J., Goss, B., Coles, M. G. H., Meyer, D. E., & Donchin, E. (1993). A neural system for error detection and compensation. *Psychological Science*, 4, 385–390.

Gratton, G. (2000). Biosignal processing. In J. T. Cacioppo, L. G. Tassinary, & G. G. Berntson (Eds.), *Handbook of psychophysiology* (2nd ed., pp. 900–923). New York: Cambridge University Press.

Gratton, G., Coles, M. G., Sirevaag, E. J., Eriksen, C. W., & Donchin, E. (1988). Pre- and poststimulus activation of response channels: A psychophysiological analysis. *Journal of Experimental Psychology: Human Perception and Performance, 14*, 331–334.

Gratton, G., & Fabiani, M. (2001). Shedding light on brain function: The event-related optical signal. *Trends in Cognitive Sciences, 5*, 357–363.

Harmon-Jones, E., & Amodio, D. M. (in press). Electroencephalographic methods in psychology. In H. Cooper, P. Camic, R. Gonzalez, D. Long, A. Panter, & K. Sher (Eds.), *APA Handbook of Research Methods in Psychology*. Washington, DC: American Psychological Association.

Harmon-Jones, E., & Peterson, C. K. (2009). Electroencephalographic methods in social and personality psychology. In E. Harmon-Jones & J. S. Beer (Eds.), *Methods in social neuroscience* (pp. 170–197). New York: Guilford Press.

Henry, E. A., Bartholow, B. D., & Arndt, J. (2010). Death on the brain: Effects of mortality salience on the neural correlates of ingroup and outgroup categorization. *Social, Cognitive, and Affective Neuroscience, 5*, 77–87.

Herrmann, M. J., Schreppel, T., Jäger, D., Koehler, S., Ehlis, A. C., & Fallgatter, A. J. (2007). The other-race effect for face perception: An event-related potential study. *Journal of Neural Transmission, 114*, 951–957.

Hillyard, S. A., Vogel, E. K., & Luck, S. J. (1998). Sensory gain control (amplification) as a mechanism of selective attention: Electrophysiological and neuroimaging evidence. *Philosophical Transactions of the Royal Society B: Biological Sciences, 353*, 1257–1270.

Hopfinger, J. B., & Mangun, G. R. (2001). Electrophysiological studies of reflexive attention. In C. Folk & B. Gibson (Eds.), *Attraction, distraction, and action: Multiple perspectives on attentional capture* (pp. 3–26). Amsterdam: Elsevier Science.

Horst, R., & Donchin, E. (1980). Beyond averaging II: Single-trial classification of exogenous event-related potentials using stepwise discriminant analysis. *Electroencephalography and Clinical Neurophysiology, 48*, 113–126.

Hurtado, E., Haye, A., González, R., Manes, F., & Ibañez, R. (2009). Contextual blending of ingroup/outgroup face stimuli and word valence: LPP modulation and convergence of measures. *BMC Neuroscience, 10:69*.

Inzlicht, M., & Gutsell, J. N. (2007). Running on empty: Neural signals for self-control failure. *Psychological Science, 8*, 233–238.

Ito, T. A., & Cacioppo, J. T. (2000). Electrophysiological evidence of implicit and explicit categorization processes. *Journal of Experimental Social Psychology, 35*, 660–676.

Ito, T. A., & Cacioppo, J. T. (2007). Attitudes as mental and neural states of readiness: Using physiological measures to study implicit attitudes. In B. Wittenbrink & N. Schwarz (Eds.), *Implicit measures of attitudes* (pp. 125–158). New York: Guilford Press.

Ito, T. A., Larsen, J. T., Smith, N. K., & Cacioppo, J. T. (1998). Negative information weighs more heavily on the brain: The negativity bias in evaluative categorizations. *Journal of Personality and Social Psychology, 75*, 887–900.

Ito, T. A., Thompson, E., & Cacioppo, J. T. (2004). Tracking the timecourse of social perception: The effects of racial cues on event-related brain potentials.

Personality and Social Psychology Bulletin, 30, 1267–1280.

Ito, T. A., & Urland, G. R. (2003). Race and gender on the brain: Electrocortical measures of attention to the race and gender of multiply categorizable individuals. *Journal of Personality and Social Psychology, 85*(4), 616–626.

Ito, T. A., & Urland, G. R. (2005). The influence of processing objectives on the perception of faces: An ERP study of race and gender perception. *Cognitive, Affective, and Behavioral Neuroscience, 5*, 21–36.

Ito, T.A., Willadsen-Jensen, E.C., & Correll, J. (2007). Social neuroscience and social perception: New perspectives on categorization, prejudice, and stereotyping. In E. Harmon-Jones & P. Winkielman (Eds.), *Social neuroscience: Integrating biological and psychological explanations of social behavior* (pp. 401–421). New York: Guilford Press.

Jacoby, L. L. (1991). A process dissociation framework: Separating automatic from intentional uses of memory. *Journal of Memory and Language, 30*, 513–541.

Jost, J. T., Glaser, J., Kruglanski, A. W., & Sulloway, F. (2003). Political conservatism as motivated social cognition. *Psychological Bulletin, 129*, 339–375.

Kerns, J. G., Cohen, J. D., MacDonald, A. W., III, Cho, R. Y., Stenger, V. A., & Carter, C. S. (2004). Anterior cingulate conflict monitoring predicts adjustments in control. *Science, 303*, 1023–1026.

Klauer, K. C., & Musch, J. (2003). Affective priming: Findings and theories. In J. Musch & K.C. Klauer (Eds.), *The psychology of evaluation: Affective processes in cognition and emotion* (pp. 7–49). Mahwah, NJ: Erlbaum.

Klauer, K. C., Musch, J., & Eder, A. (2005). Priming of semantic classifications: Late and response-related, or earlier and more central? *Psychonomic Bulletin and Review, 12*, 897–903.

Kopp, B., Rist, F., & Mattler, U. (1996). N200 in the flanker task as a neurobehavioral tool for investigating executive control. *Psychophysiology, 33*, 282–294.

Kornhuber, H. H., & Deecke, L. (1965). Hirnpotentialänderungen bei Willkürbewegungen und passiven Bewegungen des Menschen: Bereitschaftspotential und reafferente Potentiale. *Pflügers Archiv, 284*, 1–17.

Kubota, J. T., & Ito, T. A. (2007). Multiple cues in social perception: The time course of processing race and facial expression. *Journal of Experimental Social Psychology, 43*, 738–752.

Kutas, M., & Federmeier, K. D. (2000). Electrophysiology reveals semantic memory use in language comprehension. *Trends in Cognitive Science, 4*, 463–470.

Kutas, M., & Hillyard, S. A. (1980). Reading senseless sentences: Brain potentials reflect semantic incongruity. *Science, 207*, 203–205.

Kutas, M., McCarthy, G., & Donchin, E. (1977). Augmenting mental chronometry: The P300 as a measure of stimulus evaluation time. *Science, 197*, 792–795.

Luck, S. J. (2005). *An introduction to the event-related potential technique*. Cambridge, MA: MIT Press.

Luck, S. J., & Hillyard, S. A. (1994). Electrophysiological correlates of feature analysis during visual search. *Psychophysiology, 31*, 291–308.

Ma, Q., Shu, L., Wang, X., Dai, S., & Che, H. (2008). Error-related negativity varies with the activation of gender stereotypes. *Neuroscience Letters, 442*, 186–189.

Macrae, C. N., Bodenhausen, G. V., Schloerscheidt, A. M., & Milne, A. B. (1999).

Tales of the unexpected: Executive function and person perception. *Journal of Personality and Social Psychology, 76,* 200–213.

Mangun, G. R., Hillyard, S. A., & Luck, S. J. (1993). Electrocortical substrates of visual selective attention. In D. Meyer & S. Kornblum (Eds.), *Attention and Performance XIV* (pp. 219–243). Cambridge, MA: MIT Press.

Marshall-Goodell, B. S., Tassinary, L. G., & Cacioppo, J. T. (1990). Principles of bioelectrical measurement. In J. T. Cacioppo & L. G. Tassinary (Eds.), *Principles of psychophysiology: Physical, social, and inferential elements* (pp. 113–148). New York: Cambridge University Press.

McCarthy, G., & Donchin, E. (1981). A metric of thought: A comparison of P300 latency and reaction time. *Science, 21,* 171–186.

McConahay, J. B., Hardee, B. B., & Batts, V. (1981). Has racism declined in America?: It depends on who is asking and what is asked. *Journal of Conflict Resolution, 25,* 563–579.

Mendoza, S. A., & Amodio, D. M. (2010). *Goal strategy effects on the expression of implicit racial bias: Mechanisms of attention and action control.* Unpublished manuscript.

Monteith, M. J. (1993). Self-regulation of prejudiced responses: Implications for progress in prejudice-reduction efforts. *Journal of Personality and Social Psychology, 65,* 469–485.

Mouchetant-Rostaing, Y., Girard, M. H., Bentin, S., & Aguera, P.E. (2000). Neurophysiological correlates of face gender processing in humans. *European Journal of Neuroscience, 12,* 303–310.

Nieuwenhuis, S., Aston-Jones, G., & Cohen, J.D. (2005). Decision making, the P3, and the locus coeruleus–norepinephrine system. *Psychological Bulletin, 131,* 510–532.

Nieuwenhuis, S., Ridderinkhof, K. R., Blom, J., Band, G. P. H., & Kok, A. (2001). Error-related brain potentials are differently related to awareness of response errors: Evidence from an antisaccade task. *Psychophysiology, 38,* 752–760.

Nieuwenhuis, S., Yeung, N., van den Wildenberg, W., & Ridderinkhof, K. R. (2003). Electrophysiological correlates of anterior cingulate function in a go/no-go task: Effects of response conflict and trial type frequency. *Cognitive, Affective, and Behavioral Neuroscience, 3,* 17–26.

Olvet, D. M., & Hajcak, G. (2009). The stability of error-related brain activity with increasing trials. *Psychophysiology, 46,* 957–961.

Osterhout, L., Bersick, M., & McLaughlin, J. (1997). Brain potentials reflect violations of gender stereotypes. *Memory and Cognition, 25,* 273–285.

Ostrom, T. M. (1984). The sovereignty of social cognition. In R. S. Wyer, Jr., & T. K. Srull (Eds.), *Handbook of social cognition* (Vol. 1, pp. 1–38). Hillsdale, NJ: Erlbaum.

Payne, B. K. (2001). Prejudice and perception: The role of automatic and controlled processes in misperceiving a weapon. *Journal of Personality and Social Psychology, 81,* 181–192.

Picton, T. W. (1980). The use of human event-related potentials in psychology. In I. Martin & P. H. Venables (Eds.), *Techniques in psychophysiology* (pp. 357–395). Chichester, UK: Wiley.

Picton, T. W., Bentin, S., Berg, P., Donchin, E., Hillyard, S. A., Johnson, R. Jr., et al. (2000). Guidelines for using human event-related potentials to study cognition: Recording standards and publication criteria. *Psychophysiology, 37,* 127–152.

Ross, L., & Nisbett, R. E. (1991). *The person and the situation: Perspectives of social psychology*. New York: McGraw-Hill.

Scheffers, M. K., & Coles, M. G. H. (2000). Performance monitoring in a confusing world: Event-related brain activity, judgements of response accuracy, and types of errors. *Journal of Experimental Psychology: Human Perception and Performance, 26*, 141–151.

Schutter, D. J. L. G., de Haan, E. H. F., & van Honk, J. (2004). Functionally dissociated aspects in anterior and posterior electrocortical processing of facial threat. *International Journal of Psychophysiology, 53*, 29–36.

Sherman, J. W., Gawronski, B., Gonsalkorale, K., Hugenburg, K., Allen, T. J., & Groom, C. J. (2008). The self-regulation of automatic associations and behavioral impulses. *Psychological Review, 115*, 314–335.

Squires, K. C., Wickens, C., Squires, N. K., & Donchin, E. (1976). The effect of stimulus sequence on the waveform of the cortical event-related potential. *Science, 193*, 1142–1146.

Stahl, J., Wiese, H., & Schweinberger, S. R. (2008). Expertise and own-race bias in face processing: An event-related potential study. *NeuroReport, 19*, 583–658.

Suwazono, S., Machado, L., & Knight, R. T. (2000). Predictive value of novel stimuli modifies visual event-related potentials and behavior. *Clinical Neurophysiology, 111*, 29–39.

Thompson-Schill, S. L. (2003). Neuroimaging studies of semantic memory: Inferring "how" from "where." *Neuropsychologia, 41*, 280–292.

Van Veen, V., & Carter, C. S. (2002). The timing of action-monitoring processes in the anterior cingulate cortex. *Journal of Cognitive Neuroscience, 14*, 593–602.

Vidal, F., Hasbroucq, T., Grapperon, J., & Bonnet, M. (2000). Is the "error negativity" specific to errors? *Biological Psychology, 51*, 109–128.

Walker, P., Silvert, L., Hewstone, M., & Nobre, A. (2008). Social contact and other-race face processing in the human brain. *Social Cognitive and Affective Neuroscience, 3*, 16.

West, R., & Alain, C. (1999). Event-related neural activity associated with the Stroop task. *Cognitive Brain Research, 8*, 157–164.

White, K. R., Crites, S. L., Jr., Taylor, J. H., & Corral, G. (2009). Wait, what?: Assessing stereotype incongruities using the N400 ERP component. *Social Cognitive and Affective Neuroscience, 4*, 191–198.

Wiese, H., Stahl, J., & Schweinberger, S. (2009). Configural processing of other-race faces is delayed but not decreased. *Biological Psychology, 81*, 103–109.

Yeung, N., Botvinick, M. M., & Cohen, J. D. (2004). The neural basis of error detection: Conflict monitoring and the error-related negativity. *Psychological Review, 111*, 931–959.

Zhang, Q., Lawson, A., Guo, C., & Jiang, Y. (2006). Electrophysiological correlates of visual affective priming. *Brain Research Bulletin, 71*, 316–323.

第 10 章

神经影像学技术

Susanne Quadflieg
C. Neil Macrae

早在公元 2 世纪,罗马医生、哲学家盖伦就提出人的心理来自大脑这一观点。然而,直到 19 世纪,人们才开始关注大脑在社会认知与人际交往中的作用。在那个时代,有一些广为人知的临床案例指出人脑的额部在维持适当的社会行为上起着关键作用。尤其是在 1848 年的时候发生了一起对于科学来说具有重大意义的事故。Phineas Gage 原本是一个负责任的、社会适应良好的 25 岁的铁路工人,然而在一场爆炸事故中,他的头颅被铁钎刺穿,伤及了大脑(Damasio, Grabowski, Frank, Galaburda, & Damasio, 1994)。虽然大部分前额叶在事故中被破坏了,但是他还是坚强地活了下来,并且在运动、语言、学习、记忆或智力上都没有留下明显的缺陷。但是,他的人格发生了改变,他变得无礼、不负责任,无视社会习俗和他人的需要。随着陆续在其他脑损伤病人身上观察到的相似现象,研究者们认识到人们仅靠智力、记忆力和运动能力是无法有效应对日常生活的。

在 20 世纪 90 年代初期,社会认知神经科学这个旨在研究社会认知功能背后的神经基础的跨学科研究领域逐渐成形(Cacioppo & Berntson, 1992; Brothers, 1990)。在过去的 25 年里,神经影像学技术的发展帮助研究者理解了人类在接触和思考其他人、无生命物体或非人生物的时候,大脑中发生的认知过程存在什么样的差别(Adolphs, 2006)。自从 Conrad Röntgen 使用 X 射线以来,随着科技的进步，已经出现了很多种可以用来研究大脑解剖结构和功能的影像学方法。虽然在过去，研究社会认知问题的时候通常会使用正电子发射断层扫描（PET）和脑磁图（MEG）这些技术，但是近来，磁共振成像技术（MRI）渐渐成为社会认知神经科学的主要研究方法（Andreasen et al.，1996；Liu，Harris，& Kanwisher，2002）。MRI 之所以能够如此流行，主要是由于它是一种无创性的方法（被试不会受到射线照射），而且它也具有很棒的空间分辨率以及相对广泛的应用空间。

MRI 最早出现于 20 世纪 80 年代，那时主要运用在医学领域，用于提供器官的结构图像。在 90 年代时，Seiji Ogawa 和 Ken Kwong 开发了一种新的 MRI——功能性磁共振成像技术（fMRI）。fMRI 很快就被认为是一种无与伦比的探测大脑功能的技术（Kwong，1995；Ogawa，Lee，Kay，& Tank，1990）。随后，fMRI 很快就被应用到研究"社会脑"的特定反应的研究中。从此以后，有关社会现象的神经影像学数据数量急剧增长。目前为止，fMRI 研究覆盖了社会认知能力的许多方面，其中就包括对人的知觉（Gobbini & Haxby，2007；Peelen & Downing，2007；Rossion，2008）、印象形成（Schiller，Freeman，Mitchell，Uleman，& Phelps，2009）、特质推理（Engell，Haxby，& Todorov，2007；Heberlein & Saxe，2005）、刻板印象激活与应用（Mitchell，Ames，Jenkins，& Banaji，2009；Quadflieg et al.，2009）、共情（Singer & Lamm，2009）、心理理论（Saxe，2006）、共同注意和自我认识（Lieberman，Jarcho，& Satpute，2004；Schilbach et al.，2010）。那么，从这些研究中我们有什么收获？fMRI 研究为我们研究社会脑开启了一扇窗吗？那些认为 fMRI 的研究只是收集一些大脑图片，认定这种方法无法从本质上解答人类心理过程的批评有道理吗（Dobbs，2005；Uttal，2003）？

一、使用神经影像学方法的好处

简单地说，fMRI 实验只是使用仪器在被试完成任务的同时记录他们的大脑影像。收集到的图像中不同脑区亮度水平不同,这种亮度上的差异通常被解释为大脑活动上的差异。通过统计分析手段,研究者就可以得出哪些脑区在亮度上的差异和任务有关,并由此推理在完成任务时大脑的神经活动是什么样的。这种方法具有很高的直观性,可以以正常人为被试,考察在大量实验情景下的大脑活动。根据特定神经活动模式反映发生了特定的心理过程这种观点,对大脑活动的研究能够为了解心理过程是如何进行的,以及某种社会认知现象背后存在着什么心理过程提供理论上的信息(Kosslyn,1999;Mitchell,2008;Poldrack,2006,2008;Poldrack & Wagner,2004;Willingham & Dunn,2003)。

功能性神经影像学数据只能回答某一时间发生了什么心理过程和在这期间大脑发生了活动这两者之间的关联。根据这个特点,我们可以得到两个推论(Henson,2005):功能-结构推论——两种实验条件下观察到不同的神经活动,表明至少存在一种不同的心理过程;结构-功能推论——两种实验条件下在同一个脑区的神经网络中观察到活动,表明两者存在相同的加工。根据这两种推论,我们可以把神经影像学数据作为因变量进行假设检验。

使用神经影像学技术的研究者通常要提供一些能区分不同心理学理论的具体研究样例。然而当研究者这么做之后(Kosslyn,1999;Henson,2006a),就遭到了其他研究者对这些研究并没有得到任何终极答案的尖锐质疑(Coltheart,2006)。这其中的问题在于,无论使用什么指标为因变量,在心理学里很难做到只通过一个实验就能明确支持某个理论并能同时对其他理论观点做出解释。因此也就不难理解实验科学的发展是受到不断积累的收敛性数据和迭代发展的理论所推动的这一事实(Henson,2006b)。因此,要做到公平地看待fMRI是否有用这个问题,就需要着眼于它对于有关研究主题积累起来的贡献,而不要执着于单独一个研究所做出的贡献。然而,不言而喻的是,由于开展神经影像学研究需要投入巨大的资本,所以研究者始终要关注这些研究是否真的有利于某一研究问题的推进。

需要牢记的是,与其他方法相比,神经影像学数据有很多优点。首先,至少目前人类并不知道怎么自己调节特定脑区中的神经活动水平,因此,神经影像学数据所反映的结果不会受到要求特征的影响。第二,通过区分出不同心理过程的神经模式,神经影像学数据就能够成为心理学中的一种通用语言。研究者可以使用这种通用语言来理解这些心理过程是如何作为大量认知和情绪能力的基础的(Kosslyn,1999)。第三,fMRI在实践中越来越多被用于检验特定的心理过程是否出现。在习惯上,研究者通过观察某个任务是否会激活某个在以前研究中被证明参与特定心理过程的脑区来达到这个目的。然而,这种方法现在已经被认为是存在问题的,这在某些脑区会参与许多不同的心理过程的情况下更是严重(Poldrack,2006)。最近,神经影像学数据的统计分析技术方面的发展为直接检验不同心理任务间结构的相似性提供了可能(Poldrack,Halchenko,& Hanson,2009)。研究者已经开始使用这种方法进行"读脑"(即直接根据神经影像学数据对人的心理状态进行预测;O'Toole et al.,2007)。有关某种心理过程的产生与特定神经活动模式之间关联的研究成果近来已经被用于和那些长久以来被认为无法进行心理调查的病人(如植物人、意识状态处于最低水平的人;Monti et al.,2010)进行沟通。最后,神经影像学数据也能帮助研究者把不同领域的研究(如生物学和心理学)连接起来,使得从多层级的角度研究人类心理成为可能。总的来说,增加我们对那些支撑起人类社会认知和行为的大脑网络的规律的认识将会有助于我们寻找到帮助那些存在社会认知缺陷(如自闭症、精神分裂症、社交恐惧症以及反社会人格)的人群的方法。

二、样例:对人的知觉与解释

在过去的10多年中,神经影像学对社会心理学做出最大贡献的研究主题是对人的知觉与解释。人类大脑将不断运动、出现在不同条件下(亮度、距离、视角的改变)的复杂三维视觉刺激转换为与人相关知觉的能力使全球的神经影像学研究者着迷。这个研究主题和社会认知是最为相关的,这是由于诸如面孔特征与表情、身体形态与姿势、运动形式等人的线索在社会互动中必需的推理过程中是不可避免的。具体到社会认知的研究领域中,就涉及人们对目标对象关键的社会类别、情绪状态、注视方向、吸引力、健康和熟悉度的判断。

神经影像学的技术已经被用到对人知觉过程的研究中了。目前已经发现视觉相关皮层上的四个脑区专门负责从环境中提取与人有关的视觉信息。其中有两个脑区与面孔相关,分别是位于后颞下沟的枕部面孔区(OFA),以及位于后梭状回的梭状回面孔区(FFA)。相比看其他日常物体或无意义刺激时,这两个脑区在被试看人类面孔时的激活水平更高(Haxby, Hoffman, & Gobbini, 2000; Yovel & Kanwisher, 2005)。另外两个脑区与躯体相关,分别是在 OFA 附近上方的纹状区身体区(EBA),以及与 FFA 接近并重叠的梭状回身体区(FBA)。在观看人类身体时,这两个脑区的反应水平会提升(Peelen & Downing, 2007)。虽然人们只有通过整合这四个脑区的功能才能取得对人类面孔和躯体外形的结构表征,但是近来的神经影像学研究发现,这些脑区在对人的知觉上分别发挥出不同的功能。

FFA 的活动会产生面孔倒置效应(对正立面孔的神经反应比倒立面孔的更大)和面孔合成效应(两张上半部分完全一样的面孔照片只有在下半部也完全一样时,被试才会产生适应性的反应),这些现象说明 FFA 的活动与将面孔各部分整合为整体有关(Kanwisher & Yovel, 2006)。相反,OFA 的活动水平在正立、倒置面孔之间相似(Haxby et al., 1999; Yovel & Kanwisher, 2005)。另外,使用重复经颅磁刺激(rTMS)抑制 OFA 后,人们对面孔部分进行知觉的能力受到干扰,但整体构型的知觉不受影响(Pitcher, Walsh, Yovel, & Duchaine, 2007)。同样地,当呈现不同完整程度的身体图片时(如手指、手、手臂、躯干、整个身体),EBA 比 FBA 对身体部分反应得更为明显,而 FBA 则对身体整体形象产生反应(Taylor, Wiggett, & Downing, 2007)。

由此可以认为，OFA 和 EBA 通过加工面孔和身体的部分信息编码特征信息，而 FFA 和 FBA 通过分析各部分的结构进行全面的加工。

目前已经有初步证据表明这种对人知觉的神经网络会在社会认知加工的不同情况下做出不同反应。例如，反映人们对面孔进行深层次的结构分析的梭状回激活水平在知觉外群体层面面孔时会降低（Golby, Gabrieli, Chiao, & Eberhardt, 2001; Van Bavel, Packer, & Cunningham, 2008）。这个现象支持了前人在行为上发现的类别思维会降低人们对外群体成员面孔上特异的、个人化特征的搜索行为的现象（Bernstein, Young, & Hugenberg, 2007）。也有研究者发现当外群体面孔被刻画得与那些长相特征很明显的熟悉他人高度相似的时候，内、外群体面孔在梭状回激活水平上就不存在差异了。

除了阐明对内群体成员视觉分析的神经基础，神经影像学的研究也开始探索这种信息如何被大脑的其他脑区运用来对人进行推理。目前发现，大量脑区会与对人知觉的核心系统一起参与到对社会个体的推理过程中，例如，对吸引力、身份、人格、情绪状态和注视的推理（Gobbini & Haxby, 2007; Haxby et al., 2000）。通过揭示这种与人有关推理的神经基础，神经影像研究得到的信息足以挑战对人的理解的传统心理学模型。例如，有一个早期很有影响力的对于面孔知觉和识别的认知模型认为，面孔的结构性编码是最早进行的，然后才会获取有关知觉对象的其他信息（Bruce & Young, 1986）。而神经影像学中越来越多的研究结果表明，对人的解释实际上是并行进行的，而非过去所认为的串行模式。例如，在对脑损伤的研究中，研究者发现面孔识别困难的病人同时也会丧失识别情绪表情的能力。这个结果表明，对面孔情绪的探测和分析与编码面部特征这两种功能可能在一定程度上是由同一个神经网络实现的（Posamentier & Abdi, 2003）。同样地，也有研究者证明对熟悉面孔的情绪反应与对这个面孔的视觉识别是两个独立的过程（Gobbini & Haxby, 2007）。此外，无法知觉面孔身份的脸盲症患者却能正常地对面孔的可信度做出判断（Todorov & Duchaine, 2008）。这些结果说明，从面孔线索中提取身份信息和提取特质信息可能是两个相互分离的过程。

　　总的来说,这些神经科学的研究证明对个人进行解释的大量组成部分并不是统一加工过程的不同产品。从多个维度上感知社会对象需要在不同程度上使用对人知觉涉及的部分皮质神经网络。如果大脑某网络发生损伤,只会对知觉能力产生部分影响,并不会丧失整个知觉能力。未来行为和神经科学研究的主要挑战之一是要挖掘出人类大脑是如何基于多样性的线索以及参与其中的神经系统形成对他人的统一印象的。日常经验告诉我们,当遇见其他人时,我们会同时获取大量与这个人有关的线索,这些线索会一起对知觉结果产生影响(如印象、评价和记忆)。这个现象自然而然地对我们提出了这样一个问题——不同加工路径的结果是如何整合的? 通过把传统的社会心理学研究以及在脑损伤病人的研究中所获得的结论整合在一起,神经影像学研究能够帮助我们解答对人的解释过程这一极具诱惑力的问题。

三、生理学和方法论上的机制

　　和其他的生物组织一样,人类的大脑中也有根据固有的自旋方向表现出磁性的氢原子核。一般情况下,这些氢原子核都是随机朝向的。但是,当人们躺入磁共振扫描仪后,仪器在环境上施加的静态磁场会使这些原子平行或反向平行排列(Lange,1996)。平行和反向平行排列的原子之间的差异会导致大面积的磁化。这种磁化会以一定频率[称之为拉莫尔频率(Larmor frequency)]绕着磁场的方向旋进。在额外施加一个精确匹配这种进动频率的射频脉冲后,产生磁化的自旋方向就会开始改变,直到它们的磁矩与施加的磁场方向垂直。射频脉冲去除后,原子的旋进缓慢恢复到最初的方向。此时,原子核会释放出一个射频信号,这个信号会被放置在头部的线圈接收。

　　研究者可以通过使用梯度磁场调节磁场的强度,随着磁场强度发生变化,共振频率也会随之发生变化。只要发生变化,研究者就能根据变化情况确定线圈捕捉到的射频信号的来源。因为大脑不同部位的化学环境不同，所以不同部位中氢原子核自旋回归到初始方向的过程中表现出的特征不同。根据这些特点，研究者就可以解析出被扫描者的脑部解剖结构图。从原理可见，MRI的关键在于氢原子核在不同环境下释放信号的强度不同，根据强度差异就可以判断得出灰质、白质和脑脊液等脑部的结构图像。

原子核释放的信号衰减率取决于一系列物理和生理因素。脱氧血红蛋白比氧合血红蛋白产生的信号衰减更快。这就是那些期望测量大脑活动的研究者使用的功能性磁共振影像技术（fMRI）的重要基础。当血红蛋白分子全部与氧分子结合时（氧合血红蛋白），这些血红蛋白就会成为抗磁性物质（会排斥磁场）。当有部分氧分子移除后，这些血红蛋白就成为脱氧血红蛋白，这是一种顺磁性物质（很容易被磁场影响）。由于在顺磁性上的差别，在任何影像体素中（呈现大脑的一小部分），脱氧血红蛋白相对氧合血红蛋白的数量会影响磁共振（MR）信号：氧合血红蛋白量大的区域会产生更高的磁共振信号（图像会变得更"亮"）。

那么，我们怎样通过这种对血氧水平的测量结果来推测神经活动呢？众所周知，进行不同加工的时候，大脑不同区域的血流量是不同的（神经血管耦合效应；Roy & Sherrington，1890）。虽然这种机制的细节并没有被完全弄清（Bandettini, Petridou, & Bodurka, 2005; Logothetis, 2007; Logothetis, Pauls, Augath, Trinath, & Oeltermann, 2001），但是目前已经知道的是在大脑激活区域血流量增加的同时会伴随着提升氧合血红蛋白浓度（如果需要了解背后的生物机制，请见Amaro & Barker，2006）。这种氧合血红蛋白浓度的提升就会在图像中被记录为高信号（Hyder, Shulman, & Rothman, 1998）。更具体来说，某个脑区开始处理刺激的第一瞬间就会伴随着脱氧血红蛋白浓度急剧升高（称为始降期；Yacoub et al.，2001）。随后，氧合血红蛋白/脱氧血合蛋白比率会增大，产生更强的MR信号。信号加强程度与神经活动成正比，随着刺激维持的时间增长，最终会达到峰值。当刺激撤除后，MR 信号会回归到基线水平，并最终在一段时间内低于基线水平（下冲效应；Buxton，Wong，& Frank，1998）。这种典型的血流动力学反应有很大的应用价值，即研究者可以在被试完成特定任务与不完成任务两种状态下分别进行测量，间接探测神经活动的变化。这种形式的 MRI 被称作血氧水平依赖（BOLD）成像。总的来说，fMRI 使用血红蛋白的磁特性来测量血液氧合水平的变化，以此推理神经活动。

四、基本要素

一个好的 fMRI 实验依赖于分属不同专业领域的技术和方法。从采集数据到分析，体现的是多学科共同努力的结果。不幸的是，由于 fMRI 需要设置大量参数以及新技术的持续发展，我们很难介绍一种"只需要按下按键"的简单方法。fMRI 研究主要需要关注的问题在于如何选择数据采集参数、实验设计、数据处理以及统计分析。

（一）数据采集

在 fMRI 实验中通常会在每一个被试身上采集两种"大脑图像"。其一是具有高空间分辨率，显示大脑解剖结构的结构像；其二是反映任务中由于神经活动导致脑区信号发生变化的功能像。要获取这两种影像，就需要使用一个经过精密设计的，能够提供极强的、高均质磁场的超导磁体。在实验中，被试会处于这个磁体产生的磁场中。根据扫描仪的不同要求，磁场可以为 0.5—7 特斯拉（T）。目前常用的扫描仪通常使用的是 3T 的场强，这个值相当于地磁场的 50 000 倍。

在进行 fMRI 实验前首先需要决定的是实验数据的采集参数。这些参数将会决定采集到的数据的时间和空间分辨率，影像采集的平面以及扫描中的噪声（更详细内容请见 Amaro & Barker，2006）。一般来说，每隔 2—3 秒可以获得一组覆盖整个大脑的图像，在一个 fMRI 扫描系列中（通常持续 2—12 分钟）可以获得数以百计的大脑图像。由此可以得到 3D 图像的时间序列。每一个体素(脑组织的一个小方块)都有一系列强度值。整个大脑的 fMRI 影像的体素通常是 $2\times 2\times 2$ mm 或 $3\times 3\times 5$ mm。整个大脑通常被分割成 $10\times 64\times 64$ 个体素或 $30\times 128\times 128$ 个体素。每个功能性影像通常包含大约 40 000—500 000 个体素。当考察的体积要限定在一个较小的解剖部位时(如只考察听觉皮层),可以考虑把分辨率设置得更高(如 $1.5\times 1.5\times 1.5$ mm)。

结构像和功能像的采集参数通常需要在结合前人相似主题的文献基础上咨询 fMRI 专家来决定。对于采集功能像而言,还需要决定以下这些重要参数:脉冲序列的类型(梯度回波 vs 自旋回波)、k-空间取样(回波平面成像 vs 螺旋成像)、励磁序列(升序、降序、隔行)、重复时间、回波时间、翻转角度、采集层数、层方向、层厚、平面分辨率、视野和矩阵尺寸。如果要进一步了解这些参数分别指的是什么,以及它们会如何影响数据结构,可以阅读 Lazar(2008)的文章。

(二) 实验设计

fMRI 实验设计可以根据实验包含单一因素或多因素以及因素是分类变量还是连续变量进行分类。分类变量的单因素设计使用的是认知上的减法。如果使用这种设计,两个任务之间的差异就可以解释为会导致特殊神经反应的可分离的认知、情绪或感觉运动成分。早期研究面孔知觉的实验中使用的实验设计就是这样一个例子。Kanwisher 等人(1997)认为面孔和物体识别使用的是不同的加工过程。为检验这个观点,研究者比较了人们在被动观看日常物体和面孔时产生的 BOLD 信号。结果发现,右侧梭状回在观察面孔的时候激活水平更高。

在连续变量的单因素设计中,研究者假定 BOLD 信号上的反应会随着认知、情绪或感觉运动过程的水平变化发生系统变化(线性或非线性)。一项考察人们是否会用自我认识来判断内群体成员的心理状态的研究发现,在对他人进行判断的时候,内侧前额皮层会系统化地参与到加工过程中(内侧前额皮层的活动与自我参照加工有关)。随着他人与自己越来越相似,内侧前额皮层系统化参与加工的程度越来越高

(Mitchell，Banaji，& Macrae，2005)。

与单因素设计不同，多因素设计通常会在同一个实验中同时操纵两个及两个以上因素。这种设计关注的不仅是单一因素在大脑活动上的影响，更是要探索因素之间的交互作用。例如，Somerville 等人(2006)开展过一项试图说明前扣带回(ACC)在社会拒绝中作用的多因素研究。在这项研究中，被试的任务是对他人进行判断，并且他们也会收到其他人对他们的评价。研究者通过使用多因素设计分别操纵了反馈的期望性(期望或不期望)以及反馈的效价(积极或消极)。结果发现腹侧 ACC 与反馈效价有关，而背侧 ACC 与期望违例有关。

除了根据因素的结构对实验设计进行分类以外，也可以使用刺激呈现的方式进行分类。最开始，fMRI 实验使用的是在组块中成系列地呈现刺激的方法，以任务的形式使被试的认知活动在一段时间内集中在刺激上。在最近的几十年里，fMRI 的研究日趋成熟，采用了其他的刺激呈现方式。与传统的组块呈现方式不同，事件相关的 fMRI 设计能够获取瞬时的、刺激相关的 BOLD 信号变化。更重要的是，事件相关设计通过随机呈现实验刺激与改变试次间隔时间，降低了被试对任务进行预期的可能性。如果将组块设计与事件相关设计结合起来，就能够分别获取任务表现"持续"与"瞬时"的神经反应数据。通过结合这两种设计的特点，就可以在一个实验中找出刺激相关与任务相关的脑区。

虽然神经影像学研究者一直在寻找有效的实验设计，但是我们一直不清楚有效的实验设计到底要满足哪些特征。大多数研究者倾向于认为在 fMRI 研究中要优化心理因素(无聊、习惯、预期)与统计因素(信噪比)。fMRI 的初学者通常会关注最直接的统计上的优化方法，并且很容易就能够提出增加试次数量以确保在特定任务中得到可靠 BOLD 反应的建议。但是，他们所关注问题的答案只能是"越多越好"。统计效力取决于效应量与所期望效应导致的变异——这两者对于 fMRI 实验来说都是很难估计的。诸如实验效应、脑区、扫描仪的强度、扫描序列、刺激呈现顺序、刺激呈现异步性等因素都会带来不同的影响。一般来说,对于 fMRI 研究而言,在最基本的层面上需要做到:(1)扫描同一个人的时间要尽可能长(如果能够安排几段休息,可以考虑扫描 40—60 分钟);(2)如果在统计中要比较两类试次,那么这两类试次在实验中不要间隔太久;(3)如果试次间隔很近,就必须随机排列不同类型的试次,或使刺激呈现异步。这些建议背后的统计学原理请见 Henson(2006c)。

(三) 数据处理

目前并没有人提出处理 fMRI 影像的最佳方法。研究者需要根据实验的假设来确定如何分析数据。我们可以用诸如 Statistical Parametric Mapping (SPM; Wellcome Department of Cognitive Neurology, London; Friston et al., 1995)、BrainVoyager (Goebel, 1997)、Analysis Group FMRIB Software Library (FSL; Smith et al., 2004)等软件包来完成重要的数据分析过程。使用者只要输入原始 fMRI 数据,设定好一系列处理选项,然后由软件包自动对数据进行处理。许多研究者会根据研究中需要进行具体分析的需求使用几种软件包。有关网站上提供了这些软件包的使用方法以及能提供的统计手段(www.fil.ion.ucl.ac.uk/spm; www.fmrib.ox.ac.uk/fsl; www.brainvoyager.com)。

通常情况下,fMRI 数据包含 40 000 个以上的时间序列,每个时间序列可能至少有 100 个时间点的长度。分析时以体素为单位,使用标准的单变量统计检验方法进行统计。这种做法称为大规模一元建模,这种方法假定来自特定体素的数据和大脑相同部位的状态一样。如果这一假定没有被满足,就会在体素的值上引入伪迹,这可能会掩盖研究者感兴趣的差异。因此,在预处理 fMRI 数据的时候需要保证从同一脑区的体素中得到尽可能多的连续数据。接下来介绍的数据预处理步骤需要在正式的统计步骤前完成。研究者可以根据个人偏好和自己的经验对具体的步骤进行修改。对于新手来说,最稳妥的方法是使用统计软件包的默认设置。这些默认设置来自经过同行评议的得到广泛认同的处理方法。

fMRI 图像是以二维形式记录下来的。也就是说，同一时间只能获得一层图像。有一些研究者建议对数据进行调节，使 2—3 秒内采集到的所有体素（全脑）变成相当于在同一时间采集到的一样。这种做法称为时间配准（slice time correction）。这一步在很长时间以来一直都被看作 fMRI 数据预处理的必须环节，不过最新的软件包（如 SPM8）建议先对头动进行校正，随后再进行时间配准。虽然在设备上和指导语上都对被试的头动进行了限制，但是即使是最配合的被试也会存在几毫米的头动，这会使信号随在时间序列上发生变化。因此，在分析 fMRI 数据的时候通常会先重新调整数据，弥补被试在扫描过程中因为移动带来的影响（调整）。在调整数据后，研究者就可以使用自动化的图像匹配算法（配准）将时间序列的平均图像覆盖到被试的结构像上。随后，每个被试的图像再被转换、匹配到一个大脑模板上（空间标准化）。例如，在 SPM 中有一个叫作 ICBM152 的大脑模板，这个模板来自 152 个大脑的平均值（Brett, Johnsrude, & Owen, 2002）。在进行空间标准化的时候，程序会将被试的结构像匹配到大脑模板上，然后再根据匹配时计算的参数将功能像匹配上去。经过这个步骤，研究者就能对使用相似处理方法的不同被试身上乃至不同研究中采集到的信号位置进行比较。空间标准化也使研究者能够使用基于 Talairach 坐标系统（Talairach & Tournoux, 1988）的立体坐标定位的形式报告激活的位置。

Talairach 坐标系统规定每个大脑都可以根据两个相对不存在个体差异的皮层下结构对齐——前联合（AC）和后联合（PC）。基于这个系统，每个大脑都可以根据在 AC 和 PC 之间虚拟的连线（AC—PC 线）形成一个水平面。加上区分左右半球的中央纵裂之后，就能增加垂直平面。大脑中的任何一个点都可以在这三个结构形成的三维坐标系中定位。其中，以 AC 作为初始位置——Y 轴，也就是 AC—PC 线；Z 轴穿过中央纵裂和 AC；X 轴穿过 AC，同时垂直于 Y 轴和 Z 轴（Talairach & Tournoux, 1988）。这个坐标系在功能性影像的研究中运用得最为广泛,通常用激活水平最高的位置来代表整个激活的区域(Brett et al.,2002)。尽管这种三维坐标系统有利于在不同研究之间比较神经影像学的实验结果,但是也需要记住这种方法在有些情况下会产生误导。例如,如果定位的位置靠近较深的脑沟,那么,只要坐标上发生一点变化,就很容易在皮质表面的位置上产生较大误差(Fischl,Sereno,Tootell,& Dale,1999)。

虽然空间标准化的作用只是把不同大脑的共同区域尽可能在形状上匹配起来,但是这个目的实际上很难达到。空间标准化对于在被试间对信号进行平均来说是非常重要的。如果各个被试的脑区没有很好地对齐,那么即使在同一脑区上确实存在激活的现象,研究者都无法从平均的结果上找到这个激活的位置。此外,越是成功重叠有关脑区,得到图像的分辨率就越高。如果空间标准化的结果不佳,还可以通过平滑化进行弥补。经过平滑化处理后,每个被试的激活区域边界会变得模糊,还会覆盖更大的区域。对数据进行空间平滑不仅能在比较被试间差异时得到更大的激活重叠区域,还能降低图像随机噪声带来的影响,提升发现真实激活状态的可能性。在时间序列中对每一幅图像进行空间平滑处理通常位于预处理的最后一步,在这一步之后就将进行数据统计过程。

另一种处理被试间对齐不准的方法是使用功能定位扫描(Brett et al.,2002;Friston,Rotshtein,Geng,Sterzer,& Henson,2006;Saxe,Brett,& Kanwisher,2006)。虽然使用空间标准化能够有效地把个人的大脑匹配入大脑模板,但是功能解剖学上的个体差异依旧存在。例如,FFA精确的解剖位置因人而异。为确定每个被试功能相同的脑区,神经科学家开始使用单独的扫描序列对主要实验的结果进行引导和解释。通过分别实施实验,就可以为每个被试确定特定的脑区位置,避免空间标准化导致的未能正确重叠功能区带来的干扰。例如,可以通过向被试呈现面孔图片和物体图片对他们每人的FFA进行定位(Kanwisher et al.,1997)。确实,已有研究发现当使用功能区定位进行计算时,数据显示出FFA对面孔的选择性反应强于根据标准的组分析得到的结果(Saxe et al., 2006)。通过整合这种基于个体的功能区的分析与标准的、基于体素的、整脑的分析,研究者就能够对实验中的神经激活做出更为精确的解释。

(四) 统计分析

在完成必要的预处理过程后,接下来需要完成两步统计分析步骤:(1) 对数据建模,将观测的信号划分为感兴趣的、混淆的、错误的成分;(2) 对感兴趣的效应究竟来自实验操纵还是误差进行推断。简单点说,研究者通常试图搞清楚测得的 BOLD 信号是否与实验操纵存在系统上的联系(如是否是特定视觉刺激的呈现导致的)。

由于 fMRI 信号中充斥着很多噪声。这些噪声有些来自被试自身(心血管系统、头动等),有些来自扫描仪(如低频漂移)。数据分析的目标之一就是通过分割每个体素中采集到的信号创造出一个同时反映噪声结构和 fMRI 信号的模型。为达到这个诉求,研究者通常使用一般线性模型进行建模(GLM)。一般线性模型代表的是观察到的因变量 Y 与一些解释变量 X 和误差项的线性组合(Friston et al., 1995)。X 矩阵包含所有的解释变量(回归因子),也称为设计矩阵。这个矩阵中的每一列都对应一个能够对观测得到的连续数据中的变异进行解释的参数。最为简单的对 fMRI 数据建模的方法是设定一个拥有一个矩形回归因子的设计矩阵;在这个矩阵中,当存在特定刺激时设置为 1/2,当不存在时设置为 $-1/2$(Mumford & Poldrack, 2007)。但是,由于 fMRI 信号是对血液动力学变化的测量,而血液动力学变化过程一般包含有事件与神经反应之间的延迟时间。因此,在建模时必须引入血液动力学函数(HRF)。在计算的时候,初始的矩形回归因子会与默认 HRF(如一个双伽马函数)进行卷积。经过这一步处理后,回归因子的形态就会更加匹配真实反应中的形态。为进一步解释数据中残差的变异,模型中还会引入低频余弦函数,通过这种方法去除诸如生物节律(心跳、呼吸等)和其他漂移形式的伪迹造成的低频变化,增强模型的拟合度。最后,由于 fMRI 时间序列之间通常都是正相关的,因此还要在模型中进行时间自相关校正,通过这个步骤避免有偏的方差估计导致出现假阳性现象。

在结果模型中,每个 X 的回归因子都有一个相关的未知参数(回归系数)。但是,只有部分参数对于研究而言是有价值的(如特定情境的效应)。随后就需要使用方差的估计值来检验虚无假设——所有的参数估计值都等于 0,以此对参数进行推断。因此,对每个参数而言,都会在每个体素上根据估计的回归系数和残差计算 t 检验的 t 值。通过每个体素上解释变量的 t 值图像,研究者就可以对不同实验条件下的参数估计值进行比较。要达到这个目的,就需要对每两个不同条件下的参数估计值做减法,再计算此时差值的标准误,最后再计算并生成新的 t 值图像。通过这个 t 值图像,研究者就能对"在条件 A 的情况下哪些部位的激活水平高于条件 B 的情况下的激活水平"这个问题做出回答。

最后,需要对得到的 t 值图像设置阈值,以此为标准判断哪些脑区确实得到了激活。有很多设置阈值的方法。最简单的方法是选择一个显著性水平作为阈值(如 $p<.05$)。然而,由于体素数量很多(大于 40 000),如果将阈值设为 $p=.05$,这时就会发现存在很多统计显著的体素(大于 2 000),这其中可能有很大一部分只是由于机遇因素导致的。因此,需要对统计结果进行多重比较的校正,以减少假阳性结果的数量。例如,可以使用 Bonferroni 校正。在这种校正方法中,每一个体素得到的显著性水平会除以体素的总数,这是一种非常严格的校正方法。也有研究者开发出没有那么保守的校正方法(如错误发现率、小体积修正)来估计显著性水平(Chumbley & Friston, 2009)。软件包会根据阈值的设定生成激活图,在这张图里会以彩色刻度的形式显示那些符合统计阈值要求的区域,这些区域就是"被激活"的区域。

对于整个样本的 fMRI 数据分析而言,使用的统计模型是混合模型的两阶段累计统计方法(Penny, Holmes, & Friston, 2004)。与固定效应模型不同,混合模型适用于通过研究样本向外推论的情况。此时,由于会低估方差,结果不会存在假阳性的干扰(Mumford &

Poldrack，2007）。在第一阶段的分析中，需要对每个被试的数据分别进行统计，获取个体的均值以及每一个参数在被试内的方差。在第二阶段的分析中，则会整合所有被试的均值和被试内方差来估计被试间方差，在此基础上建立群体模型（Friston et al.，2002）。

除了上述的统计方法，研究者也可以选用其他方法。例如，可以使用诸如主成分分析（PCA）、多维尺度（MDS）、多元线性模型（MLMs）和有效连接模型等多元统计方法分析不同脑区之间的关系（Friston，Ashburner，Kiebel，Nichols，& Penny，2007）。此外，多体素模式分析的出现也使得研究 fMRI 数据中跨体素的激活模式成为可能（Etzel，Gazzola，& Keysers，2009；Mur，Bandettini，& Kriegeskorte，2009；O'Toole et al.，2007）。不过这些方法已经超出了本章旨在介绍的基本内容，如果需要深入了解这些方法可以阅读文中引用的文献。

五、讨 论

与大猩猩这种和人最为接近的灵长类动物的大脑相比，人类的大脑在体积上大了约 3 倍（Jerison，1973；Roth & Dicke，2005）。维持这么大的大脑运转需要消耗大量的能量（Aiello & Wheeler，1995），这使进化心理学家经常思考这样一个问题：人类究竟具有什么样的强大而又独特的认知能力，使得人类的大脑需要这么多的神经组织？根据文化智力假设，这个问题的答案可能是因为人类具有社会认知能力。正是这种能力使得我们能够通过积累和交换知识、与其他人策略性竞争或合作的方式生活在文化群体中（Herrmann，Call，Hernández-Lloreda，Hare，& Tomasello，2007）。

考虑到复杂的社会与文化生活对人类提出的具有挑战性的要求，社会心理学家花费了数十年的时间来研究人们试图互相理解时使用到的社会认知技能。近来，神经影像学技术逐步应用到这一领域，帮助人们研究人类独特的社会认知能力。这其中最有代表性的就是 fMRI 技术。通过将神经影像学技术与已有的研究手段结合在一起,社会心理学家尝试通过这种方法从时间和脑区两个层面来阐明社会认知过程的发生规律。他们希望通过这种形式的研究增进我们对社会心理的组织规则的理解。

虽然神经影像学技术具有很高的科学价值,但是在这些技术的使用上却存在着很多问题,并且文献中也经常指出这些问题。毫无疑问,如同其他实验方法一样,fMRI 实验的好坏取决于具体的假设、设计、分析和解释。虽然在实践中经常会发现 fMRI 实验在上述四个方面中的一个或几个方面上存在不足,但是并不能根据这些不足就断定 fMRI 是一种有缺陷的工具。此外,也有人批评 fMRI 只是 19 世纪风行的颅相学的一种耗费高昂的现代版本(Uttal,2003)。之所以会产生这种指责,是因为这些人只看到了某些运用 fMRI 的实验中研究者只使用一个脑区来解释复杂的心理技能。但是这些研究者的本意并不是说这些心理机能不需要神经网络上复杂的时间与空间交互作用(随着数据分析手段的进步,这种神经网络的观点得到了越来越多的承认,它强调的是脑区之间的功能连接或有效连接)。

神经影像学的另一个问题是 fMRI 数据实际上反映的是相关关系。因此,这些数据并不能确定某个脑区在激活的神经网络上存在的因果关系。然而,那些对临时(如使用 TMS)或永久脑损伤的研究能够为证明因果关系补上重要的一环。这些研究从脑损伤导致某种心理能力受损的角度来证明因果关系。因此,在解释 fMRI 数据的时候需要结合在其他方法下得到的证据。

同样也需要牢记的是主流上对神经影像学技术的应用只是近期才发展起来的。由于这种方法相对较新,研究者依旧处于建立一般的"实施规则"的环节上。例如,大脑活动和人格测量结果之间具有很高的相关性,这个现象使研究者对 fMRI 数据分析方法产生了巨大争议[具体见 Perspectives on Psychological Science,4(3),2009]。这一争论已经逐步转移到了 fMRI 研究的非独立分析以及由此产生的结果偏向上。具体来说,这指的是研究者先根据一批数据来挑选感兴趣的体素

（找到显示为激活的体素），但又使用同一批数据来检验虚无假设（相当于挑选体素）。这种分析方式会引入和意图考察的效应表现得一样的噪声，这样的分析显然会歪曲真实结果。

幸运的是，这种担忧已经得到重视，并且已经促进了方法的提升。一些神经影像学研究团体已经开始就统计过程的适当性标准以及需要放弃的步骤交换了意见（Bennett，Baird，Miller，& Wolford，2009；Kriegeskorte，Simmons，Bellgowan，& Baker，2009）。从这些沟通和对于统计提出的建议来看，fMRI 结果在未来将能够具有足够的信度和效度。同样地，fMRI 领域的权威专家也强调了需要制定研究者在 fMRI 研究中报告方法和结果时需要做到的细节规范（Poldrack et al.，2008）。这些规范化工作的最终目标是克服当前在同行评阅的 fMRI 研究论文中方法报告不够详细这一广泛存在的问题。通过设定相当程度的标准，其他研究者就能更容易地复制已经发表的研究，也能质疑其中的物理、生理、心理或统计细节。另一方面，通过设置标准，也可以促使研究者更加严格地控制研究质量，保证各领域中散乱的研究都能够符合一个好的 fMRI 研究应当具备的高标准。

除了建议改进数据收集和分析方法，fMRI 研究者也越来越多地关注到解释 fMRI 结果时可能存在的错误。对 fMRI 结果的解释通常是建立在某个特定脑区或脑网络的激活是特定心理过程的产生标志的假设基础上的。很显然，这个假设未必是错的，但也未必是对的（Poldrack & Wagner，2004；Poldrack，2006，2008）。特别是在研究中只考虑一个脑区的时候，这种假设尤其让人怀疑。这是由于几乎没有一个脑结构只参与到一个心理过程中。根据参与的神经网络，同一个脑结构体现出的功能可能有着天壤之别。

举个例子，有研究发现当白人被试观看黑人面孔时，杏仁核的激活水平比看白人面孔时更高（Cunningham et al.，2004；Hart et al.，2000）。先前的研究通常将杏仁核的活动与威胁或恐惧体验联系在一起（Adolphs，2008）。但是，这个结果是否表明白人被试在仅仅看到黑人面孔时就自动地感到威胁或体验到恐惧了？目前并没有具有说服力的证据来佐证这个观点。首先,我们知道在对人的知觉的过程中杏仁核的激活并未达到自动化的水平,并且它的激活取决于不同的加工需求。当被试对他人进行社会意义层面上的判断时(如判断年龄或性别;Hart et al.,2000;Ronquillo et al.,2007;Wheeler & Fiske,2005),杏仁核的活动状态会随着目标刺激的种族改变。例如,杏仁核激活水平在看到与被试种族不一致的面孔时更高。相反,当任务仅将面孔作为一种普通的视觉刺激时(如,点探测任务、位置判断任务或知觉匹配任务),面孔的种族线索并不影响杏仁核的激活水平(Cunningham et al.,2004;Phelps et al.,2000;Wheeler & Fiske,2005)。

第二,这种激活反映的不太可能刻板印象加工。众所周知,经典的社会心理学研究发现拥有更多非洲人种线索的面孔更容易激发美国非裔的刻板印象(Blair,Judd,Sadler,& Jenkins,2002;Eberhardt,Davies,Purdie-Vaughns,& Johnson,2006;Maddox,2004),但是神经影像学的研究并未在人们加工浅肤色和深肤色的美国非裔面孔时的杏仁核激活水平上发现差异(Ronquillo et al.,2007)。除非种族刻板印象激活的差异并不只是由肤色造成的(如需要和其他面部特征整合),否则这些结果就表明面孔知觉激发的刻板印象并不会在杏仁核的激活水平上得到体现。

第三,由于没有一项研究的被试任务包含用偏见的行为对呈现的面孔进行反应,同时也没有一项研究证明对外群体成员的杏仁核反应与外显偏见存在相关关系,所以对外群体面孔自发产生的杏仁核活动不太可能反映外显偏见的加工(Cunningham et al.,2004;Phelps et al.,2000;Wheeler & Fiske,2005)。

也有人认为杏仁核可能参与了对外群体成员快速的消极评价过程(内隐偏见;Amodio,2008)。但是数据表明,在对内群体成员进行快速的积极联想时,杏仁核的活动水平会提高,而对外群体进行快速的消极联想时却不会这样(Beer et al.,2008)。这个结果告诉我们,杏仁核参与消极评价过程的观点实际上是不正确的。来自脑损伤病人的数据也证明,杏仁核受损的人对内群体或外群体他人进行快速评价联想的水平并不存在差异(Phelps，Cannistraci，& Cunningham，2003)。另外也有研究者提出，杏仁核活动或许体现的是对外群体成员提高警惕的过程。可惜的是，这个观点被内群体成员面孔会使杏仁核产生比呈现外群体成员面孔时更高的激活水平的实验结果推翻(Van Bavel et al.，2008；Wright et al.，2008)。因此，杏仁核在基于分类的对人的解释过程上起到的作用还需要在未来进行深入的实证研究予以证明。

从这个关于杏仁核的例子可以看出，对特定脑区的功能进行推断通常来说是很困难的，并且需要非常注意与小心。我们不能仅仅止步于根据数据对观察到的激活状态做出解释，更要尝试以实验的形式再现同样的激活模式，通过完备的实验来探寻边际条件。后两者才是理解大脑和心理之间的功能图谱的先决条件。与此同时，结合行为和脑损伤研究的结果对于数据的解释而言也是非常重要的(Phelps & Thomas，2003；Rossion，2008)。不管怎样，目前该领域正在强调使用更先进的数据采集、分析以及解释手段，这种做法使得相关领域的研究者在不久的未来在社会心理研究中得到更为令人惊喜的发现成为可能。在未来的研究中，我们的研究思路要从仅仅让被试在扫描仪里完成传统的社会心理学任务，再从数据查看"什么位置激活了"，转变为勾画出神经系统如何进行组合以实现不同任务所需的功能。出于这种新的目的，有越来越多的研究者开始使用新的实验设计开展 fMRI 研究，提出了很多关于社会心理加工机制的有趣问题(Mitchell，2008)。

社会神经科学并不只是在科学研究领域非常热门，在普罗大众中也非常受欢迎。自然而然地，这个研究领域也开始研究自我感知、道德推理或推测他人心理等人类区别于其他物种的特征。因此很多研究结果造成的影响已经远远超出了目前相对较为狭小的社会神经科学研究领域。可惜的是，由于直接向那些非专家读者介绍复杂的实验数据和理论是不太合适的，研究者有时会过度简化研究，对大脑功能进行"马马虎虎"的解释。这种简化在呈现彩色的大脑图像时是一种比较危险的做法，因为呈现图像时更容易具有说服力，结果也会显得更加可信，然而这种判断并不是基于实际的科学推论得出来的(McCabe & Castel,2008)。作为各自领域内的专家,神经影像学研究者不仅要对传播他们自己的研究结果负责,也要认识到神经影像学方法的不足,并且要通俗易懂地解释实验结果的其他可能成因(哪怕这些原因可能并不那么激动人心)。准确报告与沟通 fMRI 研究的复杂结果将能使学界人员与普通大众共同感受到一种激情;正是在这种激情的激励下,社会神经科学家致力于探索人类大脑怎样形成一个不止包含歧视、忽视、恨,同时也包含同情、共情、爱的心智。

推 荐 阅 读

基础知识

Amaro, E., Jr., & Barker, G. J. (2006). Study design in fMRI: Basic principles. *Brain and Cognition*, 60, 220-232.

Bandettini, P. A., Birn, R. M., & Donahue, K. M. (2000). Functional MRI: Background, methodology, limits, and implementation. In J. T. Cacioppo, L. G. Tassinary, & G. G. Berntson (Eds.), *The handbook of psychophysiology* (2nd ed., pp. 978-1014). New York: Cambridge University Press.

Brett, M., Johnsrude, I. S., & Owen, A. M. (2002). The problem of functional localization in the human brain. *Nature Reviews Neuroscience*, 3, 243-249.

Henson, R. (2006a). Forward inference using functional neuroimaging: Dissociations versus associations. *Trends in Cognitive Sciences*, 10, 64-69.

Mumford, J. A., & Poldrack, R. A. (2007). Modeling group fMRI data. *Social Cognitive and Affective Neuroscience*, 2, 251-257.

Poldrack, R. A. (2008). The role of fMRI in cognitive neuroscience: Where do we stand? Current *Opinion in Neurobiology*, 18, 223-227.

高阶应用

Adolphs, R. (2008). Fear, faces, and the human amygdala. *Current Opinion in Neurobiology*, 18, 166-172.

Mitchell, J. P., Banaji, M. R., & Macrae, C. N. (2005). The link between social cognition and self-referential thought in the medial prefrontal cortex. *Journal of Cognitive Neuroscience*, 17, 1306-1315.

Wheeler, M. E., & Fiske, S. T. (2005). Controlling racial prejudice. *Psychological Science*, 16, 56-62.

Willingham, D. T., & Dunn, E. W. (2003). What neuroimaging and brain localization can do, cannot do, and should not do for social psychology. *Journal of Personality and Social Psychology*, 85, 662–671.

参 考 文 献

Adolphs, R. (2006). How do we know the minds of others? Domain-specificity, simulation, and enactive social cognition. *Brain Research, 1079*, 25–35.
Adolphs, R. (2008). Fear, faces, and the human amygdala. *Current Opinion in Neurobiology, 18*, 166–172.
Aiello, L. C., & Wheeler, P. (1995). The expensive-tissue hypothesis: The brain and the digestive system in human and primate evolution. *Current Anthropology, 36*, 199–221.
Amaro, E., Jr., & Barker, G. J. (2006). Study design in fMRI: Basic principles. *Brain and Cognition, 60*, 220–232.
Amodio, D. M. (2008). The social neuroscience of intergroup relations. *European Review of Social Psychology, 19*, 1–54.
Andreasen, N. C., O'Leary, D. S., Arndt, S., Cizadlo, T., Hurtig, R., Rezai, K., et al. (1996). Neural substrates of facial recognition. *Journal of Neuropsychiatry and Clinical Neuroscience, 8*, 139–146.
Bandettini, P. A., Petridou, N., & Bodurka, J. (2005). Direct detection of neuronal activity with fMRI: Fantasy, possibility, or reality? *Applied Magnetic Resonance, 28*, 1–23.
Beer, J. S., Stallen, M., Lombardo, M. V., Gonsalkorale, K., Cunningham, W. A., & Sherman, J. W. (2008). The quadruple process model approach to examining the neural underpinnings of prejudice. *NeuroImage, 43*, 775–783.
Bennett, C. M., Baird, A. A., Miller, M. B., & Wolford, G. L. (2009). *Neural correlates of interspecies perspective taking in the post-mortem Atlantic salmon: An argument for multiple comparisons correction.* Poster presented at the 15th Annual Meeting of the Organization for Human Brain Mapping, San Francisco, CA.
Bernstein, M. J., Young, S. G., & Hugenberg, K. (2007). The cross category effect: Mere social categorization is sufficient to elicit an own-group bias in face recognition. *Psychological Science, 18*, 706–712.
Blair, I. V., Judd, M., Sadler, M. S., & Jenkins, C. (2002). The role of Afrocentric features in person perception: Judging by features and categories. *Journal of Personality and Social Psychology, 83*, 5–25.
Brett, M., Johnsrude, I. S., & Owen, A. M. (2002). The problem of functional localization in the human brain. *Nature Reviews Neuroscience, 3*, 243–249.
Brothers, L. (1990). The social brain: A project for integrating primate behaviour and neurophysiology in a new domain. *Concepts in Neuroscience, 1*, 27–51.
Bruce, V., & Young, A. (1998). *In the eye of the beholder: The science of face perception.* New York: Oxford University Press.
Buxton, R. B., Uludag, K., Dubowitz, D. J., & Liu, T. T. (2004). Modeling the hemodynamic response to brain activation. *NeuroImage, 23*, S220–S233.

Buxton, R. B., Wong, E. C., & Frank, L. R. (1998). Dynamics of blood flow and oxygenation changes during brain activation: The balloon model. *Magnetic Resonance in Medicine, 39*, 855–864.

Cacioppo, J.T., & Berntson, G.G. (1992). Social psychological contributions to the decade of the brain: Doctrine of multilevel analysis. *American Psychologist, 47*, 1019–1028.

Chumbley, J. R., & Friston, K. J. (2009). False discovery rate revisited: FDR and topological inference using Gaussian random fields. *NeuroImage, 44*, 62–70.

Coltheart, M. (2006). What has functional neuroimaging told us about the mind (so far)? *Cortex, 42*, 323–331.

Cunningham, W. A., Johnson, M. K., Raye, C. L., Gatenby, J. C., Gore, J. C., & Banaji, M. R. (2004). Separable neural components in the processing of black and white faces. *Psychological Science, 15*, 806–813.

Damasio, H., Grabowski, T., Frank, R., Galaburda, A. M., & Damasio, A. R. (1994). The return of Phineas Gage: Clues about the brain from the skull of a famous patient. *Science, 264*, 1102–1105.

Dobbs, D. (2005). Facts or phrenology? *Scientific American Mind, 16*, 24–31.

Eberhardt, J. L., Davies, P. G., Purdie-Vaughns, V. J., & Johnson, S. L. (2006). Looking deathworthy: Perceived stereotypicality of black defendants predicts capital-sentencing outcomes. *Psychological Science, 17*, 382–386.

Engell, A. D., Haxby, J. V., & Todorov, A. (2007). Implicit trustworthiness decisions: Automatic coding of face properties in the human amygdala. *Journal of Cognitive Neuroscience, 19*, 1508–1519.

Etzel, J. A., Gazzola, V., & Keysers, C. (2009). An introduction to anatomical ROI-based fMRI classification analysis. *Brain Research, 1282*, 114–125.

Fischl, B., Sereno, M. I., Tootell, R. B. H., & Dale, A. M. (1999). High-resolution intersubject averaging and a coordinate system for the cortical surface. *Human Brain Mapping, 8*, 272–284.

Friston, K. J., Ashburner, J. T., Kiebel, S. J., Nichols, T. E., & Penny, W. D. (2007). *Statistical parametric mapping: The analysis of functional brain imaging.* London: Elsevier.

Friston, K. J., Glaser, D. E., Henson, R. N. A., Kiebel, S., Phillips, C., & Ashburner, J. (2002). Classical and Bayesian inference in neuroimaging: Applications. *NeuroImage, 16*, 484–512.

Friston, K. J., Holmes, A. P., Worsley, K. J., Poline, J. P., Frith, C. D., & Frackowiak, R. S. J. (1995). Statistical parametric maps in functional imaging: A general linear approach. *Human Brain Mapping, 2*, 189–210.

Friston, K. J., Rotshtein, P., Geng, J. J., Sterzer, P., & Henson, R. N. (2006). A critique of functional localisers. *NeuroImage, 30*, 1077–1087.

Gobbini, M. I., & Haxby, J. V. (2007). Neural systems for recognition of familiar faces. *Neuropsychologia, 45*, 32–41.

Goebel, R. (1997). BrainVoyager: Ein Programm zur Analyse und Visualisierung von Magnetresonanztomographiedaten [BrainVoyager: A software for ananlyzing and visualizing magnetic resonance imaging data. In T. Plesser & P. Wittenburg (Eds.), *Forschung und wissenschaftliches Rechnen. Beiträge zum Heinz-Billing-Preis 1996.* Göttingen: Gesellschaft für wissenschaftliche Datenverarbeitung mbH.

Golby, A. J., Gabrieli, J. D. E., Chiao, J. Y., & Eberhardt, J. L. (2001). Differential responses in the fusiform region to same-race and other-race faces. *Nature Neuroscience, 4*, 845–850.

Hart, A. J., Whalen, P. J., Shin, L. M., McInerney, S. C., Fischer, H., & Rauch, S. L. (2000). Differential response in the human amygdala to racial outgroup vs. ingroup face stimuli. *NeuroReport, 11*, 2351-2355.

Haxby, J. V., Hoffman, E. A., & Gobbini, M. A. (2000). The distributed human neural system for face perception. *Trends in Cognitive Sciences, 4*, 223-233.

Haxby, J., Ungerleider, L. G., Clark, V. P., Schouten, J. L., Hoffman, E. A., & Martin, A. (1999). The effect of face inversion on activity in human neural systems for face and object perception. *Neuron, 22*, 189-199.

Heberlein, A. S., & Saxe, R. R. (2005). Dissociation between emotional and personality judgments: Convergent evidence from functional neuroimaging. *NeuroImage, 28*, 770-777.

Henson, R. N. (2005). What can functional imaging tell the experimental psychologist? *Quarterly Journal of Experimental Psychology, 58*, 193-233.

Henson, R. N. (2006a). Forward inference using functional neuroimaging: Dissociations versus associations. *Trends in Cognitive Sciences, 10*, 64-69.

Henson, R.N. (2006b). What has (neuro)psychology told us about the mind (so far)?: A reply to Coltheart (2006). *Cortex, 42*, 387-392.

Henson, R. N. (2006c). Efficient experimental design for fMRI. In K. Friston, J. Ashburner, S. Kiebel, T. Nichols, & W. Penny (Eds), *Statistical Parametric Mapping: The analysis of functional brain images* (pp. 193-210). Elsevier: London.

Herrmann, E., Call, J., Hernández-Lloreda, M. V., Hare, B., & Tomasello, M. (2007). Humans have evolved specialized skills of social cognition: The cultural intelligence hypothesis. *Science, 317*, 1360-1366.

Hyder, F., Shulman, R. G., & Rothman, D. L. (1998). A model for the regulation of cerebral oxygen delivery. *Journal of Applied Physiology, 85*, 554-564.

Jerison, H. J. (1973). *Evolution of the brain and intelligence.* New York: Academic Press.

Kanwisher, N., McDermott, J., & Chun, M. M. (1997). The fusiform face area: A module in human extrastriate cortex specialised for face perception. *Journal of Neuroscience, 17*, 4302-4311.

Kanwisher, N., & Yovel, G. (2006). The fusiform face area: A cortical region specialized for the perception of faces. *Philosophical Transactions of the Royal Society B: Biological Sciences, 361*, 2109-2128.

Kim, J. S., Yoon, H. W., Kim, B. S., Jeun, S. S., Jung, S. L., & Choe, B. Y. (2006). Racial distinction of the unknown facial identity recognition mechanism by event-related fMRI. *Neuroscience Letters, 397*, 279-284.

Kosslyn, S. M. (1999). If neuroimaging is the answer, what is the question? *Philosophical Transactions of the Royal Society B: Biological Sciences, 354*, 1283-1294.

Kriegeskorte, N., Simmons, W. K., Bellgowan, P. S. F., & Baker, C. I. (2009). Circular analysis in systems neuroscience—the danger of double dipping. *Nature Neuroscience, 12*, 535-540.

Kwong, K. K. (1995). Functional magnetic resonance imaging with echo planar imaging. *Magnetic Resonance Quarterly, 11*, 1-20.

Lange, N. (1996). Statistical approaches to human brain mapping by functional magnetic resonance imaging. *Statistics in Medicine, 15*, 389-428.

Lazar, N. A. (2008). Design of fMRI experiments. In *The statistical analysis of functional MRI data* (pp. 17-35). New York: Springer-Verlag.

Lieberman, M. D., Jarcho, J. M., & Satpute, A. B. (2004). Evidence-based and intuition-based self-knowledge: An fMRI study. *Journal of Personality and Social Psychology, 87,* 421–435.

Liu, J., Harris, A., & Kanwisher, N. (2002). Stages of processing in face perception: An MEG study. *Nature Neuroscience, 5,* 910–916.

Logothetis, N. K. (2007). The ins and outs of fMRI signals. *Nature, 10,* 1230–1232.

Logothetis, N. K. (2008). What we can do and what we cannot do with fMRI. *Nature, 453,* 869–878.

Logothetis, N. K., Pauls, J., Augath, M., Trinath, T., & Oeltermann, A. (2001). Neurophysiological investigation of the basis of the fMRI signal. *Nature, 412,* 150–157.

Logothetis, N. K., & Pfeuffer, J. (2004). On the nature of the BOLD fMRI contrast mechanism. *Magnetic Resonance Imaging, 22,* 1517–1531.

Maddox, K. B. (2004). Perspectives on racial phenotypicality bias. *Personality and Social Psychology Review, 8,* 383–401.

McCabe, D., & Castel, A. (2008). Seeing is believing: The effect of brain images on judgments of scientific reasoning. *Cognition, 107,* 343–352.

Mitchell, J. P. (2008). Contributions of functional neuroimaging to the study of social cognition. *Current Directions in Psychological Science, 17,* 142–146.

Mitchell, J. P., Ames, D. L., Jenkins, A. C., & Banaji, M. R. (2009). Neural correlates of stereotype application. *Journal of Cognitive Neuroscience, 21,* 594–604.

Mitchell, J. P., Banaji, M. R., & Macrae, C. N. (2005). The link between social cognition and self-referential thought in the medial prefrontal cortex. *Journal of Cognitive Neuroscience, 17,* 1306–1315.

Monti, M. M., Vanhaudenhuyse, A., Coleman, M. R., Boly, M., Pickard, J., Tshibanda, J.-F., et al. (2010). Willful modulation of brain activity in disorders of consciousness. *New England Journal of Medicine, 362,* 648–649.

Mumford, J. A., & Poldrack, R. A. (2007). Modeling group fMRI data. *Social Cognitive and Affective Neuroscience, 2,* 251–257.

Mur, M., Bandettini, P., & Kriegeskorte, N. (2009). Revealing representational content with pattern-information fMRI—an introductory guide. *Social Cognitive and Affective Neuroscience, 4,* 101–109.

Ogawa, S., Lee, T. M., Kay, A. R., & Tank, D. W. (1990). Brain magnetic resonance imaging with contrast dependent on blood oxygenation. *Proceedings of the National Academy of Sciences USA, 87,* 9868–9872.

O'Toole, A. J., Jiang, F., Abdi, H., Penard, N., Dunlop, J. P., & Parent, M. A. (2007). Theoretical, statistical, and practical perspectives on pattern-based classification approaches to the analysis of functional neuroimaging data. *Journal of Cognitive Neuroscience, 19,* 1735–1752.

Peelen, M. V., & Downing, P. E. (2007). The neural basis of visual body perception. *Nature Reviews Neuroscience, 8,* 636–648.

Penny, W. D., Holmes, A. P., & Friston, K. J. (2004). Random effects analysis. In R. S. J. Frackowiak (Ed.), *Human brain function* (2nd ed., pp. 843–850). London: Academic Press.

Phelps, E., Cannistraci, C., & Cunningham, W. (2003). Intact performance on an indirect measure of race bias following amygdala damage. *Neuropsychologia, 41,* 203–208.

Phelps, E. A., O'Connor, K. J., Cunningham, W. A., Funayama, E. S., Gatenby, J

C., Gore, J. C., et al. (2000). Performance on indirect measures of race evaluation predicts amygdala activation. *Journal of Cognitive Neuroscience, 12,* 729–738.

Phelps, E. A., & Thomas, L. A. (2003). Race, behavior, and the brain: The role of neuroimaging in understanding complex social behaviors. *Political Psychology, 24,* 747–758.

Pitcher, D., Walsh, V., Yovel, G., & Duchaine, B. (2007). TMS evidence for the involvement of the right occipital face area in early face processing. *Current Biology, 17,* 1568–1573.

Poldrack, R. A. (2006). Can cognitive processes be inferred from neuroimaging data? *Trends in Cognitive Sciences, 10,* 59–63.

Poldrack, R. A. (2008). The role of fMRI in cognitive neuroscience: Where do we stand? *Current Opinion in Neurobiology, 18,* 223–227.

Poldrack, R. A., Fletcher, P. C., Henson, R. N., Worsley, K. J., Brett, M., & Nichols, T. E. (2008). Guidelines for reporting an fMRI study. *NeuroImage, 40,* 409–414.

Poldrack, R. A., Halchenko, Y., & Hanson, S. J. (2009). Decoding the large-scale structure of brain function by classifying mental states across individuals. *Psychological Science, 20,* 1364–1372.

Poldrack, R. A., & Wagner, A. D. (2004). What can neuroimaging tell us about the mind?: Insights from prefrontal cortex. *Current Directions in Psychological Science, 13,* 177–181.

Posamentier, M. T., & Abdi, H. (2003). Processing faces and facial expressions. *Neuropsychology Review, 13,* 113–143.

Quadflieg, S., Turk, D. J., Waiter, G. D., Mitchell, J. P., Jenkins, A. C., & Macrae, C. N. (2009). Exploring the neural correlates of social stereotyping. *Journal of Cognitive Neuroscience, 21,* 1560–1570.

Ronquillo, J., Denson, D. F., Lickel, B., Lu, Z.-L., Nandy, A., & Maddox, K. B. (2007). The effects of skin tone on race-related amygdala activity: An fMRI investigation. *Social Cognitive and Affective Neuroscience, 2,* 39–44.

Rossion, B. (2008). Constraining the cortical face network by neuroimaging studies of acquired prosopagnosia. *NeuroImage, 40,* 423–426.

Roth, G., & Dicke, U. (2005). Evolution of the brain and intelligence. *Trends in Cognitive Sciences, 9,* 250–257.

Roy, C. S., & Sherrington, C. S. (1890). On the regulation of the blood supply of the brain. *Journal of Physiology (London), 11,* 89–108.

Saxe, R. (2006). Why and how to study theory of mind with fMRI. *Brain Research, 1079,* 57–65.

Saxe, R., Brett, M., & Kanwisher, N. (2006). Divide and conquer: A defense of functional localizers. *NeuroImage, 30,* 1088–1096.

Schilbach, L., Wilms, M., Eickhoff, S. B., Romanzetti, S., Tepest, R., Bente, G., et al. (2010). Minds made for sharing: Initiating joint attention recruits reward-related neurocircuitry. *Journal of Cognitive Neuroscience, 22,* 2702–2715.

Schiller, D., Freeman, J. B., Mitchell, J. P., Uleman, J. S., & Phelps, E. A. (2009). A neural mechanism of first impressions. *Nature Neuroscience, 12,* 508–514.

Singer, T., & Lamm, C. (2009). The social neuroscience of empathy (The Year in Cognitive Neuroscience 2009). *Annals of the New York Academy of Sciences, 1156,* 81–96.

Smith, S. M., Jenkinson, M., Woolrich, M. W., Beckmann, C. F., Behrens, T. E. J., Johansen-Berg, H., et al. (2004). Advances in functional and structural MR image analysis and implementation as FSL. *NeuroImage, 23,* 208–219.

Somerville, L. H., Heatherton, T., F., & Kelley, W. M. (2006). Anterior cingulate cortex responds differentially to expectancy violation and social rejection. *Nature Neuroscience, 9,* 1007–1008.

Talairach, J., & Tournoux, P. (1988). *Co-planar stereotaxic atlas of the human brain.* New York: Thieme Medical.

Taylor, J. C., Wiggett, A. J., & Downing, P. E. (2007). FMRI analysis of body and body part representations in the extrastriate and fusiform body areas. *Journal of Neurophysiology, 98,* 1626–1633.

Todorov, A., & Duchaine, B. (2008). Reading trustworthiness in faces without recognizing faces. *Cognitive Neuropsychology, 25,* 395–410.

Uttal, W. R. (2003). *The new phrenology.* Cambridge, MA : MIT Press.

Van Bavel, J. J., Packer, D. J., & Cunningham, W. A. (2008). The neural substrates of in-group bias: A functional magnetic resonance imaging investigation. *Psychological Science, 19,* 1131–1139.

Wheeler, M. E., & Fiske, S. T. (2005). Controlling racial prejudice. *Psychological Science, 16,* 56–62.

Willingham, D. T., & Dunn, E. W. (2003). What neuroimaging and brain localization can do, cannot do, and should not do for social psychology. *Journal of Personality and Social Psychology, 85,* 662–671.

Wright, C. I., Negreira, A., Gold, A. L., Britton, J. C., Williams, D., & Feldman Barrett, L. (2008). Neural correlates of novelty and face–age effects in young and elderly adults. *NeuroImage, 42,* 956–968.

Yacoub, E., Shmuel, A., Pfeuffer, J., Van De Moortele, P. F., Adriany, G., Ugurbil, K., & et al. (2001). Investigation of the initial dip in fMRI at 7 Tesla. *NMR in Biomedicine, 14,* 408–412.

Yovel, G., & Kanwisher, N. (2005). The neural basis of the behavioral face-inversion effect. *Current Biology, 15,* 2256–2262.

第 11 章

多项式模型与扩散模型

Karl Christoph Klauer
Christoph Stahl
Andreas Voss

在本章中,我们会介绍两类数学模型:多项式模型和扩散模型。这两类模型都能根据潜在的加工过程来解释观测数据。这些模型使用一些代表主要认知加工的参数来总结数据集中包含的信息(实验数据正是这些认知加工过程产生的)。通过这些模型,我们就可以采用量化的手段来精确阐述理论,测量潜在的加工过程,还能对模型假设或其他心理学假设进行统计检验。只有通过建模和统计分析,我们才能检验是否接受竞争的理论和实质性的假设。

一、多项加工树模型

接下来先介绍多项加工树模型。为简洁起见,我们将这个模型称为多项式模型。多项式模型是用在分类数据上的模型。这也就是说,多项式模型是用来考察那种每一次观察结果都会落入有限类别集中某一个类别且仅会落入一个类别的情况。根据不同类别下的观测次数可以估计不同类别的出现概率。这些概率可以作为模型参数进行建模。与常用的对分类数据进行统计建模的方法不同(如对数线性模型;Bishop, Fienberg, & Holland, 1975),多项式模型是根据特定的心理学实验范式定制的。模型中的参数体现的是范式中的主要心理过程。在心理学中,多项式模型最早是用在记忆范式中的,随后被广泛地应用于其他研究领域(Batchelder & Riefer,1999；Erdfelder et al.,2009；Stahl,2006)。

(一) 样例:加工分离模型

Payne(2001)在考察种族对威胁决策影响的研究中使用了一种简单的多项式模型——加工分离模型,对控制性或无意图的潜在偏见反应的成分建模。在他们使用的武器识别任务中,被试的任务是判断电脑屏幕上呈现的是枪还是无害的工具(目标刺激)。在每个目标刺激呈现前都会先呈现一张黑人或白人男性面孔图片,达到启动的作用。实验为2(目标:武器、无害工具)×2(启动种族:黑人、白人)被试内设计。在四种实验条件下分别统计被试判断呈现目标刺激为武器或工具的数量。加工分离模型认为做出反应为武器或工具的概率是两种不同加工的结果:(1)从工具中识别出武器的能力;(2)种族信息造成的无意图影响。多项式模型通常使用加工树的形式图表化地展现这种过程(图11-1)。

每一种启动-目标刺激对都对应一个树形结构。例如,最上面的一个树形结构代表的是启动刺激为黑人,目标刺激呈现武器("枪")的试次。如果被试准确识别出呈现的是枪,他们就会做出"枪"的反应。但是人们并不总是能够准确进行识别,所以模型将人们准确识别的概率设置为参数c。模型中概率参数c的值会受到B(黑人面孔)影响,表明模型中的概率受启动种族的制约(并不是呈现的目标刺激造成的影响或特定的启动-目标刺激对的影响)。因此,成功识别目标刺激为"枪"的反应在模型中以c_B来表示。如果被试未能准确识别目标刺激(概率为$1-c_B$),但是此时还是需要做出反应来完成任务。此时,被试就会以a的概率做出"枪"的反应,以$1-a$的概率倾向于做出"工具"的反应。如果a大于0.5,就说明被试偏向做出"枪"的反应,如果a小于0.5,就说明被试偏向做出"工具"的反应。另外,参数a也会受到启动的

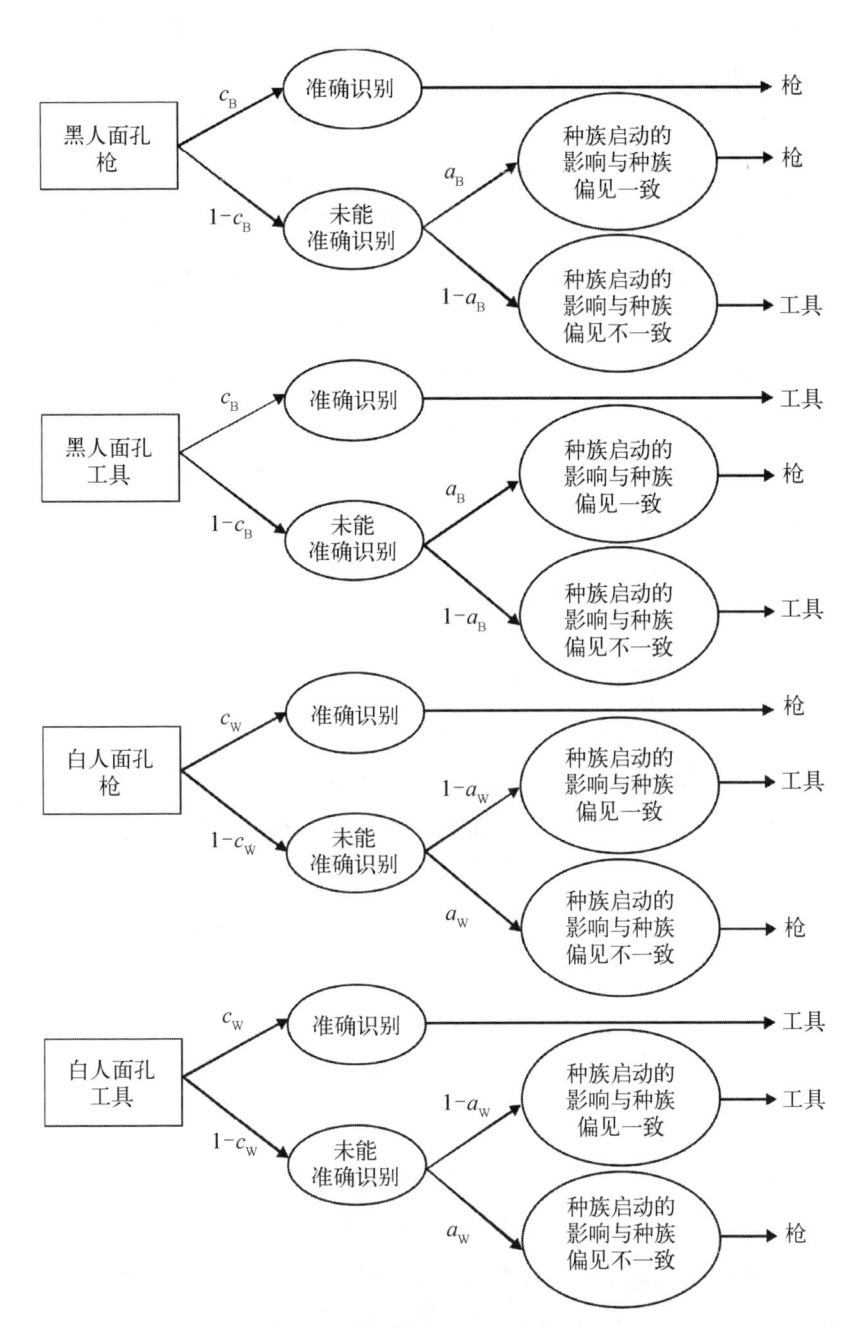

图 11-1 武器识别任务的加工分离模型

种族的影响。因为指导语并没有告诉被试当他们不确定该如何对目标刺激进行反应的时候应该如何按键，所以，参数 a 表现的就是启动刺激无意图或未经指导的对被试反应的影响。如果在呈现黑人面孔后，相比呈现白人面孔后，被试更倾向于做出"枪"的反应，那就可以认为种族启动对反应的无意图影响与种族偏见相一致。

在树模型的不同分支中有时可以观察到相同的反应，例如，对于以枪为目标刺激的试次做出"枪"的反应可能是正确识别目标刺激的结果。但是，也有可能是被试实际上未能识别出目标刺激的时候，根据倾向性做出的反应。这说明实验中所观测到的反应率实际上来自许多不同的加工（正确识别与不确定情况下的倾向性）。因此，直接基于观测到的频率进行推断并不能得到纯粹的结果。多项式模型能够通过分离不同加工并分别进行量化来解决这一问题。

(二) 模型拟合与模型效度

我们可以根据观测到的反应频率估计出不同加工过程的路径参数。实验中得到的观测值为不同反应类别的概率提供了实证的估计值。多项式模型通过一些参数来赋予这些概率意义。这些参数要尽可能把实验中所得到的各类别上的频率与基于模型估计的频率匹配起来，这样这些参数就可以用来测量不同的过程了。

多项式模型需要定义在观察到的反应背后有多少加工过程，以及这些过程如何相互作用并最终产生外在的反应。通过对模型的拟合度进行测量就可以对模型中一系列假设的各部分分别进行检验。加工分离模型是一种饱和模型，它使用和独立数据点（四种类型试次下，做出"枪"的反应而非"工具"反应的频率）数量相等的参数（a_B、a_W、c_B、c_W），并且使参数的组合尽量做到使模型估计值与实际观测值匹配。在大多数情况下设置的参数数量会低于数据点的数量，这就会导致即使在模型的参数尽可能最小化实证数据与基于模型计算得到的概率之间的差异后，两者之间依然存在差异。这种差异可以通过拟合优度检验进行量化。目前已经有使用非常方便的软件可以做到，在本章中会进行介绍。

多项式模型通常会根据研究者对于任务中涉及的心理过程本质的解释进行设置。例如，在加工分离模型中的参数 c 代表的是能力参数，来自被试根据任务要求控制他们反应的能力。参数 a 来自种族偏见造成的自动化影响。由此可见，通过设定模型，研究者就可以区分出不同过程，并分别进行较为纯粹的测量。

和其他数学模型一样，模型本身只是一种结构，并不包括具体内容。其中蕴含了两个基本假设：穷尽性和有效性。也就是说，模型必须至少包括任务中涉及的最重要的加工过程，并且对过程的测量必须是有效的测量。通过拟合优度检验对模型拟合进行分析就可以看出模型的穷尽性如何。如果重要过程未被纳入模型，那么就会导致拟合性不佳。相较于穷尽性，有效性的检验就比较困难了。如果有效性不足，那么就不能够直接为某一路径参数贴上相对应加工过程的标签（如认为某一过程是自动化的，或与某种联想有关）。有效性的保障需要通过一些严谨、耗费大的实验程序分别证明每个参数具有的收敛和区分效度（Klauer & Wegener, 1998）。

在理想情况下，对每一个模型中包含的过程来说，应当有一种实验操纵会在某一特定过程上产生反应，而同时对其他过程几乎不产生影响。这时候的模型就能拟合不同参数代表的不同实验情境了（即用不同实验情境来区分参数）。如果有关参数随着实验操纵发生共变现象（收敛效度），并且其他参数并不发生明显变化（区分效度），那么这些有关参数的解释效力就会提升。例如，在加工分离模型中，不同情境可能会在目标刺激的辨别力上存在差异。如果这种现象影响了参数 c，而不影响参数 a，这时候就能比较有把握地将参数 c 解释为与被试从工具中识别枪的能力有关，参数 a 则与这种能力无关（如果需要了解其他不同聚合路径上对参数 a、参数 c 的解释，可以阅读 Payne & Bishara, 2009）。

（三）多项式模型的应用概览

多项式模型在社会心理学的许多研究领域中都有所应用。其中包括对刻板印象一致、不一致内容的记忆，虚假相关，社会分类和态度、偏见的内隐测量。

1. 社会记忆

加工分离模型最初被用来分解记忆中的控制和非控制部分(Jacoby,1991)。在一个实验范式中,被试的任务是学习两组词,随后在两个测试阶段中呈现旧词与新词混合的序列,在包含条件下,被试的任务是报告他们之前看到过的那些词(无论属于哪一组);而在排除条件下,被试的任务是报告属于第二组的词。如果被试不仅记得词,并且还记得它到底属于哪一组(第一组或第二组),那么被试在两个条件下都能正确作答。如果被试只记得词,不记得分组,那么在排除条件下就会犯错。Sherman 等人(2003)使用了这种范式的变式来研究刻板印象信息一致性的作用。他们使用加工分离的方法来区分:(1)对词和归属组别的记忆(回忆);(2)分类错误,只根据对词的记忆做出反应(熟悉);(3)错误识别,不记得词和组别(反应偏向)。通过操纵刻板印象一致性以及认知损耗,就可以分别对不同的成分造成不同的影响。结果表明刻板印象在记忆中造成的偏向是一系列独立的加工成分共同作用的结果。可以阅读 Gaunt 等人(2002)、Hense 等人(1995)和 Payne 等人(2004)的研究,进一步了解加工分离范式与模型在社会记忆研究中的应用。

2. 虚假相关

在经典的虚假相关范式中(Hamilton & Gifford,1976),被试首先会习得 A、B 两组群体的期望、非期望行为或特质。非期望行为比期望行为出现可能性低。B 群体比 A 群体更小(即 B 群体是少数群体),而且出现的行为总量更少,但是期望与非期望行为的比例是一致的。此外,任务中会让被试知觉到期望行为和群体成员之间的关系。例如,当要求被试将呈现的行为归于群体 A 或群体 B 时,更大比例的非期望行为会被归于群体 B。独特性假说认为低频事件和少数群体 B 的低频非期望行为共同呈现会变得非常凸显,并且会被更有效地编码,因此会在记忆中形成对群体 B 的非期望行为的鲜明表征(Hamilton & Gifford,1976)。

Klauer 和 Meiser(2000)在经典的虚假相关范式的基础上,在测试阶段加入了新的行为。被试首先需要判断呈现的行为是否在学习阶段呈现过。如果被试报告呈现过,则需要继续报告这个行为是群体 A 的还是群体 B 的。这样就可以使用名为"源监测模型"(source-monitoring model)的多项式模型来研究虚假相关。该模型由 Batchelder 和 Riefer(1990)提出,由 Bayen 等人(1996)发展。基于被试反应的数据,模型可以分别计算项目记忆(行为的新旧)、来源记忆(行为归属的群体)和反应偏向(无项目记忆和来源记忆时表现出的分配倾向)。根据独特性假说,结果应当表现为群体 B 的非预期行为在项目记忆和来源记忆上表现得更好。然而,Klauer 和 Meiser(2000)并未发现被试在这些低频行为上存在记忆优势;相反,按键比例上出现的虚假相关实质上是由反应偏向驱使产生的。当记忆并不能为正确的按键反应(群体判断)提供明确的信号时,人们倾向于认为期望行为更可能来自群体 A,而非期望行为更可能来自群体 B。这说明任务中被试倾向于形成整体的评价性印象,并由此导致观察到的效应,而不是对特定的行为形成单独的记忆。Meiser 和 Hewstone(2001,2004,2006)进一步扩展了该领域的研究成果。

3. 社会分类

Taylor 等人(1978)使用"谁说了什么?"(Who said what?)范式来研究社会分类和个体化在社会记忆中的相互作用。在这个范式中,被试需要观看一场小组讨论。小组成员分别属于两个社会类别,例如,一半讨论者是女性,另一半是男性。在观看后进行的记忆测试中会向被试呈现一系列在讨论中提出过的观点,被试的任务是报告每一句话是谁说的。研究者关注的是对观点分类错误的情况。此时,人们的判断受到社会类别的影响,例如女性提出的观点依然更可能被认为是女性提出的,被认为是男性提出的可能性较小。这个现象说明,即使人们忘记了说话者的身份,依旧对他们所属的群体类别存有部分记忆。Taylor 等人认为这种反应错误模式是对讨论内容初始编码的时候怎样进行社会分类的潜在指标。

Klauer 和 Wegener(1998)指出,在错误反应中会包含很多不同的加工过程,使用多项式模型能够分离这些过程,并能够由此得到对社会分类过程更为纯净的测量结果。但是要达到这个目的就需要对范式进行修改,以使得数据量足够进行对应的分析。在新的范式中要加入一些从未出现过的观点,先让被试判断这个观点是不是讨论过。如果被试判断为"讨论过"(旧),那么就继续判断是谁说的。这样就可以分别计算项目记忆(观点的新旧)、言语者记忆(哪个人说的)、类别记忆(哪类人说的,而非具体的人)和反应偏向(不存在类别记忆的情况下,将观点分入某个类别的偏向性)。

在范式改编后,多项式模型就可以区分出不同的过程:类别记忆的参数表现的是在观察小组讨论时进行社会分类的程度;类别判断的反应偏向参数表现的是重构性猜测的情况;言语者记忆参数表现的是个体化的情况。一些研究得出了有效的模型(Klauer & Wegener, 1998),这些模型被用于研究影响社会分类的决定因素和结果(例如,Gawronski, Ehrenberg, Banse, Zukova, & Klauer, 2003; Klauer, Ehrenberg, & Wegener, 2003; Klauer & Ehrenberg, 2005; Klauer, Wegener, & Ehrenberg, 2002; Wegener & Klauer, 2004)。

4. 对态度和偏见的间接测量

多项式模型也可以运用在一些间接测量态度和偏见的范式上(Sherman, Klauer, & Allen, 2010),如内隐联想测验(IAT; Greenwald, McGhee, & Schwartz, 1998)、启动测量(Wittenbrink, 2007)、武器识别范式(Payne, 2001)、外部情感性西蒙任务(EAST; De Houwer, 2003)。多项式模型是基于反应频率的模型,所以研究者可以根据这些任务中正确、错误反应的频率建立模型。

前文介绍过的加工分离模型就是其中的一种模型。加工分离模型不仅能运用在武器识别范式中,其他范式(如 IAT; Payne & Bishara, 2009)也能够使用这种模型。Conrey 等人(2005)专门提出了一种针对启动测量和 IAT 的模型,称为四重模型。四重模型包含了克服刻板印象偏向和猜测性反应的参数,比加工分离模型更为精细。目前已经有很多研究使用了四重模型来考察 IAT 中实验操纵和个体差异各自带来的效应(Sherman, Klauer, & Allen, 2010)。也有研究者开发了适用于 EAST 的四重模型(Stahl & Degner, 2007)。

5. 总结

在这些例子中,多项式模型都被证明可以有效区分观察到的反应背后所包含的不同加工过程,也可以提供社会心理学家所关注的不同过程各自相对纯粹的参数。如果要在一些像虚假相关和社会分类的研究中使用多项式模型,就需要对任务进行改编,为的是获取更多数据来满足多项式模型的要求(增加干扰项)。在研究中也需要设置基线条件,通过将不同过程与之相减,就能将混合在一起的过程区分出来了。多项式模型在这些领域的研究中具有以下优势:(1) 使研究者能够以更为严格的方式考察理论(如虚假相关的独特性假说);(2) 能够分别测量反应背后的各个加工过程。多项式模型将整体的效应按照发生的不同过程进行分解。例如,研究者可以考察偏见的间接测量的情境效应到底是受到被试根据指导语进行反应的能力、克服激活的自动化偏向的能力,还是偏向激活带来效应的中介作用(Blair, 2002)。

(四) 基本要素

多项式模型是针对分类数据的模型,使用的是在不同反应类别上观察到的频率。一般来说,实验任务本身就能区分出几种类别——正确分类与错误分类,正确识别与错误识别等。在一些研究中,在定义类别时有一定的自由空间。例如,如果研究者认为不同的加工会体现在分类的速度上(如快速猜测 vs 深思熟虑地推论),那么这些研究者就会将快速分类的试次和慢速分类的试次作为一对类别。虽然许多范式都有很多可供选择的模型,但是如果要使用新的模型,就必须先论证其效度和成熟程度。已有的模型通常可以作为新设立模型的参考蓝本。

一旦模型建立起来,并且数据也按照需要完成收集工作,接下来就可以开始进行分析了。模型分析过程包含估计参数和计算拟合优度两个环节。通常情况下,研究者使用的数据来自不同条件下,或不同组被试,他们关注的是某些参数在不同情况下是否存在显著的差异。要达到这个目标就需要对模型参数进行假设检验。

当建立起量化不同理论的模型后,就可以进行模型比较和模型选择了。那么,接下来要怎么分析呢?是否需要根据每个被试的数据分别进行分析?或是要在分析前把所有被试的频数相加,再统一进行计算?接下来将介绍数据分析上的问题。

1. 统计软件

MBT(Hu,1999)、GPT(Hu & Philips,1999)、AppleTree(Rothkegel,1999)和 HMMTree(Stahl & Klauer,2007)等软件可以用于计算多项式模型。MBT 需要在 DOS 下运行,AppleTree 需要在 Mac OS 下运行,GPT 和 HMMtree 需要在 Windows 系统下运行。这些软件都可以进行参数估计、拟合优度检验,也可以进行假设检验。

在使用这些软件进行分析的时候,研究者要在软件中输入自己定义的模型和实验采集的频率数据,随后程序会输出参数估计值(包括置信区间或其他变异量数)和可以用来判断路径参数有效性的拟合优度统计量。在这些程序中,研究者只能通过输入纯文本的形式来定义模型。

图 11-2(左侧)中呈现的是图 11-1 中的加工分离模型输入到程序中的形式。第一行代表的是输入方程式的数量。接下来的每一行中都是对模型进行定义的内容。每一行中的第一个数字代表的是这一行的方程式代表的是哪一个树模型下的路径。第二个数字代表的是方程式代表的分类是什么。例如,第一个方程式代表的是图 11-1 最上方的树模型,即,黑人启动后呈现枪的图片。接下来,根据第二个数字可以知道,这个方程式代表的是第一个类别(做出"枪"反应)。这个等式非常简单,只有 c_B 这一项,代表的是最上方的树模型的最上方的路径(正确做出"枪"的反应)。下一行代表的是第二条路径:在无法有效识别目标刺激的时候(概率为 $1-c_B$),被试倾向于做出"枪"的反应的概率(a_B)。发生这条路径的概率为 $(1-c_B)a_B$。以此类推,每一个等式都是通过参数或 1 减去这个参数的值来表示一个路径的。因为在程序

中各个类别是被连续编号的,因此排在后面的分支的类别序号比前面的大。

```
12
11c_B
11(1−c_B)*a_B
12(1−c_B)*(1−a_B)
23c_B
24(1−c_B)*a_B
23(1−c_B)*(1−a_B)
35c_W
36(1−c_W)*(1−a_W)
35(1−c_W)*a_W
47c_W
47(1−c_W)*(1−a_W)
48(1−c_W)*a_W
```

```
Payne (2001)实验2
1 1152
2 384
3 968
4 568
5 1121
6 415
7 1060
8 476
===
```

参数值[95%置信区间的下限和上限]
1 a_B=0.596639[0.570535 0.622743]
2 a_W=0.534231[0.506606 0.561856]
3 c_B=0.380209[0.347778 0.412641]
4 c_W=0.419922[0.387859 0.451985]

图 11-2 加工分离模型的方程式、数据文件和参数估计结果

在数据上,同样要使用文本形式输入观测到的频率(图中的程序直接使用频数)。通过这种方式告诉程序在每个类别上观察到的反应数量有多少。在图 11-2 中,第一列表示的是分类的序号,第二列中就是观测到的频数。图中的数据是 Payne(2001)的研究中实验 2 的错误率。

结果主要反馈的是对参数的估计值,其中包括置信区间和拟合优度检验指标 G^2。统计使用的分布为渐近卡方分布,这表示在统计中使用对大样本的卡方分布进行计算。卡方分布需要使用自由度这一参数。自由度代表的是不冗余的数据点和参数之间的差异。参数数量由方程式中出现的不同参数的总量决定。不冗余的数据点数量是每个树模型的类别的数量减去1后再把所有树模型得到的差值求和的结果。在图11-2中，右下方是参数值和置信区间，右上方是数据。

2. 模型拟合度和假设检验

当自由度大于0的时候，就可以根据相应的卡方分布计算G^2。值越小，就代表模型拟合得越好。例如，当值介于卡方分布下的最大5%的区间内，就可以以5%的显著性水平拒绝这个数据来自研究者设置的模型这个假设。

样本量需要多大？根据对不同模型和检验进行的蒙特卡洛模拟，有很多经验法则来决定样本量。最常使用的经验法则是至少保证不超过10%的类别下出现期望观测值小于5的情况。期望的分类观测值指的是根据估计得到的参数进行计算时，在各个类别下得到的频数——将模型中等式里设置的概率乘以对应分支上的观测量。在一些统计软件里可以选择输出这种期望频数。

假设检验通常也是基于G^2统计量进行的。比如，在图11-1的加工分离模型中，研究者关心的问题是被试对"枪"表现出更大的反应偏向是否受到启动的种族的调节。使用模型中的参数来说，就是考察a_B是否和a_W不一样。要达到这个目的，就需要人为强制设定a_B和a_W相等，或使用a来代替这两个参数。这个做法会导致G^2值比无约束模型中更大。这是由于约束模型在拟合观测值的时候灵活性更低。约束和非约束模型之间G^2值的差异符合卡方分布，自由度为两个模型自由度的差异。若结果在统计学意义上显著，就表明这两个参数实际上并不相等。也就是说，强制设置两个参数相等会使模型拟合度降低。大部分程序会提供设置参数相等并重新估计约束模型的选项，这样就能避免重新输入方程式的麻烦。例如，图11-2中，强制设定a_B和a_W相等导致约束和非约束模型之间G^2值相差10.35，自由度为1的时候该结果在.05水平上显著。具体数值表明a_B比a_W更大，这也可以从结果上参数的置信区间不重合看出。

在设立新的多项式模型的时候也要考虑模型的可识别性。当仅有一组参数产生的期望概率与模型相匹配的时候，就可以说这个模型可识别。也就是说，可识别的模型只能得到一组独一无二的参数。通过对同一组数据运行多次运算程序，比较每次产生的参数是否一致，就能判断模型的可识别性。如果发现几次得到的 G^2 值相同，但是参数值不同，那么这个模型就是不可识别的。这时候可以通过事先将一些参数人为设定为相等，或增加样本量的方法进行补救。例如，在图 11-1 的加工分离模型中，对每一种启动和目标刺激对类型而言，最好分别计算不同的 c，即，c_{BG}、c_{BT}、c_{WG}、c_{WT} 这四种（分别代表黑人和枪、黑人和工具、白人和枪、白人和工具）。这样研究者就可以测量除了任务无关的启动在不确定的情况下对枪和工具的反应造成的影响之外，启动是否也会影响从工具中识别出武器的能力。但是，由于这个复杂的模型不可识别，因此 Payne(2001) 选择事先将两类目标刺激的 c 设为相等进行补救。

(五) 扩展：模型选择和层次模型

多项式模型这种方法依旧是一个活跃的研究领域，并且在几个方面有了很大的进步。其中一个方面是模型选择的问题。当研究者提出多种不同的多项式模型来试图解释同一组数据的时候，就需要进行模型选择。例如，Bishara 和 Payne(2009) 比较了不同的加工分离模型以及四分模型在解释武器识别范式的数据时的效果。当一个模型是另一个模型的限制形式的时候（将某些参数设置为相等），模型之间的比较就很简单。两者 G^2 值的差异就能显示出参数设置相等的做法是否破坏了模型解释数据的能力。当关心的不是限制、非限制模型之间差异的情况，而是不同结构的模型之间差异的时候，问题就变得复杂了。这时候再简单地根据 G^2 值比较拟合度通常会误导结果。模型拟合度同时反映模型对数据的拟合水平以及模型整体上在拟合数据时的灵活性（即使这些数据并不是由这个模型代表的加工过程产生的，这个模型也能在某种程度上拟合数据）。尤其是那些有很多参数的模型，这些模型通常有很高的灵活性,能够比那些参数少的模型更好地拟合观测值。

一种解决这种问题的方法是同时使用模型拟合度和模型灵活性两个指标进行比较。使用这种方法的时候,通常会将 G^2 值和模型复杂度指标相加,以此补偿复杂度造成的影响。例如,在赤池信息量准则(AIC)中,模型复杂度设定为 $2*p$,其中 p 指的是参数的数量。将这个计算结果和 G^2 值相加后,得到的 AIC 值越小,就代表模型拟合的程度越好。另有一种基于参数数量的校正方法叫作贝叶斯信息量准则(BIC)。由于这些方法并未考虑到模型的函数形式(参数在模型中运用的形式),所以这种基于参数数量的校正方法非常粗糙,不精确。根据模型中设置的方程组,仅增加一个参数或许就足以带来强大的效应,对模型的灵活性造成的影响也可以忽略不计。因此,相对比较好的校正方法是通过测量各个参数对模型整体上的灵活性造成的实际影响,再从中考虑函数形式。这正是基于最小描述长度的选择模型指标的目的(Pitt, Myung, & Zhang, 2002)。这些指标兼顾了函数的形式,能够对模型灵活性进行更为精确的校正。这种方法的计算过程是非常麻烦的,不过 Wu 等人(2010)开发的软件能够精简这个计算过程。

另一个需要关注的问题就是适当的分析层次。在分析中有一种做法是将所有被试的反应频数累加起来,然后再使用累加频数来拟合模型。另一种做法是分别使用每个被试的数据进行计算。这两种方法各有优缺点。个人层面的分析会受到个人数据中每种条件下较少的反应数量限制,有时候甚至无法通过采集到的数据来计算 G^2 值,假设检验也就无从谈起了。另外,对参数的估计误差也通常会更大,会出现较大的置信区间和极端的参数估计值(表现为参数空间的边界值是 0 或 1)。与此同时,不同参数的估计误差通常互相相关,这会在不同参数在被试间相关或与外部其他变量相关的时候产生有偏的相关关系。然而,个人层面的分析还是有优点的。它的优点在于这种相关是可以计算的,而累积量的分析做不到这点。累积量的分析的另一个不足之处在于它掩盖了被试间在内部过程上存在的个体差异。这种个体差异可能会扭曲参数估计、拟合度检验和假设检验的结果(Batchelder &

Riefer,1999；Erdfelder,2000；Riefer & Batchelder,1988)。

层次建模是对个人层面的和累积量的分析的一种折中方法。在这种模型中，不同的参数是从个体数据计算获得的，用于解释个体差异。但是，这些参数必须来自个人所属群体的外在模型。例如，在一项研究中(Klauer,2010)，研究者将个人的模型参数(转换为负无穷到正无穷的区间内的值)限定为服从多元正态分布，再从数据中估计出均值、方差和协方差。也有研究者在加工分离模型中运用了这种方法，如果对这种方法感兴趣，可以阅读 Rouder 等人(2008)的文章。

这种方法使得研究者可以测量参数的均值和内部关联，同时兼顾个人层面上的估计误差和群体层面上的个体差异对结果的歪曲。此外，通过这种方法也能够以无偏的形式测量到参数与外部变量之间存在的相关关系。如果要深入了解有关内容，可以阅读 Klauer(2006)以及 Smith 和 Batchelder(2010)的文章。

二、扩散模型

用于间接测量态度与偏见的多项式模型需要对来自不同测量范式的正确率信息建模。但是由于一些经典的测量范式通常使用反应时或其他整合反应时与正确率的指标作为因变量(如 IAT；Greenwald, Nosek, & Banaji, 2003)，所以多项式模型的运用具有一定的局限性。扩散模型最早由 Ratcliff(1978)引入心理学研究领域，是一种同时考虑正确率和反应时的模型。

扩散模型已经应用于心理学的许多领域(e.g., Ratcliff, 1978; Ratcliff & Rouder, 1998; Ratcliff, Thapar, & McKoon, 2004; Voss, Rothermund, & Voss, 2004)。在这些领域的研究中，扩散模型被证明在简约性和描述反应时数据中一些有趣的模式上具有很大的优势(Ratcliff, 1987; Ratcliff & Rouder, 1998)。扩散模型的主要参数可以用心理加工很明确地解释清楚(Voss, Rothermund, & Voss, 2004)。

扩散模型是一种被试必须将刺激区分到两个类别之一（如判断好坏、判断是武器还是工具）的快速决策的决策过程模型，见图 11-3。决策过程被看作一种不断积累证据的加工过程。这里的证据指的是从目标刺激中提取的少量信息，人们会根据记忆中储存的这些信息是否能支持某个类别的背景知识对这些信息进行解释。证据会在证据强度的轴上累积（图 11-3 的纵轴），高数值代表支持某一个类别（"好"），低数值则代表支持另一个类别（"坏"）。横轴代表的是时间。

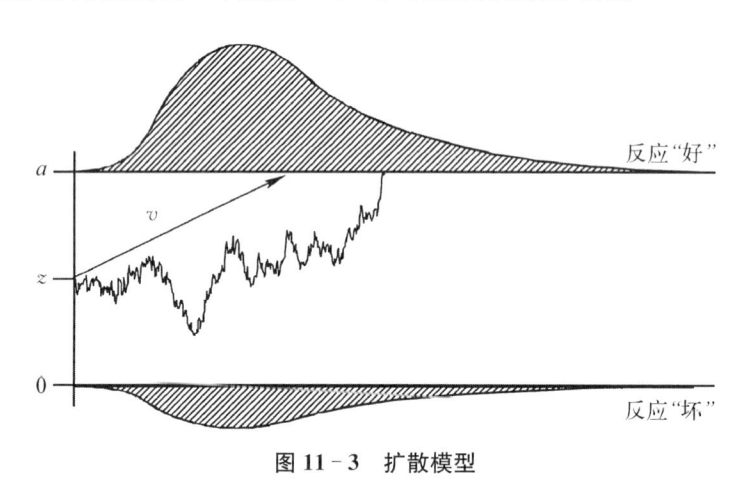

图 11-3　扩散模型

证据累积开始于证据强度轴上的 z 点，这个点处于两个类别的阈值中间，两者之间的距离由参数 a 决定。证据积累的过程会一直持续，直到积累的值超过某一个类别的阈值。在达到阈值之后，被试就能做出决策并产生反应。在图中的例子里，如果积累的值超过了上方的阈值，被试就会对目标刺激产生"好"的判断，反之则产生"坏"的判断。证据积累的平均速率称为漂移速率。积累过程中存在的噪声意味着以同样平均漂移速率进行的加工并不总是在同一时间结束（因此导致反应时不同），并且并不总是在同一阈值上结束（造成误差）。

如同已经介绍过的，累计的初始点在 z。参数 z 除以 a 之后，得到的结果介于 0 到 1 之间。初始位置决定了在做出"好"的决策前必须积累的证据数量（相对于做出"坏"的决策而言）。比如，如果初始位置靠近上方的阈值（"好"），就表明只需要积累一点额外的证据就能够突破

"好"的阈值并产生"好"的反应。相反，如果要突破"坏"的阈值并产生"坏"的反应就需要积累更多证据。因此，初始点的位置类似于信号检测论中的判断标准，或多项式模型中的猜测参数。即它表明的是人们倾向于做出某类反应的反应偏向。

漂移速率 v 指的是证据积累的方向（向上方或下方）和速度。漂移速率决定了决策者在判断、决策过程中的表现，对正确方向阈值的快速证据积累会产生更快更准确的反应。它不仅反映了决策者按照任务要求进行区分的能力，也反映了任务的简单程度（即刺激之间的差别有多明显）。

此外，作为阈值之间的差距，a 体现了决策者的速度-准确性权衡策略：a 值越大，说明被试更为谨慎，需要收集更多证据才能做出决策。这种倾向就会导致反应时更长，但是准确率更高。相反，a 值越小，决策越快，但是噪声导致的错误会更多。这就会表现为反应时更短，但是准确率更低。

证据积累的模型描述的是决策过程。在 Ratcliff(1978) 的模型中，使用 t_0 参数来综合包含诸如刺激编码、反应执行等同样会影响到反应时，但是和决策无关的过程。

Klauer 等人(2007)在一项对 IAT 使用扩散模型的研究中考察了态度上的个体差异和方法变异是如何体现在模型参数上的。方法变异指的是内容无关的 IAT 之间的差异(Mierke & Klauer, 2003)。结果发现，态度测量结果的个体差异会体现在漂移速率上，而方法变异则体现在阈值参数上，再以此对速度-准确性策略上的个体差异产生影响。

证据积累模型的优点和多项式模型的一样：它可以帮助研究者将任务表现分解为不同内部过程带来的贡献。例如，IAT 分数等外部指标实际上是一系列内部过程共同作用的结果。数学建模的方法能够帮助我们将这些不同的过程分离开，再独立估计不同过程在其中起到的贡献大小。在理想情况下，这种方法可以使社会心理学研究者得到更为纯净的测量结果，帮助研究者更好地整合不同内隐测量、外显测量和行为测量之间的关系。

扩散模型需要的数据量远大于多项式模型，但是相比多项式模型仅使用快速反应的结果的做法而言，扩散模型整合反应选项和反应时的做法更好地利用了数据（Klauer & Voss，2008）。扩散模型中将任务表现分割为加工成分的做法和多项式模型也存在不同。在两类模型中，漂移速率和精确模型中决定任务表现的参数（如加工分离模型中的 c）存在着一定的重叠，并且初始位置 z 和多项式模型中反应偏向的猜测参数也存在一定的重叠。虽然有着这些重叠部分，但是在多项式模型中并没有参数与扩散模型中代表阈值之间差异的参数 a 和代表决策无关成分的 t_0 相对应。这是因为扩散模型中的这两个参数与任务表现的时间因素有关：速度-准确性权衡与非决策加工（如编码、准备和执行反应）的时间。

（一）基本要素

扩散模型是针对有两个反应类别的快速反应任务中获得的反应时的模型。在这些任务中会分别记录不同反应的反应时。扩散模型需要在每种反应下获取大量观测数据（反应时）来保证每种情况下反应时分布估计值的稳健性。在处理反应时数据的时候，必然要面对怎样排除异常值的问题。异常值在扩散模型使用的不同估计方法下扭曲结果的程度不同。与通常使用的异常值检测手段（如箱形图）不同，Ratcliff 和 Tuerlinckx（2002）提出了一种专门用于扩散模型分析的基于模型的排除方法。

与多项式模型不同，扩散模型是一种通用的模型，在运用于新的任务或范式时基本不需要对模型结构进行修改（只要范式有两个反应类别，并且使用反应为指标）。另外，被试在任务中必须要进行一定的决策，如将某种反应和按键行为关联在一起（按左、右键分别代表"好"和"坏"），或根据反应正确、错误进行分类。当数据来自两个或以上条件下或来自几组人的时候，研究者就需要决定是否所有的参数都在不同条件下或在组间不同，或者说，是否需要事先在不同条件或组间将一些参数设置为相等。

一旦采集好数据，就需要按顺序完成异常值处理、参数估计和拟合优度检验。和扩散模型一样，分析的层次也是扩散模型要面对的问题。是否需要在每个被试的层面分析数据？或是在分析前先计算组内被试整体累计的频数？如果采用前者，那么研究者就可以通过假设检验（如使用 t 检验或方差分析）来比较不同条件或组间的参数（如漂移速率）。当每个人的反应时数据不多的时候，为获取更稳健的估计值，就可以使用整组被试的累计值进行计算。但是这样做会掩盖被试间差异带来的影响。

（二）可用的软件

有一些现成的软件可以用来计算扩散模型，其中包括 fast-dm（Voss & Voss，2007）、DMAT（Vandekerckhove & Tuerlinckx，2007，2008），和 EZ-diffusion（Wagenmakers，Van der Maas，& Grasman，2007；Wagenmakers，van der Maas，Dolan，& Grasman，2008）。Fast-dm 和 DMAT 能够估计完整的扩散模型，而 EZ 只能估计简化模型。Fast-dm 是基于 C++ 的程序，能够在 Windows 操作系统下运行。DMAT 是 MATLAB 下的工具箱，需要在 MATLAB 下运行。EZ-diffusion 有 JAVA 脚本、EXCEL 模板和 MATLAB 工具箱版本可供选用。

这些软件的参数估计、模型拟合度检验和假设检验方法都不同。从方法上的不统一可以看出，扩散模型的发展并不如多项式模型来得成熟。这些软件同样在数据输入和定义模型的要求上存在差异。虽然如此，它们还是为进行扩散模型分析提供了简单易用的方法。

（三）模型拟合和假设检验

扩散模型通常会图表化地检验模型拟合程度。因此，扩散模型会通过一些重要的统计量（如使用四分位数）来得出正确、错误反应的反应时分布。在估计出模型参数后，这些参数就会被输入到模型的方程式中，再由此基于模型来计算四分位数的预测值。最后以图像化的形式呈现实际的值和估计得到的值,研究者再以视觉形式判断两者之间匹配的程度。

如果使用最大似然法进行参数估计,那么研究者就可以使用更为正式的卡方检验来检验模型拟合度。这种做法背后的逻辑和多项式模型的拟合度检验是一样的。在最大似然法下,研究者也可以检验两个扩散模型之间的差异;只要这两个模型中的其中一个是另一个的限制形式就可以了。

扩散模型在样本量上并没有非常明确的要求。我们在自己的研究中发现在被试层面的分析中,在每个被试在每种条件下至少采集到75个数据的情况下就取得了可以复制的结果。数据量越多越好,至少要保证数据量能够估计出正确、错误反应时分布。此外,在实验设置上最好能保证正确率远低于100%,这样就能有足够的数据来估计错误反应时的分布了。

三、结　　论

使用心理过程的量化模型来分析社会心理学实验范式得到的结果就相当于承认这些范式获得的结果是多个心理过程共同作用的结果。通常情况下,只有一个过程反映了需要测量的社会心理变量,其他的过程拉低了实验范式对这个过程的区分效度。如果无视这个事实,就可能导致在解释观察到的实验效应的时候无法排除加工资源、速度-准确性权衡、重构性猜测等更合适的解释。怎样分解过程取决于研究的假设。如果数据本身在定性或定量的精度上存在不足,有些假设就无法进行检验。如果要解决这个问题,就必须换用更有效的测量方法。

此外,这些量化模型有助于检验社会心理现象背后的实质性理论(如虚假相关)。通过量化模型,研究者也能分离不同过程的测量结果,这能比采用整合的结果更充分地使用社会心理学实验范式(如通过基于"谁说了什么"的多项式模型,或IAT的四分模型)。这样做不仅仅能提升测量结果的效度,同时也能对观察到效应和相关关系进行概念上更为丰富的解释和分析。

推荐阅读

Batchelder 和 Riefer(1999)与 Erdfelder 等人(2009)对多项式模型的理论与在心理学研究中的应用进行了综述。Payne 和 Bishara(2009)与 Sherman 等人(2010)对加工分离模型在社会心理学中的应用和态度与偏见中间接测量的数学模型进行了综述。

Voss 等人(2004)介绍了扩散模型和其中的参数,Wagenmakers(2009)对扩散模型和模型进展进行了综述。

参考文献

Batchelder, W. H., & Riefer, D. M. (1990). Multinomial processing models of source monitoring. *Psychological Review, 97,* 548–564.

Batchelder, W. H., & Riefer, D. M. (1999). Theoretical and empirical review of multinomial processing tree modeling. *Psychonomic Bulletin and Review, 6,* 57–86.

Bayen, U. J., Murnane, K., & Erdfelder, E. (1996). Source discrimination, item detection, and multinomial models of source monitoring. *Journal of Experimental Psychology: Learning, Memory, and Cognition, 22,* 197–215.

Bishara, A. J., & Payne, B. K. (2009). Multinomial process tree models of control and automaticity in weapon misidentification. *Journal of Experimental Social Psychology, 45,* 524–534.

Bishop, Y. M. M., Fienberg, S. E., & Holland, P. W. (1975). *Discrete multivariate analysis: Theory and practice.* Cambridge, MA: MIT Press.

Blair, I. V. (2002). The malleability of automatic stereotypes and prejudice. *Personality and Social Psychology Review, 6,* 242–261.

Conrey, F. R., Sherman, J. W., Gawronski, B., Hugenberg, K., & Groom, C. (2005). Separating multiple processes in implicit social cognition: The Quad-model of implicit task performance. *Journal of Personality and Social Psychology, 89,* 469–487.

De Houwer, J. (2003). The Extrinsic Affective Simon Task. *Experimental Psychology, 50,* 77-85.

Erdfelder, E. (2000). *Multinomiale Modelle in der kognitiven Psychologie [Multinomial models in cognitive psychology].* Unpublished habilitation thesis, Psychologisches Institut der Universität Bonn, Germany.

Erdfelder, E., Auer, T.-S., Hilbig, B. E., Assfalg, A., Moshagen, M., & Nadarevic,

L. (2009). Multinomial processing tree models: A review of the literature. *Journal of Psychology, 217*, 108–124.

Gaunt, R., Leyens, J., & Demoulin, S. (2002). Intergroup relations and the attribution of emotions: Control over memory for secondary emotions associated with the ingroup and outgroup. *Journal of Experimental Social Psychology, 38*, 508–514.

Gawronski, B., Ehrenberg, K., Banse, R., Zukova, J., & Klauer, K. C. (2003). It's in the mind of the beholder: The impact of stereotypic associations on category-based and individuating impression formation. *Journal of Experimental Social Psychology, 39*, 16–30.

Greenwald, A. G., McGhee, D. E., & Schwartz, J. L. K. (1998). Measuring individual differences in implicit cognition: The Implicit Association Test. *Journal of Personality and Social Psychology, 74*, 1464–1480.

Greenwald, A. G., Nosek, B. A., & Banaji, M. R. (2003). Understanding and using the Implicit Association Test: I. An improved scoring algorithm. *Journal of Personality and Social Psychology, 85*, 197–216.

Hamilton, D. L., & Gifford, R. K. (1976). Illusory correlation in interpersonal perception: A cognitive basis of stereotypic judgments. *Journal of Experimental Social Psychology, 12*, 392–407.

Hense, R. L., Penner, L. A., & Nelson, D. L. (1995). Implicit memory for age stereotypes. *Social Cognition, 13*, 399–415.

Hu, X. (1999). Multinomial processing tree models: An implementation. *Behavior Research Methods, Instruments, and Computers, 31*, 689–695.

Hu, X., & Philips, G. A. (1999). GPT.EXE: A powerful tool for the visualization and analysis of general processing tree models. *Behavior Research Methods, Instruments, & Computers, 31*, 220–234.

Jacoby, L. L. (1991). A process dissociation framework: Separating automatic from intentional uses of memory. *Journal of Memory and Language, 30*, 513–541.

Klauer, K. C. (2006). Hierarchical multinomial processing tree models: A latent-class approach. *Psychometrika, 71*, 1–31.

Klauer, K. C. (2010). Hierarchical multinomial processing tree models: A latent-trait approach. *Psychometrika, 75*, 70–98.

Klauer, K.C., & Ehrenberg, K. (2005). Social categorization and fit detection under cognitive load: Efficient or effortful? *European Journal of Social Psychology, 35*, 493–516.

Klauer, K. C., Ehrenberg, K., & Wegener, I. (2003). Crossed categorization and stereotyping: Structural analyses, effect patterns, and dissociative effects of context relevance. *Journal of Experimental Social Psychology, 39*, 332–354.

Klauer, K. C., & Meiser, T. (2000). A source-monitoring analysis of illusory correlations. *Personality and Social Psychology Bulletin, 26*, 1074–1093.

Klauer, K. C., & Voss, A. (2008). Effects of race on responses and response latencies in the Weapon Identification Task: A test of six models. *Personality and Social Psychology Bulletin, 34*, 1124–1140.

Klauer, K. C., Voss, A., Schmitz, F., & Teige-Mocigemba, S. (2007). Process components of the Implicit Association Test: A diffusion-model analysis. *Journal of Personality and Social Psychology, 93*(3), 353–368.

Klauer, K. C., & Wegener, I. (1998). Unraveling social categorization in the "Who said what?" paradigm. *Journal of Personality and Social Psychology, 75*, 1155–1178.

Klauer, K. C., Wegener, I., & Ehrenberg, K. (2002). Perceiving minority members as individuals: The effects of relative group size in social categorization. *European Journal of Social Psychology, 32*, 223–245.

Meiser, T., & Hewstone, M. (2001). Crossed categorization effects on the formation of illusory correlations. *European Journal of Social Psychology, 31*, 443–466.

Meiser, T., & Hewstone, M. (2004). Cognitive processes in stereotype formation: The role of correct contingency learning for biased group judgments. *Journal of Personality and Social Psychology, 87*, 599–614.

Meiser, T., & Hewstone, M. (2006). Illusory and spurious correlations: Distinct phenomena or joint outcomes of exemplar-based category learning? *European Journal of Social Psychology, 36*, 315–336.

Mierke, J., & Klauer, K. C. (2003). Method-specific variance in the Implicit Association Test. *Journal of Personality and Social Psychology, 85*, 1180–1192.

Payne, B. K. (2001). Prejudice and perception: The role of automatic and controlled processes in misperceiving a weapon. *Journal of Personality and Social Psychology, 81*, 181–192.

Payne, B. K., & Bishara, A. J. (2009). An integrative review of process dissociation and related models in social cognition. *European Review of Social Psychology, 20*, 272–314.

Payne, B. K., Jacoby, L. L., & Lambert, A. J. (2004). Memory monitoring and the control of stereotype distortion. *Journal of Experimental Social Psychology, 40*, 52–64.

Pitt, M. A., Myung, I. J., & Zhang, S. (2002). Toward a method of selecting among computational models of cognition. *Psychological Review, 109*, 472–491.

Ratcliff, R. (1978). A theory of memory retrieval. *Psychological Review, 85*, 59–108.

Ratcliff, R. (1987). More on the speed and accuracy of positive and negative responses. *Psychological Review, 94*, 277–280.

Ratcliff, R., & Rouder, J. N. (1998). Modeling response times for two-choice decisions. *Psychological Science, 9*, 347–356.

Ratcliff, R., Thapar, A., & McKoon, G. (2004). A diffusion model analysis of the effects of aging on recognition memory. *Journal of Memory and Language, 50*, 408–424.

Ratcliff, R., & Tuerlinckx, F. (2002). Estimating parameters of the diffusion model: Approaches to dealing with contaminant reaction times and parameter variability. *Psychonomic Bulletin and Review, 9*, 438–481.

Riefer, D. M., & Batchelder, W. H. (1988). Multinomial modeling and the measurement of cognitive processes. *Psychological Review, 95*, 318–339.

Rothkegel, R. (1999). AppleTree: A multinomial processing tree modeling program for Macintosh computers. *Behavior Research Methods, Instruments, and Computers, 31*, 696–700.

Rouder, J. N., Lu, J., Morey, R. D., Sun, D., & Speckman, P. L. (2008). A hierarchical process-dissociation model. *Journal of Experimental Psychology: General, 137*, 370–389.

Sherman, J. W., Groom, C. J., Ehrenberg, K., & Klauer, K. C. (2003). Bearing false witness under pressure: Implicit and explicit components of stereotype-consistent memory bias. *Social Cognition, 21*, 213–246.

Sherman, J. W., Klauer, K. C., & Allen, T. (2010). Mathematical modeling of implicit social cognition: The machine in the ghost. In B. Gawronski & B. K.

Payne (Eds.), *Handbook of implicit social cognition: Measurement, theory, and applications* (pp. 156–175). New York: Guilford Press.

Smith, J. B., & Batchelder, W. H. (2010). Beta-MPT: Multinomial processing tree models for addressing individual differences. *Journal of Mathematical Psychology, 54*, 167–183.

Stahl, C. (2006). Multinomiale Verarbeitungsbaummodelle in der Sozialpsychologie [Multinomial processing tree models in social psychology]. *Zeitschrift für Sozialpsychologie, 37*, 161–171.

Stahl, C., & Degner, J. (2007). Assessing automatic activation of valence: A multinomial model of EAST performance. *Experimental Psychology, 54*, 99–112.

Stahl, C., & Klauer, K. C. (2007). HMMTree: A computer program for latent-class hierarchical multinomial processing tree models. *Behavior Research Methods, 39*, 267–273.

Taylor, S. E., Fiske, S. T., Etcoff, N. J., & Ruderman, A. J. (1978). Categorical and contextual bases of person memory and stereotyping. *Journal of Personality and Social Psychology, 36*, 778–793.

Vandekerckhove, J., & Tuerlinckx, F. (2007). Fitting the Ratcliff diffusion model to experimental data. *Psychonomic Bulletin and Review, 14*, 1011–1026.

Vandekerckhove, J., & Tuerlinckx, F. (2008). Diffusion model analysis with MATLAB: A DMAT primer. *Behavior Research Methods, 40*, 61–72.

Voss, A., Rothermund, K., & Voss, J. (2004). Interpreting the parameters of the diffusion model: An empirical validation. *Memory and Cognition, 32*, 1206–1220.

Voss, A., & Voss, J. (2007). Fast-dm: A free program for efficient diffusion model analysis. *Behavior Research Methods, 39*, 767–775.

Wagenmakers, E.-J. (2009). Methodological and empirical developments for the Ratcliff diffusion model of response times and accuracy. *European Journal of Cognitive Psychology, 21*(5), 641–671.

Wagenmakers, E.-J., van der Maas, H. L. J., Dolan, C. V., & Grasman, R. P. P. P. (2008). EZ does it! Extensions of the EZ-diffusion model. *Psychonomic Bulletin and Review, 15*, 1229–1235.

Wagenmakers, E.-J., Van der Maas, H. L. J., & Grasman, R. P.P.P. (2007). An EZ-diffusion model for response time and accuracy. *Psychonomic Bulletin and Review, 14*, 3–22.

Wegener, I., & Klauer, K. C. (2004). Inter-category versus intra-category fit: When social categories match social context. *European Journal of Social Psychology, 34*, 567–593.

Wittenbrink, B. (2007). Measuring attitudes through priming. In B. Wittenbrink & N. Schwarz (Eds.), *Implicit measures of attitudes: Procedures and controversies* (pp. 17–58). New York: Guilford Press.

Wu, H., Myung, J. I., & Batchelder, W. H. (2010). Minimum description length model selection of multinomial processing tree models. *Psychonomic Bulletin and Review, 17*, 275–286.

第 12 章

联结主义模拟

Frank Van Overwalle

联结主义模拟是一种非常适合考察个体与他人如何互动以及互动过程在大脑中如何加工的方法。虽然在初步建构理论时通常会使用文字描述来解释大脑内部的加工过程，但是这些加工实则发生在人类的大脑中，文字描述的解释深度是不足的。所以在最后，研究者需要使用更为精巧的研究方法深入挖掘人类社会能力背后的神经机制。在一定意义上基于大脑基础工作原理的联结主义计算机模拟为该诉求提供了可靠方法。

现代脑影像技术使我们对脑的理解停留在"大脑点"的层面（即从扫描获取的图片中寻找代表大脑激活水平增加的色点），除非我们尝试进一步去理解不同脑区激活现象背后的加工是什么，否则我们对"社会性大脑"的理解将一直无法彻底突破。对此，联结主义模型能够告诉我们简单的脑机制是如何导致复杂的社会行为，并最终取代当前一些零碎化的、互相独立的理论，从而形成一个整合了行为以及神经激活框架的大一统的社会理论。

一、联结主义模拟的优势

使用联结主义的方法来考察社会认知和社会认知神经科学有什么优势？社会认知是社会心理学中关注人们如何从动机、特质、社会约束等角度知觉和解释他人行为的分支。社会认知神经科学是近些年发展起来的使用脑成像技术或头皮电位研究社会认知背后神经机制的分支。本章的目的在于证明社会联结主义能够为在这两个研究领域中进行更深入的探讨提供可能。在神经科学的帮助下,联结主义模型或许是最适合达成这个目标的研究方法了。联结主义模型使用一个独立的机制来解释加工内容和加工过程,而不是使用一系列相互独立的理论分别解答问题的某一个方面或某个加工阶段。联结主义模型非常适合于解决神经科学的问题。联结主义模型将社会认知看作一个神经结构在变化的环境中不断学习与适应的过程,我们的记忆、推理和判断只是这个过程的外部表现而已。

本章节分为三个部分。第一部分主要介绍联结主义模拟的基础知识和重要特征。第二部分介绍如何使用联结主义模拟得到的结果解释社会推理的一些重要内容。第三部分系统地介绍一些人际推理领域的经典研究,以此证明联结主义模拟在解释社会加工机制中所具有的价值。

二、潜在的加工过程

在社会认知中,研究者通常使用知识结构和扩散激活模型来解释信息加工。在这两者中,诸如个体、群体、行为、特质以及态度通常表现为互相高度关联的单元,社会判断则被认为是这些单元之间激活扩散的结果。例如,图 12-1 展示的是关于一个人的图式的表征模型(Hamilton, Driscoll & Worth, 1989)。在这个模型中,个人的信息以层级结构的形式储存。在最顶层的是个体,个体直接与用于进行特质推理的行为描述或观察结果相联结(中间层)。为了方便理解,图中将它们排列在各层级的位置上。然而,在实际问题中最为棘手的就是确定这些节点之间的连接方式。这些早期模型在很大程度上是建立在将信息符号化的基础上,也就是说通过一系列具有独立意义的符号单元表征概念或客体。例如，如果用符号表征"赢得了很多体育竞赛"的"小明"，就要将分散的代表个人的单元、代表行为的单元，以及代表诸如"有天分的"之类的能从行为推理出来的特质单元联系起来。

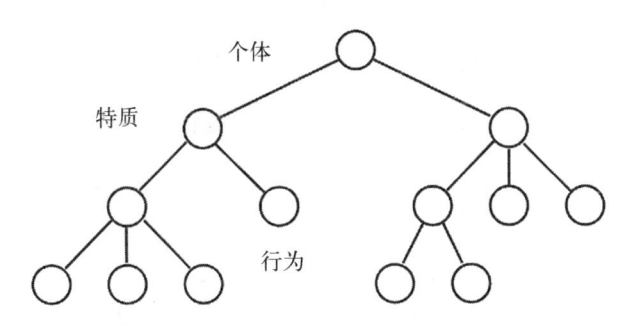

图 12-1　使用离散的知识结构编码展现的包括个体、特质和行为的
个人图式表征(Hamilton, Driscoll & Worth, 1989)

联结主义网络同样也使用单元与连接。图 12-2A 展示的是一个模拟社会现象的模型样例。这个样例中包含一些会对自己的行为或特质产生某些可观测到的效应的客体（通常是作为事件目标的个体，其他个体或群体，有时也会包含情境限制）。样例中的连接表示的是客体做出特定行为或展现特定特质的倾向性。模型中的单元并不是以层次结构组织起来的，而是按"图层"的形式聚集起来的。在这种模型中通常包含一个输入层和一个输出层。需要特别注意的是，在联结主义网络中，单元之间的连接是有方向性的。也就是说激活只能根据连接的方向从一个单元传递到另一个单元。图 12-2B 中呈现的是一个简单的正反馈模型，这类模型的输入层和输出层之间只包含向前的单向连接。图 12-2C 中呈现的是一个比较复杂的循环模型，在这个模型中，所有的单元均包含向前与向后两条单向连接。

类似于正反馈模型与循环模型的联结主义系统（图 12-1）在几个特征上与传统的研究方法存在显著差异(Smith, 1996)。接下来将初步介绍其中最重要的特点及联结主义系统具有的优势，并且会使用相对通俗的方法介绍联结主义的原则。如果你对这种方法已经掌握一定的知识基础了，那就可以跳过下一部分，直接看"基本要素：涌现属性"。

A. 一般模型

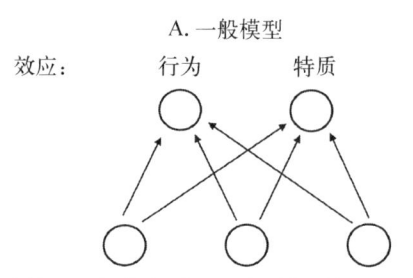

效应: 行为 特质

客体: 目标个人 其他人或群体 情境性的环境

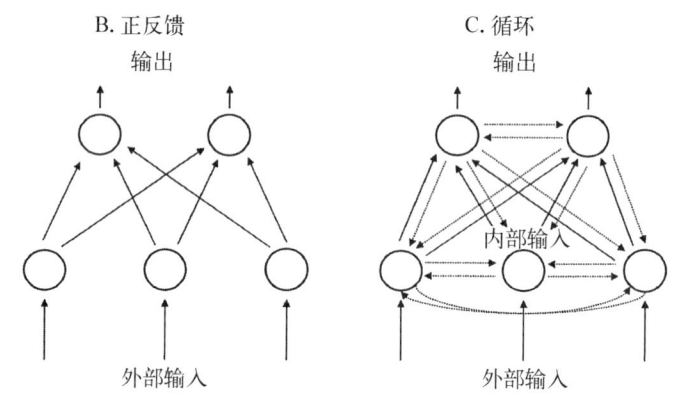

B. 正反馈
输出

C. 循环
输出

内部输入

外部输入 外部输入

图 12-2 (A): 一般的联结主义结构。本章介绍的大部分模拟运用了图中介绍的一个或多个单元。图中的箭头(也就是连接)反映的是一个客体产生一个特定行为或展现特定特质的倾向。(B)与(C): 正反馈与循环模型。输出层在上方,输入层在下方。外部激活从输入层进入,随后顺着连接直接进入输出层或通过内部连接间接进入输出层(后者仅存在于循环模型,额外存在的连接以点线呈现; Van Overwalle, 2007)。(Copyright © 2007 by Psychology Press. 经许可引用。)

(一) 整合表征与加工

早期的扩散激活模型在连接的发展与激活方向的明确性上存在一定局限性。这些激活扩散模型并没有明确说明模型中的单元是如何产生、使用或改变的。即使在更新的约束满足模型(constraint satisfaction model)中,连接强度也是由研究者事先定义的,判断只是由激活状态在网络中传递与停留的形式产生的。

正反馈与循环模型不仅能够明确激活的方向,更能够展现单元之间的连接发生变化的学习机制。顺着连接方向传递激活状态反映的是对输入信息的加工。这种加工导致连接强度发生变化，强度上的变化使长时记忆储存变得富有灵活性。传统社会心理学模型都没有做到明确分离记忆和加工，但联结主义模型则通过将外部信息（即信息输入或激活）、短时记忆（即其他单元传递的内部激活）与长时记忆（即连接权重）整合在一起做到了这一点。

内部关联的单元自身运作时会同步完成连接的激活扩散和变化，因此联结主义系统并不需要借助中央执行系统的功能。这种自我学习和自我组织的能力使联结主义模型摆脱了过去长期以来认为的"脑中小人"负责心理决策的问题。更重要的是，这种模型指出社会认知中大部分信息加工通常是内隐的、自动化的，并不需要外在的意识推理过程参与其中。

（二）神经激活的加工

在联结主义的视角下，模型中的所有单元会从相连的其他单元中输入激活状态，然后再将这种激活状态输出到其他相连的单元中。因此，激活水平会快速变化，某一时刻状态下的激活模式反映的是一种短暂的心理状态。联结主义涉及的是其他早期模型无法企及的神经层面的解释。这种与神经活动过程相对应的解释能告诉我们联结主义模型的基本运作是什么样的(McLeod, Plunkett, & Rolls, 1998)：

首先，神经元整合信息，并将信息传递到其他神经元。当通过突触将兴奋或抑制信号传递到其他神经元的树突之后，输入神经元的信号会叠加起来，神经元会将这些加总得到的信号传递到它的轴突。随后，这些信号又会通过突触传递给其他神经元，并依此循环。对于联结主义模型而言，网络中所有的单元会通过不同权重的连接得到激活或抑制。传入神经元的所有激活与抑制状态相加，最终决定每个单元各自的激活状态，然后再从当前的神经元传入其他的单元。

其次，一个神经元对另一个神经元的作用程度受到神经元之间突触连接强度的影响。连接越是紧密的神经元之间互相的影响越强。在联结主义模型中，单元之间连接的强度水平（权重）决定了激活状态在网络中传播的程度。连接越强（权重越高），传入单元的激活状态就越强。

最后，当大脑中产生学习过程时，神经元之间的连接强度就会发生变化。神经元反复、同时激活会增强它们之间的双向连接。同样地，在联结主义模型中反复、同时激活的单元通常会提升它们之间连接的强度。

(三) 学习与提取

大多数的联结主义网络能够通过渐进式地调节单元之间连接强度的简单的学习算法进行学习。学习实际上就是一种使已有知识与环境带来的新信息实时适应的过程。网络能改变单元之间的连接强度（如某个人和这个人的特质，原因和效应），因此能反映出这些单元的刺激共同呈现的累积历史。由于连接强度的改变速度较慢，所以这些连接既能保留过去的特征，又能显示新的变化。因此，模型中的连接起到了储存网络的长时记忆的作用，而且只能在一定程度上被近期发生的学习修改。

本章所有介绍的模拟中使用的学习机制都是增量学习算法（McClelland & Rumelhart, 1988）。这种学习算法的目的是提出对世界的准确心理表征。因此，此处的学习实质上指的是调整心理系统的内部表征，使之与外部环境相匹配。这是怎么做到的呢？互相连接的单元之间会根据两者之间的连接强度传递激活状态，并且每个单元的激活状态会叠加起来。增量算法会对这种内部的累计激活水平与外界环境中传入的激活水平进行比较。这两种激活水平之间的差异反映的就是系统表征与实际情况的误差。最后，算法会进行调整，降低这种误差，使心理表征更为准确。降低误差的过程是由学习速率决定的。学习的速度就是由学习速率控制的（教程中会进行介绍）。虽然增量学习算法在降低误差程度以外并没有其他目标，但是只要有足够的学习经验，输入与输出之间的权重会在权变或共变概率范数上收敛（Chapman & Robbins, 1990；Van Overwalle, 1996）。因此，随着误差的逐步降低，增量学习算法会对共变以及刺激之间的共变规律和统计规律（如因果关系）越发敏感。渐进式的学习以及误差缩减是至关重要的，否则新的学习结果会彻底扫除旧的记忆内容（干涉灾难现象；McCloskey & Cohen，1989），这时候就无法进行长时间周期的共变估计了。

在先前使用联结主义有关观点的方法中，以 Rescorla 和 Wagner（1972）开发的关联性模型最为著名。该模型与增量学习算法异曲同工，都考察记忆中两个刺激之间的关联强度以及当新的信息输入后两者之间的连接权重怎样实时调整（Allan，1993；Shanks，1995）。关联性模型通常用于研究动物学习和条件反射效应，因此经常采取进化的视角来解释联结。对社会研究者而言，这是一个能够提供大量有趣信息的宝库。

联结主义模型中并不存在一个存储被提取项目的记忆空间。这种模型认为提取是重新恢复先前加工过的激活模式。恢复极度依赖于连接之间的权重，记忆是"储存"在这种连接权重上的。因为重新激活与刺激物体相关的特征和评价性结果需要经过扩散激活过程，所以联结主义模型中的提取和判断实际上是重构的结果。

三、基本要素：涌现属性

增量学习算法能够基于基础的、低层次的关联性学习过程得出大量可以解释人类行为的高层次属性。接下来将详细介绍两个作为所有实证研究与模拟计算基础的属性。

（一）获取与样本量效应

联结主义网络的最终目的是降低误差，它需要不断逼近统计预测的输入与输出信息之间的关系强弱程度（或称之为共变）。举例来说，如图 12-3A 所示，A 反复展现出 E 效应，在网络中所有单元都得到激活（设置为+1），从 A 将激活传递至 E。由于一开始 A 到 E 的连接（或因果)强度是 0,说明呈现 A 并不能预测 E 效应的产生,这就和实际情况之间存在很大的误差。随着 A 与 E 同时呈现的次数增多,误差随之减小。A 到 E 的连接强度缓慢增加,并且向+1 的统计标准收敛(A 完全能解释或预测 E 效应)。相反,如果 A 不再与 E 效应共同呈现(图中的 A°),随着次数的增多,连接的强度逐渐降低至 0,表明 A°并不能解释 E 效应。联结主义网络最终会通过学习找到最能准确预测输入(原因 A)后何时、以多大程度输出(效应 E)的连接权重。

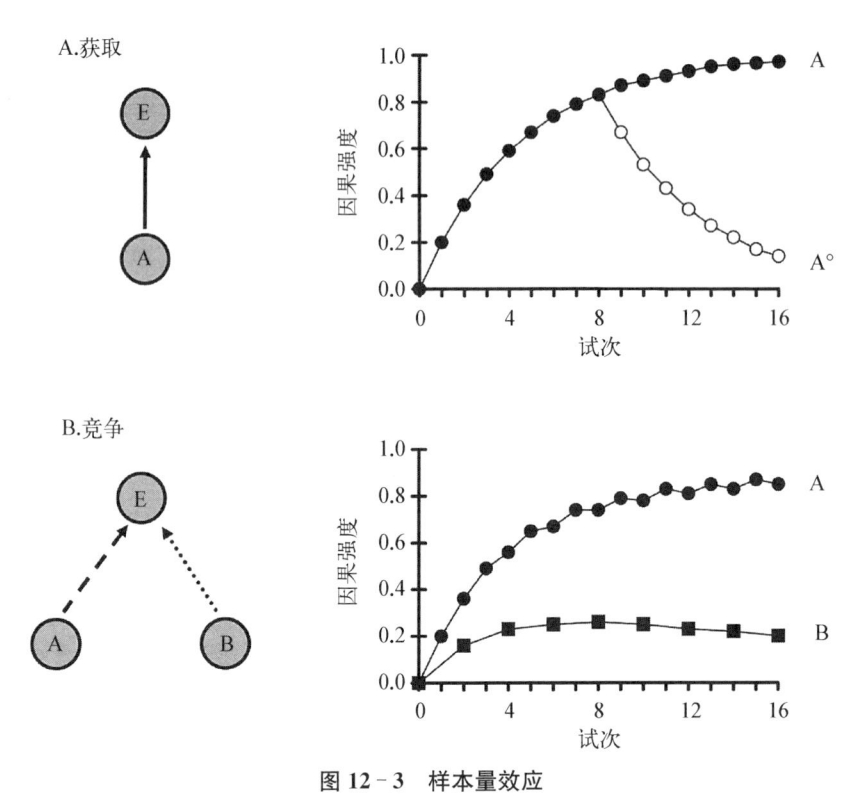

图 12-3 样本量效应

注:(A) A 获取 E 效应的例子;(B) 强因果的 A 因素与弱因果的 B 因素之间的竞争,虚线代表连接强度高,点线代表连接强度低。A°表示 A 因素不和 E 效应同时出现。学习速率设置为.20。(Van Overwalle, 2007; Copyright © 2007 by Psychology Press.经许可引用。)

这种计算过程与我们的直觉和实验证据相吻合。例如,从生活经验上来说,我们在一开始并不会对一个人形成某种论断,而是随着接触次数增加逐步调整最初的印象。这种根据逐步获取的信息缓慢增强判断的现象称之为样本量效应。社会判断的研究证明这种效应确实存在。研究中发现,当接收到更多与先前判断一致的信息时,人们就会倾向于对他人持有更为极端的印象(Anderson, 1967, 1981),做出更为极化的群体决策(Anderson, 1967, 1981),更确定地做出假设(Fiedler, Walther & Nickel, 1999),做出更为极端化的预测(Manis, Dovalina, Avis, & Cardoze, 1980),更容易接受说服信息(Petty & Cacioppo, 1984),或做出更为极端的因果推断(Baker, Berbier, & Vallée-Tourangeau, 1989; Shanks, 1985, 1995; Shanks, Lopez, Darby & Dickinson, 1996; Van Overwalle & Van Rooy, 2001a; Van Overwalle, 2003)。

(二) 竞争与折扣效应

当同时存在其他可能的因果关系时,某一因果关系带来的效应可能会被削弱(Kelley, 1971),这种现象称为折扣效应。社会认知中最为典型的折扣效应就是当提示外部压力可能会带来影响时,人们的内部属性带来的作用就会被干扰。在联结主义网络中,折扣效应是竞争的结果。竞争这个概念借鉴于联想学习的研究(Rescorla & Wagner, 1972)。

在联想学习中,折扣效应的典型样例就是阻塞(blocking)。当一个刺激能够准确地预测一个效应(即 A→E)时,随后其他能够导致 E 效应的路径发展就被阻塞了。这是因为系统的预测性是由所有原因来源的激活水平总和决定的。当 A 到 E 的连接非常强时,系统就能做出准确的预测,误差的空间非常小,因此就无须再进行进一步的学习了。图 12-3B 列举的就是掩蔽效应。即,无论 B 因素是否存在,A 因素始终会产生 E 效应。但是 B 因素只在一半的试次中产生 E 效应。此时,如果把来自 A 因素与 B 因素的激活水平叠加起来的话,就会过度估计节点的激活水平(右图相加大于 1),所以就需要下调连接强度水平。同时也可以发现,尝试次数越多,B 因素的作用越弱,而 A 因素的作用缓缓提升(即 A 掩蔽 B)。由此可以将竞争理解为有两种原因同时争取有限的连接强度(强度最高只能达到+1或效应能达到的最大值)。

竞争符合人们对简单、单一解释的偏好。考察人类因果归因和印象形成的研究中普遍发现了竞争现象(Gilbert & Malone, 1995; Hansen & Hall, 1985; Kruglanski, Schwartz, Maides, & Hamel, 1978; Shanks, 1985; Trope & Gaunt, 2000; Wells & Ronis, 1982; Van Overwalle, 2006; Van Overwalle & Van Rooy, 2001b)。然而,除了证明存在竞争现象外,社会认知研究的一些早期模型没有进一步挖掘内部的竞争加工机制(Kelley, 1971)。虽然通过赫布(Hebbian)联结学习算法能够模拟个人和群体印象的样本量差异(Kashima & Kerekes, 1994; Kashima, Woolcock, & Kashima, 2000),但是该算法不能解决竞争问题。因为赫布算法以刺激共同呈现的累积数量为基础,这种方法并不规定预期输出的上限,所以无法满足竞争的前提条件(如总和为+1)。

(三) 其他属性

有趣的是,上文介绍的两个属性实际上并不是直接来自联结主义网络或增量学习算法,而是在特定的学习历程中自然产生的,因此被称为"涌现属性"。也就是说,在联结主义网络中没有预先设定好的连接强度和影响部分单元连接强度的参数。例如,样本量只和学习次数的增加有关;竞争只与包含了强、弱连接的学习过程有关。这与约束满足模型等需要预先设定不同连接之间强弱、抑制关系来产生竞争的模型不同(Read & Miller, 1993)。

涌现属性还有很多。在联结主义网络中,概念或客体有时候不止可以用一个单一的符号单元来表征,也可以用分布在一系列加工单元中的激活模式进行表征。对于后者,某个单元的激活状态可能并没有固定含义,这种编码称之为分布式编码。在分布式编码中,表征中单一单元的激活没有固定的含义,表征的含义取决于某种特定的激活模式。分布式表征实际上帮助我们解释了新概念在系统中是如何表征的这一问题(并非形成新的单元,而是依靠已有单元的组合)。这种性质使得联结主义模型非常高效,具有很高的解释力。分布式编码引入了更多涌现属性,其中就包括从样例中归纳出原型的能力(原型提取;样例共享原型的特征),依据不完整特征识别样例的能力(模式完成;激活的单元会填补缺失的信息),将特征概括推广到相似样例的能力(概括;新的样例同样存在这些特征),以及系统受损后仅损失部分知识的能力(故障弱化;每一个概念使用大量特征进行表征,甚至有一些是冗余的;McLeod et al., 1998)。

四、研究样例

人们是不是以联结主义模型所描述的形式进行社会判断和决策？要想回答这个问题,就得深入了解联结主义模型与其他模型在哪些性质上不一样。这些差异主要体现在以获取和竞争为代表的涌现属性上。社会认知的早期模型无法解释这些属性。通过探索这些属性,我们就能轻松证明社会认知和思维背后的联结主义原理。接下来,我们将介绍如何用联结主义模拟重新理解社会判断与决策中的获取(样本量效应)和竞争(折扣效应),以及如何运用神经影像学的数据佐证。虽然早期的行为研究已经证明存在样本量效应(Baker et al., 1989; Shanks, 1985, 1987, 1995; Shanks et al., 1996)和竞争效应(Shanks, 1985; Van Hamme, 1994; Williams & Docking, 1995; Williams, Sagness, & McPhee, 1994)。但是这些任务的社会属性较差。因此,接下来将聚焦于在社会领域中考察这些属性的研究。

(一) 印象形成

首先介绍的是在不需要使用早期的代数模型要求进行的算数计算的情况下(加权平均模型;Anderson, 1981),联结主义网络如何再现印象形成的过程。在Stewart(1965)的研究中,被试首先阅读一段关于某人的文字描述。文字中包含四个高社会赞许的形容词（如健谈的、外向的），以及四个低社会赞许的形容词（如沉默的、内向的）。在实验中，一部分被试先阅读包含高社会赞许形容词的文字材料，后阅读包含低社会赞许形容词的文字材料，另一部分被试的阅读顺序相反。在阅读每一个形容词后，被试都要在量表上评价对这个人的喜爱度。与 Anderson 的加权平均模型预测的结果一致，Stewart 发现当呈现高赞许性的特质词时，喜爱度得分增加，而呈现低赞许特质词时，喜爱度则降低（图 12-4）。此外，他也发现存在近因效应，即后呈现的信息对于最终的判断影响更大（图 12-4 在第 8 个试次出现了交叉）。

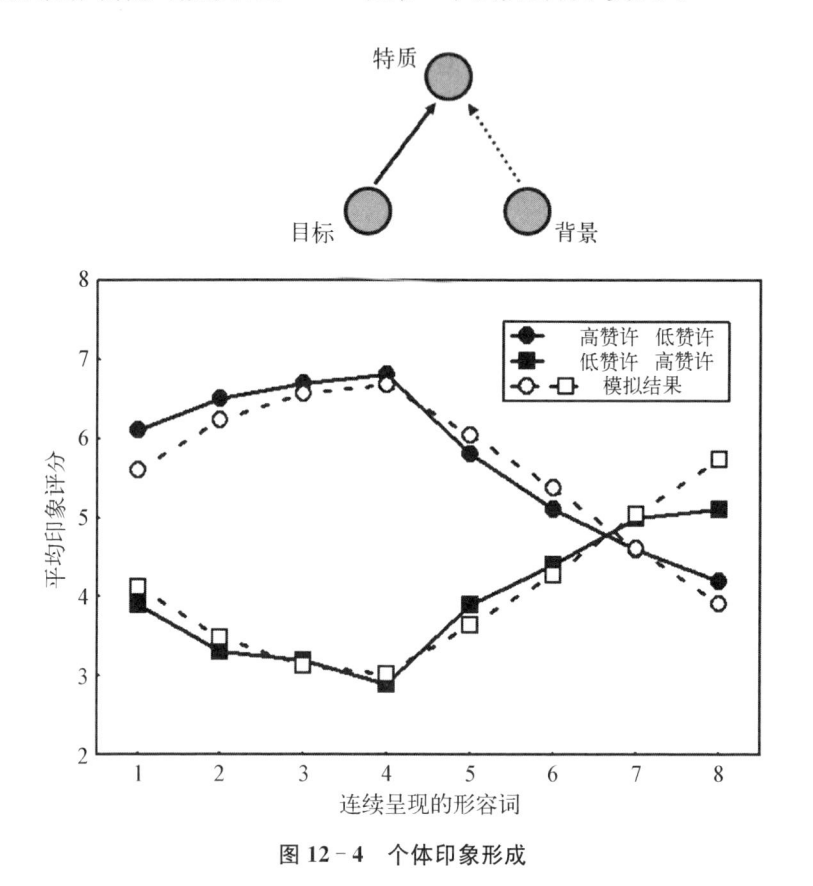

图 12-4 个体印象形成

注：上方的图是反复同时呈现导致目标单元与特质单元之间连接强度变化。下方的图是 Stewart(1965)的研究结果（一般学习比率=.32；环境=.08，说明环境单元关联度不高）。黑色图标的线条是原先实验得到的结果。[数据引用自 Stewart(1965)。Copyright © 1965 by the American Psychological Association.经许可引用。]

这些结果如何模拟？Van Overwalle 和 Labiouse 构建了图 12-4 上方的循环网络。该网络包含反映一个个体的目标单元，一个代表非特定环境的竞争单元（如情景、其他客体）以及一个特质单元，以"目标→特质"之间的连接反映对目标个体的印象。模拟过程照搬了 Stewart(1965)研究的试次顺序[1]。由于目标个体和环境始终存在，这两个单元始终处于激活状态（激活＝＋1）。使用积极特质描述目标个体时，特质单元的路径就被激活（激活＝＋1），再根据增量算法的获取原理确定两者之间连接的权重增长情况。反过来，当使用低社会赞许特质描述目标个体时，特质单元路径也会得到激活，但是效价相反（激活＝－1），权重则会根据算法减小。在每一个试次之后会调节连接强度，并且会提示目标个体单元，特质单元的激活情况会显示出传达的是什么特质。

图 12-4 下方的折线图中呈现的是模拟的结果和实证数据。该结果和后续的模拟都使用了线性回归的方法（以实证数据为标准）使模拟数据和观测数据的拟合程度能够以肉眼可见的形式呈现出来并得到评估。可以发现，实证结果和模拟结果非常匹配，两者之间的相关系数 $r=.98$。与增量错误－修正算法一致，模拟结果重现了印象水平在试次间显著的增加或降低，并且在实验半程呈现相反的特质词后出现了交叉的趋势。这个结果表明联结主义网络的获取原理可以充分模拟印象形成的实时整合过程。有意思的是，模拟结果中同样出现了近因效应。由于学习速率会推动新信息产生比旧信息更大的影响，因此学习速率越高，产生的近因效应就越强。

总的来说，该结果表明关于个体印象的更新和调整是一个新信息

---

[1] 所有模拟都使用了增量学习算法。这些结果很早就发表了，它们有些用的是正反馈结果，有些使用的是循环结构。这其中的差异可能来自多种现实的原因（如在早期的文献中使用正反馈模型可能是为了检测作者实验室的一些实证研究结果），但是因为模拟的结果在此并不重要，目前我们暂时忽略这些差异。为了便于理解，这里使用一个单元来表示一个概念。每一种实验条件都单独进行模拟，每一次模拟都会重复 50 或 100 次，每一次重复都代表一个"被试"的行为。这样做虽然会在输入层面引入一些数据上的噪声，但是实际上更好地模仿了试次顺序差异在真实被试间可能带来的差异（实验中随机安排试次）或被试先前的知识经验带来的差异（设置略微有些差异的初始连接权重或激活水平）。

不断"刷新"已经储存于连接强度/权重中的旧信息的在线获取过程。与 Anderson(1981)提出的信息接收者外显地为每一个信息赋予权重并在此基础上做出判断的加权平均模型不同,联结主义模拟的结果表明该过程实际上可以内隐地产生,除了信息输入与信息输出之外并不需要外显加工。

(二) 根据共变信息做出的因果归因

与观察者能获取明确因果关系信息的个体印象形成不同,在归因的研究中,人们需要根据有关的共变信息来推断行为者身上潜在的因果作用。例如,当人们试图去理解行为者的行为时(如小红在跳狐步舞的时候踩了小明的鞋),人们会使用行为者特定方面的信息(如小红没有注意)、客体特定的信息(如小明说了蠢话)或情境的信息(如舞池太拥挤了)解释因果。

社会心理学中最具有影响力的归因理论认为,人们赖以推断共变关系的一些共变信息是归因最主要的社会来源(Kelley,1967)。与相似的行为者或对象的比较结果就是一类共变信息。其中,"一致性"代表的是行为者的行为或其结果能推广到其他类似行为者身上的程度;"特殊性"代表的是结果推广到其他类似对象身上的程度。共变性高会表现为低一致性(即只有这个人会这么做;只有小红踩了小明,其他人并没有这样做),这会导致人们倾向于归因到行为者身上(例子中是小红)。同样地,共变性高也会表现为高特殊性(小红只踩了小明,她并没有踩过其他人),这会导致人们倾向于归因到客体上(例子中是小明)。反过来,低共变性意味着会表现出高一致性或低特殊性。高一致性表示行为结果和行为者之间的因果关系低(即所有人都这么做;小红和其他很多人都踩了小明);低特殊性表示行为和客体之间的因果关系低(即行为在其他条件下也会产生;小红踩了小明和他以外其他舞伴)。

我们的实验室曾经在一些实验中通过操纵以上所述的共变信息考察归因的研究是否符合联结主义理论对获取和竞争的预期结果。

(三) 归因中的获取

与联结主义模型采用样本量效应解释归因不同,早期社会心理学的大部分归因模型仅采用对最终结果进行统计分析的方式解释归因(e.g., Cheng & Novick, 1990; Försterling, 1989; Hewstone & Jaspars, 1987; Hilton & Slugoski, 1986; Kelley, 1967; Orvis, Cunningham, & Kelley, 1975; Read & Marcus-Newhall, 1993; but see Försterling, 1992)。这些模型认为对行为的观测数量(样本量)并不决定人们的归因[①]。那么,这两种观点孰对孰错?

我们早期的一项研究考察了样本量效应在归因中的作用(Van Overwalle & Van Rooy, 2001a),在研究中我们反复呈现原因和结果之间的共变信息(图 12-3),但并不改变两者之间的共变关系水平。该设计控制了信息的共变关系水平,使之能单纯考察样本量效应。

在第一个考察获取的研究中,通过操纵一致性和特殊性,97 名被试分别接受了两种共变性不同的信息(0% 与 100%)。实验一共重复了 6 个组块。在特殊性试次中,被试阅读如下指导语"Jasmine 背叛了她的朋友 Corinne",在目标对象低共变性条件下(0%),Corrine 的遭遇同时也发生在其他相似的人身上,如"Jasmine 背叛了她的朋友 Karen";在高共变性条件下(100%)的信息则相反,告知被试"Jasmine 没有背叛她的朋友 Karen"。每次在屏幕上呈现一则信息,呈现顺序在被试间随机。两个试次为一个组块。在一个组块后,被试要评价目标对象的因果性。例如,被试需要在 11 点量表上评价"Corinne 身上的一些特征"在多大程度上会影响结果(0 代表完全没有影响;50 代表有部分影响;100 代表有非常强的影响)。每一个组块都会重复该过程(目标对象的名字不变,如 Corinne;还会出现一个除了 Karen 以外的新名字)。一致性操纵与之相似,也是在不同的组块中呈现同一个行为者和不同的比较对象。

[①] 一些模型尝试过引入更新规则(updating rule)来规避对样本量不敏感的局限性(Hogarth & Einhorn, 1992; Busemeyer, 1991)。然而,最终得到的实际上只是增量算法的一种简单版本,因此本章不再介绍这些模型。

图 12-5 上方呈现的是实验结果。与样本量效应一致,在 100% 共变条件下,评价分数随着试次数量提高稳步增大;而在 0% 共变条件下则相反。与增量算法一致,图中的曲线呈现线性趋势,表明随着试次数量增加,归因倾向会显著增加或降低,并最终出现二次型的趋势(当误差接近 0 时,学习数量更少,更接近渐近线,反映的是增量算法的误

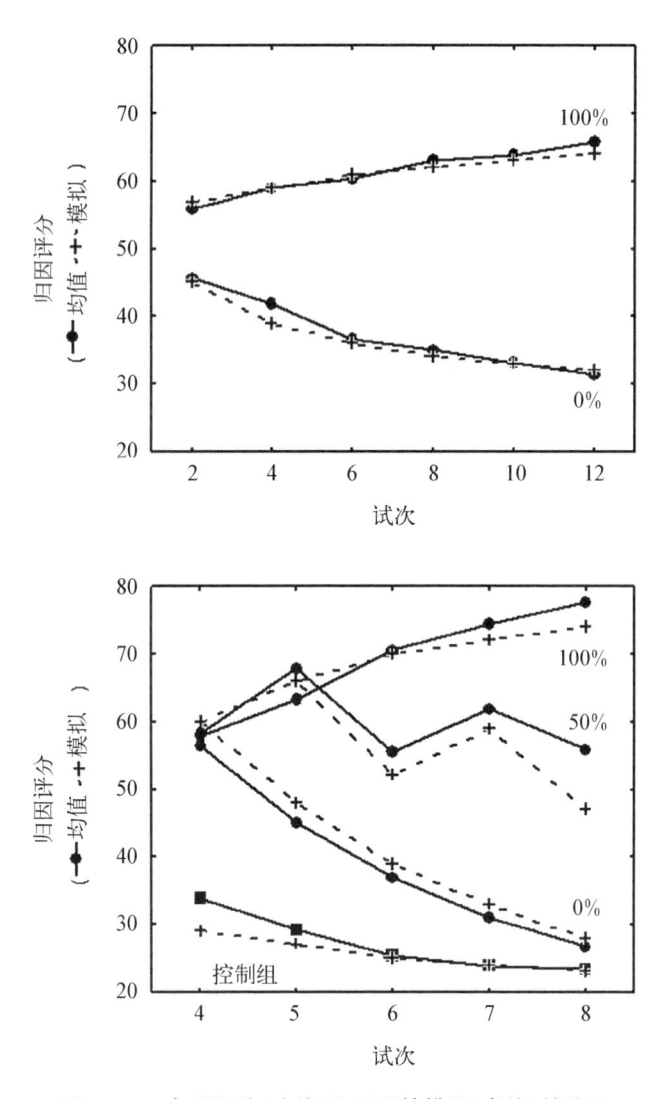

图 12-5　归因评分(实线)和正反馈模拟(虚线)的结果

注:100%共变代表低一致性/高特殊性,0%代表高一致性/低特殊性。[引自 Van Overwalle & Van Rooy (2001a)。Copyright © 2001 by John Wiley & Sons, Inc.经许可引用。]

差最小化过程）。需要注意的是，最开始进行判断的时候（第 1 个试次），判断结果位于量表的中间值；这个现象可能说明在刚开始接收信息的阶段，人们实际上只获取了很少的信息。

在这个实验中可以发现随着后续呈现的共变信息确认了一开始的归因判断，人们会逐步调整他们的归因判断倾向。那么，当后续信息与先前判断的不一致（产生冲突）时，人们是否会改变自己的判断呢？如果会发生改变，那么会发生多大的变化？研究者对这个问题进行过深入探索（Van Overwalle & Van Rooy,2001a）。在实验中，101 名被试首先在第一个组块中观看 4 个试次目标与结果共变的信息（构建因果关系）。随后，在第二个组块中随机阅读 100% 共变信息（与一开始的判断一致）、50% 共变信息（部分不一致）以及 0% 共变信息（完全不一致）等内容。同时还设置了一个在两个组块中均观看 0% 共变信息的控制组。图 12-5 下方呈现的是这次实验的结果。结果和根据联结主义的预测一致，在 100% 共变信息条件下，归因的评分稳步提高；在 50% 的条件下略有下降趋势；在 0% 的条件下则显著下降，并在最后一个试次接近控制条件的水平。0% 条件下的结果说明当初始印象被即刻反驳时，评分会向基线水平靠拢（控制组）。50% 条件下发现的"之"字形的波动表明只有偶数试次的共变性达到 50%。总之，在所有条件下都呈现出评价结果显著呈现出线性增加或降低的趋势，并且表现出边缘显著的二次型倾向，表明变化逐渐收敛。

为进一步研究联结主义模型能够在多大程度上复现我们的实验结果，我们使用正反馈网络进行模拟，同时设置与行为实验一致的输入信息和试次顺序。与先前的模拟类似，我们在网络中设置了一个目标单元，同时设置了一个代表其他行为者（在一致性情况下）或其他对象（在特殊性情况下）的竞争单元，还设置一个输出单元。当目标或竞争单元呈现时，单元路径被激活（激活＝＋1），在不呈现时单元路径被关闭（激活＝0）。当获得输出结果时，激活水平设置为＋1，没有得到输出结果时则设置为 0。目标单元→输出单元的连接代表目标与结果之间的因果关系。

如图 12-5 所示，模拟的结果与行为结果基本匹配，相关分析证明两者之间存在高相关($r=.99$)①。

(四) 归因中的竞争

归因与联结主义模型中学习的获取属性相符合。那么，归因是否同时也符合折扣效应的竞争属性？随着观测数量的增加以及其他竞争性解释的强度的增强，目标解释结果的能力是否会产生折扣效应？从日常经验来看，当很多证据指出一项任务自身非常简单的时候，在成功完成这项任务后，将其归因为个人能力的可能性就会降低。如同先前论及的那样，心理学中大部分学习或归因理论都只关注了获取，而未考虑竞争。相反，联结主义模型的增量算法则指出随着备选的原因增强，目标原因受到的竞争就会越强，这就会提升折扣水平。

接下来采用另一项研究的数据来介绍联结主义模型如何检验竞争属性(Van Overwalle，2006)。在这项研究中，研究者通过设置不同的竞争单元样本量(观测数量)，同时控制共变性的水平不变，创造出仅在目标单元折扣上存在差异的实验条件。例如，设置一个行为者小明和"竞争"行为者组队参加双打比赛。此时设置小明的队友("竞争"行为者)先前已经赢了 5 轮(大样本量)或赢了 1 轮(小样本量)。在小明和队友赢了一系列的比赛后，如果队友先前赢得多，取得胜利依靠的是小明的行为这种解释就会变弱；队友先前赢得越多，这种折扣就会越强。也就是说，竞争效应在竞争行为者的行为样本量大的时候更强。

在 Van Overwalle(2006)进行的实验中，68 名被试阅读了关于竞争行为者的行为结果以及目标行为者和竞争行为者二人共同的行为结果信息(如同上一段中所举的例子)。例如，实验告知被试史蒂芬(竞争行为者)在小测验中答出了难题，此时通过告知被试史蒂芬解决过 1 次难题(小样本量)或 5 次难题(大样本量)操纵样本量效应。随后让被试

---

① 作为比较，我们也使用了 Cheng 和 Novick(1990)以及 Försterling(1992)的统计模型，这些模型增加了额外的参数，将样本量纳入考量。然而这两个统计模型在一些数据集上得到零相关，拟合度都很差。这说明在联结主义模型的基础上引入的关于样本量的参数实际上是没必要的，对于模型而言是多余的。

阅读 5 句描述性语句,并告知被试这个竞争行为者要和一个新的行为者(目标行为者)共同完成测验。随后,要求被试评价两位行为者的特质(例如,在 11 点量表上评价两人的聪明程度;0＝一点也不聪明,10＝极端聪明)。结果发现,与联结主义模型的观点一样,被试对目标行为者的归因在竞争行为者样本量大的情况下出现了更高的折扣水平。

联结主义模拟是否能重复这个实验结果？如图 12-6 所示,该网络中包含一个目标行为者单元、一个竞争行为者单元和一个特质单元。对目标行为者的特质归因表现为目标行为者→特质的连接。该网络使用实验中同样的输入信息。不同条件下的关键差异在于竞争行为者→特质连接的竞争程度。竞争程度用竞争行为者单独做出行为时的样本量(1 或 5)进行操纵。当设定竞争行为者和目标行为者共同参与行为时就会出现折扣效应。图 12-6 左上方代表的是竞争行为者连接强,

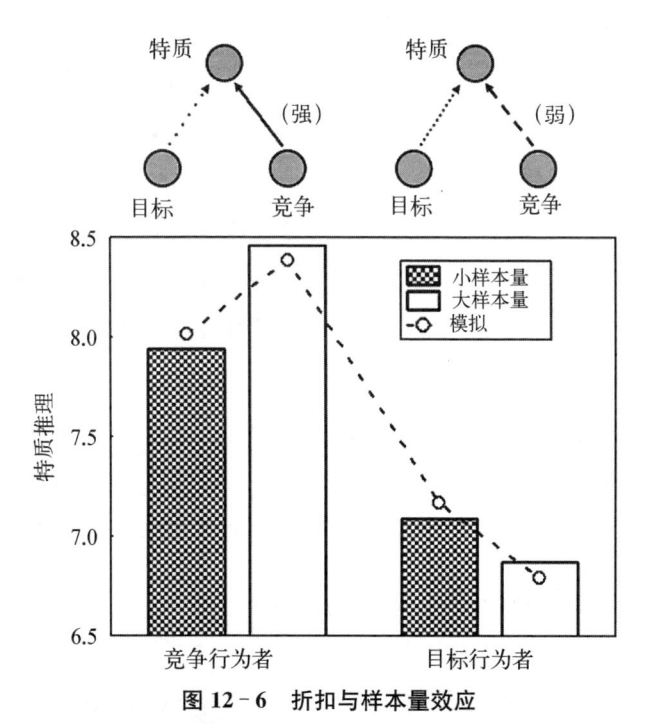

图 12-6 折扣与样本量效应

注:图上方是竞争属性的示意图。与弱竞争的情况相比,在强竞争情况下的竞争行为与特质关联的强度更大。图中实线的连接最强,点线的连接最弱。下方条形图是实验的行为结果,折线是模拟的结果(总学习速率＝.13,竞争行为者＝.08。)[Van Overwalle & Labiouse (2004); Copyright © 2004 by Sage Publications, Inc.经许可引用。]

对目标行为者产生强折扣效应；而右上方则是竞争行为者连接弱，对目标行为者产生弱折扣效应。图12-6下方呈现的是实证数据和模拟的结果，我们可以发现这两个数据集之间的拟合水平非常高①。

(五) 人脑中的特质归因

在一项使用功能性磁共振成像技术(fMRI)的特质归因研究中，Harris，Todorov和Fiske(2005)考察了共变信息的哪些维度会激活大脑中与社会认知相关的脑区。在实验中，研究者先给被试阅读一些根据Kelley(1967)的共变信息维度操纵了内容的短篇故事。其中，一致性反映的是行为者行为和其他人行为之间的差异程度，特殊性反映的是行为者对不同行为对象做出行为的差异，一贯性代表时间线上前后信息的一致性。举例来说，强特质归因故事为"约翰被喜剧演员逗笑了（目标行为）。而其他人很少有被这个喜剧演员逗笑（低一致性）。约翰也被其他喜剧演员逗笑了（低特殊性）。过去约翰也经常被其他喜剧演员逗笑（高一贯性）"这种故事被标记为LLH。被试在阅读不同维度组合的故事的同时接受扫描。

如图12-7所示，在展现最强行为者特质的行为的情况下（根据Kelley的共变模型；表示为LLH和HLH），与对他人进行判断和推理有关的大脑颞顶联合区(TPJ)和内侧前额叶皮层(mPFC)激活水平最高。那么，联结主义模型是否可以模拟这个结果？折线图的结果显示模拟数据几乎完美地拟合了TPJ和mPFC共同的激活水平（$r=0.99$）。有趣的是，与被试的特质评价结果和脑成像结果之间的拟合度相比，联结主义模拟的结果更好（特质评价结果和脑成像结果的相关系数$r=0.71$）。

---

① 在模拟中，研究者必须假定竞争信息首先被接收，以此建立强竞争连接，阻塞目标连接的形成。如果竞争信息在目标信息之后被接收就必须假定被试会通过重新评价来调整一开始形成的对目标对象的归因（类似于重新再运行已经加工过的目标行为者信息的模拟过程）。研究中以这种方式考虑竞争行为者的强连接。

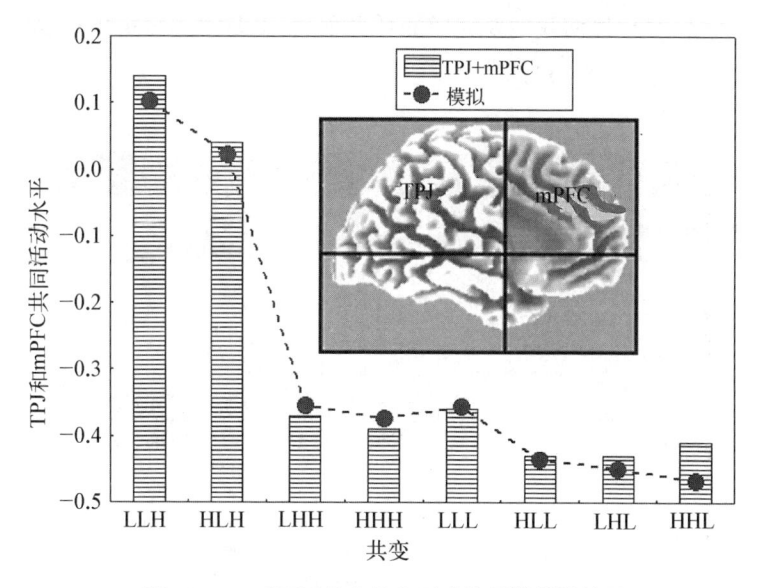

图 12‑7　对不同共变信息形成特质的模拟结果

注：实验数据（TPJ 和 mPFC 两个脑区激活的总和）用条形图表示，模拟的结果用折线图表示（学习速率＝.04）。横轴反映的是一致性、特殊性和一贯性（H 代表高，L 代表低）。内部插图为 TPJ 和 mPFC 的大致位置。[引自 Van Overwalle（2010）。Copyright © 2010 by Oxford University Press.经许可引用]

五、操作教程

如何进行联结主义分析？如何根据结果作出判断？在一些图形化操作界面的软件包的帮助下，我们很容易就可以进行模拟。接下来会介绍 FIT 软件的使用方法（www.vub.ac.be/FIT；Van Overwalle，2007）。本书和软件提供了一些研究样例和练习，它们可以帮助读者学习如何进行模拟程序。在接下来的样例中，我们将会演示如何使用 FIT 得到图 12‑3 中的研究结果。在下文中，用户输入的内容会呈现在引号中，软件的界面内容会用粗体字表示。

打开 FIT 软件后，首先看到的是一系列的菜单和按钮，如图 12‑8A。在 **Help** 菜单中可以找到"**Acquisition**"研究样例。在菜单栏下是五个表格，对于目前我们要完成的任务而言，**Trial**、**Session** 和 **Graph** 是最重要的，见图 12-8B。

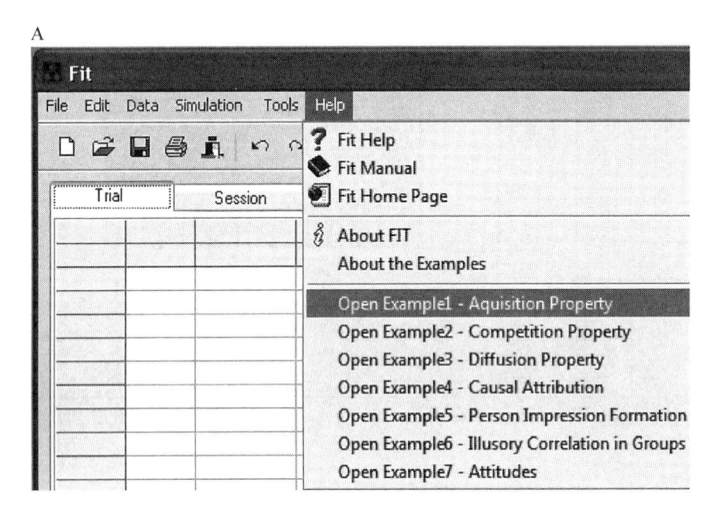

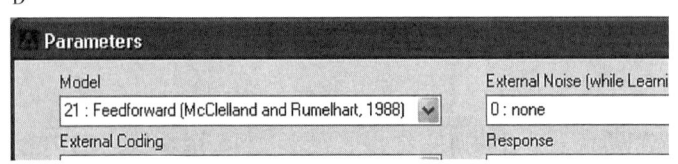

图 12-8　B FIT 软件输入界面

注：(A) 菜单、按钮和表单；(B) Trial 表单；(C) Session 表单；(D) 一般的参数设置。[引自 Van Overwalle (2007)。Copyright © 2007 by Psychology Press. 经许可引用。]

● 点击 **Trial** 按钮打开 Trial 表格(图 12-8B)。最上面的两行定义的是网络结构。将输入单元(**i1**)命名为"Cause A",输出单元(**o1**)命名为"Effect"。白色底色的每一行都代表一个试次,每一个单元格都代表了该单元设置的外部激活水平。其中第一列标题为 ♯ 的白色单元格中输入的数字代表这一行会被重复多少次。图中第一个类别被命名为"＄1:Acquisition of A",目标单元和效应单元的激活状态均被赋值为"1",并且这个试次重复 20 次。这样设置后,程序就能学习或发展目标单元 A 和效应单元 Effect 之间的连接了。最后一个类别命名为"＄50:Test of Causal Influence",用于检验目标单元对效应单元的影响。此时目标单元的激活状态设置为"1",边上设置为"?"代表要输出效应单元的内部激活水平。计算得到的激活水平会在图上呈现。

● 在进行模拟前需要设定 **Session** 表格里的试次顺序。在样例中仅需要在 **Trials** 列里选择相应的学习和测试试次类别。在样例中输入的是"1+50"这个组合。最后一列的星号表明测试结果要呈现在图中。在 **Session** 表格中设置模拟是非常高效与灵活的。这是由于在 **Trials** 表格中已经构建好了组块,这些组块可以直接组织成复杂的模拟。

● 选择 **Simulation/Parameters** 菜单,在界面中可以设置许多用于模拟的参数和辅助选项。例子中我们仅选择"Feedforward"(正反馈)模型。此外,还要在模型参数(**Model**)中将学习速率设置为"0.2"。

点选 **Simulation/Run Simulation** 后开始模拟过程。之后可以点击 **Simulation/View Network** 按钮生成网络图形结果。单元中没有括号的数字代表外部的激活水平,括号内的数字代表内部的激活水平。在样例的效应单元中,外部激活和内部激活水平之间存在很大的差异,这个差异就被计算为"增量"(1.00-0.00=1.00)。增量算法通过使用增量差异与学习速率相乘的结果对连接的水平做出调整。本例中学习比率为 0.2,这代表连接以 0.2 的速度发生变化。连接的权重默认从 0 开始计算,在一个试次之后,目标单元→效应单元之间连接的权重计算为 0.2。这个值与图像上得到的结果一致(图 12-9B)。图中显示的是每

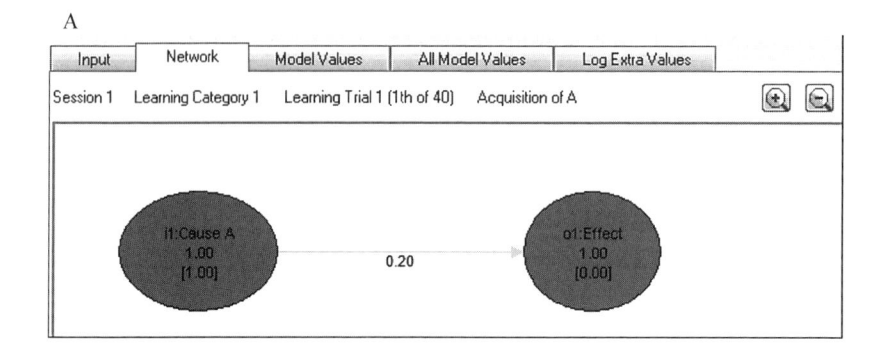

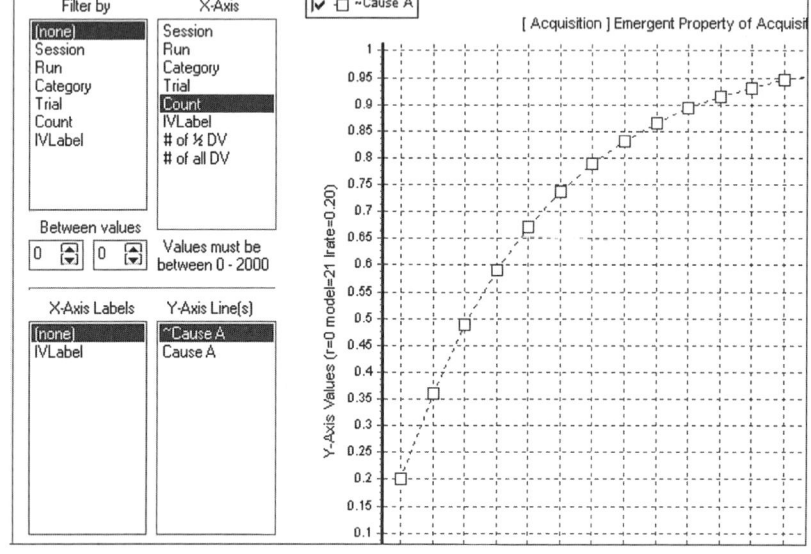

图 12-9　FIT 软件的图形输出结果

注：(A) 在第一个试次之后得到的网络结果；(B) 在每个试次之后得到的图像。[(B)部分引自 Van Overwalle (2007)。Copyright © 2007 by Psychology Press.经许可引用。]

一次 Cause A 与 Effect 相配之后输出的检验结果。

FIT 软件里还有很多有用的工具。例如，可以在 **Log** 表格中载入原始的模拟数据，这些数据可以像其他界面中的表格、图像一样导出。该软件也能计算诸如均值、相关系数、t 检验、方差分析等一系列的统计指标。事实上，上文报告的统计指标都来自 FIT 软件。

六、讨论与结论

联结主义模型具有很多的优点,但也有一些不足。首先,对于社会心理学家而言,这种使用电脑模拟以及渐变的学习曲线来研究社会过程的方法是比较特殊、不常见的。这些模型通常表现为术语或是高度简化、固定以及限制性的激活扩散模型。因此,社会认知研究领域中很少有研究者在实证研究中使用联结主义模拟的方法。然而近年来,这种方法得到了越来越多研究者的关注,例如,已经有研究者使用联结主义模型对少数群体的虚假相关开展了研究(Murphy, Schmeer, Vallée-Tourangeau, Mondragón & Hilton, 2011)。第二,由于需要思考低层次单元之间的动态变化,这些低层次的变化只有在反复进行加工后才会在高层次的效应上得到体现,所以联结主义模型比较难以掌握。不过,由于有 FIT 软件等使用上并不比统计软件难的工具,所以研究者并不一定必须掌握编程技能。

联结主义模拟是一种能够深入挖掘社会判断背后学习机制的有效工具。其中,作为一种联结学习机制的增量算法能够通过大量自然生成的属性深入地诠释社会心理学中的大量实证数据。这种统一的研究框架就能促使人们对社会能力产生一致的观点。此外,在心理学的其他研究领域中联想学习和联结主义模拟的关系很紧密,这说明社会行为可能只是进行其他诸如知觉、语言、计算、行为等非社会加工的众多加工过程中的一种而已。在未来几十年的研究中,我们必须放弃我们自己领域中的"小理论",打破心理学各个领域的界限,形成解释力更为广泛的"大一统"理论。

如果要更进一步理解社会学习或更广义的学习,我们不只需要模拟大脑中可能发生的加工,更要直接考察大脑本身的活动。有研究已发现大脑的某些区域与社会判断有明显的关联(Van Overwalle, 2009; Van Overwalle & Baetens, 2009)。然而,现在的研究大多停留在考察执行任务后大脑激活的状态在哪些位置上存在差异的层面上。这样做是远远不够的。目前越来越多的研究指出一般意义上认为的与社会性加工有关的脑区同时也负责一些至关重要的非社会机能(Mitchell，2008)。这也就预示了社会加工的产生可能是以大量基础性、进化上较早的非社会计算过程为基础的。虽然脑成像结果能够告诉我们哪些脑区在任务中激活,可能参与了心理机能。但是我们需要更为精巧的操纵来具体化其中的核心计算过程到底是什么,这样才能明确这些加工是如何在脑区中和脑区之间执行的。对此,如果有可能,未来研究也许需要使用单细胞(神经元)记录的方法从最基础的层面来考察单个大脑神经元如何对刺激进行反应。整合这些不同类型的数据以及不同层面的加工机制的工作让人望而生畏,所幸,联结主义模拟这种方法能够为整合性地研究根植在大脑网络不同层次的功能和交互作用铺平道路。

推荐阅读

McLeod 等人(1998)的著作里通俗易懂地介绍了联结主义建模,并且提供了很多案例。如果对联结主义模拟在社会心理学中的应用感兴趣,可以阅读 Read 和 Monroe(2009)撰写的章节,他们在其中介绍了对人格和态度的模拟研究。本章中对归因的研究样例来自 Van Overwalle(2010)撰写的章节,如果阅读原文,也可以看到很多有关刻板印象和态度形成的研究样例。如果要进一步学习,可以阅读 Van Overwalle(2007)的著作,书中详细介绍了 FIT 这种免费软件,而且结合了研究样例与练习(www.vub.ac.be/FIT)。如果还想学习其他软件包,可以参考 Read 和 Monroe(2009，pp. 287-288)撰写的章节。

参考文献

Allan, L. G. (1993). Human contingency judgments: Rule based or associative? *Psychological Bulletin, 114,* 435–448.

Anderson, N. H. (1967). Averaging model analysis of set size effect in impression formation. *Journal of Experimental Psychology, 75,* 158–165.

Anderson, N. H. (1981). *Foundations of information integration theory*. New York: Academic Press.
Baker, A. G., Berbier, M. W., & Vallée-Tourangeau, F. (1989). Judgments of a 2 x 2 contingency table: Sequential processing and the learning curve. *Quarterly Journal of Experimental Psychology: Comparative and Physiological Psychology, 41*, 65–97.
Busemeyer, J. R. (1991). Intuitive statistical estimation. In N. Anderson (Ed.), *Contributions to information integration theory: Vol. 1. Cognition* (pp. 189–215). Hillsdale, NJ: Erlbaum.
Chapman, G. B., & Robbins, S. J. (1990). Cue interaction in human contingency judgment. *Memory and Cognition, 18*, 537–545.
Cheng, P. W., & Novick, L. R. (1990). A probabilistic contrast model of causal induction. *Journal of Personality and Social Psychology, 58*, 545–567.
Ebbesen, E. B., & Bowers, R. J. (1974). Proportion of risky to conservative arguments in a group discussion and choice shifts. *Journal of Personality and Social Psychology, 29*, 316–327.
Fiedler, K. (1996). Explaining and simulating judgment biases as an aggregation phenomenon in probabilistic, multiple-cue environment. *Journal of Personality and Social Psychology, 103*, 193–214.
Fiedler, K., Walther, E., & Nickel, S. (1999). The auto-verification of social hypotheses: Stereotyping and the power of sample size. *Journal of Personality and Social Psychology, 77*, 5–18.
Försterling, F. (1989). Models of covariation and attribution: How do they relate to the analogy of analysis of variance? *Journal of Personality and Social Psychology, 57*, 615–625.
Försterling, F. (1992). The Kelley model as an analysis of variance analogy: How far can it be taken? *Journal of Experimental Social Psychology, 28*, 475–490.
Gilbert, D. T., & Malone, P. S. (1995). The correspondence bias. *Psychological Bulletin, 117*, 21–38.
Hamilton, D. L., Driscoll, D. M., & Worth, L. T. (1989). Cognitive organization of impressions: Effects of incongruency in complex representations. *Journal of Personality and Social Psychology, 56*, 925–939.
Hansen, R. D., & Hall, C. A. (1985). Discounting and augmenting facilitative and inhibitory forces: The winner takes all. *Journal of Personality and Social Psychology, 49*, 1482–1493.
Harris, L. T., Todorov, A., & Fiske, S. T. (2005). Attributions on the brain: Neuroimaging dispositional inferences, beyond theory of mind. *NeuroImage, 28*, 763–769.
Hewstone, M., & Jaspars, J. (1987). Covariation and causal attribution: A logical model of the intuitive analysis of variance. *Journal of Personality and Social Psychology, 53*, 663–673.
Hilton, D. J., & Slugoski, B. R. (1986). Knowledge-based causal attribution: The abnormal conditions focus model. *Psychological Review, 93*, 75–88.
Hogarth, R. M., & Einhorn, H. J. (1992). Order effects in belief updating: The belief-adjustment model. *Cognitive Psychology, 24*, 1–55.
Kashima, Y., & Kerekes, A. R. Z. (1994). A distributed memory model of averaging phenomena in person impression formation. *Journal of Experimental Social Psychology, 30*, 407–455.
Kashima, Y., Woolcock, J., & Kashima, E. S. (2000). Group impression as dynamic configurations: The tensor product model of group impression formation and

change. *Psychological Review, 107,* 914–942.

Kelley, H. H. (1967). Attribution in social psychology. *Nebraska Symposium on Motivation, 15,* 192–238.

Kelley, H. H. (1971). Attribution in social interaction. In E. E. Jones, D. E. Kanouse, H. H. Kelley, R. E. Nisbett, S. Valins, & B. Weiner (Eds.), *Attribution: Perceiving the causes of behavior* (pp. 1–26). Morristown, NJ: General Learning Press.

Kruglanski, A. W., Schwartz, S. M., Maides, S., & Hamel, I. Z. (1978). Covariation, discounting, and augmentation: Towards a clarification of attributional principles. *Journal of Personality, 76,* 176–189.

Manis, M., Dovalina, I., Avis, N. E., & Cardoze, S. (1980). Base rates can affect individual predictions. *Journal of Personality and Social Psychology, 38,* 231–248.

McClelland, J. L., & Rumelhart, D. E. (1988). *Explorations in parallel distributed processing: A handbook of models, programs and exercises.* Cambridge, MA: Bradford.

McCloskey, M., & Cohen, N.J. (1989). Catastrophic interference in connectionist networks: The sequential learning problem. *Psychology of Learning and Motivation, 24,* 109–165.

McLeod, P., Plunkett, K., & Rolls, E. T. (1998). *Introduction to connectionist modeling of cognitive processes.* Oxford, UK: Oxford University Press.

Mitchell, J.P. (2008). Activity in right temporo-parietal junction is not selective for theory of mind. *Cerebral Cortex, 18,* 262–271.

Murphy, R. A., Schmeer, S., Vallée-Tourangeau, F., Mondragón, E., & Hilton, D. (2011). Making the illusory correlation effect appear and then disappear: The effects of increased learning. *Quarterly Journal of Experimental Psychology, 64,* 24–41.

Orvis, B. R., Cunningham, J. D., & Kelley, H.H. (1975). A closer examination of causal inference: The role of consensus, distinction and consistency information. *Journal of Personality and Social Psychology, 32,* 605–616.

Petty, R. E., & Cacioppo, J. T. (1984). The effects of involvement on responses to argument quantity and quality: Central and peripheral routes to persuasion. *Journal of Personality and Social Psychology, 46,* 69–81.

Read, S. J., & Marcus-Newhall, A. (1993). Explanatory coherence in social explanations: A parallel distributed processing account. *Journal of Personality and Social Psychology, 65,* 429–447.

Read, S. J., & Miller, L. C. (1993). Rapist or "regular guy": Explanatory coherence in the construction of mental models of others. *Personality and Social Psychology Bulletin, 19,* 526–541.

Read, S. J., & Monroe, B. M. (2009). Using connectionist network to understand neurobiological processes in social and personality psychology. In E. Harmon-Jones & J. S. Beer (Eds.), *Methods in social neuroscience* (pp. 259–294). New York: Guilford Press.

Rescorla, R. A., & Wagner, A. R. (1972). A theory of Pavlovian conditioning: Variations in the effectiveness of reinforcement and nonreinforcement. In A. H. Black & W. F. Prokasy (Eds.), *Classical conditioning II: Current research and theory* (pp. 64–98). New York: Appleton-Century-Crofts.

Shanks, D. R. (1985). Forward and backward blocking in human contingency judgment. *Quarterly Journal of Experimental Psychology: Comparative and Physiological Psychology, 37,* 1–21.

Shanks, D. R. (1987). Acquisition functions in contingency judgment. *Learning and Motivation, 18,* 147–166.
Shanks, D. R. (1995). Is human learning rational? *Quarterly Journal of Experimental Psychology: Human Experimental Psychology, 48,* 257–279.
Shanks, D. R., Lopez, F. J., Darby, R. J., & Dickinson, A. (1996). Distinguishing associative and probabilistic contrast theories of human contingency judgment. In D. R. Shanks, K. J. Holyoak, & D. L. Medin (Eds.), *The psychology of learning and motivation* (Vol. 34, pp. 265–311). New York: Academic Press.
Smith, E. R. (1996). What do connectionism and social psychology offer each other? *Journal of Personality and Social Psychology, 70,* 893–912.
Stewart, R. H. (1965). Effect of continuous responding on the order effect in personality impression formation. *Journal of Personality and Social Psychology, 1,* 161–165.
Trope, Y., & Gaunt, R. (2000). Processing alternative explanations of behavior: Correction or integration? *Journal of Personality and Social Psychology, 79,* 344–354.
Van Hamme, L. J. (1994). *Associative and statistical accounts of cue competition in causality judgments.* Unpublished doctoral dissertation, University of Iowa, Iowa City.
Van Overwalle, F. (1996). The relationship between the Rescorla–Wagner associative model and the probabilistic joint model of causality. *Psychologica Belgica, 36,* 171–192.
Van Overwalle, F. (2003). Acquisition of dispositional attributions: Effects of sample size and covariation. *European Journal of Social Psychology, 33,* 515–533.
Van Overwalle, F. (2006). Discounting and augmentation of dispositional and causal attributions. *Psychologica Belgica, 46,* 211–234.
Van Overwalle, F. (2007). *Social connectionism: A reader and handbook for simulations.* New York: Psychology Press.
Van Overwalle, F. (2009). Social cognition and the brain: A meta-analysis. *Human Brain Mapping, 30,* 829–858.
Van Overwalle, F. (2010). Social learning and connectionism. In T. R. Schachtman & S. Reilly (Eds.), *Associative learning and conditioning: Human and animal applications.* Oxford, UK: Oxford University Press.
Van Overwalle, F., & Baetens, K. (2009). Understanding others' actions and goals by mirror and mentalizing systems: A meta-analysis. *NeuroImage, 48,* 564–584.
Van Overwalle, F., & Labiouse, C. (2004). A recurrent connectionist model of person impression formation. *Personality and Social Psychology Review, 8,* 28–61.
Van Overwalle, F., & Van Rooy, D. (2001a). When more observations are better than less: A connectionist account of the acquisition of causal strength. *European Journal of Social Psychology, 31,* 155–175.
Van Overwalle, F., & Van Rooy, D. (2001b). How one cause discounts or augments another: A connectionist account of causal competition. *Personality and Social Psychology Bulletin, 27,* 1613–1626.
Wasserman, E. A., Kao, S.-F., Van Hamme, L., Katagiri, M., & Young, M. E. (1996). Causation and association. *Psychology of Learning and Motivation, 34,* 207–264.

Wells, G. L., & Ronis, D. L. (1982). Discounting and augmentation: Is there something special about the number of causes? *Personality and Social Psychology Bulletin, 8*, 566–572.

Williams, D. A., & Docking, G. L. (1995). Associative and normative accounts of negative transfer. *Quarterly Journal of Experimental Psychology: Human Experimental Psychology, 48*, 976–998.

Williams, D. A., Sagness, K. E., & McPhee, J. E. (1994). Configural and elemental strategies in predictive learning. *Journal of Experimental Psychology: Learning, Memory and Cognition, 20*, 694–709.

图书在版编目(CIP)数据

社会心理学中的认知研究方法／（德）卡尔·克里斯托夫·克劳尔，（德）安德烈亚斯·福斯，（德）克里斯托夫·施塔尔编；陈淑娟，谈晨皓译．—上海：上海社会科学院出版社，2020

书名原文：Cognitive Methods in Social Psychology

ISBN 978－7－5520－2619－1

Ⅰ.①社… Ⅱ.①卡…②安…③克…④陈…⑤谈… Ⅲ.①社会心理学—认知科学—研究方法 Ⅳ.①C912.6－0

中国版本图书馆 CIP 数据核字（2020）第 022132 号

Cognitive Methods in Social Psychology
ISBN 978－1－4625－0913－3
Copyright © 2011 The Guilford Press
A Division of Guilford Publications, Inc.
Published by arrangement with The Guilford Press.
上海市版权局著作权合同登记号：图字09－2017－448号

社会心理学中的认知研究方法

编　　者：	［德］卡尔·克里斯托夫·克劳尔（Karl Christoph Klauer）
	安德烈亚斯·福斯（Andreas Voss）
	克里斯托夫·施塔尔（Christoph Stahl）
译　　者：	陈淑娟　谈晨皓
责任编辑：	周　霈
封面设计：	夏艺堂
出版发行：	上海社会科学院出版社
	上海顺昌路622号　邮编200025
	电话总机021－63315947　销售热线021－53063735
	http://www.sassp.cn　E-mail:sassp@sassp.cn
排　　版：	南京展望文化发展有限公司
印　　刷：	上海市崇明县裕安印刷厂
开　　本：	710毫米×1010毫米　1/16
印　　张：	25.25
字　　数：	348千字
版　　次：	2020年5月第1版　2020年5月第1次印刷

ISBN 978－7－5520－2619－1/C·175　　　　定价：98.00元

版权所有　翻印必究